经济所人文库

陶孟和集

中国社会科学院经济研究所学术委员会 组编

中国社会科学出版社

图书在版编目（CIP）数据

陶孟和集/中国社会科学院经济研究所学术委员会组编.
—北京：中国社会科学出版社，2020.1
（经济所人文库）
ISBN 978-7-5203-3568-3

Ⅰ.①陶⋯　Ⅱ.①中⋯　Ⅲ.①经济学—文集
Ⅳ.①F0-53

中国版本图书馆 CIP 数据核字（2018）第 254327 号

出 版 人	赵剑英
责任编辑	王　曦
责任校对	杨　林
责任印制	戴　宽

出　　版	中国社会科学出版社
社　　址	北京鼓楼西大街甲 158 号
邮　　编	100720
网　　址	http://www.csspw.cn
发 行 部	010-84083685
门 市 部	010-84029450
经　　销	新华书店及其他书店
印刷装订	北京君升印刷有限公司
版　　次	2020 年 1 月第 1 版
印　　次	2020 年 1 月第 1 次印刷
开　　本	710×1000　1/16
印　　张	25.25
字　　数	340 千字
定　　价	128.00 元

凡购买中国社会科学出版社图书，如有质量问题请与本社营销中心联系调换
电话：010-84083683
版权所有　侵权必究

中国社会科学院经济研究所
学术委员会

主　任　高培勇

委　员　（按姓氏笔画排序）
　　　　龙登高　朱　玲　刘树成　刘霞辉
　　　　杨春学　张　平　张晓晶　陈彦斌
　　　　赵学军　胡乐明　胡家勇　徐建生
　　　　高培勇　常　欣　裴长洪　魏　众

总　序

作为中国近代以来最早成立的国家级经济研究机构，中国社会科学院经济研究所的历史，至少可上溯至1929年于北平组建的社会调查所。1934年，社会调查所与中央研究院社会科学研究所合并，称社会科学研究所，所址分居南京、北平两地。1937年，随着抗战全面爆发，社会科学研究所辗转于广西桂林、四川李庄等地，抗战胜利后返回南京。1950年，社会科学研究所由中国科学院接收，更名为中国科学院社会研究所。1952年，所址迁往北京。1953年，更名为中国科学院经济研究所，简称"经济所"。1977年，作为中国社会科学院成立之初的14家研究单位之一，更名为中国社会科学院经济研究所，仍沿用"经济所"简称。

从1929年算起，迄今经济所已经走过了90年的风雨历程，先后跨越了中央研究院、中国科学院、中国社会科学院三个发展时期。经过90年的探索和实践，今天的经济所，已经发展成为以重大经济理论和现实问题为主攻方向、以"两学—两史"（理论经济学、应用经济学和经济史、经济思想史）为主要研究领域的综合性经济学研究机构。

90年来，我们一直最为看重并引为自豪的一点是，几代经济所人孜孜以求、薪火相传，在为国家经济建设和经济理论发展作出了杰出贡献的同时，也涌现出一大批富有重要影响力的著名学者。他们始终坚持为人民做学问的坚定立场，始终坚持求真务实、脚踏实地的优良学风，始终坚持慎独自励、言必有据的学术品格。他们是经济所人的突出代表，他们的学术成就和治学经验是经济所最宝贵的财富。

抚今怀昔，述往思来，在经济所迎来建所90周年之际，我们编选出版《经济所人文库》（以下简称《文库》），既是对历代经济所人的纪念和致敬，也是对当代经济所人的鞭策和勉励。

《文库》的编选，由中国社会科学院经济研究所学术委员会负总责，在多方征求意见、反复讨论的基础上，最终确定入选作者和编选方案。

《文库》第一辑凡40种，所选作者包括历史上的中央研究院院士、中华人民共和国成立后的中国科学院学部委员、中国社会科学院学部委员、中国社会科学院荣誉学部委员、历任经济所所长以及其他学界公认的学术泰斗和资深学者。在坚持学术标准的前提下，同时考虑他们与经济所的关联。入选作者中的绝大部分，都在经济所度过了其学术生涯最重要的阶段。

《文库》所选文章，皆为入选作者最具代表性的论著。选文以论文为主，适当兼顾个人专著中的重要篇章。选文尽量侧重作者在经济所工作期间发表的学术成果，对于少数在中华人民共和国成立之前已成名的学者，以及调离经济所后又有大量论著发表的学者，选择范围适度放宽。为好中选优，每部文集控制在30万字以内。此外，考虑到编选体例的统一和阅读的便利，所选文章皆为中文著述，未收入以外文发表的作品。

《文库》每部文集的编选者，大部分为经济所各学科领域的中青年学者，其中很多都是作者的学生或再传弟子，也有部分系作者本人。这样的安排，有助于确保所选文章更准确地体现作者的理论贡献和学术观点。对编选者而言，这既是一次重温经济所所史、领略前辈学人风范的宝贵机会，也是激励自己踵武先贤、在学术研究道路上砥砺前行的强大动力。

《文库》选文涉及多个历史时期，时间跨度较大，因而立意、观点、视野等难免具有时代烙印和历史局限性。以现在的眼光来看，某些文章的理论观点或许已经过时，研究范式和研究方法或许已经陈旧，但为尊重作者、尊重历史起见，选入《文库》时仍保持原貌而未加改动。

《文库》的编选工作还将继续。随着时间的推移，我们还会将更多经济所人的优秀成果呈现给读者。

尽管我们为《文库》的编选付出了巨大努力，但由于时间紧迫，工作量浩繁，加之编选者个人的学术旨趣、偏好各不相同，《文库》在选文取舍上难免存在不妥之处，敬祈读者见谅。

入选《文库》的作者，有不少都曾出版过个人文集、选集甚至全集，这为我们此次编选提供了重要的选文来源和参考资料。《文库》能够顺利出版，离不开中国社会科学出版社领导和编辑人员的鼎力襄助。在此一并致谢！

一部经济所史，就是一部经济所人以自己的研究成果报效祖国和人民的历史，也是一部中国经济学人和中国经济学成长与发展历史的缩影。《文库》标示着经济所90年来曾经达到的学术高度。站在巨人的肩膀上，才能看得更远，走得更稳。借此机会，希望每一位经济所人在感受经济所90年荣光的同时，将《文库》作为继续前行的新起点和铺路石，为新时代的中国经济建设和中国经济学发展作出新的更大的贡献！

是为序。

于 2019 年元月

编者说明

《经济所人文库》所选文章时间跨度较大，其间，由于我国的语言文字发展变化较大，致使不同历史时期作者发表的文章，在语言文字规范方面存在较大差异。为了尽可能地保持作者个人的语言习惯、尊重历史，因此有必要声明以下几点编辑原则：

一、除对明显的错别字加以改正外，异形字、通假字等尽量保持原貌。

二、引文与原文不完全相符者，保持作者引文原貌。

三、原文引用的参考文献版本、年份等不详者，除能够明确考证的版本、年份予以补全外，其他文献保持原貌。

四、对外文译名与今译名不同者，保持原文用法。

五、对原文中数据可能有误的，除明显的错误且能够考证或重新计算者予以改正外，一律保持原貌。

六、对个别文字因原书刊印刷原因，无法辨认者，以方围号□表示。

作者小传

陶孟和,男,原名履恭,字孟和,以字行,祖籍浙江绍兴,1888年11月5日生于天津。1926年7月1日,陶孟和被聘为中华文化教育基金会社会调查部专任秘书(即负责人),1929年7月1日,任社会调查所(中国社会科学院经济研究所前身)所长。

陶孟和是中国著名社会学家、教育学家,中国社会学、社会教育学的奠基人、社会科学研究事业的开拓者。

1906年,陶孟和以官费生赴日本留学,在东京高等师范学校学习教育学。其间与同学杨文洵搜集大量资料,编译《中外地理大全》二卷,1916年由中华书局出版,此书内容周详,广受欢迎,多次重版,至1934年8月出版了第十一版。1910年陶孟和赴英国伦敦大学伦敦经济政治学院研习社会学和经济学,1913年获得科学学士(经济学)学位。在此期间与梁宇皋(Y. K. Leong)合著 Village and Town Life In China(《中国乡村与城镇生活》),1915年在伦敦出版,1923年再版。此书为陶孟和论述我国社会组织和社会思想的第一部著作,也是我国研究社会学最早的一部著作。2015年12月商务印书馆重新出版了这部著作,收入《中华现代学术名著丛书》。

1913年陶孟和回国后,任北京高等师范学校教授,并任历史地理学部教务主任兼预科哲学教授。1914—1927年任北京大学教授,并任哲学系和政治系、社会系主任、教务长等,为哲学系、中国文学系、法律系、政治学系讲授教育社会学、社会心理学、现代政治、社会问题、社会学等课程。1924年,陶孟和又兼任燕京大学社会学系教授。

"五四"前后,陶孟和是新文化运动的积极倡导者和主要人物之一，在《新青年》《新教育》等报刊发表了多篇文章，极力提倡科学和民主，提倡改革社会制度，提倡研究社会问题和调查社会实际情况，主张改革和发展大学教育，拥护平民教育运动。"五四"前后陶孟和有关这些思想的文章，大多收录于《孟和文存》和《社会与教育》等著作中。1914—1915年，陶孟和还参与了北平人力车夫生活与工作状况的调查研究。

1926年至1934年，陶孟和主持社会调查部（所），积极组织开展社会调查研究，最初着重于劳动问题与农产品贩运研究，后逐渐扩大至经济史、工业经济、农业经济、劳动问题、对外贸易、财政、金融、人口、统计等。其中许多研究都具有开创性。陶孟和本人在国内首次采用记账法开展了北平生活费调查，出版《北平生活费之分析》。

1934年7月，社会调查所与中央研究院社会科学研究所合并，沿用中央研究院社会科学研究所之名，1945年改名为社会研究所，陶孟和长期担任该所所长。社会科学研究所主要研究工作包括社会经济史、工业经济、农业经济、金融、国际贸易、财政、人口、行政及统计等领域，其中有很多当时属于学术前沿的研究。抗日战争期间，陶孟和及时组织社会科学研究所开展战时经济、沦陷区经济、抗战损失、国民所得及中国经济的新设施和新发展、中央财政与地方财政等方面的研究。1946年陶孟和并担任国民政府抗战损失赔偿调查委员会委员。

陶孟和在组织大量的社会经济调查和研究外，并与同事共同创办主编了《社会科学杂志》和《中国近代经济史研究集刊》（1937年3月第五卷起改名为《中国社会经济史集刊》）。《社会科学杂志》于1930年3月创刊，至1948年共出版10卷。《中国近代经济史研究集刊》从1932年11月至1949年1月，共断续出版8卷。这是第一份以经济史为名的学术刊物，其创刊时间比美国经济史学会的 *Journal of Economic History*（1941年5月创刊）还早8年。[①]

[①] 刘翠溶：《导言》，见于宗先等编《中国经济发展史论文选集》，台北：联经出版事业公司1980年版，第11—12页。

陶孟和自1935年起担任中央研究院第一、第二届评议会的当然评议员，1948年当选为中央研究院院士。陶孟和并曾担任国民参政会第一届至第四届参政员。

1948年冬，陶孟和坚决抵制国民党政府的迁台计划，将社会研究所全部人员及图书资料完整地留在了南京。

1949年9月，陶孟和作为特邀代表参加中国人民政治协商会议第一届全体会议，并当选为政协全国委员会常务委员。10月，陶孟和被任命为中国科学院副院长，分工负责社会、历史、考古和语言四个研究所，兼任社会研究所所长。1952年辞去社会研究所所长。陶孟和先后兼任中国科学院联络局局长、中国科学院图书馆馆长，1955年任中国科学院编译出版委员会主任及中国科学院哲学社会科学学部委员。他还兼任政务院文化教育委员会委员、国务院科学规划委员会委员、全国人大代表等职。

作为中国知识分子的代表，陶孟和正直无私，敢于仗义谏言。1957年9月，陶孟和在中国科学院哲学社会科学部最后一次"反右"批判会上发言时疾呼："在社会主义社会里，人们相互间的关系和社会的进步，依靠的是友爱，而不是仇恨，知识分子应发挥他们的作用，而不应当受到敌视"，他还指出，"反右"斗争，对知识分子是一场"浩劫"！在当时的与会者中引起了震动。[①]

1960年4月，陶孟和以衰病之躯赴上海参加中国科学院第三次学部会议，抵上海后第三日，突发急性心肌梗死，经抢救医治无效，于4月17日中午逝世，享年73岁。4月28日，在北京中山公园中山纪念堂举行了公祭。

陶孟和主要著作有：*Village and Town Life In China*（与Y. K. Leong梁宇皋合著，London：George Allen & Unwin Ltd.，1915）、《中外地理大全》（与杨文洵合编，中华书局，1916年）、《社会与教育》（商务印书馆，1922年）、《社会问题》（商务印书馆，1924年）、《孟和

---

① 巫宝三：《纪念我国著名社会学家和社会经济研究事业的开拓者陶孟和先生》，载《近代中国》第5辑。

文存》（亚东图书馆，1925年）、Livelihood in Peking（Peiping：Institute of Social Research，1928）、《北平生活费之分析》（社会调查所，1930年）、《中国社会之研究》（重庆国民党中央训练团党政高级训练班讲稿，1944年）等，另有报刊散篇论文甚多。译著有《欧洲和议后之经济》（英国坎斯 J. M. Keynes 原著，今译为凯恩斯，与沈性仁合译，新青年社，1920年）、《现代心理学》（日本速水滉原著，北京大学出版部，1922年）、《公民教育》（美国斯纳藤 D. Snedden 原著，商务印书馆，1923年）、《社会进化史》（德国米勒利尔原著，与沈怡、梁纶才合译，商务印书馆，1929年）。

目　录

社会 …………………………………………………………… 1
社会学科的性质 ……………………………………………… 6
社会的研究 …………………………………………………… 10
社会研究的困难 ……………………………………………… 15
社会调查 ……………………………………………………… 24
怎样解决中国的问题 ………………………………………… 28
社会学上之国家观 …………………………………………… 32
社会与教育
　　——本校陶履恭教授在学术讲演会之演辞 …………… 40
人性
　　——改革社会的根本问题 ……………………………… 57
平等篇 ………………………………………………………… 62
利益与联合 …………………………………………………… 72

中国社会之研究 ……………………………………………… 80
家族与国家两方面要求的冲突 ……………………………… 101
转变中的中国 ………………………………………………… 110
转变时代里的人们 …………………………………………… 114
人力的合理化 ………………………………………………… 120
中国的人民的分析 …………………………………………… 125
职业与生殖 …………………………………………………… 132
新贫民 ………………………………………………………… 136

士的阶级的厄运 ………………………………………… 143
北京人力车夫之生活情形 ……………………………… 149
一个军队兵士的调查 …………………………………… 160

人口与土地 ……………………………………………… 180
世界人口的将来 ………………………………………… 187
现代人口减少问题 ……………………………………… 196
都市与乡村人口的消长 ………………………………… 200
贫穷与人口问题 ………………………………………… 206

种族问题 ………………………………………………… 222
种族问题（二）
　　——从历史方面的观察 …………………………… 227
种族的差别 ……………………………………………… 232
张伯伦的种族说 ………………………………………… 239

六时间之劳动 …………………………………………… 247
欧美之劳动问题
　　——一九一九年在欧洲时所见 …………………… 251
中国劳工生活程度 ……………………………………… 260
中国目下的失业问题 …………………………………… 279
中国智识阶级失业问题 ………………………………… 290
工人教育之哲学 ………………………………………… 302

女子问题
　　——新社会问题之一 ……………………………… 307
女子的装饰 ……………………………………………… 312
论自杀 …………………………………………………… 316
再论梁巨川先生的自杀 ………………………………… 322

读《中华民国统计提要(廿四年辑)》书后 ……………………… 325
国民经济的独立 ……………………………………………… 331
要采行一个新农业政策 ………………………………………… 335
现代工业的性质 ………………………………………………… 341
我也来谈一谈物价 ……………………………………………… 351
学校财政 ………………………………………………………… 356

第一次世界大战的德国赔偿 …………………………………… 363
日本对我国赔偿问题 …………………………………………… 373

编选者手记 ……………………………………………………… 380

社　会

　　社会，社会，此近来最时髦之口头禅。政治之龌龊，则归咎于社会。教育之不进，则溯源于社会。文学之堕落，则社会负其责。风俗之浇漓，则社会蒙其诟。要之，无往而非社会。嘻，社会，社会，人间几多罪孽尽托汝之名而归于消灭。

　　世人用语，率皆转相仿效，而于用语之真义反漫然不察。物质界之名词，每有实物可稽寻，世人用之，或能无悖词旨，鲜支离妄诞之弊。独进至于抽象之名词，无形体之可依托，而又非仅依吾人官觉所能理会，设转相沿袭，不加思索，非全失原语之真义，即被以新旨，而非原语之所诂，此必然之势也。夫社会一语，宋儒以之诂村人之组织；今人用之，以译梭西埃特（Society）。梭西埃特之与社会，其语源，其意味，殆若风马牛之不相及。特以西方思想之传播，吾人假固有之名词，以诂输入之新义而已，非因袭千年前之古训也。际兹时会，梭西埃特之本性，即今日所谓社会之真义，岂非吾人所当深切研究者耶？

　　今试执一般之学子，而卒然质以社会之义，则必曰，人群而已，人与人相集之团体而已。斯说尚矣。人何以必有群，何以必集为团体？人群果何以异于兽群？社会之团体，果何以别于公司之团体，何以别于学校之团体？既为群，既为团体，果否亘久不散，历万劫而不灭？群之各员，果否有相牵动相连带之关系？社会之中，果否有共同之努力，共同之理想？凡此诸问题，皆社会之根本观念，而一般以社会为口头禅者所弗暇致思者也。

　　社会者，人与人相集之团体也。其所以异于兽群者，以其永存，非若动物之聚散靡常。西比利亚①之荒原，饿狼结群，猎取食物，其成群也，迫于食欲之冲动，一旦食欲既满，则无复结群之必要。动物之中人类而外固亦有终始群居者矣：若蚁，若蜂，其最著者也。然群居之人类，犹有别乎其他群居之动物。人类之群乃人类所组织，其人与人之间，关系密切，影响深远，视诸其他动物之群，繁复万状。今日之动物心理学、昆虫心理学，固属研究初期，于动物之结群，于其群居之奥秘，犹未能一览无馀。即使异日群居动物之研究豁然大明，吾敢断言，人类之社会，固仍为至繁至密之群也。公司、学校，固亦人类之团体矣，然而吾不能称之为社会。公司之职员，有更易而其职解。即使其任务终身，而其为公司职员之资格，不过当其人生命之一方面，职员乃专对于公司而言，对于国家则称国民，对于家族则称父，称兄弟，称子侄。学校之生徒教师，非悉能终身不去职者也。即使有就学终身掌教终身其人者，教学乃其人一方面之活动，非全生命也。要之，公司、学校，非能包括人之全生命。公司不过当人之职业的事务的一方面，学校不过人之教学的一方面，咸属片面的人为的一种团结，人类之一种团体而已，不得称为社会也。举此以例其他，则人间无量数之团体，只能表示人类之片面的人为的组织，而不能包括全生命。易言以明之，人类群居生活之一方面，不得称为社会也。

　　由是观之，社会者，人类种种活动之周围，亦即人类群居生活之全体也。虽然，社会吾不能见，非若宫室汽车之形体具在，可以视，可以摩挲，可以吾人之官觉理会者也。吾人之所能理会者，惟社会关系，社会制度而已。吾人之存于斯世也，绝不可以个人而独存，对于其他个人，势必生无穷之关系。种种关系，性质靡同，而可大别为数类：吾之对于父母，对于兄弟姊妹，对于妻子，是皆与生养攸关，可称为生命之关系；吾之日常劳动，专勤事业，势必与他人相共，是为经济的或实业的关系；吾人立于国家主权之下，与他人同属于政治范

---

① 编者注："西比利亚"，今译为"西伯利亚"。

围之内,负责任,享权利,是为政治的关系;吾人广义之生命,吾人之活动非特限于生命的关系,经济的关系,政治的关系已也,吾人与他人之关系,必犹于吾人之心灵发展,有所进益,增蓄思想,研究学术,教学相长,是为智识的关系;崇高信仰,洁己修行,明人人之道,是为伦理之关系;二者之关系咸发达吾人之心灵者也。兹所述之五端,特其荦荦大者,而人与人之关系繁复,又绝非止于此。人之相接触相邻近,勿论其与吾有否生命、经济、政治诸关系,要有不可磨灭之关系存乎其间。吾之一举一动,势必不免涉及他人,而他人之行为亦难免涉及于我。吾之言语思想,亦必与他人之言语思想相通相应。故人既群居,社会的关系,乃无往而不存。

人群之中,个人与个人之关系既若是之夥,更扩而充之,则个人与团体,团体与团体之关系其数愈多,枚举愈难。故吾生于斯世,乃觉无数之社会关系萦绕于吾之一身。吾乃若万矢之的,络绎不绝之社会关系麇集于吾身。昔卢梭著《民约论》①,弁言既竟,首章之首句曰:"人之生也自由,而无处不受束缚"。束缚匪它,即以人之寄身于斯世,无穷之社会关系,必憧憧往来于人我之间。自十七八世纪之绝对自由自然自由之立足点观之,则斯类之关系,限制行为,形同束缚,卢梭之语非诬。自今日之社会学理观之,则人之所以为人,人之所以有文明之进步,有心理之发展,胥赖乎社会关系,社会之文野,文化之进退,胥视乎社会关系之密疏繁复程度何似,则卢梭之呻吟语于今日已无价值。

社会之生命亦即种种社会关系之活动。家族之中,婚姻祭祀,是生命之活动也。劳形骸,营生活,是经济之活动也。输纳租税,监督政府,是政治之活动也。修养心性,发展理智,是心灵之活动也。若夫道德的心理的活动,则吾人行之,犹无时或间。总之,凡因社会关系而产出之社会活动,千差万别,靡有休息,可总称为社会之生命,其影响及于个人,及于团体,及于团体之各个人,而其

---

① 编者注:《民约论》,今译《社会契约论》。

影响之反动,复反及于个人,及于团体,其间相牵动相连带之关系,殆莫可究诘。关系愈繁,则活动之关系愈密切,人类共同之追求亦愈显,是亦即社会进化之征也。

社会者,一种抽象之观念,吾人不能睹其形剖析而阐明之,惟见种种相牵连之关系,种种相关系之活动,而所以规定关系范围活动者,厥为社会制度。制度者,关系活动之标准,吾人所共认共守者也。若家族制度、婚姻制度、商业制度、劳动制度、政治制度、教育制度、宗教制度,莫非规制吾人之活动。而吾人之日常起居,晤接周旋,罔不有礼节仪制以范围之。兹所谓制度者,非具体之制度也。就具体之制度而深求其本,详探其旨,咸不外乎一种道理之表象。例若祖先崇拜,乃吾族之一种宗教制度。岁时祭祀,跪拜号泣,固属仪式,而实所以表示慎终追远之观念。焚化楮钱,供献品物,事死如事生,事亡如事存,实表示死后生命之信仰。诵经咒,招亡魂,仗十方佛力,莲花化生,实表现佛教净土宗之教旨。总之,试取吾族祖先崇拜之制度详察而深究之,将见具体之制度,正观念之表象,具体制度之变更,亦即观念之嬗变也。又若国会之制,乃政治制度,巍然之建筑,灿烂之宪法,要不过宪政大旨之一种表现而已,若遽以具体之国会宪法为政治制度,是忘却制度之本旨也。

吾述至此,则世人一般关于社会观念之谬,将不俟辩而自明。所谓社会者,至泛至漠之名词,叩其意义,阐解维艰。世人不暇思索其真意,卒至举人世上一切问题,悉以社会一语解释之,而责任乃无所归。噫,是邪说乱世,诱人于迷途也。夫社会之成,成于个人之相往还,个人间无穷之关系。而个人之关系,准乎制度,以为活动。故人世上之恶,非制度之不良,即活动之不当,或关系之不正,决非社会之责也。关系之不正,个人之过也。活动之不当,个人之失也。即制度之窳废,亦吾人所得而纠正,个人之责也。吾不云乎,制度所以范围关系,范围活动,则社会制度诚可为革新人群革新社会之基础。社会之进化,社会制度之进化而已。举此以律吾国社会之状况,则举凡家族制度、婚姻制度、劳动制度、政治制度、教育制度、交际制度，乃及其他无量数之制度，何一不亟当改革，谋根本之刷新，又何一非个人之责任。

（原载《新青年》第 3 卷第 2 号，1917 年 4 月 1 日，选自《孟和文存》，亚东图书馆 1925 年 6 月版）

社会学科的性质

社会科学在学校教科上的价值，是使我们多少明白共同生活的情形。有的科目告诉我们如何达到现在的共同生活，甚么是我们共同生活的背景（如历史），有的科目告诉我们现在办理共同生活的事务的机关是如何组织的，或是这个机关应该如何组织（如政治学），有的科目告诉我们生活上物质的需要如何满足，人类如何活动去满足那个需要（如经济学）。"社会问题"也如那些科目一样，专说明人类共同生活的一方面：他讨论共同生活的性质，并且研究对于他的缺点如何补救。

现在的人大概都相信自然科学在学校教科上的价值，没有怀疑或反对的了。但是我们可以说社会科学比自然科学的价值更大，关于社会的知识，比较关于自然界的知识更为重要。因为人要是不能有适宜的社会，虽有自然界无限的供给，仍然是不能活着。更进一步说，假使人不能得到适宜的社会生活，人也就不容易有能力去支配自然界，享用自然界。人人都应该明白共同生活的性质，设法将共同生活整理完善。一方面因为每人都是社会的一分子，所以他应该知道他的社会，并负有改良他的社会的责任。又一方面，因为适宜的社会生活是各人实现他的生命的所在——没有好的社会，就没有好的生命，人在好的社会里，才可以寻到他的（生命的真价值），所以明白社会与改良社会是他的义务，他的必不可卸去的义务——除非他要抛弃他的生命，他不求实现他的生命的价值。

我们永远不能超出共同生活以外的，凡是自己以为是"独善其身"的，都是在那里做迷梦。世上很不容易有独善其身的——我不能断其必无，因为一切社会的改良，都是从个人做起——但是只能独善其身而不能"兼善天下"，还是不澈底的，那独善其身的结果也未必靠得住，那独善其身的价值也未必保得稳。我们在家庭的小范围里无论如何讲究卫生，但是一旦遇着腐败的市政府，道路不修，卫生不讲，虽然我们庭园里是洁净的，但是全城里都是龌龊的，我们也不得不自叹个人能力的萎弱。我们对于自己的子弟，无论如何注意他们的教育，但是因为地方上缺乏完善的学校，儿童没有受教育的方便，我们最好的计画终也归于泡影。我们对于自身无论抱如何高尚的理想，如戒除恶癖，不为世俗所污染或想成就有价值的事业，但是因为我们时时不能与共同生活相分离——时时为家庭的，学校的，职业的，亲戚的，朋友的……一分子——时时受共同生活各方面的影响，我们扪心自思向来所抱的理想果有几分可以实现？假使不致完全为共同生活所左右已经算万幸的了。类如以上所说的经验不可胜数，我们无往不觉得只是独善其身是不行的。

有些人看了这种情形便去骂社会。将一切的罪恶都归咎在社会身上，将自己的责任也都卸在社会身上。但是这样消极的咎责社会，脱卸责任，终不能成为解决的方法。那末，什么是解决的方法呢？第一步便是要知道社会，了解他的性质与状况。其次就是按着我们对于社会的知识与所相信的目标去整理社会，改革社会。一切的努力，计画或理想——只要是为社会造福的——都推广或实施到社会，而不仅以个人的小范围为限，就是每个社会分子应尽的义务。但是凡是有志尽这个义务者，最先必须知道他所生存的社会的情形，研究他那社会实际的问题。"知是行之本"。社会科学的教科在学校里可以多少供给学生这一类的知识，可以指导他研究的路径。

教者与被教者对于社会学科有最应该注意的一件事：社会学科只是供给一种对于社会的看法，决不是宣传。社会学科与自然学科一样，都不过供给一种科学的态度。自然学科使我们对于自然现象为科学的观察，去分析自然，了解自然，于是便可以支配自然。有自然科学的知识的，便可以发见风、水、蒸汽、电，与其他无数的自然产物的性质，供我们的享用，那缺乏自然科学的知识的，便常受这些自然产物的害，供他们的牺牲。社会学科使我们对于社会现象为科学的观察，这样的观察便可以发见社会的性质，计画支配社会情形的办法。两种学科的性质虽然如此相似，但是实际上社会学科常遭极可怜的摧残，他的科学的性质常被剥削，只留剩许多的信条，供人的鼓吹宣传。这是一件极不幸的事，但是他所以致此之原因我们也可以追寻的。

自然界的现象，与其现象间的关系，常是可以证明的，人见了这个证明，无论如何再也不能否认，再也不能不相信。水含着轻养二气①，凡是曾看见过水的分析的实验的，谁还敢不承认？传染病常由微生虫为传递的媒介，凡是曾看过显微镜的，谁还敢再怀疑？自然定律的确凿，很少容许人发生不同之意见。至于社会现象，与其现象间的关系，还没有达到如自然现象那样可证明的精确的程度。向来人对于社会的见解，正如同人在自然科学时代以先对于自然的见解一样，包括着多少的迷信、误解与臆断。此外，因为社会现象常是于我们有切身的、利害的关系，所以我们见解中不是有所偏袒，便是固执成见——极难将自己的私见或关系抛开，完全为客观的研究。因此关于社会的议论常带着极浓厚的属于人的色彩——他的好恶遮掩了他的理性，他的成见排斥了客观的观察，他的私人的利害观念完全占据了他的注意——一切关于社会问题的讨论竟失去科学的性质，变为宣传与鼓吹。

假使教者竟用社会学科来做宣传，那教者便忘了他对于被教者的责任。教育不是传布偏见，不是灌输成说，乃是解放幼年的心灵，发展他自己的判断力。换言之，教育不是给人见解，乃是帮助人得到见解。所以在社会学科的教授上，教者只应该为科学的、客观的陈述，不应该为偏袒的主张；他对于每个问题的各方面，都应该与以相当的注意，不应该按着个人的好恶而有所重轻。人完全抛弃成

---

① 编者注：轻养二气，今译氢气、氧气。下同。

见，诚然不是一件容易的事，成见差不多可以说是人的一个特质。一个人的见解，特别是关于社会现象，总不免受他的门第、教育、职业、习惯等等的影响的。但是教授社会学科的教员就他的能力所及，至少要将那不合理性的，背乎科学的成见抛却。

我们看了人类的历史，觉得有多少的不幸都是他的偏见、迷信与误解所产生的结果。社会学科的设立，本来是使人明白社会，消弭那不幸的。从此看来，那教授社会学科的教员岂能背弃他的责任，再宣传他的偏见、迷信与误解去增加那不幸呢？

（原载《教育与人生》第34期，1924年6月9日）

社会的研究

科学的性质即对于各种现象及各种现象间之关系为有统系之研究。如普通自然科学的研究即对于自然状态分别种类，研究其间之关系，研究其为同时并现的或先后继现的现象。换言之，即为共存之现象或因果之现象。大凡科学之研究无论种类如何驳杂如何殊异，其研究之性质类无出乎此。研究自然科学者常否认社会的研究可以成立为科学，因为社会现象相互间的关系没有像自然现象那样的清楚。换言之，自然科学研究时所用的研究方法不能适用于社会上的。所以社会学不能成立为科学。此种论法有两个缺点，一个缺点是将科学之范围看得太狭，一个缺点是以为人类现象是无规则的，无律例的。本章既讨论社会的性质，现在更从社会的研究方面讨论社会现象之特点。

社会现象之因果关系没有自然现象的因果关系那样简单，并且那因果的关系也可以倒置。例如金属见了热就涨，热就是使金属涨的原因。此种物理现象的因果关系是简单的，不能掉换的。社会现象上如好教育是好政治的原因，科学进步是发达实业的原因，工钱低是贫穷的原因，法律严是犯罪多的原因。这种因果关系，大概是现在的人所公认的。但是这些因果关系我们也可以反转过来，说必须有好政治才可有好教育，实业进步了才可以促科学的进步，因为贫穷的人能力薄弱，所以工钱低少，因谓犯罪的增多，所以法律须严酷。社会的现象常可以互相为因果的。社会现象不特因果倒置并且极复杂纠纷。例如欧美生殖率有低落的现象，究其原因不祇一端，必有许多互相影响的要素，如（一）生活程度高，（二）智识高，不注意子女之有无，（三）女子在社会上在法律上的解放，（四）理想之改变，以先人皆求子女多，现在则此种观念改变，（五）以先阶级的消灭，人人不受阶级制度之束缚，皆有向上之心，故不愿受子女众多之累，（六）军国主义之倾颓，一国之富庶不在人口，人口仅为次要的，（七）宗教信仰的倾颓，以先人受宗教之教义之束缚，对于人口的生殖完全委诸自然，今则宗教之迷信已失其束缚之力，人不以限制人口为违反宗教。又如中国之政治不良，若溯其原因及所以致此之要素则也纷复而互相影响，如（一）督军制度，（二）缺乏宪治，（三）司法不能独立，（四）教育不发达，（五）经济不发展，（六）生活困难，人无暇来注意政治或国家之事务，（七）外国对于国内政治之干涉，挑拨袒助等行为及其侵略政策。使中国政治不良之原因及要素很多，他们相互为因果而各要素之间亦互相为因果。所以中国政治问题，是一个极复杂的问题，没有单解决，也不能有总解决。

如上所举各例，无论何种的社会问题或社会研究都包括着许多的互相依赖的要素。人口减少，或政治不良与飓风、地震、潮汐等现象绝不能属于同类。盖物理质的现象因果简单而分明，而社会现象则错综纠纷而相互影响，相互为因果的。研究自然现象的学者见了这种复杂的社会情形，即不承认社会研究亦可以为科学的研究。要知社会现象虽然不与自然现象之性质相同，然亦可应用科学方法，对于社会现象为科学之研究。

科学家常以量计为科学之最高级。如物理现象、化学现象皆可量计，可以用数字表出。科学之发展日益精确，科学精确的程度亦即以其能受精确的量计为比例。社会科学则不能以量为其最高之发展。因社会科学之所要求者不在量计而在量计以上。社会科学求知社会现象，求了解社会现象，不仅限于获得量计之结果。物理学者诚能量计光之浪，声之浪，色之波动，热之质点，但光、声、色、热之真性质绝非只由量计其波浪或质点所能尽。日月之光辉，音乐之声调，自然之色彩，情之热烈，皆是不能量计的而皆比普通所能量计的为多。而这些不能量计的也常是人生所最宝贵的。

可量计的与可知的范围不必皆同。有可量计而吾人不知其意义者如时间是。有不可量计而吾人可知其意义者如幸福、悲痛是。盖可量计者，能量计者，大抵皆是外边的不知的。而可知者，能知者，大抵皆是内的，意识的，不能量计的。假使科学衹限于可量计的，则其所研究之现象必至只限于不知的与不可知的。如科学不以求知为目的而以量计为目的，则其结果专在应用，在乎权力，不在乎了解，在乎支配自然，不在乎明白自然，在乎战胜自然，不在乎知晓自然。所量计之对象与所知晓之对象不同。前者为量而后者为质。若科学之范围只限于所量计之量，则其所研究只可限于不可知之境。量是可以量的，质是只可以体察的，经验的。

社会科学所研究之对象为社会。所研究的事物包括着有意识的人类的关系，支配人类关系的动机与目的，人类生活及活动的方法、状态等等。这些事情都是不能量计的。在社会科学上，能量计者与不能量计者常相混。如财富，是可量计的，而幸福文化则不可量计。人口的年龄、生殖率、死亡率虽可以量计，而人民的健康习惯则不可量计。现在教育心理学者测计心理，但是人的智慧，人的意志还是不可测计的。有许多东西不能用量来计算的。如智慧即不能相加。千百之平庸人不能成为智者或天才，千百之懦者不能成为勇夫。快乐忧愁也是不能用量来计算的。千百人之忧未必足抵一人之断肠，千百人之欢忻未必胜于一人之幸福。因为千百人的忧愁，欢忻，系千百个人所感的情操。那个情操是不能相加的。

社会科学与自然科学性质之不同因其对象不同，既如上述。在根本上看来，自人类生活方面看来，自然科学所研究者为方法（means）而社会科学所研究者为目的（end）。将方法应用于目的。财富、武力皆是方法不是目的。自然现象之自身无目的，他的功能不过为满足一种目的。至于满足之程度也是不能量的。研究自然现象者，常专注意于其所研究，遂至以其所研究者为目的。方法与目的要分别清楚，不可竟因热心方法之故以方法为目的。常见研究科学的热心过度竟认其所研究的为目的。将方法与目的相混或将方法与目的分离，皆能引起极大的危险。近代科学发达最危险的结果，就是将科学是方法这个观念忘记，使人类变为科学的牺牲。人变为机械的牺牲，变为化学的牺牲，变为战术的牺牲。科学极端的进步及遂致使科学不是为人类存在，反倒使人类为科学及科学的成绩存在，这是最不应该的。

还有一种否认社会科学为科学的说法，以为社会科学是不精确的，不能有自然科学的精确。此与上文所述以量计为科学的标准之说为一类。科学如数学、天文、物理、化学，固皆为极精确之科学。其所研究之对象皆可以造出极精确之概念，不容有浮泛空洞或犹疑之词。论到社会科学就不能有这样的精确。我们对于社会现象所得的概念，绝不能如对于物理现象的确切。例如物体如无与地引力相抵之力则不得不落地，这是很精确，很清楚的事实。社会上政治的变迁，经济的变迁虽然可以研究，但是绝没有像物理现象那样的精确。假使我们说政治不良则惹起革命，这个定律就是不确切的。因为在历史上看来，政治不良，亦常有惹不起革命的时候。这个定律与物理学上引力的定律比较起来，精确的程度当然不同。所以社会现象的研究不能成为科学。此种看法的缺点与上文所述之点相同，一种是不明两种对象之不同，一种是将科学的范围看得太狭。科学种类既多，所研究之对象又不相同，则所用之方法，所得之结果亦不必皆为同类。例如原子、细胞，当然不能与观念、欲望相同，寒热可以用寒暑表量计，力可以用量力表量计，但是人的情操、思想、感情就不能由那寒暑表或量力表量计，此外也没有表可以量他。观察植物的生长与观察社会的发展亦不能完全相同。自然律与社会律的不同之点，即前者表示事实，表示现象之关系，后者则仅表示趋向，表示或然的事实。故从狭义的科学观念看来，此种表示倾向的定律不能为科学的定律，但所谓科学不当以此为界限，因凡可以用科学研究的而自成为系统者皆得称为科学。至于所研究之结果精确与否，则视其所研究之对象之性质不同，而精确之程度不同，不能画一。正如对于流动体之定律,不能施用于固体。所以自然科学之定律亦不能合于社会科学。人不能用同样方法研究万有之现象,亦不能以同样的定律包括那万有之现象。

孔德分别科学为阶级,将数学列为最基本的科学,社会学为最高的科学。两种科学实居于两极端。数学是最抽象的,社会学是最具体的。数学所研究的对象只是存在(existence),而社会科学所研究之对象为实际(realities)。社会现象无论哲学家如何解释,在人类看来总是实际的,不是假的。社会科学常用数目以为解释现象的锁钥。如人口统计,财富统计,凡社会事实可以用数目表现的,都可以为发明社会研究之用。但要知社会上的统计自身无价值,而要在能解释事实。如用人口统计可以解释人民健康的变化,生活状态、思想状况之变化,家族的性质之变化,乃至理想与成训的变化,皆可由统计推知。所以数目不难得,而用那数目去解释现象则不见得容易。

(原载《国立北京大学社会科学季刊》第 1 卷第 3 号,1923 年 5 月)

社会研究的困难

向来人不肯承认社会研究是严格的科学，是与自然科学同意义的科学。近年社会科学者努力于社会现象的观察，并设计各种工具与方法助长观察的精确，诚然多少提高了社会研究在科学上的地位，但是社会现象不容易作科学的探讨，是我们应该承认的。

本文叙述社会研究上诸般的困难，使专心此业的人知所警戒，并且知必须胜过这些困难，才可以客观的观察社会，科学的研究社会。

一　主观的见解

按科学研究的性质，凡是观察一个现象必须守严格的客观的态度，将研究者自身的情感与成见一概蠲除。如是然后所观察的现象不致依人而变化，凡是常态心理的人只要能同样的蠲除个人情感与成见做观察，便能对于这个现象，得到同样的印象。如是然后由观察所得到的结果与推论才可以有科学的正当（scientific validity）。一个研究的结果要获得科学的正当，一方面要看他的实用，要看他是否可以讲得通，行得通；另一方面，就是我们这里所说的，凡是心理完整的人用纯粹的客观的观察，都可以认清，都可以证明。反过来说假使观察不能排斥主观的情感与成见，则所观察的现象，并非纯粹客观的事实，已经加上个人的成分。如是则所观察的对象便因人而异。各人所知觉的不同，所推论的，所结论的，必亦不同，于是研究便失去科学的正当，而变成争论、驳议、辩护了。

蠲除情感与私见是科学研究的第一要义,既如上述。但是可惜社会研究,对于此点,常不能如自然研究的忠恪的遵守。研究社会现象而常不完全采用客观的态度固然有他固有的困难,但是因此便失去他在科学上的地位。我们研究自然现象的时候,可以完全排斥我们感情的作用,头脑冷静的观察推论。例如气象学者观察温度的升降,无论他对于冷热,有如何的好恶,他总可以忠实的记载温度升降的度数,不参加成见私意于其间。昆虫学者,考察一种昆虫的构造与行为,无论他对于昆虫外观的美丑,习惯的洁净或污秽,行为于人有益或有害,都不加主观的判断,只能忠实的记载他的实状。这是自然研究者通常的态度,除非他有意矫造事实,修正事实,以谋拥护一种理论或主张。自然研究者虽未必果然生来便有对于知识的忠诚(intellectual honesty),但是我们敢说他们所研究的对象都不容易使他们犯对知识不忠诚的毛病。

研究社会事实的所以不容易采取完全客观的态度,简单说来,就是因为社会事实,特别是与观察者相密接的事实常容易引起他的情绪或成见,妨止他的清楚的客观的认识。人生活在社会里,从幼小的时候,渐渐从事各种活动,如家庭的,经济的,职业的,宗教的,等等,便不知不觉的铸成若干定形的反应(stereotyped responses)或行为程序,吸收若干定形的见解。这些定形的行为程序即普通所谓习惯,定形的见解即普通所谓成见、偏见,都是一般人不容易,有些人或者不能够避免的。从一方面看来,一个人便是若干定形的行为程序与定形的见解的总和。因此之故,他对于自己生活的事实,或与自己生活相连的事实,便不容易做客观的观察,而他的观察里便映出他的习惯与成见的印象,或加上他的习惯与成见的色彩。例如观察者自己是生活在遵守一夫一妻制度的社会里,他的行为,他的思想,当然承认这个制度为天经地义(虽然他的冲动,他的内心未必真愿意遵守这个制度,但是在表面上还必然拥护他),见了凡有与这个相反的人或制度必然发生一种疾恶的情绪而痛斥其非。这样的受习惯与成见支配的一个人来观察与一夫一妻制相违的事实,便不能完全客观的研究这个事实，而将自己的情绪与主观的见解参加于其中了。此种实例索见不鲜。如欧美人士，特别是基督教牧师，对于东方及其他种族婚姻制度的观察便常表现这个毛病。又假如观察者生活在有严格的阶级区别的社会里，又适巧属于享用特权的高等阶级，他见了一个平等的社会，一般人都无差别的享用民权与政权，自然要发生敌忾的情绪，表示咎责的态度。如十八世纪末叶迄十九世纪初年欧洲各国的政论家对于法国革命的言论，如近年各国人士对于俄国革命的观察，都常犯此种毛病。总之，社会研究者必须竭力的将一切足以妨害客观观察的习惯与成见排斥，然后才可以对于社会现象为科学的探讨。无论观察人类的任何行为或探求历史的任何事迹，他都应该如研究自然现象、物质现象一样的，不事铺张，不加点缀，屏除一切个人的成分，而祇朴朴实实的，考察并记载所研究的现象。这样说来，好似容易，但是实行起来，却常困难；因为"人是用过去的眼光观察的"。

二 利害的关系；希望与理想

我们如果更进一步分析以上所说的情感与成见，我们还发见两种心理态度，即（一）利害的关系，（二）希望与理想，常是社会研究的拦路虎。现在先说利害的关系。

一个人生在社会里，自然有若干事物，于他有密切的利害关系的。如果他所观察的现象，妨害他的利益，如关于地位、权利、财产、名誉、人格、私人的利益，他便极容易观察不清，判断不明，甚至颠倒是非，修改事实。如果那个现象合乎他的利益，他虽然观察不会不清楚，但极容易热心过度甚至夸张扬厉改造事实。他对于两种现象的态度因利害的关系有过有不及，但同样的是错误的。关于此种错误的实例，不胜枚举，特以关于经济与政治两种现象的观察研究，最易陷于此弊。属于资本阶级而顾虑资本利益的人便极难对于劳动运动做忠实的观察，因政治的利害，无论所拥护的利益是朝代的，政党的，或国际的，对于敌对人物的活动，便不免缺乏可靠的认识。假使一个人毫不顾忌自己的利害，而可以直率的，忠实的观察社会现象，特别是于自己的利益关系最密切的经济的或政治的事实，加以研究，那实在是难能可贵。但是因为一般的社会的研究者，常不能摆脱自己的利益，为客观的探讨，所以他们所发表的著作，便缺欠科学的性质，而只可称为利己的宣传。

希望可以说是人的生命的火焰，一个人在一生里继续不断的努力，是有层出不穷的希望引导着。生命与希望虽有如此密切的关系，但是在研究上，除了以发明真理或增进人类生活为所怀抱的希望外，其他任何希望均不应羼杂于研究者的心中。科学的研究只是精确的，无偏见的观察并叙述现象，或现象间的关系，并不是为研究者希望达到何种目的，如援助一种利益，或拥护一种主张。一个人尽可在他的人生观里希望某种事实实现，可是在他的研究上，他只可忠实的观察并叙述那个事实，不应该表现他的希望。今如有人口膨胀的现象，研究者只可对他作客观的观察，而不能让他受自己希望的影响。如希望人口增加便夸大人口膨胀的情形，希望人口减少便轻言人口膨胀的趋势，乃属于"愿望的思想"（wishful thinking），皆非科学态度所允许。关于此现象的叙述，在下列三种不同的说法中：

一、人口膨胀

二、人口应该膨胀了！

三、人口须膨胀！（或人口要膨胀！）

真正科学的叙述乃是第一种，即文法上所谓直说法（indicative mood）。至于第二种说法含着希望，第三种说法含着命令或要求，都不是正当的说法。

希望足以影响事实，乃是常见的。例如在为某种问题开国民大会的时候，如果两人处在不同的地位，所观察与估计的到会人数便大有出入。他们虽然不必如现在报纸的有意的改造事实，如硬将二三百人报告为数千人，或硬将一二千人报告为数万人，但是他们就是完全诚实的报告，也可以因为动机、希望，或所怀抱的目的不同，而大相径庭。所以观察完全不受希望的影响,实在是不容易的。

如果希望的成分常毁灭社会研究的科学的性质,理想更容易妨碍社会研究在科学方面的发展。科学只是研究某种现象是如何的,但是人类学问有一大部分是讨论某种现象应该如何的。历来一大部分关于社会的著作,即普通所谓社会哲学、社会理想、社会改良、宗教,诸类专注目于目的与价值的著作,即属于后一类。要知目的论或价值论与科学不能并容的。社会研究要求在科学上获有地位,便不能同时计画社会的理想,表彰社会的价值。这个说法,并非说如社会理想、社会改良一类的讨论与著作不应存在,不过只说他们不能构成社会科学罢了。他们只能供给科学研究的材料,如政治的理论、宗教的旨意与仪式皆可成为研究的资料,但他们自身则绝不是科学。一位社会改良家或社会哲学家,尽可热诚的主张并且提倡平民教育、好人政府、平均地权、节制资本,以及其他种种改良社会的方略。但是一位社会科学家对于社会情形便不应采取同样的态度,而他的职务只是考察平民教育的实况,政府人员的资格与其政绩,土地所有权分配的情形,资本分配情形与其利润罢了。他不能袒护或鼓吹任何方策,他只能忠实的研究实在的情形,而报告其结果于大众。

从此可见事实的研究与价值的探讨是应该分开的,前者可以称为严格的科学,后者乃属于哲学(社会哲学、道德哲学)、宗教、审美学一类的学问。科学的工作只是研究现象是如何的,并不能带着任何宗教的、道德的、主义的宣传意味,或设立任何种的目的或价值。但是因为人是社会的生物,与社会有密切的关系,所以社会的研究常不容易排除目的或价值的观念。于是现在社会学有所谓"社会主义的社会学",经济学有所谓"共产主义的经济学"了。实在说来,这些名词是不通的,他们的内容也一定不是科学的。科学的成立,必须有客观的正当(objective validity),即无论任何人,只要依据科学方法以研究某种现象,即可以获得同样的或相仿的结果。如研究同样现象而结论大异,必然研究方法上大有出入。那末,我们必须考查研究时的方法与步骤是否合乎逻辑,是否精确,是否参杂着主观的见解,是否夹带着一定的理想。如果研究的程序完全是正当的,那末,所研究的结果便是科学的,无论何人都该承认。故如经济现象成为客观的研究,无论无产阶级者或资本阶级便都应该承认他是科学;同样的,如果社会现象成为客观的研究,无论共产主义者或集产主义者便都应该承认他是科学。因为科学的知识原无关乎任何主义的。如一种科学冠以某某主义的名词,那显然不是我们所称的科学。简单言之,便不配称为科学。

三 资料的缺乏

科学研究一方面要应用论理,一方面要有研究的资料。论理规定思想的方法,但思想不能空洞玄虚,必有内容,即所研究的现象或事实。各种科学内容不同,于是支配内容的方法(即所谓专门的或技术的方法)便也不同。社会科学所研究的是关于社会各方面的现象,而关于这些现象可以供研究用的资料,则非常缺乏。社会现象按时间可分为过去的与现在的两种。过去的现象,除极小部分残存者为物质的遗迹如建筑、制造品之外,只有口述的传说与文字的记载,可供稽考。口述的传说,因人的记忆力有限,积存的当然有限,且因展转传递,难免发生讹误。文字的记载则只限于有文字的民族,而即在有文字的民族中,记载之可以供研究用者也属不多。我国书籍浩如烟海,即一部廿四史已卷帙繁赜,"不知从何说起",但从研究方面观之,则缺点殊多,如记载之残缺,字句之笼统,事实之真伪难辨,叙述之夹杂著者意见,都构成研究上的困难。总之书籍上所记载的,未必果是研究者所需要的,而研究者所需要的,书籍上的记载也许竟完全遗漏,或残缺不完,或不适采用。至于现在的现象,一部分要用观察,一部分要依赖记载,如报纸、杂志、书籍。观察也要包括记载,因为所观察的事物既不能完全都储藏在脑内,又不能完全用口述传递,所以近代的观察结果,都由文字发表。关于现在现象的记载也犯以上所说的毛病。除极小一部分有系统的观察的记载（不论其目的系为行政、管理或研究）如我国的海关报告、气象报告、法庭记录、公署报告，可供研究资料之外，一般刊物所记录的不是欠完整，便是不值得研究。著者前曾设法搜集我国一二年来失业的情形，即觉得近代刊物所供给的资料，实属有限。当时从报上剪得关于失业的记载不过二十件左右，而即此二十件的记录，也皆残缺，笼统，要从其中寻到关于失业现象主要的几点，如失业人数，失业者的性别、职业、失业期间，乃绝对不可能的。当然日报不是为我们研究失业才刊行的，但是记载不完整，便缺乏可研究的资料。

关于过去现象资料的缺乏，我们殆已无法补救。但关于现在现象的资料，我们应该在两方面设法搜集。一方面，便是做有系统的调查，具有一定目的，而精细的、耐心的采集并记录客观的事实，供研究的资料。但是这种调查事业，如果范围广大，需用巨额的经费与人力，便不是私人所容易举行的。特别我国习惯，机关或个人都怀疑调查，不明瞭调查的用意，所以常不情愿供给消息与刊物于调查者。因此之故实际调查在现状之下，还不容易推广。另一方面，便是希望政府、官厅，以及一切公家或私人的机关设法保存他们有系统的记录，而公布于众。行政机关，为行政事务有效率的进行，必须时时将其事业以及与行政有关各重要的社会现象记载书册，特别因为近代社会情形趋于复杂，行政事务范围也趋于广博而纷繁，尤有系统的登记的必要。同样的，营业或生产机关，为保留过去的状况并营业各方面的情形，也须时时将各种营业事项，做有系统的记载。

关于这类的记录，在西洋文化普及的国家里，都已经大发展。在资本制度下的事业，如管理、营业的事务，必须成为有系统的组织，于是簿记、会计、统计一类技术成为事业上必不可少的工具，而此种记录，常为研究者，特如经济研究者的好资料。在资本制度发展的国家里，政府事务扩张，于是官厅关于民间情形的记载，遂大加增。我们试看如美国华盛顿政府出版局（Government Printing Office）或英国御用文书馆（His Majesty's Stationery Office）每月出版物种类与数目之多，即可窥见近代政府记录发展的一斑。这只就中央出版品而言，地方的如美国各州、各市，英国的各都市也皆各有重要的记录发表。例如 Carr-Saunders and Jones 所著的 *A Survey of Social Structure of England and Wales*（1927）一书内分析英兰及威尔斯的人口社会阶级、国民收入、教育、社会病态，至为详细精确，殆全根据十五种英国的官书，特别是其中数字的资料。若在我国，此类分析实为不可能，因政府向来缺乏此种记录，而私人又绝不能举办此种调查，采集此类广博而精确的统计资料也。我国政府机关的出版物，较诸既往，虽然已显增多，但其质则仍然幼稚。不特为我们研究的应用，即为行政事务的进步，我们也热诚的希望政府各种机关今后十分的改良他们的出版物。

四　研究程序的繁重

专为搜集资料的调查，十分繁重已如上节所述。今舍去调查不谈，即在各种刊物中寻求研究资料，评估其价值，分别其种类，然后推察其关系，已非轻易的工作。要知一切的研究工作，皆须集中注意，积久的努力，耐心的探求，才可以希望博得些许结果。在其他的事业上，或者有速成，或急就的办法，但在研究上，则全赖持久不懈的精神。今试举自然科学上的两个例。一，克仑比亚大学[①]生物学教授摩根[②]氏（T. H. Morgan）为研究遗传，须观察并计算二千万个苍蝇。二，现在疗治糖尿病良药人都知为印秀林[③]（insulin），但在此药之功效完全证明以前，血内糖的分析的试验曾为几百个试验室六十年间的持志不懈而乏味的工作。

---

① 编者注："克仑比亚大学"，今译"哥伦比亚大学"。下同。
② 编者注："摩根"，今译"摩尔根"。
③ 编者注："印秀林"，今译"胰岛素"。

研究者的事业是应该聚集全力，持之有恒。至于研究的成绩如何，大部分要看个人的能力。有的人禀质特厚，勤敏过人，在研究上或者可以博得空前的大发见，有的人资质平庸，如果能集全力于一种研究工作，终久也可以获得相当的成绩。要知现在世界上做研究工作的人，不必皆有天才，然皆各有其贡献，而科学上一切大的发见，大的发明，也莫不倚赖无数无名的研究者穷年累月工作的结果。涓涓之水可以成流，无数的微小的研究成绩，也可供给伟大的科学家重要的参考，使其发挥天才而对于科学为重大的贡献。所有研究工作都是费时间，费精力，并且与同社会阶级比较常是极微薄的报酬（关于此点，可参看英国生物学者 J. B. S. Haldane 的 *Should Scientific Research be Rewarded* 一文。此文见 Possible Worlds and Other Papers 内一八六至一九一页）。所以凡要求名利，特别是贪求速名、速利者都不应该梦想研究是捷径。

　　社会研究的发展比较的是近来的事，他比自然科学的研究，遥在以后。其幼稚之程度如此，而其种种之困难，如本文所述者又彼，一般有志于社会科学者，当奋然兴起，将其全生供献于社会研究的工作。一方面从浩如烟海的典籍中，寻求可以供社会研究的资料，一方面敦促各种机关，特别是政府机关，征集并记载社会的事实。我们须大计画的动员，加入社会研究事业，才可以希望对于社会有较清楚的认识。自然科学家认识自然，才可以利用自然，才可以使人类享受自然的利益。同样的，社会科学家必须群策群力认识社会，才可以有意识的组织社会，才可以使人类享受安宁的、合理的群居生活。

（原载《国立北京大学社会科学季刊》第 5 卷第 1—2 号合刊，1930 年 6 月）

社会调查

我向来抱着一种宏愿，要把中国社会的各方面全调查一番。这个调查除了学术上的趣味以外，还有实际的功用。一则可以知道吾国社会的好处，例如家庭生活种种事情，婚丧祭祀种种制度，凡是使人民全体生活良善之点，皆应保存；一则可以寻出吾国社会上种种，凡是使人民不得其所，或阻害人民发达之点，当讲求改良的方法。

追溯发这个愿心，却是很早，六年前（一九一二）的春天，我在伦敦同同学梁君要编纂一部述中国社会生活的书给外国人读。我最初以为凡是中国人，都生长在中国社会里，每天所经验的，所接触的，自然都是中国社会里所发现的事，把他写出来，当不觉有何困难。然而以后写起来的时候，就觉得个人的经验有限，个人所接触的事物限于极小范围，个人所知的社会生活不过是一极小部分。我们过去有好几千年的历史，但是这历史上的社会生活如何，我们却不得而知。我们生长大都在一个地方，我们关于生长地的情形知道的已极不详细，更不必论全中国了。我觉得我们中国各地方人，互相隔阂。所有一知半解，亦不过一小方面，却不是社会之全体。我在编辑的时候于是不得不稍为依赖古今人所著的书籍，补我的经验不完与记忆不清的地方。然而中国关于社会生活的书籍又非常的稀罕，论起群盲所崇拜的人物来，说得"天花乱坠"，叫现在稍有怀疑思想的人看起来，就觉得文人之笔舞文弄墨，不足凭信。及至论到人民一般的状况，记载又失之过于简略。司马迁的《史记》不得不算一部有价值的史书，然而记述人民一般之真状，资料亦非常缺乏。如其"平准书"曰：

> 汉兴七十馀年之间，……民则人给家足，都鄙廪庾皆满。……

所谓"人给家足"，未免太失之空泛。若是现在研究社会经济的考究起来，搜寻各种材料，只就汉兴七十馀年间，足可以再著出一部与《史记》长短差不多的经济史来。后人叙述人民一般的事情，都是沿用一种空泛捉摸不着的套语，一般百姓每天如何生存，未有能详细记载的。

以后我忽然想起我国各地方差不多有志书。志书里记各地方最近二三百年之风俗制度，关于社会生活的材料定然不少。我于是到剑桥大学藏中国书籍的地方，把各种志书都翻阅一过，后来只见江苏某县志书内载有一条：大意谓该处人民业蚕桑，每日侵晨有贫婆之民植立桥畔待雇，日得工资若干文，不得者皆懊丧归家。此短文写出人民经济状况，如经济生存之竞争、生活程度、失业问题，实社会研究之好材料。可惜此类之记载极少。其他志书所载四季之风俗，婚丧之礼节，不是陈旧套语，就是失之简略。我因此才恍然明白了两件事。一则我们中国人于"生活"（生活有两个意思，一就是生存的意思，最为简单，如各种生物与人类全要生活。一则生活之道的意思，如家庭生活、宗教生活，乃是人所特长。是即文中所用之意。文明愈高，则人的生活之道愈精致，愈高尚。所以人不当只求生活，且须求生活之道；若生活不得其道，则宁可舍去生活，亦不为憾）一道素不注意，素欠研究，所以思想能力用在生活之道者有限。此中固然有种种原因，今日无庸详论，然而此种事实，实在是不可掩的。一则我们人民是不值什么的，不在话下的。我国的文学家宁可以为一个人用几万几十万字夸耀他的功绩德行，不愿用几十个字几百个字叙述一般人民的真状。外国人常好说我们中国重文，所以典籍之多，世界上各国论起数目来都比不上。我以为中国的书籍比较各文明国数目反太少。所有的都是用铺张扬厉的笔法记些英雄恶霸的故事；或者不合理的文笔，发表不合理的想像；或者如胡适之先生所说，用"奴性逻辑"解释陈言，为古人的奴隶。有几部书是专描写一般人民的？就是各种志书里亦记些"先儒""烈女"。先儒烈女之外，众男子众女人不计其数，如何生活，却不可得而知了。我们中国人是一个哑国民。人民的欢乐，人民的冤苦，一般生活的状态，除了些诗歌小说之外，绝少有记出来的。而一般能写能画能发表一己之经验的人，又以为秦政、刘邦较当时好几百万的人民重要得多。所谓圣贤豪杰之休戚较诸一般百姓之苦乐重要得多。这种崇拜英雄之理想，就是现在一般愚民希望贤人政治之根源。要知一国之中，不贵在有尧、舜、禹、汤或大彼得、拿坡仑①，而贵在一般人民都能发达，不必等着枭雄恶霸就可以自治的。有了"贤人"政客，反防害一般人民能力的发达，"圣人不死"便待人民如聋如哑，如痴如盲，本"圣人"之意旨，定为法律政制，范围社会，那就扰得社会更不宁了。所以研究社会，调查社会上各种现象，有何美点，有何弊病，可以使一般人民全有发展成圣贤之机会，那就用不着"贤人政治"，亦就无"贤人"营私利己之机会了。

我抱着这种希望虽然极久，但是始终没有自身从事调查。三年前，北京青年会设有社会实进会，会员诸君曾调查北京城里人力车夫，当时我就着调查的材料作出一份报告，可以见出人力车是否为一种好职业，其收入是否足供衣食住之资，其职业生何种效果于社会。报告虽不详尽，然以上诸端，颇可使我们猛省，发同情谋救济的方法。但是现在中国的社会调查我以为乡村调查最为重要。我国以农业为本，人民的大部分全是务农，或作农业副产物的工作。所以农间生活实在是我们现在最切要的一个大问题，较比都市生活所产出种种问题切要得多。中国人住在都市里的人极少，住在乡村里的人极多；要是不研究乡村里生活的状况与技术的情形，分别他们的好处坏处，引导他们向进步的方面发展，成为能自治之国民，而

---

① 编者注："拿坡仑"，今译作"拿破仑"。

只盼望生在都市里的人受特殊教育，专去治理这些乡村的人，那就是"贤人政治"的思想。这种办法是无益于民，与今日民治的观念凿枘不相入的。所以我们要从事社会调查，应该先从乡村生活农民生活方面着手。

（原载《新青年》第4卷第3号，1918年3月15日，选自《孟和文存》，亚东图书馆1925年6月版）

怎样解决中国的问题

所谓中国的问题本来不是简单的，但是人向来都把他看作简单的，却将他的复杂的、纠纷的情形忽略了。中国的问题本来不是孤立的——世上没有问题，尤其是没有国民的或社会的问题，可以说是孤立的——但是人向来只注意那问题的一方面或一部分，却将那问题的各方面及其相连带相关系的事情忽略了。将一个国民的或社会的问题认为简单的，认为孤立的，是一般人通有的毛病，我们不能因此太责备一般人，因为人的思想与言语的性质是如此的。人的思想——假定是极有系统的思想——在分析一个问题的时候，不过只能专注意那问题的一部分或一方面，因为总有些部分是他完全不知道的，所以不能顾虑到的。我们就是假定那问题所有的各成分各方面我们都知道，我们也不容易将所有的成分都加入我们的注意范围以内，何况我们不知道的成分还常是很多的呢。可惜人没有在同时可以"眼观四路，耳听八方"的能力，所以他的眼光总是有限域的，所以他对于一个问题的观察总是只限于一方面的。

人的言语是一元（Dimension）的；我们用言语去思想或用言语去叙述的时候，我们没有方法将一件事的复杂的、多方面的全体在同时完全的想出或叙出。因为言语是一元的，我们要叙述一件复杂的事情的时候，只可以分开先后去描写他，用时间的表示代空间的、多元的表示。因此用言语表示就变成了文学的艺术。人的思想与言语的性质既然如此，所以要叫一般人对于一个大问题（如同中国问题），各方面复杂的情形能够透澈的、无所遗漏的都了解，真是不容易的事。

有人说中国的问题不是一个，实在是许多的问题。如果将那个问题分开，就可以看出他有一部分是政治的，有一部分是经济的，有一部分是教育的……。为研究的方便起见，为工作的进行起见，这样的分别诚然是可以的，但是我们要记着中国问题虽然可以分析，却还是一个整的。世上那有纯粹的政治问题，那有纯粹的经济问题。每个政治问题都要牵连到人民的知识、能力、道德、经济、产业、家庭、过去的历史、国际的状况，还有其他无数的问题的。每个经济问题也是一样的要牵连着无数的问题。现在无论研究中国任何问题，都要与其他无数的问题打通，要想明白任何问题，都不可不先设法明白其他无数的问题。所以我说中国问题是一个整的，为种种的方便虽然可以分析，但是归根结底还是分不开的。

　　了解是解决问题的第一步。了解中国问题既然如此困难，要想解决这个问题当然是更加困难了。但是我们常听见人提出种种的解决方法：例如立宪、革命、开明专制、物质救国、联邦制、联省制、贤人政治、省宪、职业救国、共产救国，都是这一类，——此外还有许多好听的、引人入胜的目标我们不能悉数了。解决问题就是支配现在的情形，按着我们的意思改变固有的情形。那末以上所说的解决方法可以认为属于这一类么？换一句话说，可以实行么？解决有这样的容易么？

　　总司令指挥他的军队战争的时候，他一方面须有极精细的地图，将地理的形势如山陵、溪谷、水流、森林、房屋，都要画的清清楚楚，同时并且须将他的军队的布置、阵式、冲锋的形势、后队的准备、军需的递送，乃至关于敌人一切的情形（按着他所知道的与由侦察所得的知识）都须标记的详详细细，使他对于彼此对垒的形势，望了地图便可一目瞭然。另一方面他还须备有军用电话，时时从前敌各方面得到报告，战线上虽然发现极微小的变动也不能疏漏不报告他的。同时他更须继续的接到关于敌国内部乃至关于世界的电报，使他知道世界全体的局面。假定这个总司令曾受过相当的训练，具有相当的知识，他也必须有以上所说的设备，才可以去指挥战争，才可以对于战争有获胜的希望。战争比起改造社会，改造国家的大问题要算简单的了，因为战争的目的是清楚的，战争的指挥是统一的、机械的，但是要想解决战争，还须包括这样多的要素，安置这样多的设备，应用这样多的知识与消息，那末，要解决国民的问题，——目的未必清楚，指挥不能统一，包含几万万自由意志的生灵，影响多少相冲突的利益，更加以缺乏设备，缺乏知识，缺乏眼光——岂不是千万倍更困难么？

我们再取一个更浅近的例。包工的包揽工程的时候，他最先要计算所需的工料，然后按着工料的价格估定工程的价目。他估价的时候，有些知识是必不可少的：如各种原料的来源和现在的市价，劳动的供给与劳动的市价，气候的情形，构造的位置（如在市内或郊外，交通便利或不便利的地方），他都要知道的，都要顾虑的。包办工程比较改造社会当然是最容易最简单的了，但是他还须有许多必要的知识，还须有相当的精密的计算，那末，解决中国问题会有这样的容易么？

解决中国问题的方案多如雨后之春笋。差不多每个人都自居为社会学者、政治学者，虽然很少的人敢对于自然科学这样自负的。每个政客都是政治家，每个新闻记者都是社会改良家，每个能做文章的都要标榜一种政策，每个有权力的都要提倡一种主张，——至少他们响应那最时髦的、最有力的，去帮着呐喊鼓吹。假定他们都是极诚恳的极真挚的，他们的解决方案已经是危险的了，已经"践到神所不敢践的"地方了，何况有许多人不过是用些方案做旗帜，而完全为私利呢！总司令与包工的藉着他们精确的知识、新颖的报告，用缜密的思想，筹画周详，尚且时时有千虑一失的危险，何况近来所常见的方案又是肤浅的，神经质的，空阔的，无意识的，一倡百和的呢！好在这些方案是不能见丝毫的效果的，不过徒占新闻纸的篇幅与国民的精神（如上次所举行的裁兵运动）罢了。

那末，中国的问题应该如何解决呢？我的见解就是先求了解——就着我们心理与言语的可能的范围之内求透澈的深远的了解。人一定要笑话这个见解过于迂远，以为局势危迫，时不我待，那里还有工夫去求了解。不知世上的事业没有捷路可走的，因为捷路就是远路，并且是危险的路。有了真的了解就得到真的解决。人类了解了物质所以才能支配物质，了解了自然界所以才能支配自然界。我们也必先求了解中国问题各种的情形，然后才有配提议解决方案的资格，然后才有支配那问题的能力。

（民国）十二，八，十二

（原载《努力周报》第 65 期，1923 年 8 月 12 日，选自《孟和文存》，亚东图书馆 1925 年 6 月版）

社会学上之国家观

联合与社会不是同一物。联合是有同种利益者有组织的集合，有了这种集合就可以省去个人孤独的努力的不经济，利用分工的方法，集中众多相同的势力，而对于共同利益或共同目的得到更完全的、更可靠的成功。社会是一切社会事实的发源地，是联合的统一体。一切的联合无论是相和谐的或相冲突的，相同的或相异的，都是从社会发源。简言之，联合是应一部分的要求，代表一部分的利益，而社会包括人类生活的全体，为社会一切活动的根源。以先的人不明白联合与社会的差别，所以常将联合误认为社会；将局部的或片面的利益误认为全体的利益。这种误解是极危险的。关于这种误解最利害的并且是最常见的就是将国家认做社会。我们现在要说明国家与家庭或学校一样，也是一种联合，并不是社会。

联合是代表一种利益的组织。他所代表的利益不能包括利益的全体，总有一部分的利益散在社会之中，不存于组织之内。换言之，就是各种利益的范围比较代表他的联合所包括的常是更为广大。例如学校并不能包括教育全体，学校以外仍有教育。公司并不能包括经济全体，公司以外仍有经济活动。联合不过是社会的一种机关，或是社会中的一种组织。社会之内虽常发见联合间的冲突，联合间的竞争，甚而至于有扰乱社会、分崩社会的情形，但是这是联合之不善，并不是社会自身之不善。

凡是联合都要维持他的利益，扩充他的利益，因为维持利益、扩充利益正是联合成立的理由。一个联合要达到这个目的必须靠着共同的意志，建设相当的制度去维持他，发展他。这种制度现在最常见的就是会议（或议会）与执行会议（或议会）所计画的事务的职员。所有已发展的联合没有不具备这类的机关的。例如现在公司都由股东会或董事会筹定计画，有若干职员按着他们的决议施行。学校的组织关于校务、教务及其他细微事务常设各种会议与执行的机关。家庭向来是家长独裁制的，他的分子甚少，事务简单，用不着会议与事务所种种的组织，他与现在合股公司性质不同，所以不必具公司的组织的形式，但是他也有他的制度，如婚姻、夫妇的权利、父母对于女子①的责任等等；大家庭中也常将发令、执行遵守种种的责任分别担负，大家共同合作维持全家庭的利益。如按联合的组织看来，国家当然也是一种联合。以先的专制国家特别是中国式的国家，就是一个扩大的家庭；他也具有政府的种种制度，进行国家的事务。近代国家有总选举，由国民公决国家的大政方针，或从选举中举出政府的立法行政人员，在这些立法、行政、司法的人员以下又雇用无数的官吏，为执行的职员。国家的组织与一般联合的组织是一样的。国家代表一种或多种的利益，他用总选举、政府、官吏等等制度按着所定的目的增进他的利益，但是无论国家的利益有多少种，无论他的利益有多少重要，他总是不能包括社会上一切的利益。所以国家的性质也是与一般的联合一样的。

但是联合之中也有重要的或不重要的程度上的差别。普通因为国家在各种联合之中所保护的，所维持的是最重要的利益，——有些人或者说是根本的利益——所以竟认国家为社会上首要的联合。因为国家在联合中占首要的位置，所以有些人竟承认国家是特出的，无所不包的，简言之，国家就是社会。德国政治学者师淑哲学家黑格尔的学说多作如是主张。这个观念的误谬从国家的性质与组织上已经可以辩明。现在更可以从社会演化、政治演化上，证明这个观念的误谬。

在历史上看来，人类最初的联合以血统为基础，就是家与族。

---

① 编者注："女子"原文如此，疑应为"子女"。

中国的家族向来在社会上占重要的位置，他已经成立了有若干年代，现在无从推知，但是他的势力是不可侮的；虽然在国家成立以后，他还不能完全让国家并吞，他的权利还不能完全被国家的威力消灭。例如忠孝两种不同的美德，一种是对于家族的，一种是对于国家的。中国的国家虽然是扩大的家族，中国的伦理学者虽然竭力辩护忠孝是一样的，鼓励人"移孝作忠"，但是忠与孝仍然常有冲突。封建时代固然如此，就是国家势力巩固之后，国家势力伟大，国家比较家族占更重要的位置，所以家族的范围内有许多地方让国家权利侵入，但是家族仍然有不受国家干涉的范围。我们看中国以先的法律，如关于财产、亲族、继承诸项，大部分都是任家族遵依自己的成训不受国家的支配。我们从家族与国家的关系可以看出国家是较晚成立的联合。家族遇着国家屡次退让，这个退让常是狠缓慢的，并且是不得已的。

我们在欧洲历史上关于国家的位置发见更有趣昧的历史，可以引来证明国家与他种联合相对立的情形。古代希腊的市府国家发达到了极端，市民牺牲家庭，专从事于国家的事务。就中最显著的例就是斯巴达。以后马其顿与罗马的国家也异常发达，但是他们结果都归失败。就中失败的两种原因就是一方面因为国家不能支配或管理社会各种的事业，各种的利益；一方面因为他种利益的联合衰微，国家的畸形发达酿成社会的分崩。中世纪基督教会膨胀势力，国家与教会互相争夺势力，政教之争垂数百年，结果国家不得不让步，两方面约定凡关于教会的事务，教会执无上特权，关于宗教上予夺之权自有独立的永不能消灭的教会执掌，国家一概不得干涉。这个让步就是国家与教会各有一定范围，任何一方皆不得侵占他方的权利。政治与宗教两种利益的冲突虽然曾经过几百年的工夫才得调解，但是他们的性质不同，还是比较着容易画清的。因为政治是专限于人与人的权利义务的关系，人与同胞的共同事务的关系，至于宗教就是注重人与超自然界（或神灵）的关系，他的事业是超乎社会，超乎普通人生的。

近代产业大兴，经济的联合渐起而与国家相争衡。经济的联合在最初发展的时候，颇得短期间的自由。经济学者所鼓吹之放任主义从一方面看来是以自由为根据，以拥护个人自由为目的（不是从工会或资本的组织方面主张），从另一方面看来，就是要求新发生的经济联合不能受国家的干涉。所以放任主义直可以认为是对于国家权力有限说的一种变象的主张，原来提倡放任主义的竟不知不觉的承认国家只是一种联合，不是无所不包的社会。以后因为人民要藉着国家的权力规定工作的状况，或是决定工商的政策，或是制限资本的企业，所以经济的事务反变为现代国家最重要的政务。现在政治上大部分的并且极重要的事务都是关于劳动、制造、贸易等等的经济事情。现在这些种的联合在行使他们的职权的时候，竟常至与国家的权力发生冲突。例如工人向政府要求八时间的工作的立法，以罢工为要求的武器，工人向政府要求设立最低额工资的立法，工商业的资本家竟可以阻挠政府的设施，为政府决定政策，诸如此类的经济联合在欧美与其他产业发达的地方，没有不与国家权利发生冲突的。现代国家自从十九世纪中叶以后虽然加增许多职能，连带着也添加许多责任，但是因为经济联合的膨胀，他的势力同时也见缩小，他的权限同时也见削减，他的设施也渐渐为其他联合所抵抗。

我们看了现代国家与其他联合相对立的情形就可以明白国家受制限的情形，也可以看出其他联合慢慢的适应社会改变的情形。现代社会生活已经变为极复杂的，绝不能用国家一个联合执行各种的职务。欧洲的政治学者在一个时代曾相信国家是万能的。但是国家的机关（政府）无论如何发展，如何扩充组织，终不能将无数的驳杂的，又常是专门的事务完全归他一手办理。因为国家所担负的事务太多，太驳杂，所以对于各方面都须有专门的知识与技术，结果国家无论对于那一种事务都不是专门的，结果什么事情都办不好。这是现在对于政府——就是最进步的政府——常提出的批评。现代国家组织上所采用的制度也已经在许多方面上发见缺点。例如代议制度的选举方法即常不是按人的真的材能受选拔，结果，国会的效率极低，议员都变为几个政客或大党魁的能力。国家对于专门的政务，不是因为缺乏知识与技术不能处置，就是处置的方法是浪费的，不经济的，效率低的。所以国家以外的联合自然要为他们的利益伸张权力。在十九世纪势力最大的联合就是资本制度的组织，欧美各国的政治都是为他所操纵。自从二十世纪以来，劳动的组织，势力一天比一天扩大，国家的政令多少都要受劳动组织的影响。现在经济联合影响政治联合是显而易见的。但是因为资本与劳动的不和谐，经济联合还没有握最高的主权，将来资本与劳动若能团结，经济联合变成极团结的团体（与以先宗教联合现代政治联合有一样的团结）的时候，他的势力一定要与国家抗衡，现在国家关于经济所执行的职能一定要完全被他夺去。就是现在国家所施行的关于经济或产业的立法，虽然是经济联合用种种方法奋斗的结果争出来的，但是有许多可以说是经济联合自己所规定，不过由国家宣布罢了。又有许多是由经济联合自己制定法律，不过由国家承认为"单行条例"（Bye-laws，如英国私人营业的铁路公司，各国的大公司都有权制定单行条例颁行于应用他们的职能的）罢了。所以英国政府于一九一九年一个政府委员会竟提议将来由资本与劳动两方面所组织的经济会议应该有立法的权力。

国家不过是社会上各种联合之一，从以上的讨论可见。但是国家所以为联合中最重要的最有势力的——有些人竟以国家为社会的，就是因为他的特别性质。我们现在指出他的性质也就可以明白他的职能。

（一）第一国家是普遍的，其他联合没有像国家所包括的范围那样广大的。国家有领土做他的范围，凡是在那领土的范围内生活的都受他的保护，都要服从他的法律。凡在一个区域内的住民都是那国家的人民，如果在民治国家内，他们到了成年的年龄，就变为公民，有从事政治上选举的权利。现在文明的人都属于一个国家，没有与国家脱离的，没有无国籍的，也没可以入两个国籍的（关于二重国籍的问题虽然有许多例外，但是有重要问题发生的时候，一个人一定要自己声明或由法廷解释他的国籍）。国家有这样普遍的性质，就是因为他这种联合是维持一种社会秩序，这个秩序包函着人类间的社会权利与义务，他不是因为人的特殊的利益才成立的，他也不是代表特殊利益的，他是因为社会上一般人普遍的利益成立的。有了这个秩序不特可以满足人类共同的需要，并且代表人类特殊需要的联合藉此也可以得满足，受保护，受制裁。所以国家所执行的职能是非常重要的，一方面他维持人类的秩序，与他的权利义务的关系，一方面他又扶助、保护、监督，并调和社会上各种的联合。无政府主义者固然否认国家的必要，他们相信国家是社会扰乱的根源。野蛮简单的社会诚然也没有政治联合，甚至连国家的雏形都不具备。理论上或事实上虽然都可以证明国家是无用的，甚至于是有害的，但是在现在复杂的社会生活里，我们若缺少国家是不可能的。假使现在没有国家，不特我们所希望的生活不能得到，就是我们现在已经有的生活也是要消灭。所以国家可以说是人类必不可少的联合。我们虽然承认国家是现代生活必不可少的联合，但是我们对于他种联合也可以说是必不可少的。例如假使没有学校，现在一大部分的文化就不能保存，不能增进，不能传递。假使没有经济联合，我们的物质生活，就是最简单的衣食住也不能得到。历史上有抛弃国家而殉宗教的，欧洲大战的时候，也有不顾国家的安危而肯殉平和的主张的，这些事例都可以显出除了国家以外，其他联合也是不可少的。

（二）国家的第二个性质就是他具有社会上的强迫力。除非在革命的时期，只有国家有强迫人服从的权力，他常采用剥夺权利、监禁、放逐、刑罚乃至处死的手段，迫人的服从。其他联合对于不肯服从的分子处置的方法，最多不过是剥夺他在联合内的权利，或处以金钱上或名誉上的惩罚，不能加以武力的强迫（只有学校对于儿童得有训练式的惩罚是例外）。各种联合之中只有国家对于他的成年的分子，有用武力强迫的权力。因为其他联合的分子如果背叛联合内的约束，可以脱离那个联合，而国家的分子就不能任意脱离关系。

因为国家以内不能容背叛的人。有些种职业联合对于背叛的分子在一定条件之下，可以逐他们退出联合，不许他们再操代表那联合利益的职业。例如英美的律师公会、医生公会，都有这样的权利，但是这种联合并没有强迫的武力，就是这个剥夺操业的权利也都是国家所赋与的。所以独有国家具有武力的强迫的，就是因为他所维持的秩序是必须的，普遍的，社会上所最宝贵的；假使社会上没有这个秩序，社会就立刻要现出分崩与扰乱，所以为免除这个危险起见，社会一定要将最大的强迫力赋与国家，承认他行使这个强迫力。简言之国家行使武力是为保护社会秩序的后盾。

因为国家是专有武力的强迫的，所以有一派的政治学者主张国家就是力。又因为国家之间可以从事战争，如募集几千几万的国民，运用全国民的知识、技能、财力以毁灭敌人的生命与财产，诚然是国家所独有的特权。这个虽然是现在普通的国际间的现象，但是将来如能废止战争，不许国家之间以武力相竞赛，那个国家的力的性质也就消灭了。

至于国家在国内得使用武力，处置他的分子，也是另有理由的。维持国家的并不是武力。国家的基础，与其他联合的基础一样，要靠着公共意志。一国里大多数的人民肯服从法律，受国家的制裁，不是因为国家的胁迫或国家的武力，大部分是因为社会制裁力，服从的习惯、忠心，或承认国家的目的与一己的目的相合。这种势力都不是强迫的，都是一种心理的态度，或出诸个人的本意或是由于社会的压迫。就中特以社会制裁力常是最有力的；求社会的赞赏，怕社会的咎责，可以说是人的一种本性；人的行为的动机，虽然不是处处为邀求社会的嘉许，免除社会的咎责的，但是至少人当行为的时候常要受他的制限，对于他要有所顾忌。这个社会制裁并不是存在国家自身，但是存在社会，即各种联合里，如家庭、朋友、同事等团体里。所以在一个社会里就是政府推翻，国家已在国际间失去地位，国家的联合解纽，人民一时还可以靠着那服从的习惯与社会的制裁维持秩序。但是这不过是一时的，因为日久这个服从的习惯也要消失，社会的制裁也要改变性质。中国社会的秩序大部分都不是靠着国家的武力镇服，仍是靠着社会一般的制裁。

近代联合发展，特以经济联合所发展的强迫力，实有凌驾国家的势力。资本的组织影响政治，有指挥政府支配政策的能力，这是留心现代政治的人所熟知的。近年来劳动的组织代兴，他们用消极的罢工的武器，可以有抵抗最强有力的国家的能力。在产业发达的国家里劳动的罢工（如矿工、铁路工与运输工的三角同盟罢工），不特可以抵抗国家的号令，并且有可以使国家屈服他们的意志的能力。国家对于劳动的罢工，虽然可以用武力制止，但是这个压迫力也只是暂时有效，在劳动联合发达的社会里，这个压迫力简直不能适用的。

以上所述足可以见国家强迫的武力是有制限的。除了国家以外，其他联合的势力可以削灭他的强迫力。再进一步讲，即使承认国家有无限的强迫力，他也是只能在外表上、形式上发生效力，有许多地方强迫力是不发生效力的。孟子说"以力服人者非心服也"。法国俗语说"什么事都可以用枪刺去做，只是不能用他去治理"。人的精神、信仰、意志等心理的态度不能用武力变化的；假使一定用武力压迫，不特不能见效，反倒有引起激烈的反动的危险。向来人的最有价值的活动是要靠着自由意志做出来的，自由意志是个人自动的，不是由强迫压服出来的。所以国家的强迫力在这一方面也受极大的制限。

国家的强迫力虽然在各方面受制限，但是仍然是不能免除的。国家重大的责任是维持公共秩序，他必须严格的并且普遍的推行他为维持公共秩序而设的规则。背叛这些规则的，或者可以扰乱公共秩序，对于社会产出无穷的祸害。所以强迫力是政治联合（国家）的后盾；只要维持公共秩序，是国家的目的，他在不得已时自须使用他的强迫力。

（原载《国立北京大学社会科学季刊》第 3 卷第 2 号，1925 年 3 月）

社会与教育

——本校陶履恭教授在学术讲演会之演辞

引　言

今日在会诸君谅皆与教育有关，或者身在学校，或者有子弟女妹在学校，或者方从事教育，或者将来从事教育，其为与教育有关均也。关系生趣味，既与教育有关，于教育问题乃有趣味。居今观察，教育有二方面，一世颇谓学校成效不佳，谓今之成功者、有为者不必皆出自学校，即不必曾受正当之教育。此种言论实令人起"教育为事，果应如何"之思。教育与吾人生活果否有重要之关系？此一也。次自从事教育者观之，凡从事教育者不可不有种觉悟。觉悟者何？为一事久，则心意为所局，识见为所域，不可不加以省察是已。譬之铁工，唯□有事于铁久，则所知唯铁，而与世多隔绝。久于一事，则按步就班而为之，固定无变，为所域限，盖属不可免之事。从事教育者即不必皆然，实常有之。自此观教育，则教育者必时省察一己之职务究以何者为正当，此二也。二者之观察点相别而实相依，盖教育者省察一己之任务，亦即谋教育之方法当若何与生活相联络也。言教育之意义亦有二，一为广义，二为狭义。自有生以至无生，与世交接，循读书册，观览报章，盖无在非受教之所，是为教育之广义。人生不能脱家鄁群国①而独立，斯广义之教，无时或无，为之不由成心，受之者处于无意。若乃狭义之教育则异是，

---

① 编者注："群国"原文如此，疑应为"郡国"。

必有自觉，必须意识，以其施一定之方法，有一定之形式，故亦曰形式教育，即学校教育是已，以种种材料成心授诸他人，有纪律，有训练，觉心注意无间，师生不能或缺。广义教育日日有之，狭义教育乃在一定年岁一定时期，为有方法之传受。广义教育虽常，而狭义之教育于人生为尤要焉。

考论教育莫善于溯其原起。盖凡社会问题苟施以发生之（Genetic）研究，未有不多趣味而益明著，自宗教、法律、政治、经济皆尔，非独教育为然。设学立校，家有子弟则遣往就之，此于今日既为当然之事。顾稽学校之原，察教育之初行，实在洪荒时代。当人之初，有始行于母子之间，人之方生，啼笑、食动之本能，固属与生俱来，而其行之之法，则多由模仿而能，此可以实验而知之。故母子之教，实始模仿。原人自母教以外，尚有族教之俗。今之人类学者征诸蛮夷之邦，既其得其确证。族教者，子生至定年，则归族中教育之，由酋长为主司。如古斯巴达即有此俗，今之非、澳、美诸地蛮人犹皆因仍未更，实无足奇。原始民族之代代相传，滋生弗息，得以应其简单生命之需要，保其幼稚之文化于不坠者，实赖此族教耳。其族各有怪特之仪式，定年定日聚舞林中，诏后生以族中秘事，若游猎、方术之类，此即其传教之法矣。本社会学结论言之，教属全族，教族相关，实始于此。教育与社会初本无别，在其社会则受其教，受其教则属其社会，二者相联，不可以分，出诸社会，遂无教矣。自发生之研究，足以知其真义已。

特在蛮野之代事单简，人之能也少，衣裳不御，饮食易给，考其生活，不外食眠而已。故其教易传而详，教可以无分。及乎世变事繁，知识日广，伎能日众，若专赖模仿、社交或家庭生活以为教，于势有所不能，乃不得不设为学校，以为专司教育之所。文艺、思想、伎术之传递，遂非交接所能多得，亦非仅由交接所能毕功。古昔虽有仪式，未若是也。且世进分功日细，在古数事可以一人摄之者，今乃不可不分任。二十年前中国无电车，自无电车行、电车夫、电车匠。今既有电车，于是行也、匠也、夫也、亦皆有之矣。从事教育者之须有专人，理亦类是，均事繁分功之所致也。群事日纷，必须厘析条理，然后乃可知可见。古昔相交即有教，今虽亦可如此云云，然如见电线而知其功，此特成人能之，幼稚岂胜。故欲教导，不可不划分条理，细为解剖，是学校教育之所有事也。

事物既繁，教亦日难。譬如讲授电话，必须举其原理，证明构造设置，详为解说，整理教材，甚有系统，然后学者乃可以明。又如猎，原人所用不过石铁之器，今则用来福枪，既须知其原理，更须讲保存之法，明放射之术，非有专教，何以能之？又如农村野之民，莫不就亲族戚友之狭小社会中习为耕耘播种谷物，而今之农业全赖气象、化学、生物种种科学之研究，凡此知识，非整为统系，设为专教，又何以能之？今古世变繁简迥殊，思想、学术、伎能、器用既日众多，苟无系统传授之方，则人之生活将不可能，生亦昏生而已。

论教育二义，今之社会比之古，须有狭义教育即学校育既已明矣。要之教育无论广狭，皆不能离群而设。古之教育既与群相关，今之狭义教育亦何独不然。学校之所授须有系统，有组织，更须授以社会所必要，补社会所不能授。更取譬于电话，必教以系统之方法，乃使人能明之、作之。学校实所以授教而使社会明之、作之者也。原人时代教育非不应群需，特方之于今人事日繁，有多寡之别耳。

于是有问题焉，与教育者尤大有关。学校补足社会，应社会需，固矣。然社会果善者耶？此问涉于伦理，改言之"社会有恶事否耶"。本此，推勘前言，学校应社会之需，实更须导社会趋于良所，止于至善。教育不止满足社会，更应促之进步。世俗常举《天演论》之言，谓优胜劣败，此乃大误。世事繁赜，优劣无一定标准，岂可轻言胜败。即胜败自亦不容易言，何宜率然执以评判。且此言之意，每易逆而用之，谓胜者优，败者劣，则尤非是。胜者不必优，败者不必劣。总长方之清道夫，清道夫使街尘不扬，益人卫生，价值甚高。彼居高位者被于民生之功，未必遂能及是。然则孰为优？孰为劣？孰应胜？孰应败？恐与前言反矣。是故此观念不可不为改正，应考核事实以为准衡，未宜轻用一言为断也。《天演论》又有言，谓适者生存，世人亦喜称之。自道德观之，其谬乃亦同前言。适应问适于何处，如在盗中，最适者为大盗；在奔竞之场，以善奔竞者为适；赌群则能赌者为适。此其徒之应否存在固显然也。故言适应，观环境即社会是已。此所辨析，虽非切关本题，特用以见世俗概念之当改。谓教育补社会而不及其导社会，其言之未尽洽，与此同也。

教育既有引导社会之责，则教育家之眼光思想不可不高于凡民，高于社会，不然随社会为浮沈，便为停顿，便为不进。世界变化不息者也，众皆变化不息，今一独否，宁能长留。敷衍苟且，未有能久者也。是故教育家眼光必不可以不高。社会日变不息，观之交通、政治、经济、思想，众多方面，皆见其然，而于今日变为尤急。馀既尽变，而教育则否，其将归于无用，必矣。凡制度均应需而生，既已生有，则存惰力，安于苟且，故宜应时变更。而此种变更须自觉自动，有努进力，故尤为难能。例如政府或其各机关初无也，既有之，而不时变更，必致破坏，受淘汰。学校亦然，社会各方既变，即应从之而变以时，应其需而时导之。二十年前之学校必不适于今日，其时废科举，罢私塾，设学校，以应需。今则时变岁更，需有不同，应今之需，自非昔之学校所能为力。且教育非特从变而已，应更进之，是故与进步有关。进步者乃达一有价值之目的之谓，实现一理想之谓。进步非即变化，变化而于生活有价值乃可为进步，于知识、道德有价值，或于身体发育有价值，乃可为进步。是则衣饰变奢，车马增华，非进步之伦也。本是以言教育之分，一须应社会需，补其不足；二须引人趋于一目的，此目的为有价值者，衣食不足为价值，须使有利于众，有裨于精神，如是乃成进步。

今日教育者当觉悟教育负有伟大能力，利用可获取之机会，企图一般人民之发展进步，谋新法，辟新径，慎选精良材料，授诸群中之未成熟者，使能力增进，俾更登于进步之途，教育机能最终之目的在乎此。群变日亟，人事日繁，使教育机能发挥大效于人群，为携掖进步,矫正弊害之真机关,教育之能事毕矣。

上来所论统为引言,继是申论,粗分三节,皆足见教育为社会程术(Social Process)也。

(一)泛说教育与社会关系。教育本一会机关,或曰社会一职能,即令知识、思想、艺术由前传后,历世不绝,使今无教育,则古之所传必斩于是。赓传不绝,实教育是资。循览载籍,乃审何时有某发明,进步之术何在,须知代代相续,必将甲时代所有泰半得之,乃生乙时代;博学于古,乃克有新法之发明。故教育者,即将古之文化使能传之于后,后人得之,以致新发展进步。

(二)说学校内之社会生活。学校自为一小社会,校中有职员、教员、学生等以成之。从事教育者对于社会关系富有知识,蓄有同情,奏效乃巨。

(三)言学习与社会。学习亦一种社会程术,无社会则无学习。旧谓学习不外教诵,非也。心心接触,乃有学习,学习亦社会一种程术。

一　教育与社会之关系

今只择四问题以为论,一、学校与乡村,二、学校与家庭,三、教育与社会生活,四、教育与职业。取次论之如下。

一、学校与乡村。中国为农国,都市绝少,今日可为都市与欧美诸工商业大都会并称者,不过上海、广州、天津、汉口诸处,虽北京不得与焉。而所谓政治都会,为数不少。今特论乡村,乡村问题盖甚异于都市。乡村亦一特殊社会,生活制度迥然与都市有殊,人口少,交际稀,故事业多因仍罕变。设学乡村则不可不教以乡村知识,乃为应需利切。顾今日乡村学校少有能是者,是因教者多受教于都市或政治之都会,五谷可以不辨,遑问进于此者。此事虽在英美犹为未决之问题,非仅中国为然。外国都市尤繁华而饶兴趣,故为教师者尤多愿在都市,而不乐在乡,乡村学校乃益难得良教师。

生徒受醉心都市教员之熏染，亦自然厌弃乡间之生活。于经济则生计难，生活陋；于社会则交际寡，娱乐少。学校与乡村既不相应合，乡村为乡村，学校为学校，所教所学皆属无用。而居乡者亦多遣子弟就学于都市，此在小学已然。于是结果益恶矣。夫群趋都市，非佳象也。都市之弊害，留心社会问题者类多能道。今日维持社会，必谋维持乡村社会，使之安乐有足。今日教育之趋向，最要宜莫善于取乡村保存之，善良之。善良之者非仅居之之谓，必善其学校课目，譬如课习博物非教其事实而已，必须随地而实验之，如是教育乃为活教育，斯有味趣。又如在乡校授地理，应告以本地情势，俾对于乡土增趣味，增同情。徒使知五大洲如何如何，无用也。次如习书学文，应教以学写信牍，为应用之文。教授理科亦然，不宜只使晓轻、养①之性征，应令善领会环境，若土壤、天气、地势、出产诸事，是皆教者之责也。要之，设学于乡，即须使农家生活入于学校，学校入于农家生活，使农艺与教授相联络，不然，则设学校何取乎？

果本上法而行之，其效必宏。学校之所设施，有子女在校者必将嘉之，而教育者亦能崇视乡间生活，为农民导，如是学校与社会乃可打成一片矣。次学校生徒可为社会的活动，如在乡开展览会、观摩会之类，一方可举所得示人，一方人见之亦可受益。美合众国之乡校颇多行之者，收效皆甚博。复次学校教师可为农业领袖，倡改革之方，行利导之术。又次，如在美，乡村甚小，村设一校，不无学生不齐、设备难周之病，虽有单级教授之制，然是制乃出不得已，并非极良。于是乃联合数乡设一大校，以补其缺，所谓 Consolidated Rural Shool（合立乡村学校），以最便之交通法运载生徒，是其效亦甚大。其他若图书馆、农业会、游艺会、讲演、音乐诸类会合，莫不著大效于学童，而间接即见□效于农民及其事业，是均有志乡村教育者不可不知者也。

二、学校与家庭。家庭□能在昔约分三种，一为经济制度，凡

---

① 编者注：轻养，指氢气、氧气。下同。

居家生活、执业劳动均为人经济方面之活动。昔产业制度未兴，分功未行，家庭厥为唯一之经济机关。二为宗教制度，岁时之祷祭、祖先之崇拜，凡诸仪式皆举行于家中。三为教育制度，人类不问文野，皆不能绝无受教于家，承诲于亲，虽其行之，或出于有意，或行于无心，均之皆受教也。有是三者，故昔日家庭之力甚大。今则情势变矣，经济、宗教既以时代之迁移，制度渐变革不同；教育之力虽存，亦式微。自有幼稚园，儿年三四更就外傅，又以强迫教育之行，子弟必不能不入学，亦古所无。虽然，家教之力虽减，而实未绝，以人不能不家居，家居自有无形之教，以是之故，家教与社会犹有关涉，犹相联络。大凡世界众势每不易调和，社会进步之缓，冲突之时起，概皆因此种种机关目的可以相同，途术不必一致，自行其途，不必相知，宗教之纷蕃，政党之歧出，皆其例也。私塾时代，教员或能稔知生徒之家庭。自社会变繁，学校与家庭分离，今家庭教育与学校教育即有不相知之弊。家既不能深知学校内容真状，学校尤鲜知其生徒家庭实况之如何。须知相知乃能共利，家庭与学校同谋生徒教育之成，岂可不相知相接以便相助？学校教师知其生徒之家庭，既可得其景况；家庭知学校，亦得参其改革，其利可使为人亲者知学校之益，又可使学校效率日增，教员眼光亦随之而广。欲实行家校联通，可有数法。

（一）家长可时常至校访问，会见校长，与商各项应行事宜，并视查教课，或时来参观各种集会。（二）诸为亲者可本于己意，自相联合，以就于本地情形为归纳研究，并以协商共利之事。（三）父兄与教员又可于宴日节时为有益双方之演讲。（四）学校各级之教员可与其级学生之父兄相会合，则尤为切近。至幼稚园教师更可时请儿童父母来校，告以家庭与小儿之关系，与夫家庭卫生当注意之点。于美有所谓 National Congress of Mothers（全国为母者会议），合全国之母而成之，年有大会，支会遍全国，其旨即在使家庭与学校之关系益为密切，亲师之于儿童教育可以本诸知识协谋共作（诲育子女，母之责任为巨，且外邦状况男子事业繁重鲜暇，子女教育由母掌之。

此会之以母成之，亦因是故）。学生每日在校时间本属甚短，使夕夜出校之后一反日间在校所为，而无以督之，学校教育收效自仅，故今多有谓学校力薄者，实则此非不能改之。改之若何？使家校相知是已。譬如食烟，学校禁之，然出校以后何如，实不可不调查知之。馀如赌博、零食、读小说之类并同此。凡学校与家庭可以通力合作之事，父母与教员相会皆可讨论及之。又凡关于儿童之保养、道德、身心发育之理，教诱之方，学校皆可讲演，使为父母者来听。又如设亲师协会，本平民主义发布关于教育之正当舆论，皆所以求共益也。

三、教育与社会生活。学校本应为群生中心，常言有社会教育之名。然如知二十世纪教育新义，则扩而充之，凡社会事业皆可括于学校之中，其为中心，原因在此。考欧洲教育史上宗教居势之际，其用教育为造就人才，使能诵经传教。后教育属于国家，旨在造成良善公民，服从政府，不违法纪，此其意与今犹未合。今之教育，今之学校能力，乃应造就社会人才，供役于社会。国家者，为以立法行政种种政制方法组成，团体之生活特限于社会一方面，社会生活之一部。社会本人与人相接触而成，接触之方法无穷，既团体之生活亦多般，既非定体，动转不滞，凡不干涉政府若政治而有影响于人人者，皆社会之属也，是社会生活无时可离。而今学校为其中心，学校之力自益滋大矣。国家执行教育，其使学校管理教授，与社会上自由转变之状不能无分离，原属不可免之事。唯以今日政治之制，专以造就国家中之公民为职志，其事业仅占人生一部，谋教育者须扩大其眼光，并举家室、经济、科学各方面而论之，始能明了。有如政治一问题乃包括言语问题、风俗问题，以及经济、工业、交通诸问题，非能但以立法行政之活动所能解决，必促进共公之同情，共公之晓谕，乃能解之。吾人今日社会生活延引于各方面，不能全为政治所包括，昭然可见。今日之邦国既不能与家庭、工商诸业分离，公民之义遂缘以扩张，学校造就社会人才之旨，于是为要。

学校之所以为社会中心，详为推察，其故有四：（1）近来交通频繁,接触日多,弊因而生。居乡之人至都市而改其行,接触实为之。欲使其弊不生,学校应为之所,演讲会之开设即因乎是,所以导人趋善,俾不堕落,勿令因交接繁而生恶害,实学校之责也。(2)社会昔日所传来训练统制之约束渐就衰敝,旧社会制度之威重,若亲权,若君威,若族长势力,凡斯种种,应乎时势,亦已摧折,故学校宜出而承其乏。所谓社会教育,不必另立机关,学校即是。(3)今日知识学术门类之繁,关系生事之切,皆前世所未有。学术不可不专门,而亦不可不兼知,譬如治哲学者必须知数学,治物理学者亦宜知哲理,绝无一种学问可以独存而无俟于他种学术者。营生今日,需知甚夥。事理无穷,人之研究即亦应无穷。学术日进,人之知识即亦应随之而日进,庶几可以生存。若新知广增,或乃无所闻问,事业必不能善,其群亦未有不衰。补救此弊,唯学校之责。如通信教授,大学扩张,新闻设科学栏之类,皆所以应此需也。使生活合理之任,学校固不能外矣。(4)现代教育期限延长,随居何种职业,研究皆须终生。社会永变,问题日出,凡社会也,经济也,知识也,近代状态变化急骤,得亘古所无,进步既绵联不息,确乎可见,教育亦应绵联而不息。自报章杂志社交观察外,必须以学校为中心。

社会中心之意亦为一种民主运动,在使人皆有发展其才之机会。盖人莫不有才,而或著或不著者,未得其表著之际遇,或发展之机会而已。劳夫苦工唯筋力是用,思想以废,不必其初然也。人之有才,不得表现之机,亦常不自深知,此非特彼自失其使用之满洽,社会诚亦虚耗其良产,受损实为尤巨。一国人能力不能发扬,其国必衰。中国既尔矣,发展人之能力实唯学校之责。此非只对于其生徒,对于校外人亦应有然。社会既无发展之机,教育既应谋补之,则人之真价可赖以表示。如热然存于物,不发不知其有也。凡诸此类,学校皆可为之,学校之为群生中心,不其要哉。

四、教育与职业。职业谓工商诸业,即人民经济方面之活动。凡国于世者不可无生存之道,则不可无财富。然言国富固须天然物产丰厚，犹须有人力以善用之。中国富矣，适于生矣，宝藏多矣，顾无人用之，徒使利弃于地，生活之不能美满，固其宜也。欧土物产不必丰饶，而其国安而盛，有人为之耳。是故一国之生产，甚系于人。自个人观之，生存于世，必须有用，必劳必工，乃有价值。不然，徒消费，无生产，不足当人之名。所谓道德价值，即是活动存在之谓。常言废人，谓其不能动作而已。且人能行动，乃有发展；有发展，斯能有用。必先为有用之人，而后可为理想高尚之人。人之不可不活动审矣。群业既杂，遂以分功。人固不可无职业，其理甚显。人之职业亦所以扩张其概念与活动之范围也，以是之故，有成效之教育必与儿童之经验有关，经验必与职业若生命有关。人之欲假教育以避劳动废职业者，与教育之本旨相刺谬。

职业者，本社会进化自然之果，今世文明皆其所生。文明社会必不可缺者，即属各种职业。其道德智识上之影响关系于个人，于社会，皆至深且切，其利甚溥。譬如美洲黑人近来进步，实职业训练之赐。黑人初羁为奴，既放，仍惰不事事，于是有人为设学校，专课以手工，授以职业，自此出者竟罕犯罪。斐律宾①岛人之进善，职业训练亦大有功。是因工作须训练心专而不纷，则可以不务外，且工作须利用心理生理之潜能，以为之见效验于道德。巧工良匠每能自觉其价值，则可以助高其品格，发达其在社会上功用。学校之课手工，效验尤彰。手工可以训练意志，发展观察创造之力，自著其优美。工作非一人，则可以破等级，重合群相助，共同作业，须相顾及相协助，故须忠于他人之业。是奖进合群性也。凡此皆职业教育之善。监狱授犯人以工业技术，俾令改行，亦为此理。富有财产者或不免流为高等流氓，则又未受职业训练之故矣。

教育者之于被教育者宜任择业之责。人之能力潜存，每不易见，能之者恒属其教师。是故为教师者不可不放大眼光，察其生徒能力，慎为择业，勿令违乖所能，有损无益，职业教育之效庶几大著。欧

---

① 编者注："斐律宾"，今译"菲律宾"。下同。

洲中世旧有职业世传之制，印度级制业属世袭，吾邦此制既久废，择业之任自当学校是赖焉。

二 学校内之社会生活

前节所言悉属学校外面与社会之关系，今当言学校之内部。今之入学校但以为寄身之所，实则学校自身亦一社会，岂能视为寓舍。今之学生对于学校每极冷淡，正原不知此意。或以为入学只为诵读，亦属大误。入学校者乃全身入其中，即应求身心全体各方面之发达，非仅知识方面已也。学校聚众多儿童而群居之，当使谋共生之道，使为严正利用愉快幸福之生活，他日出校入大社会，庶亦能如此生活。儿童本有社会精神、社会欲动，不可抑制之也。成功之人必温雅，富于同情，能群合而行于人道，凡此诸德，学校皆应养之。学校之内，无日无交接，斯无日不在社会生活之中。学校实群生之总表示，亦可谓群生之小模型也。其中学校间之比赛、雄辩、运动等，皆足以使儿童发达团体性，得社交之利益。学校内之各种组织皆可使生徒藉是经历种种活动，发展其服役共业、领群率众之知识。凡是种切善良，学校必不忽之。中国政治之有今日，即社会生活未能显著之故耳。外人谓中国人如散砂，无三人以上之会合，此非不可改之。改之若何？必自其幼时，必自在学校时。

自来学校管理皆为专制。专制国民于其群之秩叙之行为恒不负责任，故专制之学校负责任者亦只有教职员。此与民国教育实相背驰。古之教育只知训练个人为其自己利益，而非为国之善。今日既不用鞭扑，而犹弗授以责任之观念，以学习课程为唯一之责任，此必不可者也。不负责任，则学生不能自由营动，思想行为皆受监视，只知服从，不能率导，此亦必不可者也。须知学校非只教师，乃师生之关系之结合，其纪律、治安师生应同负其责，负责则应有自由，有努力，有选择，此于人生关系至切。人之恶行不可徒禁之，禁之其效甚暂，必令自觉，其效乃长。今之管理学校者多类机械，亦应知此也。

道德出于努力。学生之在学校，当令发达自治之能，养成负责之习，使其能自思自行，自为知识之发展；使其知自由并非放肆，能自监自理；且自治非仅于一身，并应互相自治，不行之以强迫而为之，以劝导自觉自治，非朝夕之功，必使自内浸生渐长，其效乃长。又宜养其鉴别之力，而后选择不至失当。如是出学而入大群，始可为有用之人矣。

学校之管理又须令学生参豫之，以冀养成异日参豫政事参豫群事之能力、之习惯。学生在校须有公共分务，俾令异日对于社会亦知有共公分务[①]，又宜使知其权直特典之可贵，必保护之享受之，使影响及于他人。他人亦宝贵其权直，并使觉悟人之行为互相影响，互相关涉，知于他人之行为亦须负责，故学规不可过繁，但使能是足矣。往者教员每不许儿童干涉他人与己无关之事，遂养成对外漠视之习，遇校内不正当事皆以为无与于己，置而不理，此种观念非特学校受其害，学生尤终身受其害，自顾己躬，不肯及人，所谓"各人自扫门前雪，不管他人瓦上霜"，中国之坏即在此矣。

凡人之行为既于学校成其习，对于不负责任之学生，异日处世，对于社会亦必不负责任，为公民之良知遂以淡薄，其国事业未有能兴旺者也。学校试验生徒，或习于作伪，则他日成政治上之罪恶，即此为由。今日作恶无顾忌，他日便可弁髦法纪无畏惮；今日视同学舞弊不措意，他日必将视市政国政之窳败不措意。造端于微，将毕也巨。故执教育者不可不慎于学生之习焉。

学校之管理尤非教员卸责之谓，是乃生徒与教员协助，而教员指导生徒协助管理，其大利有二：

（一）为学校全体益者。校中产业为公有，凡校中人皆有保护之责；

（二）为生徒个人益者。群众支配乃形成营力之大德，足以使生

[①] 编者注：原文如此，未与前文统一。

徒对于问题有自觉，故不能依他人，必自以创发选择与定见，以为解决，斯乃能为人真实之发长有助者也。欲发达行为之理想，必有待于行，盖计量其值，然后能有所选择，舍其陋而取其贵。专制学校之生徒或亦可得良习惯，而无自由之选择，故离学校，则随境而化。使生徒协助学校管理，非特可成良习惯，且可生良理想，出校之后犹可据以为良善之生命。今日教育家动辄曰训练训练者，须知所贵不在形式上之纪律，而在养成自由选择之能力、协助诱掖之惯习。

凡人聚集必有领袖，然后团体生活乃有统贯有效之行动。模仿、暗示，群所必需，而二者皆须有领袖。故必有领袖，可以使人注意，然后乃能有群力之统一。为领袖者必为群中之一人，乃为群意所藉以表现其操纵之势，乃为群之生息精神来自内而非加自外；为领袖者必其心力智力体质人格皆足胜人，只智识不足用也。社会内之真领袖乃能指挈注意，启发信念者；领袖更须识民意，立乎其民之上，而仍与同情相关。为人民者，亦应善自发挥其势力，自表现其目的，如是乃相辅益善。今论群生必有领袖，大如要此①。学校亦一种群集生活，自亦不可无领袖。为学校领袖者，自教员外，学生亦可为之。教员为领袖，当努力发展生徒中有堪为领袖之资者，以为己助。如是则教员、生徒皆能于学校之社会生活中得自表之机会。使生徒凡皆有自表之机会，实教员之责也。真好教员必能解释学校之生命，实现学校之高尚理想，是故教员又为启发者，即能令各生徒均行其至善，能兴起全体学生至善之能力是已。教员尤必温良庄正，热诚勤劬，生徒之信学科②、有价值，必赖教员热诚之暗示，使其视之别开生面。西人有言：知服从人者乃能命令人，实亦唯先知命令人者乃能服从人。保社会之安宁，二者皆不可缺。养成此习，正学校之责也。

---

① 编者注："大如要此"原文如此，疑应为"大要如此"。
② 编者注："信学科"原文如此，疑应为"信科学"。

三　学习与社会

诵读研究皆为学习，此事实亦须群为之，非一人之业。试考知识学术之由来，今日人知不同乎上古蛮野之邦，人所皆知。其所以然，实在历世久远，非一人所能致也。今日所谓西洋文明，乃有甚久之历史，经数多阶级，始得有今日，凡埃及、巴比伦、希腊、印度、中国，均与有关，非特非一二人之为，亦非一地一时之效也。文明之进，必有待于相接触，接触必有群，无群则无知，于昔已尔，于今尤然。

譬如治数学者，必尽得旧知，乃能启新理，举今昔所曾发而增进之，改革之。凡为大家，概皆会多人之力而后成名。虽有天才，使不得接摩切磋之机，亦终于不能大成而已。今世之文明，既无国界，共营而成人生，于是群便不能无相接触，虽在闭门读书，间接之接触亦何能免。而智识人格之发达，亦正有赖于是。如解一问题，即恒非一人之力，有赞之者，亦必有否之者，或赞或否，接触斯生。解决必须研究，研究亦有赖多人。本是推绎，可见思想智识如欲扩增，必将共作协为最善之法。厥唯谈话，谈话可以互利，亦可以为施教之法。有疑而问答之，即教也。读孔孟之书，多记问答之言，盖即以此为教。希腊大哲柏拉图著书亦为对话体裁，近如英国密尔约翰[①]十三岁而为其父草经济学之稿，实本与其父散步讨论之言而成（见其自传十六页）。谈话之效可以增知识，发觉新问题，尤可以使观念清晰，增长观察力、理解力，其要可见，本此为教，甚合心理，在教室中实应行之。余曾参观纽约 Horace Mann School，今日最进步之学校也。其授历史，皆教员与生徒相为问答讨论，而后乃观课本，历史乃为活题目，非徒记陈事而已。此种谈话教授法，足以使问题真切，盖谈话讨论则身入其中，非同听受，可以不措意为之已也。

---

① 编者注："密尔约翰"今译作"约翰·穆勒"。

如闻一故事于人，方只自知，或不免轻忽视之。傥以告之人，必言之毕真毕肖，既生趣味，存心乃切矣。学校既可用谈话，在家亦然。中国家庭每不许儿童发言，此必不可，须知长幼对谈，其效尤宏，观前密尔之例当已可见。儿童本富好奇心，实为学问成就之原，为长者不可轻忽而抑之也。据德麦尔（Mayer）博士之实验，亦可见知识方面有群之重要，其实验结果，儿童团体工作则时间省而功绩良，盖成班则有班级精神，大庭广众之间与个人独居心理状态大有不同。譬之讲演，听众之多寡与讲者亦甚有关也。诺伊曼（Neumann）又调查儿童愿合作者居十分八，自馀二分概皆神经过敏，或有特能之人，或偏于病态心理者。美心理学者哲姆士①（W. M. James）谓见察他人之活动为自己活动之最大激刺，是可征合作之要矣。唯合作亦视为何事，若在独特之思，钻研艰深问题，则又利于孤寂也。

今日学校教科通常言之，多分为训练、道德、知识诸种别，以为某科目发达某能力，而乏统一之观，此实非也。须知凡诸科目皆所以增人之意识经验，使其觉悟。今日群生之状，得营生之方，前已言之。教育乃使人全身受教，非止于一部，故教科自亦不得局一方面，故凡教科皆有其价值，有其功用。即有内容价值，又有外形价值，使人得之，可以了解社会，利用于社会，成为社会中之一人。群业日繁，处世日难，教育不足，必将无以应之而失措置，不知其真，仅得其伪，不平不靖，由是而起，今日中国之坏即在此矣。譬之讲地理，常分商业、政治、地文、数理诸支，而要应知其旨趣，审其由来。地理非本位，人乃为本位，人不可离自然，微水无饮，非气候迁变，五谷不生，诸如此类，皆人与自然之关系，地理之大用即在于此。

中国昔之讲地理者多详于沿革，或多识名称，地望犹不能知，地理与人生之关系更所罕及，甚失教育之旨矣。历史一科亦然，昔但敷陈旧事，重在记忆。然历史之用非仅知往已也，知往者，乃所

---

① 编者注："哲姆士"，今译"詹姆斯"。下同。

以知今知来，往如光线，今则光线之会，将察今日社会种种组织制度，不可不循其往迹。故讲授历史，宜使与今事参合，与现状联络，其效乃见，徒记世代年号，无益也。地理、历史两科之教授必如是，始可为活教科，为有用之教科，为适于生徒之教科。又如数学亦然，今之习之者每茫然如梦，知二加三为五，知何为三角，何为四边形，乃于其实用关系生活之事弃置不顾，几何本发原于量地，今竟成不可思议之科；算术中之，最切实用者若利息、保险之类，取而教之，既足增益趣味，且非特学者受其益，将来应用，社会亦将蒙其利矣。要之，任教育者所见必不可不远，到教者非使知之而已，尤应使能用之。如美国哲学者杜威（John Dewey）言，儿童最要为养成社会想象力，亦是此意。今学校试验之制专尚记忆，不究生徒果能领悟施诸实用与否，乃至有害者也。

　　上来略论教科，次当及道德。通常以为伦理可教，故学校设修身之课。设之非不可，但亦视同一教科，则实非是。人与人之相交接，无往无道德关系发生，如交友，如买物，于中皆有当作不当作，即道德关系也。关系既广，何为独局以一科，凡各科目皆可助道德之养成。所谓教育成人，教育全身，均属此意。此种道德训练学校皆有之，有团体即有交际，皆为道德训练之所，非只修身一教科已也。凡为道德训练，不可徒有禁制，徒禁之，充其至成死人而已，非道德正义也。所贵乎道德者，尤在活，故训练之方，应与以有范围之自由，尤宜备道德行为之机会。无自由无道德，道德之基，厥在责任之念。苟无自由，责任何以自觉？何能自坚？有自由，乃能自选择，何去何从，均出己意，责任之念自不能不生矣。中国故家法唯有禁制，父在，子顺从唯谨；父亡，子乃无不为，正以初无自由之故。先本盲从，后遂盲动，亦何怪哉。女子之处世亦然，必不可不开放，但使其于交际之间得道德训练之机，行为能自选择，苟习于德，行自无不善之足虞。不然者人格不立，道德于何有。道德所贵，尤贵在行，知一善即须行一善，读书有感动而不行，亦无补也。道德不同知识，道德行为施展之地至多，斯须所不可离，出门遇人,道德便生,故贵其行,能选择而后能行,与以自由,亦实为此。

道德之义非止于个人,团体实系之。近人知人之行为绝不仅发自其己身,故一人犯罪,社会应共负其责,学校亦然。学校第一须养成道德之空气,道德责任宜共负之。一人之过,全群改之,庶几共相规劝,相监相助,不德之行可以稀少,其道德亦属于积极而非偏于一面矣。凡教育皆宜知此。

上方述教育社会之关系,仅及大旨,简陋之讥,知所难免。若究斯旨之详密,读者可更参考英美教育专家之著作,今先介绍诸书如下:

John Adams, *The Evolution of Educational Theory*(《教育学说之变迁》[英]阿当斯①著)

John Dewey, *School and Sociely*(《学校及社会》[美]杜威著)

John Dewey, *Democracy and Education*(《民政与教育》② 著者同上)

John Dewey, *School of Tomorrow*(《未来之学校》著者同上)

Irving King, *Social Aspects of Education*(《教育之群的方面》[美]金哀文③著)

(原载《北京大学日刊》第147—160号,1918年5月27日—6月1日,6月3—8、10—11日)

---

① 编者注:"阿当斯",今译"亚当斯"。
② 编者注:原文如此,应为《民主与教育》。
③ 编者注:"金哀文",今译"欧文·金"。

人　性

——改革社会的根本问题

一切社会问题都要溯到人性的问题。一切社会问题的解决都是设法改变人的行为，实在就是改变人性，因为人的行为都是他的性质的表现。假使一种社会改革的计画实施以后，人的行为便都随着改变，那改革便是成功。反之，假使改革计画的实施不能影响人的行为，不能改变人的性质，那改革便是失败，便是庸人自扰。凡是有志改革社会者最先必须对于人性有正确的观念，因为社会之能否改革，完全以人性之能否改革为断。人性实在是改革社会的根本问题。

历来关于人性的见解可分为两种。一种见解以为人性是永远一样，不能改变的。无论世上发生什么变化，或是自然的变化，如地震、水灾，或是社会的变化，如革命、战争，人的本性不受什么影响，永远保存他固有的形相，不会发生变化。相信这种见解的人大概都是涉世极深，阅人多，历事久；他的长久的经验告诉他，人事虽有变迁，人性决无改变。他看了无数的诡诈、阴谋，周而复始的永远是同样的把戏，永远是同样人性的表现，他看了无数的人的顽钝、愚蠢，绝不能因年龄或教育而生出什么差异，便不得不成了嘲世者（Cynic），说人性永远是一样的。这种见解的人不相信社会能改革，不相信社会有进步；他们认定人性永远是社会改革与社会进步的阻力。

另一种见解完全与此相反，他相信人性可以改变，人性有无限的发展的能力。一切主张革命或从事改革运动的人大概都是有意的或无意的假定人性有变化的可能。共产主义者相信——至少是无意的——产业化为共有的时候，人的贪婪的、占有的冲动便消灭了，至少对于财富这种冲动不出现了。无政府主义者相信——至少是无意的——一切政治的、法律的束缚都废止的时候，人的性质都趋于良善，人类便有熙熙融融的社会生活了。人性可以改变正是社会改革家的主张可以成立的理由。不然，一切改革都是徒劳而无功，又何必多此一举呢？

以上所说人性能否改变的问题，似乎祇是理论的问题，应该是心理学者或伦理学者专门研究的。但是他实在与改革社会的问题有莫大的关系。我们一切为社会的努力值得与否，可以有效与否，完全靠着对于人性能否改变的答案。假使如第一种见解所说，人性永远不变，那末，我们就不必为社会努力；假使人性自人性，凶狠者依然凶狠，慈善者依然慈善，顽梗者依然顽梗，贤明者依然贤明，那末，一切社会的变动便都是表面上的扰乱，于自然所赋与的人性的根本毫无影响，正如同池水上面的微细波纹于池底的污泥毫无影响的一样；那末，各人祇好感谢或抱怨自己的运命，去保存着各人天赋的性质；那末，一切为社会的努力，如教育、立法，及其他改革的运动与事业也就可以停止，不必徒增纷扰。

但是实际上人性却是不断的在那里改变，人性在适当的指导、适当的环境之下，有无限的改变的可能性。不容易改变的并不是人的根本的性质，乃是人性已经变为固型的，人性在社会环境之下所成就的形式。人的根本的性质好似一团可塑的泥土，依外边的压迫可以成为方，成为圆，成为扁，成为长，成为种种的形相，但是他又与可塑的泥土不同，因为他一旦塑成了一定的形相以后，便很难再改变。一个中年以上的人，经过了半生的在家庭、学校、社会，及各种团体生活之后，他的性质已经成为固定的。我们所见的人性认为不能改变的便是这类较固定的性质，并不是人的根本的性质；换言之，是人的习惯，不是人的本性。

人性变化的事实最好于儿童时代可见。每一代的儿童都是受他所处的社会的陶铸。他要按着他父母的方言，学习言语，养成言语的能力。他要按着他父母的指导，约束他自己的行为，他要按着他的父母与他的社会传统的观念造就他的思想。总之，他的是非之念，羞恶之心，与一切心理的表现，都须遵着他的社会环境里现成的格式。所以每一代的人在儿童时代都有新鲜的发展他的天性的机会，每个儿童都可以成为下一代更新的起点。无穷的希望都可以寄托在儿童上，假使每个儿童都可以得到正当的发展他的天性的机会。但是事实上儿童不一定确有这个机会，无论社会现成的格式好或坏，每个儿童却须按着那个格式发展并且造就他的性质。因此每个人与他的年龄并进的便都极快的将他的固有的性质造就成了固定的形相。相信人性不变的所常见的形形色色的人便都是这一批性质已较固定的货色。

如上所述，人性本来可以改变，但是不能如一般乐观家所想像的那样容易。一切社会的变动诚然可以有影响于人的性质，但是他未必便能改变那已经固定了的性质。社会上无数的风俗、仪式、制度等等虽然可以于极短的时间内扫尽，但是那些风俗、仪式、制度所包含的习惯却不是于极短的时间可以扫除的。同样的，新的风俗、仪式、制度固然也可以于极短的时间成立，但是他们所包括的习惯却不能如此敏速的养成的。每种制度（包括风俗、仪式在内）都是一种客观的存在之物，而维持这些客观的存在的制度的，便是人的感情、信仰、判断、希望，总之，人的心理的态度。例如薙发在前清时代曾受有法律的裁可，成为一种半法律性质的制度；等到人民习之既久，就承认他是应该的，美观的，不肯改变这个薙发的习惯。我们虽然可以用法律或其他方法将这个半法律性质的制度废止，但是一般曾在这个制度之下生长的人民却不能这样容易的抛弃他的成见；他虽然也可以立刻剪去一切的长发，但是他仍旧想辫子是好看的，剪成短发是不雅观的，至少在剪发的初期他是做如此想的，他或者还想到古人"身体发肤，受之父母，不敢毁伤"的话来做他的这个见解的根据。所以薙发蓄辫的风俗虽然可以急速的废止，但是那个风俗所养成的心理（也便是维持那个风俗的心理），却不能这样容易的消灭。又如君主制度在中国已经有几千年的历史，与他相连的许多制度，许多观念，都已深印在人民的脑中，现在我们虽然用革命的手段将那客观的制度推翻，但是有许多君主时代的制度与观念仍然残存，并且极有力的继续影响一般人的思想与行为。现在大部分的人依旧相信君主式的政治，依旧相信国家元首应该有他相当的威仪，依旧相信人民不能自治，要靠着开明的政府，依旧相信法律祗适用于人民而不适用于立法者或其他治者阶级……依旧按着君主时代的情形，下他们的判断，约束他们的行为。中国祗有共和之名，而无共和之实，正因为我们祗推翻了那客观的制度，而没有汰除在那制度背后更有力的心理；正因为我们祗在名称上采用共和政体，而没有在实际上推行共和的政治——人民没有要求公民的权利，没有尽公民的义务。人民没有按着共和制度规定他们的行为，那里会产出共和国家？这岂是共和政体的罪辜？

历来的革命不断的演出这个不幸的事实。革命者希望用急遽的手段废除腐旧的制度便可以更新社会的生命，希望用法律的、政治的、经济的或其他的新设施，便可以造出理想的社会。而结果，一切的希望与企图都化为泡影。我们于此，不能归咎于人性，因为人性不是不能改变的；也不能归咎于革命者，因为革命者的事业早晚是要发生的；我们祗可归咎于人类后天性质的固执难变。现存的风俗、制度并不是改革者的仇敌。人性也不是他的仇敌。现存风俗、制度之下所养成的心理乃是他的真仇敌。改革者在几小时之内便可以取消一切的制度，但是他绝不能在同样时期内取消那些制度所蕴藏的惰力。

历来的革命没有在当时可以收到功效的。我们必须等着革命的一代死亡之后，并且假定同时一切的行为都按着革命者所预定的计画顺序做去，我们才可以希望看见革命的效果。这个事实指示给我们社会改革的途径，同时更鼓励我们对于一切社会努力的热诚。我们知道，人类的后天性质虽然常是改革的阻力，但不是不可战胜的阻力。我们知道，假使我们的努力持久不懈，推行改革的计画不受极大的挫折，最末必可见改革的功效；后起的每代，至少有一部分可以做援助我们的同志。

(原载《太平洋》第4卷第10号，1925年6月)

平 等 篇

民国元年腊月，英伦中国学会支部成立既三年，大会于格拉斯哥。仆困俗务，不克躬临，襄赞会事，既歉且愧。爰于课暇，草平等之说，遗会长，布陈诸会友前，以赎溺职之罪。劳人碌碌，时期迫促，词不修，句不洁，理不完，意不纯，瑕疵数见。故吾非敢以是篇贡献中国学会，诚欲严平等不平等之别，摘拾西儒成说，略抒鄙见，而与诸君共讨论之也。

一 人本不平等

西学东渐，平等、自由、权利、义务诸名词，为一般士子之口头禅。甚至垂髫之稚，亦莫不援平等自由之说，以肆其议论，以纵其行动。虽然，采用新词，岂若是之易哉。抑其宏旨，尚非学术，无以阐发也。夫西国论自由者，则有穆勒约翰《群己权界》① 之篇（J. S. Mill：*On Liberty*）。说权利者，则有边脱摩之《人权论》②（Tom Paine：*Rights of Man*）。倡义务者，则有玛志尼之《义务篇》③（Mazzini：*Duties of Man*）。自今视之，诸说旨固皆破碎偏颇。然谈政治者，犹且崇之敬之，列诸典籍，以为饶于理想，阐明平等、自由、权利、义务诸精蕴，差称完美。夫诸义之精，须待巨帙。而我国士子，剽取词名，惊为新颖，不察其理，不审其意，乃施幻想，逞意

---

① 编者注："穆勒约翰《群己权界》"，今译"约翰·穆勒《论自由》"。下同。
② 编者注："边脱摩《人权论》"，今译"托马斯·潘恩《人的权利》"。下同。
③ 编者注："玛志尼《义务篇》"，今译"马志尼《论人的责任》"。下同。

气,而侈口倡平等,倡自由,争权利,说义务。嘻,危哉! 几何其不悖诸词之妙旨也。

夫理想者,事实之母也,国家之精神也。远稽历史,近察宇内,或一家,或一族,或一国,或一种,存立于大地上者,莫非各有精神,更莫非有多少理想,资养精神(按理想、事实,互相为因果,理想因事实而成说,事实又因理想而变态。吾今祇重言后者,请观所援诸例)。乏理想者,其国弱,其民痿。理想昌者,其国活动,其民奋发。故有理想昌为进化之说(说详英儒梅恩"民政"),史例俱在,吾非谰说。法一七八九之大革命,福禄特尔①、卢骚②,及词汇派③(Encyclopaedists)诸巨子,实发其绪。德之统一,滥觞李斯德④之"国民经济",而远基则追及费西特⑤(Fichte 哲学家)、薛洛尔马亥⑥(Schleiermacher 教育家、神学家)之游说。意大利之统一,玛志尼之文章促醒意民,功勋最巨。日本维新,阳明学之势力,识者能道,不待余喋喋也。由是观之,理想之系于国家之精神,而间接影响国家之萎靡振拔者若是其巨,宜乎理想之僻谬,论说之狭陋,古人拟为毒蛇猛兽也。时乎!时乎!西国新思想之输入,吾人当严防其弊,矫其枉,补其偏,弥其缺漏,彰明之,解说之,以告我国民,俾适用于我国固有之社会制度。

人果平等乎?抑不平等乎?此吾所当首究之问题,而通篇之纲领也。研究人类,分三方面,曰体育的,曰智育的,曰德育的。吾非能尽人而究其体格,考其智识,察其道德也。吾日所接晤,或以官觉,或以精神,或因其言语,或因其著述,或聆其声音,或睹其笑貌,则此弥千积万之男男女女,孰非各异其质,各殊其性。自体格之方面而观,则有壮瘦、老幼、健病、男女诸差别,或原因于先

---

① 编者注:"福禄特尔",今译"伏尔泰"。下同。
② 编者注:"卢骚",今译"卢梭"。下同。
③ 编者注:"词汇派",今译"百科全书派"。
④ 编者注:"李斯德",今译"李斯特"。
⑤ 编者注:"费西特",今译"费希特"。
⑥ 编者注:"薛洛尔马亥",今译"施莱尔马赫"。

天，或原因于营养。自智识的方面而观，则有智愚、聪颖、驽钝、铮庸之别，或限于自然，或限于教育。自道德的方面而观，则有仁忍、孝逆、厚刻、贤不肖之别，或本诸天籁，或限于境遇。有心人见斯森罗种种，抑亦惊叹造物之巧妙矣。人类不齐，非特若上所述之对待二差别已也。而壮者、智者、贤者、愚者、瘦者、不肖者之中，又质异而性不同，千差万别。西谚有之曰："人人相异""No two men are alike"。故世界之人，有等级者也，有差别者也。等级既存，差别既显，吾人不可以一律律之，一量衡之。平等之制，不可行也，或智多德寡，或体废德优，或智稚体健，则三者之生活、职业、收入、行为，罔非殊异。自社会之方面而观，则三者之交游、功绩（谓对于社会之功绩）、酬报、待遇，亦莫不异，吾不识何由而平三者之等也。使平等之说行，愚者而欲尽智者之义务，享智者之权利，是梦呓也；弱者而谋壮者之禄位，取壮者之廪饩，是愚妄也；不肖者而瞰贤者之位置，冀贤者之恩宠，是僭窃也。准是而行，是破制度，是扰社会，是乱天下也。吾知社会必不此容也。

今试察不平等之原因有二，一曰天然，一曰教养。西人究传种之学，良育（Engenics）之方，迄今犹不能择种以冀产良。人智所及，惟知酒醉者其产呆痴，病肺者其产痨瘵。婚媾传种，知所避而不知所择也。如是，则天然之制限，人类之或智、或鲁、或壮、或弱、或仁、或忍，非人力所能及，非人意所能变更。知所避忌，而不知何者为良，何者必生良产。是人类之不齐，依诸天，任诸自然。人功虽强，对此亦徒唤奈何而已。自然而外，教养镕冶人类力最巨。然上智下愚，固待于教养者甚微。即中才之士，教养之势力，亦诚薄弱。授希腊，授拉丁，西国教育家素所主持，以为希腊、拉丁古文之训练，益聪辅智，发达科学精晰之思想。晚近心理学家，依百般之试验，且证此为迷信矣。更察学塾之伦理教育，及身体教育，陈诵古人之嘉言懿行，以箴学子，施训戒，设器械，以促体育，其功效果若何？其移易天性，增进天能，变更天态，又果若何？诚吾人所当深究。自兹而后，将依心理学之发明，而计其功效，不可徒拾古人陈言，遽以教养功巨可以胜天也。

天然、教养力之薄弱，平等之障害也。言平等者，测不平等之本源，天然力之跋扈，其亦可以废然返矣。说者曰：上所驳诘，极端之平等也，言平等者所主张，不过生计之平等，男女之平等，政治之平等而已，非欲使人类智齐德齐体之强弱齐也。则吾请毕所欲言。

二　生计之平等

生计平等之说，发端社会主义，今日欧洲谈政治者，固鲜齿及。然社会党人之呼喊，尚不绝于耳，生计平等之词，犹数见诸纸上。说虽陈腐，名词惑人，不可不详核其真意也。

社会党之说曰：人，平等之物也，天之生人，无或厚薄，人为制度，弊害丛生，于是有今日最不平等之世界，富者倚天假机缘，攫取财货，鱼肉工民，供一人一家之挥霍，居宫室而服御华靡，至于妇人，则一簪一环之饰，动辄以千万金。更察贫者，则卧室仅可容身，时且野宿，糟糠粗堪止饥，时且并糟糠而无之，要需不给，更何言乎生活之乐，更何言乎耳目之娱。夫贫富悬绝，分财弗均，识者所共见，扼腕愁叹，而谋改善，固不得若社会党之疾视人为制度也。其说又曰：今之劳庸制度，至不平等，能者庸俭，鲁者庸反丰；勤者酬薄，惰者酬反厚。推原其故，社会党归罪于私产制度，且曰：人，本平等也，以私产而判贤愚之别。今之愚者，本可使之贤，其愚者，私产使然也。今之惰者，本可使之勤，其惰者，私产使然也。是生计之不平等，收入有丰有薄，酬报有盈有朒，而生出人类之不平等也。社会党鸣不平之鸣，谋更张之策。其策正使凡民之生计平等也，于是有田三顷牛一头之说，于是有均财之说，于是有削资本家以享劳力之说，于是有因需要而给庸之说，于是有因工劳逸计酬之说。盖社会党自圣西门之徒以来，家各成说，说各不同，或谋绝对之生计平等，或谋比例之生计平等。然其愤于今之制度，而谋生计之平等则一也。

吾弗能枚举诸家成说而条驳。吾既以平等命篇，结论社会主义，尤非吾务。吾请论生计平等之当否。

言国家者，莫不以民为首。治国者，亦莫不以民为先。我国旧说，尊君崇主，孟子民贵君轻之旨，后世未尝无反响也。罗马帝国之末日，专制横行，察其政说，帝王固犹在法律制裁下。要之，或为人君，或为人臣，或为共和之首，或为番族之酋，得民者存，失民者亡，乃亘古不易之理［参观严几道《政治讲义》，是书为钞译涩里①氏（R. J. Seeley）在牛津大学讲义之首集，涩氏说明政权所在，颇有一二精警语］。"朕即国家"，可以为绝鲜之例外，非可执为专制之箴言也。夫国家成立之要素既为民，则民之生养衣食居，乃生存之必不可缺者也，是进究民之生养问题，而实关系生计平等之问题也。

生计平等，果何意乎？使社会党希冀之绝对的生计平等行，则人之收入同，享受同，饮食同，起居同，服饰娱乐亦莫不同，则斯世界，调单色乙，景色枯寂，无驳杂陆离之观。若斯制度，组织成否，姑勿论，既使其成，人性亦将起而逆之矣。前章不云乎，人类不齐，嗜好各异，或崇简素，或尚奢靡，性不齐而冀其齐，吾未见其可也。今有社会于此，有矿工，有陶工，有农人，有冶工，有社首，有诗人，其求其需，焉得齐一？其尚其嗜，焉能同值？简单如斯之社会，犹弗能执行生计平等之条例，今之社会，亿万倍复杂于此，而欲求生计平等，岂可得耶？

比例的生计平等，是晚近社会党所倡导者也，或因需要，或因工劳。夫人之需要无穷，得此望彼，饮食之欲足，男女之欲生；功名之欲足，贪婪之欲生。太白得陇望蜀之句，固深澈人性之吟咏也。且只计需要，而不计生产之多寡，使此策行，将不重朝而仓廪匮府库空矣。工劳不能为酬报之准衡也，今世工作，分功畸微，一皿一盏，一针一系，皆经数番之手，累数十人之功，始成物。吾不识何

---

① 编者注："涩里"，今译"西利"。

由分别人人之工役，而计其值也。匪特此也，工之劳逸不同，而庸不相称者亦多矣。学者之困坐书斋，矿人之幽囚地下，地学者之跋涉艰险，街丁之扫除矢粪，何工为劳，何工为逸，何者之报酬为丰，何者之报酬为腆，恐虽主张因工计偿者，亦瞠目无以答也。

故究其实，生计平等之词，乏意旨，谋国者欲求分财之中庸，不能执生计平等为准衡也。人为制度之不臧，惟有改善之，驱其害而救其弊，非执行生计平等所能济事也。民既为国之要素矣，则其衣食住，须集群策，合群力，假群资，用群贮，以保持之。一人乏食，是群之变。一人失业，是群之病。我国家族制度，团结为主义，甚合斯旨，国家绵延，实多赖此。今后社会，日趋繁杂，群治发达，将益赖民生之要义，而非生计平等所能为力也。

民之生养，既保持矣，则社会所应注意，国家所应执行者，是为机会平等。人类不齐，智愚不一，非即以名扬声显者为智为贤，寂焉无闻者为愚为不肖，胜者强而败者弱也，抑且有沈伏于下，聪明睿智而没世无闻者矣，有奴服人下而精神残存历久而优进者矣，此机会平等为教养国民之前提也。若语其详，请俟后章。

三　男女之平等

男女平等之说，我国罕闻。男女相互之争竞，乃泰西文明之新生产物，而东方自突厥以迄日本海，未尝见也。近年以来，女子争政权之运动，若残烬，若晨星，亦发见于泰东。嘻，异哉！不察其本，不审其情，被他人裳，踏他人履。裳履而果适合吾制度也，庶乎其可；其不合也，岂非盲者戴镜，胅者试骑，恶在其不贻讥也。

自物质的方面而观，欧洲近百数十年来，物质最发达之时代也。工业革新，英伦发轫，人满为患，英伦倚海舟之便捷，岛民冒险之性质，殖民遍大地。盖妇人与男子之争竞，实远基于工业、殖民二大端。工业、殖民与男女之争竞，作正比例。北欧十国，男女争竞，固有他因，而欧洲诸邦，则咸准此例也。欧洲诸社会家庭生活，日益退化，工庸不足，婚娶无由，殖民远方，弱冠力作者，外徙以十万计，女之委顿于家者，乃逾此数。工场丛兴若朝菌，工轻易举者，女子受雇，庸既廉，约束亦迥易也。夫怨女旷夫，久为治国者所忧虑。然则欧洲妇人运动之扰社会，动政界，怨女旷夫，亦多少司其咎矣。易言以明之，今日欧洲女子之位置变矣，弃井臼而操斧锯，去床灶而之肆廛，织者在场，纫者在市，割烹艺绝，育婴事废，男长不娶，女长不嫁。争竞自由，个人主义大昌，则是社会以个人为单位也。既以个人为单位，则男女间之争竞，自然而生，况男女操同业乎？事同事乎？

夫世界，非争竞之世界而友助之世界也。男女一体也，更何冲突之有？更何争竞之有？苟察欧洲妇人运动之真原因，反按诸我国之社会状况，亦可废然返矣。吾不云乎，男女等不平也。所谓等不平者，质异性殊，各有天职，各有本务，男所能者，弗能强诸女，女所巧者，弗能求诸男。二者之相扶持，相辅佑，相引导，相怜爱，始能成就此灿烂之世界。若必强男哺幼，强女执戈，是又以女律律男，以男律律女，质不同而强其同，性不齐而强其齐，吾未见其可也。女子而崇拜男子之标准，男子之价值也，以男子之标准为高，以男子之职业为尚，男子以为美者亦以为美，男子以为媸者亦以为媸，是实奴服男子而甘居男子下也。

故女子前途，非与男子争竞也，非侵占男子之范围也，其演进其发达，当依女子之标准，女子之价值，与男子相并列相辅助，而共进乎雍和之域。

四　政治上之平等

西国平等之说，肇端罗马。罗马以前，希腊（指雅典而言）政治，凡民平等，而畜奴制度遍行。以柏拉图、亚里士多德之贤，犹且是之。罗马法学发达，哲士究天律（自然法 Law of Nature）曰

"人本平等""Omnes homines natura aequales sunt"。降及后世，民约论者，若洛克，若卢骚，拟自然之世界，以为若斯时代，人民獉狉，而咸平等，盖引罗马法家之言，而悬拟自然之世界也。美之独立，法之革命，亦莫不以凡民平等为政治宣言之首条。嘻！去罗马法家之初意远矣。按人民平等，乃法律上之平等也，天子与庶民同罪，正凡民平等之真谛也。罗马时代，略远殖民，商于其市者，多方外之民，肤色不同，语言离异，绝不能享罗马市民法也，乃更为制万民法，以断词讼，凡民平等，谓色无黑白，民无贵贱，偶有讼事，立于法廷，皆平等也。

故研究政治思想发达之处，则晚近政治上平等之说，乃以误会罗马法家之言而成说旨。然求诸雅典民政，平等之说，虽未行于时，而凡民尽襄政事，据政职。雅典衰亡，亦实因此。吾于此姑勿评论既往，骘罚政治上平等之实迹，请一申政治上之平等之真义，及政权不平等之故。

人者，介乎天畜之间，有灵之物也。人之目的，在乎人，而非为他物之器械也。含灵怀智，有思想，有德行，尝为主动的，而非受动的。人之生命，道德的，精神的，而非物质的，财货的，此人之所以异乎禽兽，异乎奴隶也。故村叟野夫，吾人亦知尊而敬之；丐人乞者，吾人亦知恤而怜之；奴者隶者，吾人亦思释而纵之。盖世界上之人人，秉智负灵，皆有值也。易言以明之，人孜孜汲汲，为人而已，满人之欲望，达人之希冀，现人之理想而已。由是观之，无老无幼，无贵无贱，皆各有其目的。虽价值不同，而其有价值则一也。世界上之大宗教，若佛若耶，谓民平等，即本此意。盖人具神灵悉同，财货之多寡，才智之长短，在神灵之次，不得以为前提也。功利主义鼻祖边沁，倡大多数最大幸福之说，而以个人为单位，不以人之贤愚而判别其幸福，亦当本此为解说也。

政权未闻之先，狭义之人权（民权 Civil right）已具。狭义之人权，文明生活之要素，凡以人为灵者，莫不以之为生人行动所必不可缺。是权既备，而后个人之价值乃益显也，曰思想自由，曰言论自由,曰迁徙自由,莫非民权。然所谓自由者,亦必有制限以范之,其害群利损公德者,皆不得享民权也。故狭义之人权,与政权判然为二。人权废则人沦为牛马,降为奴隶。政权不存,而民生美满,仍为有灵之动物,自古已然。民之责务,于拈阄选举之外,可为者亦多矣,百务待举而限于立法外者亦多矣。且使人人怀政权,未见其果为公益也。昔亚里斯多德究民政,已深审农民之勤苦不能理政事矣(参观亚氏政治学)。

要求政治平等之说不一。或曰:畀余阄,以毁汝等级之政治。此西国等级之政治之腐点,或垄断于富,或垄断于贵。我国旧日之仕进,不见此弊也。或曰:畀余阄,以监督汝行政(此边沁语)。是乃以监督为本旨,吾不识群氓足堪此任否也。或曰:畀余阄,俾余理吾事。此又失之狭隘,以愚不肖而作此语,是又僭窃也。故要求政权,非要求政治平等也,非怀忌行政也,非欲试尝一脔也。抑其要求之理由,犹有大者重者存也。盖要求政权,非以民权为不足,生活受拘束,乃欲入群界,操群事,自个人家庭之狭范围,而入国家之大范围,由私务而舍身谋公益也。惟据此始能要求政权,惟准此始能要求拈阄。盖多一番权利,正多一番义务也。

故此假设之平等,实基础于个人灵性之真价值。自立法者、宗教家而观,价值固一。然质诸衷心,则个人一身,当亦憬然其价值不其邻之价值若也。人苟识价值之区别,则妄僭之丑德,夸物质,炫财货,不复见于斯世矣。

五 结论

上所述四章,可简言之,人本不平等。然因其神灵,取便政治,取便道德,人实平等。然所谓不平等者,非有高下之别,乃等不同,类不齐,实则相并列也,如男女之别是已,有德者有才者之别是已。生计之平等无它,救民于冻馁,保凡民之机会平等是已。机会平等备,则凡人得逞其才,展其能。其失败者,必寡才乏能之辈，非若今之限于门阀，限于物质者也。援平等说而要求政权者，概皆狭陋。然究其实，则舍小己而投社会，非求权利，实希尽义务也。

（原载《东方杂志》第9卷第8号，1913年2月1日）

利益与联合

人在动物界中，是心灵生活最高的，他的意志常在多方面表现。房屋表现建筑家的意志，油画表现画师的意志。社会秩序亦即表现社会动物的意志。凡是一种事业都可以说是表现造那番事业的人的意志。表现意志不必是满足一种欲望，或满足一种计画，因为意志虽然有种种的表现，但是欲望只有一种满足。例如雕刻家虽然可以用雕刻表现他的意志，但是他要胜过他的同业的欲望的时候，因为他对于他所用的材料或者不能顺手，或者所用的方法不能适合，所以竟不能达到那胜过同业的欲望。社会中的材料愈益复杂纠纷，所采用的方法、计画愈益有冲突不适合的情形，所以社会秩序虽可以称为社会意志的表现，而不能说是满足社会中各员的欲望。因为在这样情形之下，欲望不得满足的正必不少。社会秩序虽然是社会的功绩，能实现其理想，但是充其量不过是其理想之一部分。所以我们现在研究社会，不能论到欲望，只论他的利益。

凡可以刺激我们的活动使他有所成就的都可以称为利益（Interest）。利益与欲望不同。我们有许多的欲望，但是不是所有的欲望都可以表现的，因为欲望不合理，不合时，危险，不能遂达，或有更强的欲望要求满足的时候，那些欲望就被抑压不得满足。利益又与需要不同，因为需要常是顺着冲动的、盲目的，即使对于所需求之对象，清楚的知道或觉着亦可以为他种欲望所支配或阻遏。例如有时人感饥饿，有求食之需要，但以在斋戒期中不肯饮食，求食的需要竟受宗教的影响不得满足。利益是意识的，是对于可达到的满足或可达到满足的活动有所意识。换言之，利益是意志的一种目的，是所追求的一种目的。利益是与意志相连的，是意志的对象。社会之发生与进化完全可用利益去解释。

社会是一种共同生活，共同生活之所以成立就是因为人类有共同的利益。人的相互的关系可以说是由共同的利益维系着。利益本来就没有绝对的为己的。利益在性质上本来就是共同的，如家族、都会、国家的幸福实在是共同的利益。不过他的范围有宽狭的不同罢了。所有社会的统一皆有共同的意志，追求一种共同的利益。有许多事情是联合的共同的活动后才可达到目的。人由竞争渐晓得合作的利益。人由战争才渐晓得联合才可以保证他们共同的利益。竞争与战争互相陷害，合作才是共同的求达到一种目的。我们要想达个人的目的，必须将那个目的变为共同的；要求个人的利益，也必须将那个利益变为共同的。社会就是合作，社会的膨胀必须靠着合作，也就是合作范围的扩大。两个部落本来是相竞争的，但是为维持各部落的利益起见，不能互相残害，必须互相联合、合作。两家店铺，想要扩充生意，不能互相倾轧，终久必须互相联合、合作。所以各国产业界近来都有趋于合并统一的倾向。私人的利益与公家的利益是分不开的。世上利益的公私的界限常是狠难分明。即如爱国心虽为公共的利益或亦有私人的利益参杂其间。近代社会关系日益深密，所以社会化的势力更加扩大。如欲达到私人利益，必须将私人利益化为社会的，化为公共的。这个公共的利益虽然是一种新的利益，是次要的利益，但是日久可以发展新的联合，巩固新的联合。因为近代社会关系复杂，分工日多，所以人常看不出私人利益与公家利益的关系，人常不明白两种利益的一致。

社会之中包涵着许多种利益。每种社会阶级即代表一种利益。如按职业分类则有士农工商的阶级，或按社会的身分，分为上等社会、中等社会、下等社会，或按经济的身分，分为有产阶级及无产阶级，皆各代表一种利益。封建时代公、卿、士、大夫、庶人，亦是各为阶级，各代表一种利益。又如励行阶级制度之社会如埃及、印度，皆有喀斯德①（Caste）制，各级亦各代表一种利益。地方亦可代表一种利益，近代选举即以代表地方利益为基础。如我国国会的参议院即为代表各省的利益，众议院即为代表各县的利益。因地方团体大概有共同的历史，共同的成训，共同的公益事业（凡市政所经营的事业如自来水、电灯、电话、街道、教育等等，皆可称为公益事业），主要的地方产业与相似的心理，所以地方各自为团体。但近来因为交通发达，地方不能孤立，地方与地方间的关系加增，而各地方团体亦由同质的而变为异质的，所以地方团体的利益常不及其他特殊利益的重要。地方利益变为次要的，而主要的利益则为同职业的利益，同经济身分的利益，同宗教的利益，同研究科学或从事游戏的利益，或同政党的利益。因为这些种利益就发生许多种联合。近代社会的一个特色就是联合的增殖与联合的势力。

关于社会上联合的问题有两层须注意的：一层是一种联合支配他种联合或垄断他种联合的利益。例如历史上治者阶级或贵族阶级支配全体人民或垄断社会全体的利益。一层是各种联合间的冲突。如现代有有产阶级与无产阶级的轧铄。这两种情形——垄断与竞争——都是社会的大不幸，可以使社会倾颓。这是现在社会最切迫的问题。

"人以类聚，物以群分"。向来人的相集聚都是因为有相同的趣味或利益。学校里初入学的生徒有如一团散沙，但不多几日，即各以气质、趣味的相同而组成为若干团体。轮船上的搭客最初上船的时候本不相识，但是在长期的旅行途中，亦因各人的嗜好或利益而集为若干团体。总之，各人气质、趣味、嗜好，或利益的相投，常为促成团结的一个原因，常造成临时的无组织的团体。有些较为永久的利益即促生较为永久的团结，即是联合。联合是有组织的，与

---

① 编者注：喀斯德，本书亦写作客斯德，即种姓制度、社会等级制度。

临时的无组织的团体不同。联合代表一种特殊的利益或代表多种众多的利益。如律师公会即为代表一种特殊利益之例,如国家的事业即包括数种的利益。现在按各种利益之不同,分别团体之种类。

人类生活的最根本的需要当然是关于衣食住与性欲两类的需要。人类生存与健康必须衣食住的维持,人类为维持生存与健康起见不得不有联合。获取衣食住之资常为原始民族结合的一种主要原因。生存的利益虽为个人的,然间接的即为社会的,因为(一)个体的生存即所以延续种类,个体不能生存,即减少或阻碍种类的延续,社会因以灭绝。(二)衣食住的问题不是个体所能单独解决的,必须共同的团体的努力去解决。所以满足衣食住的需要亦是社会的利益。因此产出农业的、工业的、商业的、卫生的各团体。

性欲是人类根本的冲动,要满足这个冲动所以有男女的婚媾,成为家庭亲族的大联合。性欲的利益不是个人的,是社会的。性欲的满足是社会的功能。因为性欲的满足常关系于二人以上,根本于性欲的联合又是社会上最重要的团体。宗法社会在历史上占重要的位置,并且有长久的历史,即在今日,宗法的组织虽然衰弱,而家庭仍为普遍的联合,一时尚不能消灭的。家庭的观念不专限于家庭自身,且为其他种联合所采纳,如宗教的联合中所崇拜者为天父,同皈依宗教者为同胞兄弟;如秘密结社的社会,工会的会员,军队的士卒,亦常互相称为弟兄。

以上所述,衣食住与性欲的需要,即人的物质的、生理的需要。这是与一般动物所同的,更进一步,人更有精神的,或心理的需要。此处所谓物质与精神,生理与心理,并不是相对待的种类,乃是为便于解释与研究起见而定出的区别。要知人的生理的程序与心理的程序是相连的,相依为用的,缺一不可的,并非二元的相对立的。身心有同样的重要,"心为形役",形亦为心役。身心两方面都可以为活动的中心,亦都可以不认为活动的中心。我们试追溯任何一种生理的或心理的程序,即可见出凡一种程序皆包括身心两方面的活动。即如求食的活动即可从身心两方面观察。求食不是纯粹生理的活动，也不是纯粹心理的活动，实在是两种相连的活动。因为身心两方面是相连接的，没有显明的区别，所以简单的生理的趣味也可以化为复杂的高尚的。所谓生理的、心理的区别，不过是为研究的方便起见分别的，并不是绝对的区别。我们分别身心并不是哲学的二元论者的意思。

所谓精神的需要是与生理的需要有别的。例如求食与求知识的两种性质当然各不相同。前者是有机体的，生理的，后者就是精神的或心理的。普通心理的程序分为知、情、意三层，我们若是按着这三层的区别，分别那因心理的需要而成立的联合，也可以分为三种。一种是知的作用占最要的地位的，如对于科学、哲学、历史、教育的趣味即成立了各种的学校、学会、学术的俱乐部、辩论会，凡以研究、讨论、发明、商榷为目的的集合都属于此类。一种是情感的作用占趣味的中心的，这个情感有宗教的，美术的，文学的，艺术的种种，因为人类有这些种情感的趣味，所以人类社会产出寺院、教会、剧馆、美术会、诗社，各种文艺的团体。一种是意志的作用在趣味上占最高的位置的，所有以行政、管理、争权利、争地位，或推行一种主张或贯澈一种目的为主的联合都属于此类。意志的联合最好的例就是政治的与宣传的联合。以上所说知、情、意的联合并不是截然的分类。要知心理学上所分知、情、意的三种作用也不过是为研究的方便，一个心理程序是一个整的，知、情、意三方面的活动是紧紧的接续着的，不能分疆画界，也不容分疆画界的。社会的各种联合也是一样的，一种联合常是包含知、情、意三种的趣味，各种联合并没有严格的界限。例如文艺的团体就常是兼着求知与发抒情感两种趣味。又如研究学说的团体也常兼负鼓吹宣传的责任。不过就联合所有的各种趣味之中我们可以认出有主要的，占重要位置的趣味。我们分别联合的种类就是按着那主要的趣味分别。

人类的利益有许多种，各人要满足他的利益不得不联络有相同的利益的，去共同的追寻各人相同的利益或众人共同的利益。各人的利益差不多没有能独自一人能够求满足的，一定要靠着有相同的利益的共同的或集合的努力。所以社会里发展一种互相依赖互相辅助的制度：就是各人对于团体的共有的利益贡献他个人所应贡献的一部分而藉此遂可以得到他人所贡献的利益。社会分工正是这个互相依赖互相辅助的作用的实现。从此看来，各种联合也可以说是有经济的利益。因为凡是人做一桩事情不只是专为做那桩事并且还为生活。差不多所有的联合都是于他的特殊的利益之外更兼有经济的利益，不过那经济的利益常是副的，次要的。

分工日盛，社会情状日益复杂，特殊的利益与经济的利益常有趋于分歧的趋势。有些人就不得不专为经济的利益去求满足。现在可以对于所做的事业有直接的趣味，而那个事业同时又可以满足经济的趣味的，不过只有少数的人有这个幸福。大部分的人所做的事不必是于他有直接的趣味的。所以他一方面要专从事于可以满足经济的利益的事业，等到得到经济的方法（Means），然后再设法去满足其他特殊的利益。例如美术家绣像同时可以满足特殊的与经济的两种利益，这样工作与欲望的一致的是狠少有的。一般的工人在工场中做那单调的机械的工作就不能满足他们特殊的利益。他们做了工才可以获得方法去满足他们特殊的利益。这种情形在现在社会上发生重大的影响是极可注意的。

但是从大体上看来经济的利益永远是副的，次要的，因为人没有（即使有也是极少）专为经济的利益工作的。人的求经济的利益是因为经济是一种方法（Means），得到这个方法那更根本的更重要的利益也就可以满足。店员天天在公事房里做单调的厌烦的工作，诚然与科学家在试验室中有兴趣的工作的不同。挑粪的天天照例的工作与工程师设计的工作，诚然是不能相提并论的。但是因为经济的利益为获得其他利益的方法，所以虽然是单调的，讨厌的，不发生直接的兴趣的工作，人也是不得不从事的。所以经济的利益也可以说是普遍的，因为在现在的社会生活差不多所有的利益都要用经济的方法得到。

代表经济利益的联合有公司、银行及各种集合的经济企业。为经济利益谋安全或竞争的团体如工人的工会、资本家的联合会当然也属于这一类。近来分工发达，发生了许多种职业的联合，如各种的工会、商会、教职员联合会、律师公会、制造家联合会，都是。职业联合在一方面看来也可以说是经济利益的。此外各种联合于他们所代表的特殊利益之外，差不多也对于经济利益有所贡献，所以这些种联合也有许多是经济的。

经济的利益在各种联合中是次要的，普遍的，既如上述。与经济利益的性质相同的，还有政治利益。政治利益与经济利益是一样的，也常不是目的，只是方法，用这个方法可以得到或满足其他利益。社会上设政治的组织不是为政治组织的自身，但是为他所维持的利益；人有了政治组织就可以用他维持治安，保护个人的自由，执行个人间或个人与社会间的权利义务，保证人民的企业或契约，总之政治利益的组织可以说是人的活动的必要的条件，人有了这个条件才可以安稳的可靠的追求其他的利益。政治的联合最有力的就是国家。以先学者看了国家的范围的广大，侵入社会生活的各方面，所以常以为国家就是社会。要知国家不过是社会中各种联合之一，他这个联合的特色不是代表某种特殊的利益，国家是一种特殊的组织，他的功用是在乎维持社会上一般的利益。国家以外差不多所有的联合都是多少影响政治的，但是就中有许多是纯粹的政治的联合，例如政党的团体即专门以推行某种政策影响政府的，又如鼓吹立法的团体如省宪同志会、女权运动同盟会，也是这一类。

除了经济利益与政治利益以外，与这两种利益相类的还有社会的利益。社会的利益按广义解释起来，我们可以说所有的联合都是有社会的利益，但是他们特殊的利益都不是社会的。有些联合是专以满足社会的利益为主，为使心理相仿的人可以有联合密接的接触。这种的联合在事实上必然发生的，因为气习相通，习惯相近，或言语相通的人，自然发展成为社交的团体。例如中国各地方都有各地方的会馆、公所、同乡会，如上海有广肇公所、宁波同乡会等团体，北京有各省、府、州县的会馆。中国人在海外的也都有同乡的或同事的团体如学生会、中华会馆之类。外国人在中国的也有类此的团体，如日本人在北京的就有日本人居留民会。

这种社交的联合主在增进社交，奖励友谊，所以重在饮宴、谈话、游戏等等事情。宗教的与职业的联合也常兼办社交的职能。各种慈善的联合要靠着社会的同情心的也可以算属于这一类。

（原载《国立北京大学社会科学季刊》第 2 卷第 1 号，1923 年 11 月）

中国社会之研究

目录

一　绪言

二　社会科学之发展

三　社会学的范围及其观点

四　社会制度

五　中国的家族制度

六　家族的性质及作用

七　今后的中国家庭

八　中国的礼

九　中国的社会阶级

一　绪言

要研究中国社会，当然是研究我们目前的、现时的社会。此次研究，首先需要对于社会做系统的观察，就是应用社会调查的技术。中国社会范围极大，方面极多，内容极复杂。要观察社会的全体，势不可能。所以为研究便利起见，必须将它划分为若干方面或多少专题，从事观察探讨，由多少人通力合作，一步一步的做去。他们日积月累所得的成果，可以使我们扩大对于整个社会的认识。年来我国机关与私人所做的社会调查已经有些，大抵都是限于某种现象或某种情况，如生活费用、劳工状况等题。也有做一般的调查的，但一般调查所包括的项目常太多，范围大而偏于浮泛，缺乏确定的目的或着重之点，以致反不能显出什么意义。认识目前的社会必须做系统的考察，祇靠偶然的、皮相的或浮泛的观察是不够的。

要确切的认识现时的社会，不能只限于考察现状，同时还须追溯它的过去。人类是有历史的，他的现状主要的是历史的产物。现在我们的思想大都系承袭大圣先贤的思想，现在我们的制度大部分是沿袭历史传来的制度，现在我们的风俗习惯大部分还保存着前代的遗风。总之，今日的社会乃由过去嬗变而成。所以要研究今日的中国社会，必须对于过去的中国社会予以探讨。我国历史久远，资料丰富，然而史籍阅读不易，且时代变易，史实有待重新估价，史料有待重新整理。特以从社会研究的立场，更需要用社会科学的观点，考求我国历代社会演变之迹。凡此均有待历史学者的努力。我们要借重历史学者对中国社会之研究，认识中国社会变迁的真象，也就可以明白目前社会的由来。

在讲本题之先，应该对社会科学及社会学有个认识，下边对于社会科学之发展及社会学之观点略为讨论。

二 社会科学之发展

社会科学所包括的许多部门，如政治学、法律学、经济学等，可以说发端极早。如我国儒家的孔孟，法家的申韩，便都是社会科学家的先驱。但成为严格的社会科学乃是近代的事。所谓科学乃为真理而追求真理，为研究而进行研究，不计功利，不施训戒，不做主张，祇求对于现象或事实寻出道理。换言之，科学的目的在明白某种现象系如何发生的，何以发生的，至于应该如何支配现象，应该如何处理现象，却不理会。这就是说，科学家的任务在说明，在穷本溯源，在阐明他所研究的对象的各种道理，寻出它的系统关系，而不是做主张，定方案，或指示应该遵循的途径。从严格科学的立场看来，科学应用是它本职以外的事，科学家对应用，对实行不发生兴趣。科学家在国民的地位上，当然可以对实行感觉兴趣，也可以有所主张。但在学术研究的时候,则不得不摒除一切个人的主张和意见,以进行完全客观的探讨。因为惟有如此,才可以维持充分的科学的态度。由此观之,我国古代圣贤及外国古代哲人对于政治、经济、法律的论述只可以称为社会科学的萌芽,尚未能达到科学的境界。其中有关于政治、经济、法律的思想与政策,但还未能将这些社会科学的部门做成完全客观的、有系统的知识。

自实行之人观之,科学研究实为徒劳无功之事。如行政人员即重在行,每遇一事即须立刻决定办法,势不能坐待科学之分析,等候研究的结果。实行的人因此便常以为科学研究为不必要。但要知科学家所研究出来的道理如果行政人员懂得,于他的行政事务实有大助。例如主持社会事业的人,如果懂得社会病态的种种原因,便于他在行政上做各种决定时有大用。所以社会科学实为今日行政人员所必须具备的知识。现在我们对于各种社会现象的道理所知道的还很少,有待研究的还极多,故今后必须有大批的社会科学家,从事研究工作,将他们所获得的结果供给实行的人们。

但研究社会现象的困难有二:一则因为研究的人与社会现象相连,也就是社会现象的一部分,因此在研究的时候,个人的利害关系、情感、主观的见解便极容易参杂在内。一则社会现象与自然现象不同,不容易控制,也不能做试验,所以社会科学的著作里,能保持纯粹科学的性质的比较少,而陷于主观或偏见的比较多。

三 社会学的范围及其观点

社会学是社会科学里最后发展的一个部门。它的目的是在"研究社会的情状,社会的进化和群众的结合的现象"(民生主义第一讲)。社会学的发生是因为其它社会科学祇研究人类生活的一方面,如政治学研究人类政治组织及其权利义务的关系,经济学研究人类生产消费的关系,而社会学则研究一般的社会关系。

现在社会学所研究的范围极广。研究对象包括社会生活、社会组织（如家庭）、社会制度（如婚姻、教育、娱乐）、人口情态、劳动等等。在理论方面，则有社会理论，如社会盛衰、民族兴旺的道理。社会学还注意社会的病态方面，如贫穷、犯罪、自杀、离婚、酗酒、娼妓诸现象。社会学应用的方面，便是社会政策，也称社会立法。

社会学的观点是看社会的总体，不单看它的某一方面；是注意人的全面生活，物质的、感情的、知识的等等，而不是单看他的一种生活。如经济学专注重人类物质的生活，但人有了好的物质生活，未必便有幸福的社会生活，如夫妇关系、社会关系未必同时健全。所以近来其它社会科学也渐采用社会学的观点。如法国的宪法学者狄骥认为宪法的目标应在增进社会团结。又如教育学本主在研究教者与受教者的关系，近年也注重教育的社会方面，即教育在促进社会进步中所占的地位，使教育发挥对于社会发展的功用。又如伦理学以先认为善恶或行为的是非乃先天的，或神明所启示告诫的，现代伦理观念则采取社会学的观点，善恶是非以社会的安宁福利为标准，所谓道德要合乎社会的利益。

四 社会制度

社会学的范围如此广大，我国社会之研究，都可以依各部门分别探讨，但非时间所允许。现在拟就我国几个重要的社会制度，简单叙述。在叙述之先，先说明社会制度的性质，以及它在社会生活里的重要。

人类社会靠着社会制度维系着，社会制度的一方面便是社会组织。婚姻是一种社会制度，它的另一方面便是家庭。买卖是一种社会制度，它的另一方面便是市场。研究社会制度是研究社会的一个钥匙。

社会制度规定人的相互的关系。人遵循一种制度长久了，便养成一种行为的习惯，培养了他的情操，同时还使他对于那个制度发生感情。

社会制度的功用，主要的有两种：第一，它有安定社会的作用。人的相互间如无固定的制度规定，他们的行为，便容易发生摩擦、冲突、扰乱。如买卖乃一种制度，卖者与买者依公平交易的方式，进行他们的交换，如此便不致有强买或强卖的事件发生，灭去了社会上的纠纷。社会制度是稳定社会必不可少的工具，社会发展愈趋发达，社会关系愈趋复杂，于是所需要的社会制度便愈多。第二，社会制度有淘汰的作用，就是对于不肯遵依社会制度的人们，予以制裁，施以谴责。如此便是淘汰那些反抗社会的份子。遵依社会制度的可以在社会上立得住；不遵依的，乃是违抗社会的，有害社会利益的，便受人们的轻视、责备，或乃至法律上的惩罚。

所谓民族性一部分可以用社会制度来说的。民族性并非一个民族固有的、神秘的性格，常是在某种社会制度下生活所养成的结果。如德、日国民的好战与侵略性便是他们多少年来教育制度的结果。民族性不是不能改变的，改变的一个途径便是建立新的社会制度，使人民遵循，当然要相当长的期间才可以改变民族性。

人类生活需要社会秩序、社会平衡。社会制度便是维持秩序与平衡的工具。但社会时时在变动不居之中，有许多许多事情都足以引起人类关系的变动，影响社会的协调与安宁。如人口动态、天灾、人祸、生产技术的改变、生产情形的变动、国际关系的变动、思想的变迁，在在均可以改变社会的情形。因为社会情形时在改变，所以须对于相关的社会制度，予以检讨，看它是否与新的社会情形相适合。如不适合即须设法修正或改变，以适应新产生的社会情形。人类用种种社会制度以求社会的安定，但人类永远在变动之中，故必须依社会的新的情况，检讨固有的制度，以期厘定新的制度，求到社会的再安定。这是动中求静的一法。《淮南子》即看到此点，他说：

> ……先王之制不宜则废之，末世之事善则著之，是故礼乐未始有常也。故圣人制礼乐而不制于礼乐。……故圣人法与时变，礼与俗化；衣服机械，各便其用；法度制令，各因其宜。

故变古未可非，而循俗未足多也。(《淮南子·氾论训》)

自从工业革命以后，社会变动的速率加大，变动的影响加宽加重，于是检讨社会制度的需要也更迫切。

五　中国的家族制度

夫妇结合而成立的家庭普遍于全人类。每个民族里都有家庭的制度。我中国则自古以来发展了家族制度，家族成了社会里最重要的组织。家族是中国社会的中坚，是中国社会的基础。中国民族在各种文化民族中有如此长久的寿命，重要原因可归功于家族制度。

中国家族的型式可简分为三种。一种是家族，即聚族而居的大家庭。有时一族的人虽不同居一宅，但仍保持着族的坚强的组织，维持着族的关系，依然是家族的型式。一种可以称为复合家庭，凡父子兄弟同居一宅，或两支以上人口同居一宅的都属于此型。在中国以此种复合家庭为最普遍。一种便是小家庭，即夫妇及其子女的小团体。家族与复合家庭本来是我国最主要、最普遍的型式，近年来，两者在衰退，有化为小家庭的趋势。

我国家族制度发源于周代。商人尚无宗法，"周人嫡庶之制为天子诸侯继统法而设，复以此制通之大夫以下，则不为君统，而为宗统，于是宗法生焉"（王国维：《殷周制度论》）。周代乃民族，及至后来三家分鲁，三家分晋，七穆专郑，田氏篡齐，政出于大夫，民族便分化为多数的父权家族。我国儒家是家族制度的拥护者，他们发展家族制度的理论，并努力增进，扩大它的组织。

战国时代祇有封建的贵族。秦统一天下，封建贵族消灭。商鞅变法，禁民父子兄弟同室居住，企图打破家族制。但到了汉代，儒家抬头，家族观念复兴，于是士大夫的家族出现。到东汉时，家族的势力已臻强大。王符说："今观俗士之论也，以族举德，以位名贤"（《潜夫论》"论荣"篇）。又说：

>虚谈则知以德义为贤，贡荐则必以阀阅为前（《潜夫论》"交际"篇）。

这个士大夫阶级，成为世家，子孙世世做官，家族代代显赫，同宗同族团结互助，提携乡党后进。世家在本地即成为名族或"郡望"，袭用古代宗法观念、礼仪、习俗，遵守家族的道德法则。两汉士大夫家族乃治者阶级，他们掌握威权，把持政治，支配经济，享受高爵厚禄，垄断教育，统制思想，阐扬儒家所提倡的宗法道德，养成强有力的宗族乡党观念，袭承并发展我国传统的古典文化。

三国时，大族多南迁，江东成了豪族大姓麕集的区域，名宗大族，皆有"部曲"自卫，同时也协助孙氏建立政权。晋司马氏也优待官僚世家，于是权贵望族都成了大地主，垄断经济，同时又掌握政权军权，支配一切。又藉着九品中正制度包办察举，垄断仕途，不论人的知识材能，专讲他的门第。所以到了西晋时已经成了"上品无寒门，下品无势族"的景象。但这些大族都是社会的中坚阶级，他们掌握国家的政治经济大权，保持传统的宗法道德，发扬士大夫阶级的文化。

五胡乱华，士族遭受了极大的厄运，一部分被杀戮，一部分勉强团结自卫。但大部分则避难江左，到今日浙江一带。也有北迁，投奔河西，依附慕容、拓跋诸氏的。故名门世族仍可以在各朝代独占政权，集中财富。此时家族的组织相当谨严，每族皆有系统的谱牒。到了唐代，政府提高新的勋贵而抑制旧有大族，士族有趋于没落之势。但族制依然坚强，宗法道德观念依然是中国人民的行为准则。宋儒继续提倡家族观念，如宋张横渠即主张凡是宰相枢密等大臣的子孙，应由朝廷下令，不许分家，由长子独掌家产，并为世臣，保持世禄。这显然是在努力保存传统的家族制度。及至元代，大家族以种族关系受了压迫，但这个制度依然存在，迄于清代。但在此期间其组织日益松弛，精神日益涣散，大家族制度趋于没落，复合家庭，较为普遍。

总而言之，家族在中国民族的历史上占首要的地位。它维持着社会的安宁，支配着并参加社会的各种的活动。它阐扬道德，发展学术，推进文化。我国历史上不少的政治家、军人、学者、艺术家、文人都是名门世族的子弟。朝代虽有兴亡，统治者虽有更迭，但家族的坚强的组织却可以永久的延续它的寿命。因此，它也就延续了我们民族的寿命，延续并发展了我们民族的文化。

六　家族的性质及作用

家族组织的基础是血统，凡是同一祖先的后裔便属于同一团体，便应团结，便应努力维持它的继续存在。在家族里，每个人都有它的分位。个人在家族里不是一个单位，没有独立的存在，他的地位，他的职分，他的辈分完全要依他与家族中其他人员血统上的关系限定。家族关系当然以父子、兄弟、夫妇之间为最直接，最密切，但与家族内其它人员也依血统的远近，有一定的关系。表现在丧服的便是五服之制。但即在五服之外，也依血统而确定各人的辈分。家族之内，各人均有一定的权利与义务，如子须孝，尽孝的种种职务（如《礼记》"文王世子"篇所载），父须慈，兄弟须相友爱，夫妇之间应有唱随的关系。就家族的全体来看，它是种种活动的团体。它是一个政治单位，族里有一定的秩序与规范，有治者与被治者，在周朝时，仍有族人会议，这个会议，周人称为"饫"，"所大事，成大章"。凡关于族中重大事件皆由族人会议决定，平时族长（在复合家庭里即为家长）当权。家族是一个经济单位，是一个生产消费的团体。在农业社会里，家族从事耕作便是生产的团体。家族是一个社会团体，一族里的人在家族里营共同的、社会的生活，遇年节及婚丧、长辈寿辰便做社会的活动。它又是一个互助救济的团体，疾病、残废、无告的人，家族乃至与他有血统关系的人都负有救济保卫的责任。今日所谓社会服务，在家族制度健旺的时代，大部分都由家族担任，用不着政府来负责。它是一个教育单位，一切幼小，在家族里过生活，即受家族的熏陶与教诲，或在家族里设塾延师，训育子弟。家族的教育，无论形式的（指读书上课）与非形式的（指家族的礼仪风气，潜移默化的势力）都有重要的影响于后一代。我国素重"家教"，即以此故。最后家族是一个宗教单位，一族里的人都崇拜同一祖先，岁时共同祭祀，由此可见家族活动方面的宽广，也可见它在中国社会里地位的重要。

家族自身是一个不可分的团体，每个人有什么过失，便影响他所属的家族的名誉或地位，每个人犯了法，他的全家族负集体的责任。若所犯是大罪，九族的人都要受重刑。后来家族集体责任逐渐缩小范围，一直到最后父兄仍须对于子弟的行为负责任。这个集体负责制度使家族成了一个自治单位，限制个人的活动，诚然是稳定社会的大力量。

中国家族之所以能绵延不绝，祖先崇拜是一个主要原因。因为崇拜祖先，所以每个家族必须嗣裔不绝，宗统延续，可以有人继香火，岁时举行祭祀。因为长子继承，所以嗣裔必须是男子。产生儿子，延续宗统是每一代对自己家族，对自己祖先，最重要的、神圣的义务，所以"不孝有三，无后为大"。祖先崇拜，乃家族社会里最重大的事。"慎终追远"，"事死如事生，事亡如事存"。每一代对于他们死去的祖先都要恭敬的表示他们的思念。每年在若干日期，如年节或祖先生死的日子，都须举行祭祀典礼。关于祖先崇拜，发展了复杂的丧服制度与繁琐的祭祀制度（如《礼仪》之"丧服""士丧礼""既夕礼"诸篇，《礼记》之"丧大记""祭法""祭仪""祭统""缁衣""奔丧""问丧""服问""三年问"诸篇所载）。

家族是一个组织严密，力量坚强，包括着人类若干重要活动的社会。经过了若干年的发展与儒家思想的提倡指导，成了一种极完整良好的社会制度。它在社会变动的浪潮中，永远构成稳定的势力，维系家族，也即是维系民族的寿命，但是家族是以血统为基础的，血统关系范围狭小且祇是人类关系的一方面。在民族或国家的大社会里，家族制度即嫌范围狭窄，偏重血统而忽略其它关系，实有扩大社会范围的必要。一种扩大范围办法即是用婚媾关系。中国民族自有史以来，行外婚制，同姓不通婚。因婚媾而家族与家族之间相结合构成戚党社会。又以同住在一个邻里或友谊的关系，时相往来而构成乡党社会。这都是将家族社会扩大了许多。但就是这已经扩大了的范围，还祇限于一个邻里，一个狭小的区域。在一个民族的疆土扩充的时候，必须树立更广远的社会关系，才可以维持国家的大团体。家族制度中心的道德是孝，于是便将孝的应用扩大，推行孝道以维系大的政治社会。所以说：

> 身者，祖之遗体也。行亲之遗体，敢不敬乎！故居处不庄非孝也，事君不忠非孝也，莅官不敬非孝也，朋友不信非孝也，战阵无勇非孝也。五者不遂，灾及乎身，敢不敬乎！（《礼记·曾子大孝》）

又说：

> 夫孝始于事亲，中于事君，终于立身。（《孝经》）

儒家思想打算将个人与国际和平联起来，所以主张由个人做起，一串的努力，可以达到天下太平的境界，即"身修而后家齐，家齐而后国治，国治而后天下平"。实际上，这就是家族主义的扩张，因为在家族制度，个人不是独立的一员，乃由若干家族的关系（如父与子、兄与弟）联系着，所以修身便是各人依其在家族里的地位履行他的职责，治国便是将家族中心道德的孝的应用扩大。如《礼记》所说，事君忠便是孝，诚敬的做官吏便是孝，英勇的御外侮、保卫国家便是孝，这显然是家族主义的扩大。宋儒张横渠的思想对于此点表现得最清楚。他以家国为一体，将夫妇父子君臣与天地看成一个整体，天是父，地是母，君臣便是父母的长子，即宗子，大臣便是宗子的家臣，人民便是兄弟。如此说来，国家竟成了一个庞大的家族。

这个国家家族化的观念在理论上可谓巧妙,也可说言之成理,但在事实上究有重大困难。家族与国家是两种性质不同的组织,一个是基于血统的原则,一个是基于民族的或政治的原则。将适用于一种社会的规范道德引用到另一种社会是勉强的。况且忠孝的对象是不同的,即在平时,两者即不易兼顾。事君服官的时候即难免对于两亲有缺侍养。若在紧急时候,忠孝两全更难,势必须牺牲一方面,祇得移孝作忠。关于忠孝相妨、相冲突的故事我国历史上不少见。国家至上,在家国不能兼顾的时候,当然要以"忠君报国"为首要。历史上固然也出现了不少的忠臣烈士,但因家族观念深厚,家族制度强健,民族国家的意识乃是家族观念的延长扩充,所以总不免多少妨碍一般人民旺健的民族情操的发展。

七 今后的中国家庭

我国家族制度确实奏过了伟大的功绩。它努力使时在变动的社会安定,它不是在动中求静,而是安排家族关系,不使它有所变动。它的稳定社会的势力对于我们民族的贡献是不容否认的。但是没有一种制度会永远不变的,所以家族制度的没落也是必然的事。家族制度没落的原因甚多,此处不能缕述。现在仅指出重要的两点。第一,中国家族与农业是密切相连的,中国历史上的大世家都是大地主、土地贵族,一旦家族与农业脱离关系,因种种原因而废止农耕,丧失土地权,家族失却经济的基础,便须解体。第二,家族组织只能在交通不太频繁、人口移动比较稀少的时代,可以健旺。历史上曾有名臣巨宦在朝廷里非常煊赫,等到回到家乡,见到父老便执子侄礼,惟恭惟敬的故事,可见在以先社会移动不发达而家族组织坚强的时候,人们虽然是受有高官大爵的,在乡党社会里,仍须认识他们自己的分位,恪遵家族的礼仪。及至交通发展,人口移动方便,家族制度的拘束力便日见衰弱,家族组织便松散了。在以先个人是家族里的一员，不能与家族脱离关系，他的存在要靠着家族的存在，到了后来个人可脱离家族，他的存在不一定要依赖家族了。所以上述经济与交通两种势力便足以促进家族制度的崩溃。

家族崩溃之后，或形成复合家庭，或小家庭。即至现在，大部分的中国人还是营复合家庭的生活。但是现在中产阶级，特别是都市人口大都组织小家庭。因为种种原因，今后小家庭制度必然日益发展，小家庭必将成为最普遍的型式。

在小家庭制度之下，生活情形与在大家庭制度之下不同。简单言之，以先家族所有的职能如经济、互助、救济、教育、宗教、制裁诸端，有的是完全取消，有的缩小范围，有的改变性质。因此个人的地位也改变了，他在小家庭里所接触的范围变为极其狭小，他的极大部分的活动都须在社会里。凡此种种，不必详述。总而言之，大家族的崩溃是血统关系的衰落，小家庭的建立乃是引进个人于大社会里，个人跳出了血统组织的小圈子，而进入社会的大圈子，参加社会上的各种组织或团体。随着家族制度的崩溃，依着这个制度而发展的道德观念、情操礼仪，或者不适用，或须加以修正，使之适合于小家庭制下的生活，适合于在大社会里的生活。

家族制度所有可贵的功能，它对于维系社会、延续民族寿命的重大任务，用何种新的制度代替，实在是小家庭时代今后最迫切的要求。

论到小家庭本身也有它的可虑之点。家族制度衰落后的一个现象便是个性的发展。因为个性发展，个人所受的拘束力减轻，所以就是小家庭，夫妻结合的密切关系，也不能永久保持稳定。女子因个性发展，扩张权利，寻求职业，主要活动在大社会里，于是对于管理家务、教育子女的职责便不能尽，或竟不肯尽。这都有影响于子女的长成。现代国家虽然广设学校，教育幼小，然不能完全代替了家庭。因为家庭与儿童的关系非常密切，儿童的性格、情操、习惯、道德观念，受家庭影响，应该在健全的家庭环境内养成。

今后如何使小家庭稳定，夫妻的结合永久不变，如何使小家庭认真的尽生养并培育子女的责任，为大社会造出心身健全的分子，确是极重要的问题。

八　中国的礼

礼是我国所特有的，在其它民族里，找不到完全与它相同的制度。这因为我国礼的涵义复杂，礼的制度包括许多方面。如果将古人所说的礼，加以分析，便可知道它实是关于人的许多方面行为的准则。如《礼记》所说：

> 民之所由生，礼为大。非礼无以节事天地之神也，非礼无以辨君臣上下长幼之位也，非礼无以别男女父子兄弟之亲，昏姻、疏数之交也。（"哀公问于孔子"篇）

其中便包括祭祀神明的神节、朝廷的仪制、家族的礼节等等。所以对于中国的礼应该分析它所包涵的种类，然后可以认识它的性质。

礼是儒家所最提倡的。儒家拟用礼的制度轨范人的关系，使不至发生纠纷冲突。所以孟子说："无礼义则天下乱。"荀子说："礼起于何也？曰人生而有欲，欲而不得则不能无求。求而无度量分界则不能不争。争则乱，乱则穷。先王恶其乱也，故制礼义以分之……"（"礼运"篇）

儒家注重礼，希望用礼的制度拘束人的行为，使人民遵循礼制便可于不知不觉之中，知道自己的分位，不至逾规越矩，扰乱社会。至于法家则注重刑罚，以防范人的为非作歹。贾谊说：

> ……夫礼者禁于将然之前，而法者禁于已然之后……"礼云礼云"者，贵绝恶于未萌，而起敬于微眇，使民日迁善远恶而不自知也。孔子曰："听讼吾犹人也，必也使无讼乎"。

但完全用礼管制人的行为不是一件容易的事。所以贾谊也承认"法之所用易见",而"礼之所为生难知"。在一个简单而范围小的社会环境里,礼包括礼节、仪式、风俗、习惯诸端,或者可以勉强管制人民的行动,以维系社会的秩序与安宁。但在社会生活超于复杂的环境里,礼的作用便不免渐渐失去效力。况且礼的大部分是仪式,这个仪式在初成立时当然有它的效用,人民遵循仪式可以渐渐的培养情操,转移性情,影响他们的行为。但年代久了,一种仪式有完全形式化的危险。并且时迁境异,前人所制定的礼未必适用,便丧失了它的意义,仪式当然要变成具文,完全表面的形式,无影响于内心。所以后来葛洪便觉出礼的烦琐,并主张刑应为礼的辅助。他说:

> 安上治民,莫善于礼,弥纶人理,诚为曲备。然冠昏饮射,何烦碎之甚耶?人伦虽以有礼为贵,但当令足以叙等威而表情敬。何在乎升降揖让之繁重,拜起俯伏之无已耶?(《抱朴子·省烦》)

他又说:

> 莫不贵仁,而无能纯仁以致治也。莫不废刑,而无能废刑以整民也。(《抱朴子》"用刑"篇)

中国的礼肇端于周代。周本是一个游牧部落,全部落属于同一血统,形成了一个家族社会。所以礼的起源乃是家族的礼。后来部落里发展了政治关系,发生了君臣的关系(君即宗族之长),又发生了与其它部落来往的关系,于是又加了聘礼、观礼等等。《仪礼》这部书可认为周代最早的关于礼仪的记载,由这部书可以推测当前部落社会的情状。但是要知道礼并不是为全体人民,主要的乃为士的阶级设置的。所以《仪礼》中所规定的大部分可认为士礼,士在当时是战斗的武士。

礼之中最重要的是冠昏丧祭礼，都是家族的礼。冠礼乃部落里战斗武士的成年礼，就是人类学上所说的原始社会的加入社会的礼式（initiation ceremony），凡是年龄到了二十岁的男子，举行了这个仪式，便做了部落里一个战斗的武员，凡是为求食而狩猎或是为保卫而战争的时候便须参加。到了汉代，这个冠礼便成为一般自由人的成年礼，已经失去了以先固有的意义，到了后代冠礼便完全废止，实际上已不存在，只有在文章上用它代表成年之意。昏礼这个礼节有两重意义。它是宗族里嫡子取得配偶的礼节，也是两个宗族通婚的礼节。前者是为宗族的延续做准备，以繁殖丁口，同时也是为父母的要求服侍或劳作的人。在农业社会里，因为需要劳工，子弟娶妇常以增加劳工为主要的考虑，尤为显然。后者乃社会的扩大，由两个宗族的连姻而造出社会的协和。丧礼、祭礼都为祖先崇拜的表现，在最初发源的时候，人们畏惧死者，恐怕对生者加害，所以用祭的仪式安抚他，慰藉他。因为死者自己家族里的人，应该关切家族，对于家族有好感，所以用祭的仪式，祈求他的保护，祈求他的赐□，后来智识发达，当然不能接受这个原始的迷信的观念，所以圣贤便另行造出理论，用合乎人情、理性的看法，而不用超自然的看法，说明丧礼、祭礼的重要。关于丧礼，荀子说："礼者谨于治生死者也。……夫厚其生而薄其死，是敬其有知而慢其无知也"（"礼论"）。关于祭礼的意义，《礼记·祭统》如此说明：

> 夫祭者非物自外至者也，自中出，生于心也，心怵而奉之以礼。是故惟贤者能尽祭之义。贤者之祭也，必受其福。非世所谓福也。福者，备也。备者百顺之名也。无所不顺谓之备，言内尽于己而外顺于道也。

这就是说，祭礼所以表现对死者存念的感情，由内心发出的感情，依一定的仪式，发为动作，认真举行祭礼可以得福，福就是一切顺适。

我国最古关于礼的记载当推《仪礼》。此书似可认为周①人由部落社会进入政治社会关于礼的记录，冠昏丧祭而外，还包括乡党的礼（如士相见礼、乡饮酒礼）、君臣的礼（如燕礼）、国际的礼（如聘礼）等等。《礼记》内容较《仪礼》为丰富，但凌乱而缺乏系统。大概是遭秦始皇焚书后的烬馀，也许是若干人札记的汇刊。旧说谓《仪礼》载事，所记的多是士礼，《礼记》明其理，乃关于礼的理论。在《礼记》里关于冠昏丧祭的原理与仪式占大部分，此外关于一□每月应该做的事情（"月令"）、宗族的长子的职分（"文王世子"）、家族内所行的礼节（"内则"）、君王的行动（"玉藻"）、教育（如"学记"）诸项均有规定。由这两部书可以看出礼的范围的广大，也可以看出古代社会用各种礼仪，轨范人的行为，维系社会的努力。

礼在古代诚然是维系安定社会的主要力量。儒家又努力阐明它的理论，倡导它的推行，礼遂成了我国最宝贵的传统。但时代变异，社会关系超于复杂，古人所制的礼便未必适用。结果礼失去本来的意义，而流于纯粹的形式主义。所以葛洪便觉得冠昏丧祭太琐碎，不满意"升降揖让之繁重，拜起俯伏之无已"。但礼的传统依然存在，不过对于仪式略加以修改而已。外族入主中原也袭用中国礼制。如北魏本游牧部落，魏文帝便采行中国的礼制。北齐时，礼的专家删定仪注，隋文帝则令礼家采取梁及北齐的仪注制为五礼。社会变迁，社会关系改易，礼制自当随之更易。

因为礼发源于周而周人本是宗族的组织，故礼的出发点是家族，礼建立在家族的基础上。所以家族内部的礼非常重要，而历代大家族的团结与延续有赖于家族的礼制。这个礼制是沿袭周代的（如汉代即用士冠礼为一般士大夫的冠礼），后来也有补充修正。如在北齐时颜之推即对于家族有所训告，其所著《颜氏家训》书里，关于教子、兄弟关系、续娶、治家诸端都有所告诫。宋朝司马光著《书仪》，朱熹作《家礼》，都是努力保存古礼而又不得不随着时代的变

---

① 编者注："周"原文为"用"，据上下文意改。

化以修正古礼的例子。降及近代，家礼仍残存，但仅存形式的骨骸，而丧失了礼的本来精神。现代家族变为小家庭，而其中个体都忙于工作，没有以先静止的农业社会的悠闲，即连那些许残存的古礼也不易保存了。废用古礼，抛弃了一桩宝贵的社会遗产，也使我们生活上丧失了多少优美的仪节（有些礼节自今日观之实为最美的舞蹈），诚然可惜。但新发展的社会关系需要新的社会制度、新的社会制裁，今后祗得放弃那些久已成为形式主义的礼仪，而创造适合现状的制度，以保全新的社会的秩序。

九　中国的社会阶级

除去极原始的社会而外，每个社会里的人都分化为若干阶级。社会分化乃社会的自然现象。阶级的来原不一。有由于社会分工的，社会里工作役务加多，许多人专从事于某种工作或职业，于是形成了若干职业阶级。有由于经济变动或生产情况的，如社会里有富者与贫者之分，有支配生产者与专去卖劳动以从事生产者之别。有由于宗教的，人民因宗教的信仰不同，而分为若干宗教阶级。有由于征服的关系而人民分为统治者与被统治者，或自由民与奴隶的阶级的。有时阶级的构成由于一种以上的原因。阶级的性质有严格的与宽松的两种。严格的阶级即喀斯德制度（Caste），如印度向来所通行的。在这个制度之下，高等阶级与低等阶级的通婚、社交，乃至身体上的接触（甚至属于低级的人的身体投影在高级所食用的器物上）都在绝对禁止之别。喀斯德制度乃征服的结果。征服者与被征服者的关系不外混合（即通婚）、铲除（用杀戮方法消灭）及建立阶级制度，区别贵贱三种办法。印度经过了不少次的外族侵入，竟成立了喀斯德制度。我国也经过了多少次的外族侵入，但除了蒙古人以外，都采用了混合的政策。

我国在殷代即已分别阶级。操最高支配权者为全部族共戴之"王"，以下为巫、祝、邦伯、师长等等。被支配之阶级有普通部族之自由民，及最下层之奴隶（如卜词中"奚"、"奴"、"仆"、"妾"、"小臣"，均是）。在周代封建社会里，有天子、诸侯（公侯伯子男五等爵）、卿、大夫、士、庶人（以农民为主体）、奴隶及农奴（臧、获婢、妾、小臣等）的区分。封建社会阶级的变化，以士的地位为升降。封建初期的"士"，虽不若卿大夫的领有封邑，然有禄田，乃最下层的小领主。他可以在朝廷里做官，供卿大夫的指挥。但士的大部分，是武士，立在农卒之上的下级军校，他的地位可以世袭，如《管子》所说，"士之子恒为士"。士的身份地位与平民极接近，因为士所享的禄田可以令农民耕种，也可以自己耕种。士是世袭的，他的人数较上层贵族为多，所以便形成封建后期自由小地主的基础。在此时期，有土地兼并的变动，世袭小君主及其所统率的贵族，因国土被兼并，降为它国的臣仆，幸运的列入士的阶级，或由士而路①于大夫之列，不幸运的竟变成庶民。等到春秋晚期孔子时代的"士"，便已成为智识阶级的通称，并不一定都有职守与禄田。士的活动固然仍是以入仕取得禄田为目的（"学而优则仕"），实际上许多是穷困无业的游士，可农可贾。士在封建制度下的身份束缚，从此完全解放。

后代称士为四民之首，以先并不如是。如《荀子》书里举士农工商时，便无一定的先后次序。他说："农士工商一也"②（"王制"篇）。又说：

  农分田而耕，贾分货而贩，百工分事而劝，士大夫分职而听。（"王霸"篇）

《荀子》还说：

  相高下，视硗肥，序五种，君子不如农人；通财货，相美

---

① 编者注：疑有误，原文如此。
② 编者注：《荀子·王制》原文为"农农士士工工商商一也"。

恶，辨贵贱，君子不如商人；设规矩，陈绳墨，便备用，君子不如工人。（"儒效"篇）

足见士的地位在当时并不如何高贵。

商人阶级在战国时期大抬头。周代已有操纵商贾的。在春秋初期，齐国首先发展商业，在春秋中期，郑国成了商业交通的中心。至战国时，商业更趋发达。此时期与春秋时期不同的有三点可注意。一、春秋时封建领主为商人的重要顾客，入战国后，多数农民皆成为商人的顾客，商人剥削的势力直接及于农民。二、春秋时还是家内经济时期，到了战国时，除小农以外，多以出卖为目的，商品生产已有工商企业合而为一的倾向。三、春秋时以实物交换为主，入战国后，以金属货币渐次确立，由实物资本变为货币资本，商人操纵货物、贩运、物价等等益形方便而灵活。商人的社会地位遂日形重要，高出农工。到了汉代，政府虽行重农轻商政策，商人还是占有优越的地位。晁错说："今法律贱商人，商人已富贵矣。尊农夫，农夫已贫贱矣。"贾谊说商人剥削农人，压迫农人，"商人兼并农人，农人之所以流亡也"。①

士的阶级虽然不及商人的优越，但如果他能走入仕途，他也可以有机会获得高官厚禄，享受富贵。这是士的主要出路，以后从政遂成为士的阶级的一个传统。

东汉末年天下大乱，产生了"部曲"阶级。这个阶级历魏晋南北朝，以至于唐宋。部曲二字，本是军队里一个组织的名称。丧乱之际，人民无家可归，属于将帅的兵士在没有战事的时候，还是跟着将帅生活，或受其豢养，或为之工作，事实上便发生了隶属的状态，即成部曲。因为用部曲去生产，在经济上有利，所以即在不招兵的时候将帅也要招募人民为部曲。而平民因无资本，或需保护，一时应招，久之此等依赖隶属关系已成过去，而其身分被人歧视，

---

① 编者注：此言似非出于贾谊。晁错《论贵粟疏》有言"此商人所以兼并农人，农人所以流亡也"。

一时不能回复,遂成为另一阶级。部曲的子女称为客女。历代法律上,奴婢伤害良人,罪较平民互相伤害为重。良人伤害奴婢,则罪较平民互相伤害为轻。部曲客女,伤害平民的罪较平民加重,较奴婢为轻。平民伤害部曲、客女的,也较伤害奴婢减轻,较其互相伤害加重。所以部曲的地位是介于良贱之间的。

魏晋至唐乃大家族发展的时期,其所成的门阀与民族,蔚然乃成一个社会阶级。魏晋之际民族的一个特色是以家学及礼法等"标异于其他诸姓",不在族的大小。"苟小族之男子以才器著闻,得称为'名士'者,则其人之政治及社会地位即与巨族之子弟无所区别;小族之女子苟能以礼法特见尊重,则亦可与高门通婚,非若后来士族之婚宦二事专以祖宗官职高下为惟一之标准也。"(陈寅恪:《唐代政治史述论稿》)

门阀盛行时,寒门世族在仕途上,优劣悬殊。如九品中正制之"上品无寒门,下品无世族"。甚至婚姻不相通,在社交上的礼节也不相容。此等阶级界限,至唐犹存。唐太宗命高士廉等修《氏族志》,分为九等,自魏晋发迹的博陵崔氏仍为第一,太宗反列居第三。望族大姓之子孙迭为婚姻,所以唐室曾设法打破门阀。但迄于唐的中叶门阀之风仍未完全禁绝。至五代始成"取士不问家世,婚姻不问阀阅"之局。门阀的衰颓由于制度的改变。隋文帝废了九品中正制度,唐以后科举盛行,于是世家大族子弟的出身便失去了门阀的凭藉。又世家大族均有谱牒,以明其家世;及谱牒沦亡,门阀制度也受打击。

外国种族侵入中国时,其与汉族的关系,各代不同。如五胡乱华时,胡人与汉族杂居,至少在法律上并未享有何等特别权利。且外族常以汉族为高贵,而攀援之,自愿同化于汉族的文化。最显著的例便是北魏孝文帝自愿消灭鲜卑语,奖励鲜卑人与汉人通婚。自辽以后,此种情形大变。契丹与汉人不杂居,其国家组织分为部族与州县两部分,彼此各不相干。至金则将"猛安谋克户"迁入中原,用集团之制与汉族杂居,以便镇压。金世宗更极力保存女真的风俗及其语言文字。元代社会,依其所征服的先后与民族的不同,分为以下几个阶级:第一,蒙古人;第二,最先投附从征的色目人(蒙古及汉族以外的诸色人等);第三,汉人,指灭金后所得中国人;第四,南人,指灭宋后所得的中国人。一切权利都不平等。如各官署的长官必用蒙古人,又如学校及科举,汉人、南人的考试较难,而出身反劣。汉人、南人入奴籍者甚多。清代情形较元代为缓和。如官缺便满汉平分,但此外有蒙古、汉军包衣的专缺,而宗室及旗人的审讯则另设机关,不与汉人相同,且都有缓刑办法。又清代于入关之初圈地给旗民,旗地不得买卖,旗人不许营商。凡此种种,都是种族阶级间的差别待遇。民国成立后,五族共和,此种差别待遇便完全废除了。

社会阶级是社会发展上当然的现象,不能免除的。应注意的是不要使它成为特权的团体,专据某种利益,演成门阀,而防阻其他阶级的发展,社会的发展要靠各社会阶级均平的发展,社会阶级间的谐和,而不是某个阶级的独霸。至于社会本身的发展则在不断的吸取新的分子,依新陈代谢的作用,充实构成阶级的分子,而不是将阶级深锁,使之与它隔离。在历史上,凡是违反社会谐和,妨碍社会发展的阶级制度,却趋于僵化,必然倾覆的。我国的科举是推翻门阀,打破封锁的阶级的最好的制度。以先科举所考试的科目虽然可以批评,但他确可以拔擢贤能,使任何人有进到统治阶级或作社会领袖的机会。他表现了平民政治的精神。不过在科举制度下,凡投考的人士必须先受有相当的教育,而这个受教育的权利,并不是人人能享到的。理论上,人人可以应科举,而事实上,大部分的人为教育所限,缺乏应试的资格。所以教育普及,使人人都能受到相当的教育,乃能将考试拔擢的机会展开给更多的人。今后我国社会所需要的人才的种类与数量当必日多,都要用考试方法来选拔,故教育(包括高级教育)的普及实为扩大应考机会的前提。等到人人都可以得有被拔擢的机会,社会阶级便不至陷呆滞封锁了。

(本文系在重庆国民党中央训练团党政高级训练班的讲稿,1944年2月编印)

家族与国家两方面要求的冲突

家庭是人类社会最早的、最普遍的一种组织，当一切其他社会组织成立之先，大概人类只有家庭。这个家庭的组织当然与时俱进，慢慢的演出他自己的风俗、习惯、法律、制度。于是家庭成了极复杂的组织，或者竟成了社会上唯一的重要组织。

一个家庭之中必有男女的配合。因为家庭的继续与膨胀全由于男女间的婚姻与生殖。生殖是家庭内自然的膨胀，一种延续家庭的生命必须的程序。凡是在家庭内所生的子女都属于本族的系统，出于同源，属于同祖先的后裔。他或她就是家庭中的一员，负有相当的义务，享有相当的权利。婚姻是两家庭间的关系问题，甲家庭的男子娶乙家庭的女子，或甲家庭的女子嫁乙家庭的男子。向来的家族团体都有倾于外婚的倾向，男女都向本血统的团体以外求配偶，而不与同血统的人婚媾。所以婚姻常是原始社会扩大的一种重要的势力。两个团体因为发生了婚姻的关系，便自然的倾于亲善，或相结合成为一个共同的求生活与防御外侮的团体。婚姻是两个家族团体的连锁，后来也常是两个政治团体的连锁。所谓"政治婚姻"（political marriages），用婚姻联络两个王室或朝廷的策略，是中外历史所常见的。

婚姻固然是两个团体的连锁，但是因为夫妻本来不是属于一个亲族系统之内，各人在本团体内有各人的地位，各人的义务，所以有时夫与妻在新的地位上发生相冲突的要求。如在母系的带有图腾崇拜的家族里，为夫的在本族里有一定的地位，有一定的图腾，等到他与异族的、不同图腾的女子结婚以后，他在一方面虽然做了那个女子的丈夫，但是在他方面，他还是他本族的一员，原图腾团体的一分子。他对于两种团体负义务，有时或许是相冲突的义务。在父系的无图腾的团体里，情形虽然较为简单，但是为妻的有时便发见两种相冲突的要求，一方面有对于自己丈夫或丈夫的本族的义务，另一方面又有对于自己的父母或亲族的义务。春秋时代郑国的雍姬的故事，就是一个有名的例：

> 祭仲专，郑伯患之，使其婿雍纠杀之。将享诸郊。雍姬知之，谓其母曰："父与夫孰亲？"其母曰："人尽夫也，父一而已。胡可比也。"遂告祭仲曰："雍氏舍其室而将享子于郊，吾惑之，以告。"祭仲杀雍纠，尸诸周氏之汪……（《左传》鲁桓公十五年）

但是这种相冲突的要求，以后因为夫权扩大，或是女子分位厘定，便可解决；女子在家从父，嫁后从夫（妇人在室则天父，出则天夫），便不能同时负相冲突的责任了。

在亲族组织占主要位置的社会里，一切权利义务的关系都按亲族的原则厘定。如孝、悌、长、幼、亲、疏，都是根本于亲族原则的伦理。以后社会生活复杂，人类除了亲族的组织以外，又发生了其他的团体。因此，一个人除了亲族关系以外，又加添了其他重要的关系，而家族便不能不受其他团体的权利的制限。继家族之后而兴起的最有势力的组织，就是政治组织——国家。国家的势力巩固以后，一个人一方面要对于家族尽种种的义务，而他方面，又须对于国家尽种种的义务。假使两方面所要求的权利不相冲突，一个人固然可以同时不相妨的对于两方面尽义务；不然，便发生了权利冲突的问题，从个人方面看来，这是一个伦理问题——牺牲一方面而只对于他一方面尽义务。

亲族原则在中国社会里占主要位置，亲族组织曾经过异常的发展。后来政治发达，一个人对于国家与家族之间，便免不了要尽相冲突的、不相容的责任。那末，那一种组织应该对于他要求优先权呢？他应该牺牲那一方面的义务呢？这常是极难解决的问题，个人在实际行为上，伦理学者在理论上，虽然设法调解，但永远不能得到使两方面满意的结果。例如《孝经》上说：

> ……身体发肤，受之父母，不敢毁伤，孝之始也。立身行道，扬名于后世，以显父母，孝之终也。夫孝，始于事亲，中于事君，终于立身。

这是设法调和各方面的权利的一种解释。按亲族的原则，一个人对于父母诚然该尽各种义务，但是他对于国君①也应该负有各种义务。要使忠孝两全，所以这里便说忠也是孝的一部分；按《孝经》的解释，孝好似无所不包的美德，人的一生的好行为都是孝的表现。爱惜自己的身体是孝；侍养父母也是孝；事君是孝；立身行道，扬名后世也是孝。在理论上，这诚然是一种调和一个人的多方面行动的说法，周密，完备，并且一贯。但是在实行上，一个人的行为便不能有这样的调和。例如春秋时代的卫辄（卫出公），正处在这样进退两难的地位，他一方面要抗拒他的父亲蒯聩，就是不孝，他方面要退让他的王位，就是不忠。那末，他应该牺牲那一方面呢？宋刘原父关于此事有一段极有趣的记载：

> 或问吴充曰："卫辄拒父则逆亲，不拒则废命。为卫辄宜奈何？"吴充曰："合国人而听之。"
> 杨纬以吴充之言问刘子。刘子曰："否。以谓听于国人则公矣。国人君臣也，蒯聩父子也，臣君主义，父子主亲，义无废命，亲无绝属。与国人虑兄弟，君天下不为也，若之何与国人

---

① 中国古代所谓忠，是忠于君主，忠于王室，忠于一家，诚然与现代政治的观念不相合。但是在根本上看来，无论是忠于君，或忠于国家或社会都是一样的，都是对于一个与家族的利益不相一致的，与家族的范围不相同的个人（君主）或团体（国家）的忠心。

虑其亲？或且卫有君矣，国人不忘其君，辄忘其亲乎？尧有天下让之舜，舜有天下让之禹。尧舜之有天下也，非无所命之也。已而迁焉，天下有非之者哉？"

或问孟子曰："舜为天子，皋陶为士，瞽瞍杀人，则如之何？"孟子曰："舜视弃天下犹敝屣也，窃负而逃，遵海滨而处，终身䜣焉，乐而忘天下。"故父子天性也，孟子可谓知舜矣。（宋刘原父《公是先生弟子记》第三十一页，《知不足斋丛书》本）

如吴充的见解可以有两种解释：一种便是国家在家族之先，政治关系在亲族关系之先；一种解释因为卫辄的王位是国人给他的，所以他仍应商诸国人。无论从那一方面看来，都是重政治而轻家族的意思。刘原父的见解与吴充的正相反，承认孟子的见解，以为亲族重于国家。

中国历史上类此之例甚多，现在我略举出几个如下[①]：

白公之难，楚人有庄善者，辞其母将往死之。其母曰："弃其亲而死其君，可谓义乎？"善曰："吾闻事君者内其禄而外其身。今所以养母者，君之禄也。身安得无死乎？"遂辞而行，及公门刎颈而死。

庄善在实行上重忠轻孝，但是他在理论上却以事君为孝亲的条件，以为不事君即不能孝亲。

楚昭王有臣曰石奢。道有杀人者，奢追之，则其父也。奢返于廷，曰："杀人者，臣之父也。以父成政非孝也，不行君令非忠也。"遂伏斧锧请死。楚君曰："追而又不及，庸有罪乎？子其治事矣。"奢不听，刎颈而死。

[①] 以下所举各例，除了关于晁错、李密、赵宗晟及其他注明出处的各条以外，都是采自明方鹏的《责备馀谈》。这是一部有趣味的史论，虽然他的议论只代表中国传统的见解。

这是因为忠孝不能两全,所以以自杀为解决。

> 吴人入吴,楚昭王奔郧。郧公辛之弟怀曰:"平王杀吾父,王吾雠也,必杀之。"辛曰:"君而讨臣,何雠之为?若皆雠君,则何上下之有?"怀不听。辛乃奉王奔随。王后反国,赏及怀。子西谏曰:"辛可赏也,怀可戮也,今王均之,群臣惧矣。"王曰:"或礼于君,或礼于父,均之不亦可乎?"

从楚昭王行赏的方面看来,固然可以君亲并重,但是从辛与怀的方面看来,各人只能专重视一方面。

> 楚有士申鸣者,养父不仕,后为楚相。白公之乱,申鸣辞父赴敌,白公密取其父,守之以兵。申鸣泣曰:"吾不得为孝子,当为忠臣。"援桴鼓之,遂杀白公,其父亦死。

这是牺牲孝以尽忠的一个例。

> 齐宣王谓田过曰:"君与父孰重?"对曰:"殆不如父。"王曰:"何为士去亲而事君?"对曰:"非君之土地,无以处吾亲。非君之禄,无以养吾亲。非君之爵,无以显吾亲。凡事君以为亲也。"王无以应之。

这又是《孝经》的忠孝调和说,孝是人的目的,而忠是孝的手段,孝的方法。

> 晁错更汉令,诸侯喧哗。"错父闻之,从颍川来问错曰:'上初即位,公为政用事,侵削诸侯,别疏人骨肉。人口议多怨公者,何也?'晁错曰:'固也,不如此,天子不尊,宗庙不安。'错父曰:'刘氏安矣,而晁氏危矣。吾去公归矣。'遂饮药死。"

(见《史记·晁错传》)

晁错的行为是牺牲家族而尽忠朝廷,不尽孝而守忠。

> 后汉赵苞为辽西太守,母及妻为鲜卑人所劫质,"载以击郡,苞率骑二万与贼对阵。贼出母以示苞。苞悲号谓母曰:'为子无状,欲以微禄奉养朝夕,不图为母作祸。昔为母子,今为王臣,义不得顾私恩,毁忠节,唯当万死,无以塞罪。'母遥谓曰:'威豪,人各有命,何得相顾,以亏忠义。昔王陵母对汉死伏剑以固其志。尔其勉之。'苞即时进战,贼悉摧破,其母妻皆为所害。苞殡殓毕,自上归葬……苞葬讫,谓乡人曰:'食禄而避难非忠也,杀母以全义非孝也,如是,有何面目自立于天下!'遂呕血而死。"(见《后汉书·赵苞传》)

这也是在忠孝不能两全的时候,舍孝而取忠。但是最末,因为忠孝不能两全,所以竟以自杀赎不孝之罪。

> 嵇康亦为司马昭所杀。其子绍复臣于晋,而卒死荡阴之难。

这是舍孝取忠的一个例。

> 唐李璀者,怀光之子也,事德宗为监察御史。怀光屯咸阳不进。璀密言怀光必反。帝曰:"果尔,卿何以自免?"璀曰:"臣父败则与之俱死。使臣卖父求生,陛下亦安用之。"光帝遣璀宣谕其父,且命之来。璀先刃二弟,乃自杀。①

李璀是对于忠孝都不肯牺牲的人。他密告怀光必反,是他的忠,但

---

① 编者注:此段文字原未注明出处,亦不见于方鹏《责备馀谈》(《知不足斋丛书》本)。

是看他答德宗的话，又好似偏重孝。假使怀光没有败死，而唐的朝廷覆亡，不知他又取什么态度。

> 李从璟者明宗之子也，事庄宗为指挥使。明宗军变于魏，帝遣从璟宣谕其父。行至卫州，为元行钦所执，大呼曰："愿归卫天子。"已而庄宗出奔，将士多亡于道，独从璟不去。庄宗闻明宗已渡黎阳，遂杀从璟。

这又是舍孝取忠的一个例。

> 唐杜晓之父"让能为昭宗相。李茂贞犯京师，昭宗杀让能以自解。晓以父死非其罪，布衣自废，不受征辟。或以嵇绍出处劝之，由是幡然而起。"

这也是不能始终守孝，以后舍孝而取忠的一个例。

综观以上各例，有因为忠孝不能两全而自杀的，也有舍孝而取忠的，但是大部分则属有后一类，是我们可注意的。

此外还有几个舍忠而尽孝的例，也可以供我们的参考。

> 魏王仪为司马昭所杀。其子褒不臣于晋。

曹褒诚然是尽孝的，但是若从中国的帝王国家思想看来，他也是尽忠的。因为国家本来是魏朝的或曹姓的国家，并不是晋朝或司马氏的国家。所以他尽孝也就是尽忠。

> 晋李密幼受祖刘氏鞠育，武帝征为太子洗马，诏书屡下。密上《陈情表》固辞。表中有云："……臣密今年四十有四，祖母刘今年九十有六。是臣尽节于陛下之日长，报刘之日短也。……"

> 宋赵宗晟起复判大宗正事，连章力辞，其言曰："……念臣执丧报亲之日短，致命徇国之日长。……"

以上两条不能说是完全的舍忠以取孝，他们都是在可以尽孝的时期——这个时期是较短的——内先谋尽孝，以后再图尽忠国家。但是仍然不能使二者同时两全。

> 魏太子丕"燕会，众宾百数十人，太子建议曰：'君父各有笃疾，有药一丸，可救一人，当救君邪？父邪？'众人纷纭，或父或君。时原在坐，不与此论。太子咨之于原。原勃然对曰：'父也'，太子亦不复难之。"（《三国志·邴原传》）

方鹏评此事，以为应剖药分奉，以尽臣子之心（见方鹏《责备馀谈》下卷），这虽然只是理论上的讨论，然而也可以看出在三国时代孝的原则仍然重要，后人则设法顾全忠孝两方面。

如上所述，忠孝有的时候无论如何是绝对不能两全的。宋欧阳修评论李从璟说："呜呼！无父乌生？无君乌以为生？而世之言曰，'为忠孝者不两全'，夫岂然哉？君父，人伦之大本；忠孝，臣子之大节；岂其不相为用而又相害者乎？抑私与义而已耳。盖以其私则两害，以其义则两得。其父以兵攻其君，为其子者，从父乎？从君乎？曰，身从其居，志从其义可也。身居君所则从君，居父所则从父。其从于君者必辞其君曰，'子不可以射父，愿无与兵焉。'则又号泣而呼其父曰，'盍舍兵而归吾君乎？'君败则死之，父败则终丧而事君。其从于父者必告之曰，'君不可以射也，盍舍兵而归吾君乎？'君败则死之，父败则待罪于君，赦己则终丧而事之。……"（见《新五代史》卷十五）

这样的解决在表面上看来好似两全，但是已经带着重忠而轻孝的嫌疑。因为为子者无论在父方或君方，若遇见君败便须死节，而遇见父败则不必死节，且于终丧后有事君之义务。这固然是因为忠的原则得要求为臣者的殉节，而孝的原则不能如此的要求。但是我们从此也可以看出国家（或君主）对于臣民所要求的超过家族（或父亲）对于子女所要求的了。

在亲族社会的时代，孝道与其他与他相连的关于亲族的道德，诚然可以为人类行为的标准。但是自从国家发达以后，人类的关系便须在亲族的原则以上另采用一种伦理的标准。中国伦理观念，诚然能够设法调和忠孝两方面的要求（如《孝经》，或欧阳修的评语），但是在现在这样人类关系趋于复杂，亲族关系、君臣关系趋于衰灭的时代，我们便不得不采用一种更高的，包括全社会的伦理的标准——这种标准并不是完全牺牲亲族，但是在社会的利益与家族的利益相冲突的时候，我们便不得不牺牲那较小的利益而保存那个较大的利益。

（原载《国立北京大学社会科学季刊》第3卷第4号，1925年9月）

转变中的中国

中华民族正在经历一个巨大的转变,我们每个人都被卷入在这个大转变的惊涛骇浪之中,这是人类历史上的一个大事件,我们应该认识它的意义。

一个民族常是有波动起伏的。有些人看了民族的治乱盛衰相循环,便主张民族生命的过程与个人的生命过程无异,须经过少年、中年、老年三个阶段,这个说法是错误的,民族与个人究竟不同,个人有死亡,民族则除种族完全灭绝以外,世代绵延,永无止期,我们中华民族便是这样的一个例,个人的生命过程里是生理的,或生物的,至少要受生理的限制,等到一个人的生命停止的时候,一切都得罢休,而民族的生命过程主要的不在其生物的方面,乃在其个员间的关系,在其维持民族生命,增进民族发展的种种条件,民族生命的延续,与其说是生物的,毋宁说是社会的、政治的或文化的,民族的生命过程尽可分别为少年、中年、老年不同的阶段,尽可与个人生命的循环相比拟,但它的性质,它的意义,究竟与个人的生命过程不同,例如美国常被称为新的民族,其实美国的人民又何尝是新的发育生长的,还不是由欧洲古老国家移植的人口以及他们的后裔。他们所以成为新的民族,并不是因为他们在生理上发展任何新异的特质,或是构成一个新的体系,是因为他们能够在一个新的环境里,摆脱掉许多祖国所有的封建的、宗教的、政治的桎梏,建设一种新的社会的、政治的秩序,而进行一种与他们故乡不同的生活,在这个意义上,美国才被称为新的民族。又例如土尔基①本是

---

① 编者注:"土尔基",今译"土耳其"。下同。

一个古老国家，政治腐败，宗教黑暗，人民被束缚于双层专制之下，国势日益衰微，有"东方病夫"之称。及至第一次大战以后，基玛尔[①]率领人民，将一切旧恶势力一扫而空，颁布宪法，设置议会，发展教育、建设诸事业，废除土尔基固有之字母，摘下妇女的面罩，于是昔日的东方病夫竟一变而成为新兴的民族，土尔基人依然无改，今日的土尔基人与昨日的土尔基人并没有任何生理上的差异。所不同的，他们所生息的环境改变了，他们的制度、思想、生活与以前不同了，这样的，一个本来古老的民族可变为青年的。

用这个眼光来观察中国，现在一切的变动即可认为由衰老转变为青春的过程。

在现今民族之中，中国是一个超等的古色古香的。按它的年代、制度、思想、文字、种族来说，它确乎可以担当现代的头号古董之名而无愧。几千年来，古典的思想制度，支配着人民的政治、经济、社会，少有变易，而足以在相当长久的时期，保证政治及社会的安定，不能不说是人类历史上的一个大奇迹，值得称颂与叹赏。虽然，我们为获得那个安定曾付出如何重大的代价。开明专制虽然维持了政治秩序，但同时却剥夺了人民的自由，阻止了政治的进化。宗法主义与祖先崇拜使人人安分守己，维系了社会秩序，但同时却限制了个人的发展，妨害了社会的进步。重农抑工商的政策保证了一个静止的经济结构，但同时却遏止了现代的产业革命，也就挡住了经济的进步。结果，中国民族在几千年来，没有自由，没有独创力，任何事业没有发展，没有进步，样样都远远的落在其它进步民族的后面，以至一个赫赫的民族竟降至今日段落的[②]、可怜的情况与地位。

思想制度没有历久不变的。时易境迁，任何思想制度必须随之改变。然而中国的思想制度的精髓乃在于以不变抗万变以安定防变

---

① 编者注："基玛尔"，今译"凯末尔"。
② 编者注：原文如此，疑为"衰落的"。

动。这样的思想制度,无论在过去如何适合,如何成功,必然有失去效用的时候,就必须转变,必须改革。实在说,它的转变与改革早已愆期了,早已脱班了。幸而年来变革已在发动。虽然晚了,还是比岸然不变的好些。

中国思想制度的变革是一件极伟大而艰难的工作。第一,古老的思想制度,根深蒂固,不是能够轻易更改的。在一个古老社会里,必然有一般依附旧的思想制度的人们,靠着旧的思想制度维持他们的既成利益。这些人必然不顾全民族的利益,不顾全民族的要求,而努力抵抗任何变革,以图保全传统的思想制度,也就是保障他们自己的私利。在新旧两势力的斗争中,新的势力固然代表时代的要求,常挟有庞大的力量,然而既成利益,保守的势力,倚靠其年深日久的根基,更常具有不能轻易摧毁的力量。传统的专制制度虽然已经匿迹了,但是它的馀毒依然残存在若干人的言行之中。家族制度虽然已经崩溃了,但是今日的政治与社会依然带着宗法主义的色彩。类此的反动的势力对于中国的转变与革新,依然构成莫大的威胁。任何阻挠革新的势力虽然结果是徒劳无功,至多不过增加纠纷,拖延转变的程序,但是它却使一切变革增加无限的困难,给人民在大转变期中增加更多的痛苦。

第二,中国所需的变革是多方面的,因为是多方面的,所以更显得艰巨。本来社会上一方面的变革即常影响其它方面,如思想的革新即足以影响政治,生产方面的改进即促成社会组织的变更。历史上各民族的转变常发端于一方面的改革,而后延及其他。例如欧洲的文艺复兴本来是学术上、思想上的一个大革新,但其影响所及使整个民族脱离中世纪的窠臼,形成了现代的社会。又如法国大革命本来是政治的,但其自由、平等、博爱的三大原则侵入社会的每一角落,其影响远超出政治范围以外。中华民族的任何方面都需要变革,殷切的需要改革,它等候不了迂缓的程序,必须各方面的改革同时并进。它须在一个短时期里,将思想、政治、社会、产业,根本的革新。要使这个古老的民族,在一个不长的期间里,经过一个这样多方面而基本的转变，当然是一切①异常艰巨的工作。

第三，中华民族所以转变，所以要转变，并不是为转变而求变，乃因为有其迫切的需要。要想在这个时代，这个世界里，转生存，求成功的，而不是苟且的勉强对付的生存，它便不得不转变，那末，转变的目标，即向那一个方向转变，必须确定，以便大家向着它共同的努力迈进，在今日，这个目标不是难以选择的。前进的民族所经过的各种革新，我们虽然无须依样葫芦的模仿，至少可以供我们的参考借镜，全民族对于目标不应该有重大的参差意见。至于对达到目标的手段，则主张必有不可避免的差异。但是这差异并不是不能调和的。祇要所为的是全民族的利益，而不是局部的、少数人的利益，祇要所争的是全民族的福利，而不是私人的或党派的权利，祇要斗争不是在疆场而是在会议席上，祇要斗争的方法不是使用武力，而是诉诸真正的民意，则一切差异都可以设法调和的。

中华民族的转变已经有半世纪的历史，古老的思想制度显然的已经日见衰微，丧失了维系的能力，但是新的思想制度尚未建立，新的民族仍未诞生。当然的，一个这样历史攸久，人口繁众的民族所遭遇阻挡的力量特别强，它的转变需要较长久的时间。但再过五十年，经过一个世纪的长时间，这个民族必须转变到相当的阶段，透露新兴民族的萌芽。如果到了那时，依然故我，则中华民族便永远要停留在衰老疾病的阶段，而永远无变成青年的一日了。

（原载《独立时论集》第 1 期，独立时论社 1948 年 4 月版）

---

① 编者注：原文如此。

转变时代里的人们

人类历史到了二十世纪进入了一个大的转变时期。这里不能详细的描写这个转变，姑且指出它的较大的轮廓。从西方说起，这个世纪开幕后的十四年，西方民族开始了延长四年有馀的大战争。上千万的人直接的参加了这个大战争，全世界上差不多每个人都间接的参加了它，或受了它的影响。这个大战争澈底的改变了战前的世界。几个上百年的，内中有的是安如泰山的，老帝室完全崩溃，完全消灭了。多少长期奋斗的民族脱离了宗主国的羁绊，得到了独立的国家性，有的居然飞扬跋扈起来了。战后短期的繁荣跟着便是与日俱增的经济凋敝。生产的衰落再加上节省人力的机械的增加使每个国家里常存着百万乃至千万以上的失业者。国际收支的不平衡引起了国际间的关税战与货币战。十九世纪以来除了几个先知先觉者，很少有人怀疑的资本制度，现在到处都似乎难以维持了。同时民族主义的过度的发展，虽然在逆势的经济状况之下，依然促进国际间军备的竞争，以加重国民的负担而压低他们一般的生活标准。这样的情况现在还在发展，还不知将来"伊于胡底"。

如果欧美的世界在这个短时期里所发现的变化，如此的惊人，我们这四万万的中华民族在同时期里所遭遇的变动，当然更是空前的剧烈。二十世纪刚一开幕，便发动革命，铲除了二百多年的异族政权，推翻了两千年来传统的帝制。不论它的成功的程度若何，这实在是一个非同小可的事件。接着便是民治与专制的尖锐的冲突，强邻的威迫与利诱，军阀间的混斗。最后三民主义的势力虽然克服了全国，造成了人民多少年来所渴望的统一的雏形，但它的发展终于为情境所制限。帝国主义与资本主义的势力在过去若干年代，在我们未能觉察之际，已经慢慢的削损了我们的政权，使我们不能完全决定自己的运命，摧残了我们固有的经济组织，使我们祇得受外来的经济侵略。在我们正在努力对于帝国主义、帝国的资本主义奋斗的时候，又值强邻肆虐，一时好似毁灭了我们的政治与经济的正常发展的希望。但我们现在还在努力奋斗着。

我们说这些变动是空前的剧烈，因为中国的变动是许多程序同时并进，并且要在极短的时间里完成需要长时间的工作。由长久传统的帝制改为共和，由中世纪式的经济组织变成现代进步的经济组织，脱离由来已久的帝国主义的桎梏而成为完全独立的国家，以及其他的变动，都是复杂的程序，从各国发展的历史看来，每个程序都需要长久的年代。而在中国这些变动，为时势所迫，必须同时而加速的进行，两步并为一步，甚至十步并为一步，才可以保存这个民族。凡是一种变动都发生异乎寻常的影响，这样联合的、加速的变动当然更是格外的剧烈了。

以上指出几桩大的变动，并不是为讨论每个变动或许多变动的自身，乃是做本文讨论的背景。我们所要陈述的就是在这些变动中的人们怎么样呢。

在变动时期中的人们，在表面上看来，可说有两种截然不同的地位。一个是受变动的影响，处于消极的、被动的地位。一个是参加或支配变动，处在积极的、主动的地位。这个表面上的区别是不错的。但是仔细分析起来，便可以看出被动的人不是必然如此的，是可以改变的。此点按下不讲，且先按这个表面的看法，对于消极的受变动的影响的人们，略说一说。

二十几年以来，中国最大的悲剧就是继续不绝的剧烈的变动，使成千成万的人们，于不知不觉之中，做了它的可怜的牺牲者。举例来说，自从资本主义的物美价廉的商品侵入了中国的市场，土产业受了无法恢复的打击，中国的生产者，手工业者，家庭工业者，都已不能维持他们的生活了。自从外国的米麦价格下落，在中国的粮食市场占了优势,中国的农夫难以找他们的活路了。自从新式的商店,新式的金融机关,继续发展,所有旧式的铺店,旧式的钱庄银号,都渐渐的归于淘汰,旧式的老板、店伙、学徒都无以自存了。以上所说的农工商三业构成一个民族赖以生活的基础组织,而从事于这三业的可以说几乎占了中国的全人口。现在因为变动的影响,他们都感觉生活的困难;不是将生活降的更低,便是简直没有饭吃。有的人固然可以改变职业,不种米麦而种棉花,不做手工而入工厂,但全国能有这样机会,这样方便,这样能力的人,究有多少?年轻的人或者还可以比较的容易适应,容易应付改变的环境,但年岁较长的人却习惯成性,早已失去了适应的本领。记了一生的流水账如何能希望在老年再重新学习新式簿记;从小时起便与土壤、雨量、耒耜打交道如何能希望在中年以后再与向所未见的机械做朋友,了解它的脾气与特性,使它服从自己的指挥。在这个大的转变的潮流之中,真能够且浮且游,不遭灭顶,恐怕只有少数的幸运者,大多数都成了这个潮流里的溺死鬼了。读西洋经济史的都知道工业革命特别如英国的,对大部分人民所发生的惨剧。留心近年技术进步的都知道新的工具的发明如何的夺去了许多人的饭碗。在中国这个情形更要加倍的严重,因为如前边已经提到的,我们这里不是一种单纯的变动,不是一方面变化的过程,乃是合并几种演化的程序,加快的进行。

以上所说的农工商业的悲运,表现于外,为一般人容易理会的即所谓农村破产,商店钱庄的倒闭,工厂的关门,洋货的充斥等等现象。但关于它的人的方面,即农工商业者及其家族的生存问题,恐怕一般有舒服生活的还很少有直接的经验。现在再看一看士的阶级。时代的变动对于士的阶级的影响,也同样的严重。但因为它本来是占优势的阶级,或者富有财产,没有求衣食的必要,或者靠着亲戚朋友的种种援助,似乎依然可以自存。虽然如此,它的厄运已经够利害了。最初,科举时代的人才渐渐归于淘汰:八股文学专家不必说,好在他们按年岁说也已经渐渐的脱离这个世界,就是策论的天才在这个转变的时代中，也难找到可以卖他的艺的地方。在二十年前骈文作者还可以做行政长官的左右手，现在再没有人请教他了。在一个时期，到东西洋留过学的，无论短期或长期，都成了先知先觉，在国内仅有的大学或专门学校毕业的都成了办"洋务"的干员，办新政的好手占据了各界的冲要地位。但是现在这样的人物，多如"过江之鲫"，到处都难找口饱饭吃。时代变了，会做些师爷派的诗文，传统式的熟读经史，鹦鹉式的背诵法律，机械的钞讲义念课本，已经不是时代的需要了。大体说来（虽然还有许多例外的地方），这个转变的时代所需要的乃是专门的人才，即透澈的了解并且能做一桩现代生活所需要的事情的人们。不特中国传统的古典教育，传统的文学教育，就是年来所盛行的洋八股教育也不能供给这个要求。凡是受过这样教育的人们当然要作这个时代的牺牲者了。

现在的中国人，无论属于士农工商的任何阶级，都时时感觉着这个时代转变的压迫。任何人，不定在那一时，便可以失去他在社会上的功用，便不能用他的筋肉或脑筋换取生活之资。他同他的家族，除非有储粮或亲友的赞助，便要流为饿殍。一种政治或行政的变动，一种工业的改变，一种农产品价格的跌落，都可以使万千的人一时化为社会上无用的人。这是如何凄惨的景象。而最可怜的就是一方面，有许多变动是必须的，不可免的。中国必须工业化，中国的行政必须现代化，中国的农业必须合理化、科学化，不如是则将无以立国。凡此种种都是必须进行的。而另一方面一般的人民都在毫无准备之状况下，白白的做了不自知的牺牲。一般人民的生活，他所从事的业务，向来都遵循着习惯的、传统的准则。农夫耕田贩谷，工人锯木造屋，都是百年如一日的沿袭着成法。祖以是传之父，父以是传之孙，师以是传之弟。在一个安定的、静止的社会里，传统的生活方法、工作方法当然可以维持着。到了今日急剧的转变中，受传统的影响最深的也就是受变动的影响最激烈的。如何能够怪他们的受淘汰呢。

虽然——现在回到上边按下未讲的看法——我们却不能说一切

在转变时代的牺牲者全居于被动的，无能为力的地位。除由于自然界的原因以外，一切的社会变动都发源于人的力量。既然人能做出变动，他就应该设法限制那个变动的不幸的影响。人类自从脱离了野蛮阶段，进入了所谓文明阶段，一代一代的开拓知识，发展能力，渐渐的能够并且应该驭制他自己的运命。在这个世纪里，人类不应该再跟着时代的推移，而应该站在它的前面。今后的民族必然能够支配自己的运命的才可以希望在大地上生存。这是说人对于时代的转变不是被动的，不应该安于被动的。

但是人类品质不齐，我们不能说一个社会里完全没有不居于被动的地位的。因身体或精神的不健全而无能力者便不会自己主动。如上文所说，年岁较长，习惯成性的便常缺乏应变的能力。儿童在未成长时期，需成人辅导，也不能发挥自动的能力。这些例外我们都不能否认。但正因为社会里免不了多少的被动的分子，所以能够主动的分子的责任便格外加重。第一，他应该设法使变动缩小他的不幸的影响。假使一切有主动能力的人，如政府当局、行政官吏、企业家，总之，凡是他的作为要影响旁人的职业或生活的，都能设计周全，筹画妥善，预防不良影响的发现，当可减少若干人在变动中所受的痛苦。第二，他应该设法帮助被动的分子渐渐的能够进到主动的地位。能够主动者可谓居于优胜，或是天资高，或是精力强，或是机会好，所以就是在社会的、政治的、经济的急剧变动之中，他也没有被它的巨浪所掀倒。这样主动的人应该对于情况不如他的无能力者负辅助指导的义务。可以多帮助一个人能够主动，便减少一个变动中的牺牲者，同时便减少一点由变动发生的恶影响。近年中国转变的严重性正因为大部分的人没有准备，缺乏主动的应付的能力。为挽救过去的弊害，预防将来可能的危险，有主动能力者应该急速的尽辅助与指导不如他的同胞们的责任。

关于前者是设施的问题，与立法、行政、企业等等问题相连。关于后者主要的是教育问题。所谓教育当然不限于学校里的形式教育。记得前几年，自动教育的呼声甚为流行，现在则寂然不闻，已为更时髦的口号所盖掩。自动教育便是造就这里所说的主动能力，使每个人有灵活的心理，有聪明而稳健的判断力，能够对于环境的任何改变为合理的适应，最后，在任何情势之下做支配自己运命的主人。这是杜威一派的教育哲学家所提倡的。因为他们看出现代社会的性质，知道它所需要的与中世纪封建时代所需要的不同；规矩、本分、抱本守拙、刻板的工作等等在静止的社会或者已经够了，但在这个时时急变的社会里便必须具备这个强大的主动能力。一个社会里大部分的人都可以发展这个能力，祇要在教育上、社会上、政治上给他机会。如果一般人都能够发展他的主动能力，这个社会里积极的主动的分子便加多，遇见任何变动，便足以应付，不会再有变成牺牲的大惨剧了。所以我们说，一个人居于被动的地位不是必然的，是可以改变的，不过有主动能力的分子应该在各方面提携他。

总括以上所说：我们正生活在一个转变的时代，特别是中国正在经验着急剧的转变。在这个转变之中，不幸有日益增多的人做了时代的牺牲。因为牺牲者的众多，所以这个转变更显得惨酷。但是这个悲剧是可免的，至少是可以减轻的。一方面，一切变动都可以策画周全，预防它的及于人民的恶影响；另一方面，一般人应该及早养成主动的能力，支配自己的运命。我们应该切实的认识并且捉住这个时代的精神。这二十多年的转变只可以说是"小试其端"。试看今日国际纵横的局面，中华民族特殊的地位与其国际的关系，日进不已的惊人的科学的发明与发现，政治的、社会的、经济的制度与思想的蜕变，便可以知道在将来，在最近的将来，还蕴藏着大过现在若干倍的急剧变化。在这样的变化之中，如果一个人居于主动的地位，他便可以生存；如果一个民族有主动的分子居多数，并且具备他们生存上所应有的组织、制度与工具，那个民族便可以生存。否则这个非常转变的世界便要把他吞下去的。

（民国）二十四，五，二十四，北平

（原载《国闻周报》第 12 卷第 21 期，1935 年 6 月 3 日）

人力的合理化

人类社会里显然的祇有人是它的最主要的条件。政治学者说，国家于土地主权之外，必须具备人民的要素。经济学者说人是生产的一个主要因子。社会学者说人口是构成社会的基本条件。在任何组织里，人永远是社会的基础，永远是它的主动的分子。没有人便没有社会。

最奇怪的，这个构成社会的人具有相对立的两种性格。他一方面是主动的，另一方面是被动的。他一方面是治者，另一方面是被治者。他一方面是施与者，另一方面是受惠者。他做积极的公民，同时也享受国家的保护。他做生产的分子，同时也是社会里的一个消费者。他是社会的一员，尽他在社会里应尽的职分，同时他也享受社会秩序所给予的福利。因为这样的性格，所以人是他自己的主人，同时也是自己的奴隶，他做自己的运命的主宰，同时也受自己所主宰的运命的摆布。

这样相对立的性格，在表面似乎矛盾，而实际上却十分真实。惟其如此，人才可以称为自决的动物，决定自己的运命。人才可以不为他的遭遇所限，可以拯救自己脱离所厌恶的遭遇而达到所希望的境界。诚然的，人的遭遇常不是完全自造的。造因的是一般人，一代的或一阶级的人，而食其果的却是另一代另一阶级的人。历史的演变，祖先的遗业，传统的势力在在形成现在遭遇的因子，制度的影响、外来的势力也常是决定现在遭遇的主要的力量。无论遭遇是不是由自己制造的，他既然是自己的主人，他便有改变他的遭遇的资格与责任。人要图生存必须对于逆势的遭遇不断的努力的奋斗，而对于顺势的遭遇设法的维护与增进。能够克服现在不良的遭遇，改变它为适于生存的情况的才可以安稳的立足于世界。不然便是个人的与民族的灭亡。这是人类历史可以证明的。所以无论我们的生活现在如何贫穷，我们的文化现在如何落后，我们的社会现在如何腐败，我们的国家如何受侵凌受压迫，祇要我们自己有决心，祇要我们自己肯发挥这个主动者性格，肯尽自决的责任，我们便都可以改变。人的救主是他自己，除了自己的努力以外，不能依赖任何人做他的救主。

　　但是我们要知道逆势的遭遇之中虽然大都可以克服，但也有些似乎几乎无法克服的。例如天灾中之洪水、地震，它的影响常超乎人力所能阻遏的范围以外，将人类降为几乎无能为力的牺牲。然而就是对于不可抗逆的天灾，人也渐渐的修养了可以减少灾害影响的能力。一方面他增长他的知识与能力，以预防或预测天灾，因此便可以轻减灾害的程度。另一方面他在灾害的发现以后，能够极敏捷的，极有效率的进行适当的救济与整顿。所以就是向来认为绝对无法避免无法阻止的天灾，因为近代科学知识与技术的发展，已经可以极大的减轻它的强度；如果科学再继续进步，或者竟可以将天灾的祸害完全消灭。在人事上，一种几乎不能克服的遭遇或者也可以想像。例如在社会上，一个脆弱而毫无能力的被治者阶级遇见了一个顽强而凶忍的治者阶级，或在国际上一个弱小而无丝毫抵抗力的民族遇见了一个庞大无比的强权，在这种情势相悬殊之情况之下，弱者自决的能力或者竟完全不能发挥，不得不忍受强者的压迫与宰割。但是就是这个极端的拟例，也有它的限制，也不能绝对的进行无阻。第一，社会生活的一个根本原则便是自己生存同时也让别人生存。专门以不让人生存为职业的阶级或民族都是反社会的组织，是人类的仇敌，无论在国法上或国际法上都是绝对不能允许的。压迫、侵略、征服、剥削虽然是历史上常见的现象，但它也有它的限制，到了一定的程度以后不是渐渐的失去效用，便遇见阻力或遭干涉。总之，这些反社会的程序并非社会的常态。除非人肯甘心受压迫，情愿受侵略，帖然的任人征服，无抵抗的让人剥削，这种悖乎通常的社会生活的行为绝不能畅行无阻的。第二，自决的能力受强力的压迫或者可以屈伏于一时，但绝不能屈伏于永久。除非全社会或全民族因强力的压迫完全灭绝，所留下的后裔，虽然为数极微，遇见了适当机会也要重燃他们的自决的精神，恢复他们做自己主人的地位。"楚虽三户，亡秦必楚"。所以祇要一个民族没有完全消灭，他们做人的性格没有完全丧失，那些反社会的程序终久要受顿挫的。由此可见，所谓不能克服的遭遇仅是相对的而非绝对的。主要的问题祇是陷于逆势的遭遇的人们有否决心，能否努力罢了。

用以上的理论来观察我们自己的民族，我们便可以看出我们图谋自存的途径。我们拥有四万万以上的人口。除了幼年与老年不计外，所有身心健全的男女，当不下一万四千万，每个都是一个可能的克服逆势遭遇的主人。现在的问题祇是如何能够将每人的能力由可能的变为实现的，由潜存的变显明的、发挥的。一万四千万的男女如果自安于被动的地位，不肯运用他们做主人的资格，他们当然祇有忍受他们现在所受的或者比现在所受还要更恶劣的逆境。他们受苦祇好怪他们自己。如果这些男女都觉得自己应该并且能够支配自己的运命，都要集会合起来以通力合作的努力来克服环境的困难，那末，何坚不摧，何敌不破。

这些上万万的人已经觉得应该，并且能够如此的努力了么？可惜他们至今还没有达到能够显明的发挥自己能力的境界，虽然近年来比较以先已经较为进步了。现在最大的一个问题不是能力不得发挥，反而是能力的徒然消耗，耗费能力的人大略可分为三类。第一，有许多正当职务的人而不肯忠实的做他们的职务。有许多衣足饭饱的人而不肯做些有益社会，有利国家的事业。这一类人常具有充分的能力但完全将它耗费了。第二，有不可胜数的人，完全没有事做，成为失业阶级。他们不特不能为社会生产，为社会服务，反而要依赖社会的扶助，他们不能养育自己与他们的家庭，需要社会的救济。这类人可以说完全耗费了自己的精力，同时还成了社会的负担。第三，有许多人以信仰的谬误，眼光的短浅，野心的愚妄，或生活的压迫，日夜孜孜专耗费他们的精力在增强逆势的遭遇。这类人的消耗至为可虑。他们与前两类不同，不仅仅消极的停止发挥能力，不仅仅没出息的依赖旁人，乃是积极的戕贼自己的社会，残害自己的同胞，不仅仅是单纯的消耗，乃是对于整个民族生命的侵蚀。

这样的消极的与破坏的耗费精力实在是今日中国最严重的问题。我们没有正确的统计，不知在这一万四千万的身心健全的男女中，有多少是无补于社会有害于民族的消耗他们的精力。我们祇能就日常的观察，偶然的见闻，窥察一二，但就是极浅薄的考察已经使我们不得不吃惊精力消耗量之巨。失业者，溺职者，不劳而获者，祇管享受者，立于反社会反民族的地位以肥己者，何止以万计。这种消极的耗费，或者更坏的，破坏的力量，都使我们环境的逆势更陷于莫可挽救的程度。

使这个严重问题益加严重的就是知识阶级、富庶阶级、中产阶级的徒然消耗自己的精力与能力。人力的消耗可以说是任何阶级通常的现象。在社会制度没有完备之先，在社会发展没有近于理想境界之先，人力的消耗大概是不免的。但是最可忧虑的是社会的中坚分子成了消耗精力的主要阶级。中国还没有像西洋产业发达的国家那样产出近代的中产阶级。所以祇于那些有财产的有地位的，收入较高的，受过较高教育的人们聊充做社会的中坚。他们的责任远高于一切的人，因为他们的智慧、能力与地位都使他们的行为有远大的影响于社会。因此之故，祇有这些中坚分子的努力，祇有他们将可能的精力与能力全用在有益于民族与社会的事业上，这个民族才可以希望有可以克服它现在所遭遇的逆境之一日。至于那些"蚩蚩之氓"祇可以做生产的主要分子，在现状下，还不能希望做主要的改变环境的主人。一个农人不耕田，农业生产量当然要减少，一个工人不织布，工业生产量当然要缩减，这固然是社会的损失。但是如果在位的，有资产的，有教育的徒然耗费自己的精力或竟用精力去摧残自己的民族，这个影响远超过失业废职的损失，无可补救。

这个民族，这个社会的灭亡必然可指日可待了。

对于这个严重问题的解决就是设法使全国人力合理化。合理化在近年已通行于各国的工商业界，它的原则就是汰除一切的耗费以达到最经济的最高效率的生产或消售。现在中国所需要的就是削减一切人力的耗费与破坏，使全国的人力都能最经济的最高效率的维持民族的生存，促进民族的进步。中国的人力从它的可能性方面看来，实在是可以羡慕的。世上那一个国家有这样大量的人力。如果这大量的人力完全向一个正大的目标发挥出来，会成就如何伟大的事业。以拥有上万万的人口的民族，而将它的精力完全放在消耗与破坏上，让全民族飘流衰落，终至要断送了它的生命，实在是奇闻，在理论上说不通，在事实上不能相信。

负合理化全国人力的责任最大的当然是政府。它可以照管全国的所有方面。假使中央与地方政府都向人力合理化方面努力，一大部分人力的耗费都可以节省，转移到建设的工作。退一大步说，抛开政府不谈，凡是在社会上支配人与事的也都可以负起这个重大的责任。校长、教员、掌柜、工头，以至家主妇，每个人都有资格，有能力推行合理化的原则，汰除耗费与破坏，将一切人力都引到民族生存的工作。再退一步说，每个人，不论他的地位如何，都是一个可能的推行合理化的原则者。自己身体励行，用自己的榜样，影响旁人，就可以慢慢的推广。这个人虽然仅仅像一星之火，但它可以扩大，可以蔓延，可以成为全民族复兴的胚胎。

青年们，不要悲观，不要苦闷。要知道祇有全民族都死光了，或全民族虽未全死尽，而自决的精神在个人的意识中，完全消灭了，这个民族才丧失了自己的生命。不然，每个人都是社会改革的核心，每个人都是民族复兴的主动力。问题祇是每个人要觉悟他自己的责任，要努力的发挥他的精力与能力。

（原载《国闻周报》第 13 卷第 1 期，1936 年 1 月 1 日）

中国的人民的分析

　　讨论政治的时候要注意两方面，一方面是制度问题，一方面是人的问题。但是向来政治学教科书上所讲的只限于制度一方面。一般人所讨论的，断断争辩的也都是专限于制度。这个提议采用总统制，那个就主张采用内阁制。这个发明须采用职业选举制，那个又鼓吹须用共产制。现在杂志与报纸上充满了关于制度的讨论，但是大家对于那推行制度的人却掉头不顾，没有研究讨论。专信"治人"不信"治法"固然是谬误之观念，但是今人迷信制度又何尝不是谬误的呢？"徒法不能以自行"。制度本来是死的，可以使那制度变为活的，变为有生气的就是人。只有死的制度还是无用的。无论你有如何完备的宪法，无论你有如何合乎理想的政治制度，假使你没有程度相当的人民去按着那个宪法，按着那个政治制度从事政治的活动，那都是无用的。——不特无用，或者反有更坏的结果，因为他们或者要把那美备的宪法与制度蹧踏了，污辱了，利用了，把他所有的价值功效完全都抹杀而永远不能使他复活了。

　　辛亥革命的时候，我记得有许多人咏赞共和的制度。他们如同信仰宗教般的相信中国变为共和以后可就好了，可就一跃而为世界上的强国了。他们的狂热，他们的虔信，使我惊叹佩服，使我受感动，但是他们儿童似的信仰不由得不使我可笑又可怜。一二百年以来腐败的政府只因为将政治的组织改变就一旦可以成为修明的政府？几千年来的专制政体只因为将帝室推翻就一旦会变成共和政治？这样质朴的观念是非常的危险的，终久要使人失望的！相信的热诚越大，那失望的程度也就越高的！

中国现在采用共和的政体了，至少有一部分是口头上这样主张，有一部分是诚心诚意的这样鼓吹。我们要知道这个政体能否试验成功最先要看一看施行这个制度的人民。一种政体的成功与否固然不能以人民为惟一的要素，除了人民以外，还有许多旁的要素可以左右那个政体。但是我们不能不认人民是一个最主要的要素。以先大概是林肯说过的："人民什么样，就配有什么样的政府。"我想如果一种人民没有外国施以无理的压迫，这句话的真理是适用的。

那末，中国的人民是什么样呢？配有什么样的政府呢？我们没有精确的人口统计与调查，可以说是对于人民的情形完全不知道。但是退一步——一个很大的步——说，就着我们耳所闻目所睹的情形，我们也可以推测些道理出来。这种推论虽然是非科学的，但是因为没有更科学的方法，只可勉强应用罢了。

中国极大部分（百分之九十九？）都是小农人，这大概是人所共知的。他们的生活是很简单的，除了衣食住与婚丧的典礼以外没有什么消费。他们差不多都不认识字，他们对于本国的文化，除了些通俗戏曲以外，恐怕有很少的知识。他们身体所能接触的范围与他们心理所能想像的范围大概都是有限的。但是因为他们的家庭与乡村生活的情形，他们却发展了对于小团体的道德。中国人民悠久的历史大部分是靠着这一类的道德维持的。但是这些中国人有建设共和政体的资格吗？在共和政体之下，人民是要有闲暇注意国家的事务的，是要发展心理的范围的，是要有政治上的见解的。我们"养生送死之不暇"的小百姓那里还有工夫去操心国家大事，那里还有知识去决定国家政策，那里还有能力去保护国家呢？我们太相信那共和制度，也太不注意我们人民的情形了。

在两千多年以前，阿里斯多德①曾说农民是民治的国家里最好的人民。他说：

---

① 编者注："阿里斯多德"，今译"亚里士多德"。下同。

> ……农业人民是民治国家最好的原料。若是人民的大部分靠着耕种或牧畜为生的就容易建设民治国家,没有什么困难。他们因为贫穷,所以没有闲暇,也就不常出席会议。他们因为缺乏日用的需要品,所以永远工作着,也不贪羡别人的财产。他们实在也觉得他们自己的职业比注意政事或就官职更快活,因为大部分的人希望要利益比要名誉更甚,而从政府或官职上是得不到大利的。这个证据就是假使他们可以不受干涉的工作,财产不受剥夺,就是古代的专制他们也可以忍耐的受着,正如同他们现在忍受那寡头制度一般。因为有些人发财发的很快而其余的人也是很富足的。……(《政治学》第六卷第四章第一至第四节)

读者要知道阿里斯多德这个话是指设立民治国家而言。民治国家更重要的问题不在设立上,是在怎样的维持他。所以他又说:

> 设立民治并不是立法者……惟一的或主要的任务,因为无论如何组织不完善的国家,总可支持一天两天或三天。维持民治才是更困难的事情呢。……(第五章)

所以他论到理想的国家的时候,他又说:

> 他的公民也不能是农民,因为发展德行与执行政治上的职务都非有闲暇不可的。(第七卷第九章第四节)

二千年前的话我们诚然不能引为金科玉律,不能认为万世不变的真理。但是如果人民生活的情形相同,他的真理仍然是不能泯没的,而我们的农民缺乏公民所必不可少的闲暇正是与古代的情形无异的。他们的知识、眼光、能力如何姑勿论,只就缺乏闲暇的一端看来,我们若是希望这大多数的农民维持共和那是不可能的了。

还有一类就是商人。商业要靠着工业才发达。在我们新式工业没有发达的中国里，一大部分的商人都是些小贩，他们费尽心血，只博得蝇头的微利。他们困苦的生活与没有闲暇的情形比较那些小农民没有什么分别。一部分的商人是整卖商或大计画的商业。他们的人数是极少的，他们的局面也是有限的。我们想起欧洲中世纪地中海沿岸各都市与北海沿岸各都市的商人，他们是大有逊色的。又如十七八世纪英国的商人团体或远走俄罗斯或东渡大西洋经营大计画的贸易的，他们更赶不上了。至于如东印度公司藉着贸易的事业，侵略土地，竟建设一个大帝国的更是梦想不到了。此外商人有两类：一类是专卖商，如盐商，一类是洋商。专卖商是准官吏，他们的利益是靠着政府维持的。他们的利害常是与政府相连。他们虽然常受政府的剥削，但是他们也常利用政府，因为他们也常是官吏，所以政治上的改革不是他们所希望的。现在在中国可以称为商人的我想只有外国商人。因为外国有伟大的制造业，所以外国的商人也就发展了大计画的商业。我们试一考查国内各大商埠专营输出入的大商人就可以知道外国商人的势力了。这些外国商人对于我们的政治制度是不管的，有时因为或种利害的关系反倒希望我们政治腐败的。我们若专靠着那多数的小贩与极少数的大商人去维持共和，那也是无望的了。

商人之次就是工人。我们一大部分的工是由农民兼作的，如织布、编篮，都是我们农家的副产物。又一大部分的工是由商人兼作的，因为负贩叫卖的人自己或他的家族就是原制造人。纯粹的工人是极稀少的，大概除了在铁路上与各商埠的工厂里以外，并没有工人的。他们势力的微弱我们已经看见了。工部局一张号令，巡阅使一纸公文，就可以夺了他们的生命与权利。他们生活的情形与一般小农民也没有什么区别。长时间的劳动，低微的工资，那里还可以使他们有闲暇与精神再去热心国事。我们想到那些在唐山煤矿终年做工连身体的自由都没有的工人们，我们就可以知道工人也不是维持共和的中坚了。

有资本的工业家另为一类。近来中国工业诚然有大发展，如上海、天津、汉口工厂的烟筒林立，也颇有工业都市的气象，但是他们比起英国的谢非尔德、伯明罕，美国的辟兹堡①、德特洛依脱②，那又是天渊之别。我们虽然没有统计可以证明，但是我们敢断定他们的势力是极微弱的。他们没有左右政治的力量，假使他们有那个力量，他们早已将那贻害无穷的厘税废掉了。他们没有提倡舆论的能力，假使他们有那个能力，他们早已有他们自己的言论机关，保护他们自己的利益了。他们的位置现在已陷于可悲的境遇：全国所仰望的，至少也是全国所公认的工业家，现在失败的失败，破产的破产，有的变为军阀的走狗，有的变为野心的政客。要靠着这样幼稚的工业界维持共和，又是不可望的了。

银行是近年中国发达的事业，但是这个发达也是只属表面的。因为银行是应乎工商业的发展才发展的。他的主要的功用就是借给工商业家款项（或信用）帮着他们去经营工商业。我们看了现在工商业可怜的情形，就可以说他的这个功用是很有限的。现在银行（特别是在北京的银行）最重要的生意不是工商业家的借款，乃是政府的借款，乃是折转公债。因为银行要靠着政府（无论何种政府，无论何人的政府）才可以有生意，况且已往的生意都投在政府，所以他对于政府没有不帮忙的，也不敢不帮忙的。这样的银行家可以称为政府的中坚，不能认为共和国家的中坚。

农工商三类之次就是士的一个阶级了。士向来是中国最高的阶级，因为他是帮着帝王从事政治的活动的。士是中国的贵族，但是因为他是无产的贵族，所以是极危险的阶级。但是一方面因为他们所住的地方是物质文明极不发达的中国，所有的人大概都是一般的困穷，用不着物质的奢侈的炫耀，又一方面我们古代的圣贤所垂示的告诫，所奖励的美德又都是节俭廉洁一类的行为，所以以先无产

---

① 编者注："辟兹堡"，今译"匹兹堡"。
② 编者注："德特洛依脱"，今译"底特律"。

阶级的士还是政治组织上的中坚，他们在政治上的功劳也不为小的。他们虽然赶不上柏拉图的理想的"哲学家的治者"那样的舍己奉公，他们在中国社会总算是一种高尚的阶级。一旦物质文明侵入中国，古圣先贤的经典渐渐失了束缚人心的势力，这个士的阶级就变成最危险的分子。世上有许多人谈起共产主义与无政府主义就色变的，但是他们不知道如果将政权交给这士的阶级或者让他参预，那个危险要比共产主义与无政府主义还要利害的多。因为无论是共产主义或无政府主义到底还是有组织的，还是一律施行的。至于士的阶级当权的时候，他们劫夺人民的产业，——但是专肥了他们自己，他们自己实在是无政府，——但是强迫人民承认他们是有政府。士的阶级不能独立生活，是要靠着人吃饭的。他们不能像农人那样辛苦的耕种，他们不能像小贩那样的沿街叫卖，他们也不能像工人那样耐劳的工作，他们只靠着他们的文笔、口舌与诡诈的手段为寄生的生活。他们现在既然肯做"猪仔"，肯做军阀的奴隶，将来也就肯去做外国的奴隶。因为这样做奴隶是他们惟一的生存——并且有时是致富——的方法。但是我们学校里还不断的造士的阶级呢！

政治本来是士的任务，现在他们把那神圣的任务卸去不顾了。近来又有所谓知识阶级。但是我们看了知识阶级的行为，觉得他们比堕落的士还要坏。他们受了物质文明的引诱，利欲心更重。他们受了新式的教育，欺诈力更强。他们与外国的"财政家"勾结起来，恐怕足可以制这个共和国家的死命。

以上的分析是极粗糙的，分类是勉强的，论断与批评是极概括的。但是在没有人口调查以前，只可以有这样非科学的推测。而要研究现代中国政治的，或是对于我们的政局切心的，不可不先对于人民有些概念，有些推测。我们看一看这样的人怎样还能希望维持这个名为共和的制度。欧洲宪政的发展是靠着贵族大商业家与工业家所谓第三阶级的，最近才是靠着劳动阶级（第四阶级）与妇女（第五阶级，她们的势力还没有显出）的。我们靠着那个阶级呢？民治是一个高尚的理想，但是我们的人民不配推行那个理想。我们并不是要推翻那个理想，但是要设法增高我们人民的程度使他们有资格能够实行那个理想。

现在不要空谈制度了，先去设法造有资格的人民罢。所谓实际的政治家就是知道人民的情形的政治家。书斋中的学者高谈主义，赞美制度的时候，那实际主义者，不顾你的主义，不顾你的制度，已经藉着他对于人的经验实行他的主张了。我们要是不设法对于人民下工夫，无论如何好的制度是不能推行的。

（民国）十二，九，二

（原载《努力周报》第 68 期，1923 年 9 月 2 日，选自《孟和文存》，亚东图书馆 1925 年 6 月版）

职业与生殖

现在的中国人,特别是青年学生,最难解决的问题有两个:一个是婚姻,一个是职业。在以先,婚姻靠着媒婆拉纤,靠着家长或父母做主的时候,个人对于自己的婚姻用不着费力张罗,用不着自己望着香粉扑,跟着裙子跑。即使结婚后发生了什么感情不谐和的问题,家规舆论已经箝束了一大部分的人,使他们以不解决为最好的解决,纳妾、嫖妓或其他的娱乐已经解救了少数的人,使他们用种种的活动代替不美满的婚姻。婚姻在中国社会里本来不是个人的问题,不是婚姻当事者的问题。现在情形变了,已经结婚的有许多在那里想用种种方法解除他们已经加上了的婚姻桎梏,而那些未曾结婚的青年也正在那里用种种手段企求他们理想中的配偶。婚姻成了人生中最切要的问题,对于有些人竟成了人生惟一的问题。□□的生命的不调和要惹起社会的扰乱,掀动生命的平衡。性欲虽然只是个人的问题,但是,假使一个社会一大部分人的生命都困顿于婚姻桎梏之下,一大部分人,特别是年富力强的人的精力都耗费于恋爱竞争之中,那个社会一定要损失多少人的积极的努力,发现不少的病理的、变态的现象。这实在是一个极重要的问题,但是我现在还不敢讨论他。

我现在所要说的是职业问题。假使婚姻或恋爱在根本上不过是男女问题,职业也不过是饮食问题。高尚的人或者不屑谈论关于饮食男女的鄙俚的事情,像我这个俗人却只能承认他们是人类主要的活动,不过因为社会生活复杂,人的行为的方式加增,所以关于饮食男女的活动有层出不穷的表现罢了。

在一个稳定的社会里，在一个世袭阶级的社会里，在一个人口没有增减，各种事业没有变化与改革的社会里，职业本不成为问题。不幸，人类社会没有一个带有以上所说的各条件的。在一个不稳定的社会里，你今天有事做，明天也许没有事做，你在年青的时候所受的职业的训练，等到你年老的时候也许完全变为无用。在一个没有世袭阶级的社会里，你的职业不能在你降生的时候便定好，你不知道你将来要采取何种职业；要看你的家庭、财产、亲戚、朋友、教育、机会或运命才可以学到一种职业，找到一种职业。在一个人口不断的有增加，一切事业不断的发生变动的社会里，你真不知道你能够做什么事，不知道你能够有什么事可做，等到有了职业，又不知道你在你的职业上是不是将被淘汰的一个。

我们试想一想中国现在的情形，便知道职业问题的迫切了。一大部分的老百姓，因为年成不好，因为水灾旱魃，因为官吏的苛求与军人的扰乱，简直没有职业，寻不到职业。他们不是没有田地可耕，便是有田地而不得耕，或是耕了田地还不能得到他们最简单的生活。一部分所谓士的阶级以先费尽心血所修到的"经纶"，到了现在都无所施其技，他们有些可以投入政界，但是政界里那里容得下许多，他们的机警的也会改头换面，在教育上做些事业，但是清贫的教育界又那里容得下许多。自从新式的学校成立以来，他所造就的应该是专门职业的人才了，但是这种希望恰恰的与事实相反。因为我们崇拜士的观念太深，崇拜做官的气风太重，所以学校所造成的人才都是些长袍大袖的先生们，都是些候补官僚的原料。国家兴学二十年的结果不过是加增了无数的"士"。我虽然没有详确的统计，但是我相信在中学以上的学校毕业的每年总不下五六万人。这些——用新名词来说——所谓知识阶级消纳到那里去？

以上所说，未免将中国人民的职业问题看的太简单。但是我想我们应该从这两类人特别着眼。若是在一个比较着稳定而各种事业发达的社会里，这两类人的职业问题虽不能澈底的解决，却不能像在中国的那样厉害。因为在这样的社会里，他们所求的只是职业，他们有工场,有田地,有种种工商业、行政司法的事务。他们的事业一时不能消纳多人罢了,这纯粹是一个劳动供给过剩的问题。至于我们呢?我们工商业不发展,行政事务不发达,更加以一切地方扰攘,一切事业凋敝;即使以上两类的人们可以减少一半,我恐怕也未必将这个问题减轻多少。

中国的扰乱从一方面看来就是现在一百多万的军人,几万的与军队相连的职业的人,还有二三十万的老先生与源源其来的新学校的制造品。人人都主张裁兵,假使中国社会上有充分的事业,并且是比当兵更好的事业让他们去做,裁兵当然不至只是空话。人人都主张改良政治,裁汰冗员,整顿吏治,假使这每年成千累万的毕业生都有相当的机关、工场、商店、公司、银行、学校、研究所,承受他们,改良政治当然也会现诸事实。但是中国的实际情形岂能容我们有这样的希望。

社会现象都是互相为因果的,我说各种职业发达,我们才可以裁兵兴政。有人便要说:裁了兵,推倒了军阀,清明了政治,我们才可以发达各种事业,增加人民所赖以生活的正当职业。不错。但是我们要知道,假定军人与这些流荡无所归的知识阶级从此不再增殖,就是现有的军人与高等游民已是我们所难处置的。安插解伍的军队与闲散惯了的高等游民实在不是一件容易的事。在爱尔兰对英的独立运动里,他的爱国的青年的奋斗是我们所最钦佩的了,但是当平和恢复以后,这些从事战争的青年们如何处置呢?一位我们可信为公正无私的并且对于爱尔兰农业与政治曾有功劳的人(Sir Horace Plunkett)这样说:

现在到了平和的时候做了扰乱的工程师的工具的几万的青年,这个爱尔兰自由邦须设法消纳——至于那些女子如何消纳实出我的了解之外。这些青年都是小田园与小市镇的过剩的产物,在平时他们都是到合众国与大英各属土去寻生活的。在战争的各年代里,这些过剩的继续不已的产物不能,以后也不愿

意，离开本土了。……吸收这些青年实在是爱尔兰平和的主要的实际的事业。（伦敦《泰晤士报》一九二三年三月二十日）

我所引的这个例足可以使我们看出我们消纳我们的两种游民的两难。我们的困难要比爱尔兰加多若干倍。简单一句话，就是我们在政治、财政、关税、工商业、教育以及其他种种的方面整顿中国以外，最实际的问题就是我们如何容纳这一百几十万的游民，如何可以给这些无业的游民寻出相当的、有能力做的职业。

时机迫了。这一百几十万的游民不特没有减少，反倒不断的增加。我们只看各处的军队一天比一天的增加就可以知道下等游民的日益充斥。我要说一句开倒车的话：我们只看北京"学堂铺"的发达，学生投考入学的踊跃，便可以知道高等游民的日益蕃殖。这些源源不绝的，不特补充并且还急激的增殖现在已有的游民的现象使我们更没有解决的希望。

我对于以上所陈述的危急现象，不敢妄为建议。我是只管诊察，不敢随便处方的。但是如果有一位大医生真想试一试他的能力，我倒要告诉他"下令停止一切人民的生殖机能二十年"或者是许多方案中的较为有效的一个。

志摩：

你所办的《副刊》向来是高尚优美的，现在你叫我来写一篇这样"龌龊相"的文章，讨论一个高尚优美的人所不屑听不屑道的问题，未免太煞风景了罢。但是永远看好看的花，没有丑花做陪衬，日久也就看不出好花的好看。我这篇文章只充你们文学作品的对照。如何？

孟和　十一，十八夜

（原载《晨报副刊》第 1401 号，1925 年 11 月 21 日）

新 贫 民

人都知道什么是贫民。他是没有衣服穿的，没有饭吃的，没有房子住的，或者三种都有一点，但是都不够维持他的最低限度的生活的。按理论说，贫穷是社会上变态的现象，但是在事实上他却变成了常态的了。贫穷的情形虽然各不相同，但是差不多没有社会没有贫民的。有的社会因为一般的人的生产能力太低，或者因为自然的、地理的环境太不顺适（如在北冰洋，或寒带北部，或有大天灾），所以全体的人民按我们的眼光看起来都是贫穷的。有的社会一般人的生产能力虽然很高，所生产的足够维持全体人民最低限度的生活，但是因为他的分配财富的方法不公道，或者因为其他人为的原因，所以有一部分的人民是贫穷的。现在所谓文明社会里的贫穷问题，大概都是属于第二类。

救贫是国家一个最重要的责任，中外古今的政治学者都说救贫是国家的要务。贫民对于社会永远是危险的；他是"不劳而获的"靠着人求生活的，他要是不安本分起来，要扰乱社会的治安，危害社会的秩序的。中国历史上朝代的更迭，从一方面看来，都可以说是贫民的扰乱的结果。西洋历史上如希腊、罗马的衰亡，有些历史学者也说是贫民反抗富豪的变乱的。贫民阶级在历史上诚然是一个很重要的要素，研究历史与政治的人绝不可忽略的。

我们中国现在的贫民虽然没有统计，大概一定是不少的。每年各省自然的（如疫疾、水灾、旱灾、风灾、地震灾）与人事的（如兵灾、匪灾、官吏灾、政府灾等等）灾害，一定产出了无数的贫民。这些贫民除了自认命运晦气，坐以待毙的以外，都是危险的分子。

他们都是乞丐、盗贼、土匪、盐枭、拐匪、贩私货、卖吗啡，总之一切罪犯的原料，这种情形大概是人所共知的。但是除了这些贫民以外，还有一种"新贫民"，他的危险比贫民还要利害几千几万倍，他的势力比贫民还要大几千几万倍，而他的救济比一般贫民的救济也要困难几千几万倍，是一般人没有注意的。那末，谁是新贫民呢？

贫民的最简单的定义，就是不能够维持最低限度的生活的。所谓最低限度，从各人的眼光看来，原是不一样的。人力车夫每天只有三个大饼，一个容身的地方，每年有单、夹、棉的三四套衣服穿，就可以说有了最低限度的生活。店铺里的伙计的最低限度的生活就比这个高；银行里的行员，衙门里的老爷，学堂里的教员，国会里的议员，国会以外的政客，所有的最低限度的生活，又都是各不相同。再细说起来，就是在一个衙门里的老爷，有做录事的，有做主事的，有做科长司长的，有做参事的，有做总长次长的，他们各人所有的最低限度的生活也未必相同。我现在所说的新贫民就是普通所谓"中等阶级"，平均收入每月在一百五十元以上至四五百元之间的。

这一类人的收入从每月赚十几块钱的人力车夫看来，要算是"有钱的"了，要算是"阔人"了，但是他们还是些贫民。他们不是没有饭吃，但是没有好饭吃。他们不是没有衣服穿，但是没有好衣服穿。他们是没有汽车坐，没有洋楼住，没有钱炫耀他们的财富的。除了政府或机关拖欠薪水不计外，这个情形是由以下几种原因酿成的：

（一）货币的跌落与物价的昂贵。普通收入不足的时候，常是因为货币的价格跌落，所以物价昂贵起来。有人说，北京物价自从民国元年到现在增加了一倍有馀。货币没有一定的价格，常常变化，又常有跌落的倾向的，这是货币上最重要的问题，于我们一般人的生活最有密切的关系。假使关于北京的物价的推测是确的，那末，在民国元年的时候收入为一百五十元的，在民国十二年就应该有三百元了。虽然物价未必都是一律的加增了百分之百，那末，至少也应该有二百五十元的收入了。不幸世上的通例都是物价的昂贵在先，而薪俸的增加远在物价昂贵的现象发现以后。所以以先每月收入一百五十元可以足用的，现在就不足用了。这是造就新贫民的一个原因。但是这个原因对于劳动阶级虽然是最重要的，但是对于我所称为中等阶级的却不是最重要的。因为劳动阶级本来是正在贫穷线上，他们的收入勉强正可以维持他们最低限度的生活，这个中等阶级收入不足的时候，却还可以设法"节流"。劳动阶级因为物价腾贵可以发生衣食不足之忧，而中等社会在收入不足的时候，很可以减去衣食住以上的消费。这虽然未必是好方法，但是在一定的情形之下是可以实行的。

（二）消费的增加。这是近年来中国最可惊的现象。欧美人近来对于中国抱乐观，夸赞我们有可观的进步的，就是因为输出入额的增加与工商事业的发达，换言之，就是消费的增加。要知我们现在的消费不特是比我们的祖父父亲多了许多倍，就比我们自己五年十年二十年前都增多了许多倍。我们的祖父或者只有一件长衫，可以穿多少年，我们现在就不能只有一件，并且每年还须做新的。我们的父亲或者每天只吃些土产的鱼肉菜蔬，我们现在享用海内外的山珍海味了。除了衣食住以外，我们现在所消耗的物品与职役（Services）不知比以先加增了多少倍。看电影，游公园，坐汽车，吸香烟，……这些都是以先没有，蓦地里添加出来的。消费不特有量的增加，还有质的增加。以先二三十元一所的房子因为设备改良竟涨到一二百元了。以先一天二角的小客栈现在因为添设洋式的设备竟涨到十元八元了。量的增加与质的增加都是没有底止的，永远有人在那里设法引起增加的。资本制度的一个结果就是大计画的生产，将生产品设法推销。现代工商业最重要的任务，就是如何将物品及于民众。欧美人所谓中国近年的进步，就是推销他们商品的成功。现在中等社会的人差不多每人都有一副金丝眼镜，几身外国材料的衣服，一个金表，他吸香烟，吃大菜，看电影，坐汽车，他家里用许多外国的器具与装饰品。我们这样销纳外国的商品，他们如何会不恭维我们呢?

但是中等社会的人处在这个时代可就变为新贫民了。他们的收入抵不了这样的消费。他们看了新式的生活,看了现在穿戴陈设的物品,再走进先施公司、永安公司,一看就知道他们的收入不够用了。但是事实所迫又不得不这样的消费。在现代的社会里别乎流俗是最困难的,大部分的人没有标奇立异的魄力,从俗是最容易做的并且最合算的,标奇立异是危险的。人家都是这样打扮,我们自然也就是这样打扮。人家都这样的娱乐的时候,我们也自然要顺着他们。这种社会的压力是很大的。中等社会在这个压力之下可就变为新贫民了。

(三)女子的解放。女子解放一部分是近代资本制度的结果,但是反过来也是促进产业发达的原因。工业发达,女子的职务减轻,所以女子脱离了家庭,入了向来男子所专有的社会。因为女子入了社会,所以她的消费能力也就大增。现代商品有一大部分是专供女子的消耗的,那些商品的种类、品质、价值,真使我们吃惊。几千元的金钢钻与珍珠,数十元一身的织金缎衣,百元一套的绣花衣,千元一袭的貂皮大氅,是现代被解放的女子的要求。现在中等社会一家所有的财产差不多都代表在一个女子的身上,有时恐怕所代表的比她家里的财产还多。女子向来是靠着容貌的,但是容貌秀丽的女子是同天才一样的稀罕,所以所有的女子都不得不装饰,这个装饰的虚荣差不多成了她们的天性,她们惟一的事业。模仿装饰的风气在女界中比在男界中势力更大。这个事实是不能否认的。一位女子最高学府的教授,离开北京一年以后回来同我说:"现在的女子装饰更考究了。"换言之,就是消费能力更大了。女子装饰的消费是无所底止的,时髦的花样不断的翻陈出新,中等社会的人就是将所有的收入都消费在这一端上竭力追赶也是赶不上的。与装饰相连的必须有其他种种消费与他相称。穿貂皮大氅的绝不能坐人力车,至少也须乘一辆破福德①。戴钻石的绝不能每天在家"主持中馈",至少

---

① 编者注:"福德",今译"福特"。

也须到公园或游艺园去走走。这种连带的消耗又是一笔大漏卮。从此看来，女子的解放就是中等社会的破产。

（四）额外的消耗。消耗的界限难定，所谓额外或额内本来不容易分别的。但是有些种消耗为一般人所认为"不道德的"或"不正当的"是可别为一类，我们不愿意摆道学先生的面孔沿袭这个"不道德的不正当的"名称，最好称他为额外的。例如赌博、吸鸦片、纳妾、嫖妓，都是这一类。额外的消耗也是无所底止的，也是须有许多种连带的消耗的。打过十块一底的麻雀也就可以打到五十块一百块……一底。讨过一个妾的也就可以讨两个讨三个。嫖妓的总要"修边幅""摆场面"，吸鸦片的也总须满足他的特别强的"口腹之欲"。中等社会的人要陷入这个额外消耗的欲壑里，一定要变为新贫民。这个额外的消耗在现代社会上却非常盛行。就在我们所熟知的人中，在多少有用的有为的青年中，已经都沾染了这些嗜好。这些人的行为除了对于他们自己不计外，对于社会所发生的积极的消极的影响一定是很大的。

（五）中国的阶级界限不严密。中国没有像外国那样阶级的区别，这是西洋人称赞我们的话。卖鱼的可以做督军，卖布的可以做总理，做妓女的可以做"一品夫人"，这诚然是我们社会上平等精神的表现。阶级的差别虽然是一种顽固的、不平等的、悖乎民治的制度，但是他的好处却也不能一笔抹煞。有了阶级制度，人人就不敢有非分之想；有了阶级制度，在不同阶级的人接触较少，仿效的机会就减少。他们的行为、习惯、起居服御，也都各在本阶级以内嬗变，不易转相模仿，甚至不顾自己的财产与收入的去模仿。欧洲本有阶级制度的各国不必论，就是实行民治主义的合众国也是有阶级的差别的，并且是极严密的区别的。即如去年出版喧传一时的《巴比特》（*Babbitt*，美国 Sinclair Lewis 所著。著者以先曾做过几本小说，但是直到前年他的《大街》[*Main Street*]出版以后名气才大噪于一时。这两部书在文学上虽无大价值，但是所描写美国中小都市的情形是很有价值的）里边所叙述的即可见一斑。巴比特与马可莱都是都市中重要的人物，但是因为他们的职业与门阀的关系，他们不属于一个俱乐部，家庭间不相往来。巴比特费了几许心血，做了多少次的好梦，勉强来往了一次，终久仍然未能成功。阶级的限界显然是不易打破的。

中国阶级的情形与此不同。我虽然是每月只赚一百五六十元的小主事，国务总理甚而至于总统也许是与我有亲族上、世谊上或乡谊上的关系，我们可以依旧来往的，至少我们有机会看见他们的生活情形，可以模仿他们，并且还可以倚赖他们的。所谓中等社会都是与那些有权势有财产的社会相连的，而那些有权势有财产的社会在不久以前（或者只在两三个月以前）也就是属于中等社会阶级的。

这样的阶级间的沟通，极容易启人民觊觎幸进之心，引起人民希冀非分之想。现在的人只要肯投资，无论什么人都可以来往的。而女子间的交际更是特别容易。现在有权势有财产的阶级中结交姨太太与小姐是幸进最容易最顺适最可靠的方法。我知道有许多人是用这样的方法进身的。

阶级间的沟通从理论上看来是好的，但是在今日之中国，他正是扰乱社会的一个原因。他在一方面虽然是解放有些人的能力，让他们跃出他们所属的阶级，但是在他方面却使许多人变成了新贫民。

以上所举五端是造成新贫民的主要原因。新贫民如何救济他们自己呢？就是去做无耻的官僚、政客、冒牌的学者、滑头的工商业家，设法增加他们的收入。但是这些新贫民不是只用增加他们的收入可以救济的。漫说现在国家不能于军费之外再加上一笔新贫民救济费，就是可以有筹措这个费的能力，这也不是根本的办法。这些新贫民也不是用增加生产，奖励国货可以救济的。就是生产可以加增，国货可以发达，也不是根本的救济方法。新贫民是现在社会上、政治上、产业上乃至教育上最扰乱的分子，我们如果可以将新贫民铲除，我们的社会、政治、产业、教育也就有光明了，有进步了。

（民国）十二，九，十六

（原载《努力周报》第 70 期，1923 年 9 月 16 日，选自《孟和文存》，亚东图书馆 1925 年 6 月版）

士的阶级的厄运

分工是社会进化上一个必不可少的条件。分工的结果一方面就是成绩好，工作多，社会上的事业发达。他的结果的又一方面就是分成阶级。阶级可以说是社会的普遍的现象，无处不存在的，不过各处阶级分类的标准与阶级相对立情形不同罢了。虽然有些人想念太古的原人是绝对的平等，没有阶级的区别的，还有些人热心的希望在将来共产的社会里人总可以获到平等，扫除一切阶级的区别的，但是事实决不如此，漫说太古原人未必有过那样的时代，就是将来也永远不会实现那样的时代。因为阶级是社会分工的一个结果，而社会分工是人类生活上必不可免的。

中国向来的阶级除了贵族以外是士、农、工、商四种。这个相沿已久的分类是用职业做标准，他在历史上，特别是在最近期中，虽然曾经过多少变化，但是在大体上仍然是适用的；他的名称所表示的极显明，要比那普通所谓上等社会、中等社会、下等社会的分类清楚的多。因为所谓上等、中等或下等，到底是什么东西常是模糊不清，远不如用职业标示的清楚。我们现在要讨论的就是在现代社会变化之中士的阶级占何种位置。

历史上士居四民之首不是偶然的，他们的特殊的位置是他们所从事的事业使然的。他们成为一个特殊阶级，与欧洲中世纪的僧侣阶级相当（关于此点可参看许地山君有价值的研究，原文见一二月前的《晨报副刊》），因为他们是认识字的，他们是记载过去的历史，保存过去的思想的，他们是能读古代的经典的，他们是教育后进的青年的，他们还是治理一般的人民的。中国社会一大部分的文化、成训，——特别是精神方面的——都由他们保持，所以他们司文化的锁钥，正如同欧洲中世纪的僧侣掌欧洲文化的锁钥一样。中国历代的青年所受的历史上、文学上、思想上、经典上的知识也都是由他们传递，所以他们执教育上的大权也正如同欧洲中世纪的僧侣负教育的责任的一样。中国治者虽然是君主、王室或四民以外的贵族，但是士的阶级却常是事实的治者，至少他们也是行政上必不可少的人物，关于这一点他们也好像欧洲的皇帝或君主一定要受僧侣（常是教皇）的加冕礼，要用僧侣做宰相似的。

他们在政治上的势力很大。秦始皇表彰儒术、罢黜百家①，虽然将士的范围缩小（只限于儒家），但是将他的地位增高。从此以后，士的阶级永远立于最高的地位，无论如何强暴的君主，如何跋扈的贵族，见了他们都不敢不低眉，至少也不敢重拂他们的意思，至于其他阶级更不敢与他们抗衡了。无论君主、贵族——特别是开国的君主——都要"礼贤下士"，请士的阶级为他们定礼仪，整纲纪，参政事。任你君主如何卑礼厚币，有时他们还是三揖三让的才肯出来佐君王立大业。他们的高贵的位置与在政治上的重要从此可见。

因为他们占这样高贵的位置，所以他们在社会上乃至在法律上所受的待遇也与其他阶级不同。儒巾是一个尊贵的标帜，一般人见了带儒巾（后来是穿长衣服的）的都不敢慢待他。一般人犯了罪受重刑的时候，独有士减轻几等只受轻刑（如笞臀与笞手掌之别）。这种特别待遇也是与欧洲的僧侣相似，因为欧洲的僧侣常因为"为僧侣的利益"免去罪名的。

中国的士与外国的僧侣虽然有如此相同的地方，但是这个相似之点不能推的过远，因为他们仍有根本不相同的地方。欧洲的僧侣本来是上帝的代表，为上帝照顾世人的灵魂的，以后因为教皇的野心才起首干涉政治，与政治相争衡，酿成中世纪政教之争。他们自始至终还是以宗教为本业的。中国的士本来不是宗教的团体，他们

---

① 编者注：原文如此。实行表彰儒术、罢黜百家的应为汉武帝。

的本业就是藉着他们的文章学问从事政治。至于研究学问，编辑书史，那只是政治以外的副业，或是在政治上失败以后的馀业，决不是他们的本业。就如同孔子也是因为怀才不售所以才回到家里删诗书定礼乐的。孔子虽然说"学而优则仕"，他自己却是实行"仕而不得则学"的。这并不是侮蔑圣贤的话，历代的士大概都是这样的。那牢骚最甚的，发为嫉俗愤世的文章，笑骂当代，也正是失意的士的本色。

假使以上所谓士的阶级的地位是不错的，那末，现代社会的变化对于他们发生什么影响呢？

第一，他们失去了在文字上的威权。文字向来是士的阶级的专有品，书法，文体，关于文字上、文学上的奥秘都是由他们规定标准，由他们操取舍之权。但是一旦废止了旧式的考试制度，严格的书法就不为人所重视了。一旦通俗的文体通行，以先谨严的文章，华丽的词藻，工切的排偶，铿锵的声调就都受淘汰了。等到白话文风行全国，人人都可以多少用文字发表他的意思，那士的阶级向来所居奇的能力也就无所施其技了。现在能写字的人，除了美术的书家以外，不过是一个写字匠，与以先刻字铺的写字的原没有什么分别。所以在北京谋事的十有八九是求书记的差事的。等到将来打字机通行了以后就连写字的本领也无用了。能做文章的人现在最好的不过是为总统督军拟电稿，为政客做宣言，——其实不是大言不惭的谎话，就是空空洞洞的浮辞滥调——等而下的就是做诔文，做寿序。——这些虽然还有些无聊的人在那里维持，提倡，但是确乎不可疑的已成为快灭亡的技术了。中国文字的通俗化对于人民一方面是使他们得到一个新的发表意思的工具，几千万以先缄默的人如果学到三五百字就可以发表他们单简的意思，而对于士的阶级一方面正是剥夺了他们惟一的武器。他们所宝贵的奥秘完全为人所吐弃了。老先生们的反对白话文不是无意识的，那正是他们最末次的奋斗，他们生命最终的光焰。

第二，他们失去了思想上、学术上的威权。士的阶级是执中国思想与学术的锁钥的，他们受外来的思想与学术的侵击不只一次了。以先攻击的势力最烈的一次就是佛教思想，幸而当时除了几个勉强抵抗的以外，多数都是吸收了他，因此反将他们固有的思想滋润增荣。但是此次西洋的思想学术的侵入是猛不可当，士的阶级向来所自负所爱护的思想与制度一旦遇见这个劲敌，完全失去效力。他们对于人生、道德、家庭、政治、经济各方面现在完全没有权威了。士的阶级所崇拜的偶像都一时退位，却来了多许新的偶像——易卜生、嘉本特、马克斯①、杜威、罗素，……。现在社会的纷扰就是证明中国固有的思想与制度的破产，也就是士的阶级的破产。

士的阶级的最弱点是在学术上。如果说中国没有学术未免太亵渎我们神圣的文化，但是老实说起来，以先的所谓学术，为士的阶级所自豪的，大部分不过是"将自己的式子同别人的式子斗宝，将自己的字眼同别人的字眼炫博"罢了。在科学的方法未发达之先，所谓学术也不过是些字眼的渲染点缀（就是现代的学术还有许多是空洞的字眼构成的）。例如古人对于人性的研究的大部分除了有历史的趣味以外，何尝值得现代心理学者的一盼。现代学术是士的阶级未尝梦见的。但是各种科学之中要以自然的与物质的科学最足制士的阶级的死命。因为中国对于自然与物质的知识都寄存在农夫、花匠、木匠、瓦匠、船夫，……的习惯行为上，士的阶级完全不知道的，完全是外行的，即使他们对于自然与物质有些概念也不过是些玄学上（其实就是字眼上）的解释。而近代社会上所发生巨大的变化正是自然科学与物质科学的影响。现在能够运用这些科学的足可制全社会的命运，新敷设一条铁路可以使多少地方的人民繁昌富裕；新发见一种植物可以使不毛之地变为沃壤，产出几千万人的食料。这都是人类支配自然与物质的成绩。我们不能抵挡外国的枪炮、外国的机械、外国的工业，连带着更不能抵抗他们的贸易、他们的银行、他们的资本制度的侵略：这些都足以证明士的阶级在学术上的破产。

---

① 编者注："马克斯"，今译"马克思"。下同。

第三，他们在政治上失了权威。他们的知识、思想与技能早已不能应付政治。所以当局的人早就遣送学生出洋，去学习他们所不知道的技术。后来他们因为政治上、社会上起了变化，所以有的出洋考查宪政，有的出洋学习速成法政，或速成师范，有的只是到外国走一遭藉着增长些知识见闻。这种举动都是失败了的士的阶级设法捉摸些知识与能力，用速成的方法改造自己保持他们在政治上的威权。这种捉襟见肘的技俩却是出乎人的意料的，帮助他们依旧维持他们的地位，掌握他们的权力。一直到现在，他们的势力还蹯踞在政治上。他们又利用些有专门技术有专门学问的人从事政治上专门的事业，因此他们更可以巩固他们的地位。但是如果中国的政治有清明的一日，这些改造的士一定要被淘汰。中国政治的腐败，实在就是他们在那里做祟。政治清明不特不是他们的利益，反可以制他们的死命。因为他们生活与一般人不同，一般人要靠着平和生活的，他们偏希望有扰乱纷争，才可以觅生活，做代表，做说客，筹大选，办政党，作奸，营私，一切政客官僚的行为都是在纷扰的时局中才可以成立的。他们一方面藉着固有的文字的知识，一方面又藉着新得到的肤浅的政治法律的知识，得肆行他们鬼蜮的行为。但是这个情形绝不能永久的，因为靠着社会扰乱吃饭是最不安稳的。

第四，他们在经济上失了位置。士的阶级本来不是劳力的生产者，他们向来是靠着劳心生活的。除了自己有田产的以外，他们常倚赖皇帝、贵族、官吏（士的成功者）养活他们，以后，特别是近来，他们藉着教育事业又维持了不少的生活。但是这种依人的生活，没有实际的本领，到底是靠不住的。近来失业的士已充满了各处。最可痛心的，就是现在各学校所造出的人才仍然不脱士的窠臼，而在外国受过好的专门教育的等到归国以后也竟加入了士的阶级。现在因为士的人数加增，所以士的前途更形困难。这些失业的士构成了"高等流氓阶级"。如上节所述，他们是扰乱社会的重要分子。

综上以观，士的阶级似乎现在已到末日。他们的势力虽然现在还未衰灭，但是他们不能永远从纠纷的时局中讨饭吃。士的阶级是中国问题的一个大枢纽，解决了他就是解决了中国问题的一部分，救济了士的阶级就是救济了中国，至少也可以救济我们，使政治上较为清明。

（民国）十二，九，九

（原载《努力周报》第 69 期，1923 年 9 月 9 日，选自《孟和文存》，亚东图书馆 1925 年 6 月版）

北京人力车夫之生活情形

民国三四年间，北京社会实进会之服务团之有志者从事调查城内外各区人力车夫职业与生活之情形。该团汇集各人调查书托余就所调查之资料，编辑报告，以发明此次调查之结果。原报告系用英文撰述。本文叙述简略，缺乏精密的研究，且所述为十年前之情形，与今日物价、货币、运输，以及其他种种之情形大不相同，更减损报告在今日之价值。然其中所述之原则犹未磨灭，故存之。

（甲）人力车业之性质

在考察人力车夫状况之先，必须先知其职业之性质。人力车乃一种运输之方法或交通之器械。人力车与他种运输器有不同者数端：

（一）比较言之，人力车之制造所需之资本甚少，每辆约值自四十元以至百五十元不等。

（二）人力车所装运者常专限于人（虽亦有不装运人时，但只属例外）。

（三）人力车每次所装运者为一成人或二幼稚。

（四）人力车之用宜于短近路程，行于铺石或曾经修筑之道路上。其利便仅限于城镇或城市之近郊诸处，若路程过远或运行于崎岖不平之路上则大不便。

（五）人力车之用，不特为道路状况所限，更为人力所限。人力车夫之动力为人力，故车行之速度即为人力车夫个人之力量所限。

人力车夫，即竭其一己身体之力量，载运客人（极例外时亦载运货物）以为生活者也。今若将人力车夫与其他从事于较进步之运输业者相比较，则可见以下诸点：

（一）人力车夫之劳动极费力且不经济，盖彼竭其全身体之力每次所运者不过一人。

（二）人力车夫之工作不合卫生。盖其伛偻驰驱之态防阻胸部之发展。其急迫之呼吸，所吸又为通衢上污浊之尘芥，实有害于肺部之健康。而其身体终日着汗垢所渍之衣服，尤易染受各种疾病。

（三）以其所费之体力与其所得之酬报相比较，则收入可谓极微。然吾人于讨论收入时有应注意者，即金钱之价值与生活之程度两方面是也。不恃机巧之劳动，即纯依筋肉力之劳动，无论在何处，所得之报酬皆为最低。

（四）人力车夫之劳动殆完全用筋肉力，所需之智慧极低微。

吾人若以马车或公用电车代人力车，则价廉而速度高，自社会之方面观之亦更为经济。吾人有轻便良善之运输法，如马车电车之类，而不能用，乃必使一般人终日绞血汗以从事不卫生不经济之人力车业，实社会之一大消耗也。设人力车业果能尽行废止，人力车夫皆能改操新式之运输业，则其工作较为简易，更可以其馀之精力，从事于劳动以上简单物质生活以上之事业（如消遣、娱乐、文化、教育等），岂不善哉？故无论从个人或社会之立足点观之，人力车业之在现代实劳动力之大消耗也。

更自消费者方面观察，人力车亦未尝可称为经济的运输器。今日北京每日乘人力车行四英里之路程，则所费与在伦敦、纽约或巴黎每日之车费大概相同，有时或且过之。如在柏林或纽约等都市，车费不论远近概行画一，伦敦与巴黎则常按路程之远近而定价，但无论其规定如何，一般人每月所需之车费亦不过中洋十元左右。吾昔在伦敦近郊居住时，距学校在八英里以上，所购季票（适用三月）价只英金二磅馀（即二十馀元），而每日往返无论若干次皆得适用焉。今若在北京每日行如此远之距离，其速度与安适姑勿论，即车费一项每月必须超过十元以上。吾人之车费虽高，而吾人一般之收入与生活程度视诸西洋又远不及。以吾人生活程度之低陋，而所出之运输费反如此其贵；以欧美大都市之人生活程度之高，而其所出之运输费反如彼其廉。人力车之不经济灼然可见，尚待其他辩证哉？

人力车之问题不仅为个人或国民经济之问题，实为极重要之社会问题。此种职业乃剥削国民之精力，防害人民之健康，甚且遗害及于后代。此恶不除，全社会之生活被其影响，至于无穷，非过言也。吾人今就调查所得，分析研究，即可知此问题之重要。

（乙）调查中之问题

此次调查所发出之调查纸分为甲乙两种。甲种设问题二十一条，乙种设问题十四条。两种调查纸中之问题大部分相同。甲种问题中较为重要可以特别注意者余以为原籍、吸烟与教育三项。

调查表中所填人力车夫之姓名与居所，除为认识调查表不至将同一人之调查计算两次外，于统计上无大关系，故本文不论述之。人力车夫所自述其家庭之情形，余亦未据以为准。因车夫眼光中之所谓洁净、卫生、安静等语，未必与吾人所有之观念确相合也。又如关于人力车夫曾有疾病否，知有医院或施医处否诸问题填入答语者甚少。而其填入答词者则又皆言无病，或不往病院诊治。因此使人疑及人力车夫虽罹疾病，未必果确知其有疾病或已有疾病之危险。愚者或且惯居于产生疾病状况之下，或抱病经年，而仍生存滋息，亦非不可能之情形。必待医生诊察，告以有病，人力车夫始知其有病也。①

此次调查包括内外城各处。所调查之总数共三〇二人。依北京警察厅之报告（民国四年），北京内外城之人力车夫共二〇八五九人，所调查之数与之相较，诚甚低微，不过当六十九分之一而已。兹将所调查之结果，分别论述如下：

---

① 人力车夫所常患之疾病，余闻医者言，为腿痛、冬日之冻手冻脚、喉疾、盲肠炎及花柳病等。如各地方之病院对于人力车夫之来求治者有详细之纪载，当可为有益之发明。

（一）年龄

查所调查之三百〇二人力车夫中，二十至三十岁者不及半数，三十至四十岁者不及三分之一，四十岁至五十岁者占六分之一，二十岁以下者不过寥寥数人。自二十岁至四十岁诚为人生筋肉工作最佳之时期。而人之发育与长成亦即在此时期。以人力车为业者，乃以人生最佳之时期完全耗费于身体之劳动，殊为可惜。按诸理想，人当壮年宜从事于有益于其身心之工作，俾得为社会上有效率之分子，若专劳碌其身体，甚且戕害其身体，以过度之身体劳动，摧残或抑损其身心之发展，其害为如何者？人力车业去吾人理想之职业远矣。年龄统计上犹有可注意者，则四十岁以上者犹占六分之一是也。人当四十以后，身体之发展已停顿，体力已有渐衰之倾向，若仍任其担负极辛苦极易疲劳之工作，实深可怜悯。故地方政府似须特别规定年龄以恤老年。日本劳动状况向来虽远不及欧美诸产业国家，现亦已对于年龄老之人力车夫加以取缔矣。

（二）婚姻之状况

所调查之三百〇二人中，已婚与未婚者各占其半。但未婚者之中有鳏者十六人亦属之。在中国婚姻殆为强迫之制度，凡达一定年龄之时殆必须结婚，故结婚者实多于未婚者。中国结婚之状况不若在西方之可以显示劳动者之经济状况也。

（三）家庭之依赖者

关于家庭，余试分别为两种定型：一种为小家庭，即夫妇与子女同居之家庭；一种为大家庭，即中国旧式之家庭，父子兄弟叔伯诸人同居之家庭。一查三百〇二人中只有依赖者三人之家庭不及半数，有大家庭须维持者竟有三分之一。无依赖者而完全为自己谋生活者占极少数。夫以人力车夫收入之微，而欲使其维持大家庭，乃不可能之事。但要知中国之劳动者常同时为有资产者，持有田地或房产。调查表中所记有六人有田地与住房，其中有一人竟有田六十亩。

（四）收入

大部分人之收入每日为铜元五十一枚乃至八十枚。其收入不及此数或超过此数者占极少数。吾人所宜注意者，则人力车业并非其人惟一之生活之方。所入车资常为其家庭收入之一部分，或其人收入之一部分，因其家庭或另有财产，或彼自身于拉车以外仍以馀暇另营他业。据云现时内城满人衣食艰难，其"钱粮"又不按时发给，故常有以人力车业之收入以补助其生活者。常见人力车夫衣朽敝之绸缎衣服，行路亦不矫捷，盖即旗人之落魄而流入人力车业者。此类之人一旦财产荡尽，储蓄杳然，亦即须完全依人力车业为生活矣。

（五）赁车费

据大部分之报告，赁车费每半日约铜元二十一枚至四十枚。若租赁全日，则费较减。故有时二人共赁车一乘，轮流出外拉车。据余之调查，赁车费依车之情形而定，车新而装饰较华美者与车敝而朽者赁价当然不同。其等级大略如下：

（1）赁全日即二十四小时者，铜元四十枚至洋四角。

（2）赁半日（早七八时至午后四时）铜元三十枚至洋三角。

（3）赁夜间（晚四时至十二时或翌日早一时）铜元十五枚至三十枚。

人力车有铁轮与胶皮轮之别，铁轮车之赁费较上表所列者为省。近来议定关于人力车之损坏常由车主人担负修补，不责偿于车夫，此亦宽待车夫之法也。惟车之损坏显然为车夫之疏忽或有意所致者，则仍须车夫纳偿。

（六）生活费

各调查表，关于生活费之数目极不一致，故极难据之以窥知人力车夫一般之生活程度。考其数目所以歧出之原因大概不外以下三种：（一）人力车夫常以自己之饮食费报告调查员，关于其家庭之消费则未算计。（二）各家庭之人口数目不同，其消费亦因之有异，于是各家之支出显然有大差别。（三）一家之中仍有营他业而获得收入者，以其收入弥补家用之不足。故有时调查表中竟有支出之数超过收入者。又如第三、四节所述，人力车业之收入常仅仅为家庭收入之一部分，故家庭之支出当然可超过于人力车业之支出。由是观之，欲以人力车夫之收入以衡其家庭之所需或其家庭之生活程度，诚大难事。

今若作极概括之计算，则每人每日以铜元十五枚至二十枚即可生活。三口之家，每日所需必须铜元廿五枚乃至四十枚，所谓三口即父母与儿童是也。此数仅为食物之费用，至灯与煤火则不在内，衣服、药品及娱乐之费当然更不在内。四口之家每日必须铜元六十枚方可糊口。如其收入不及此数，则必须典卖（如有可典或卖之物）或借贷于邻人。

（七）净收入或储蓄

由收入减去赁车费及生活费，即为人力车夫之净收入或储蓄。大多数之车夫毫无储蓄，大抵皆称其收入不敷用，若每日赁车费与生活费两项即已尽夺人力车夫每日之收入，则其不能储蓄亦为当然之情形。考调查表中亦有称可以储蓄者，但其储蓄不过将其生活费由收入项下减除，即称所馀为储蓄，实则此外尚有开销，非真能储蓄也（例如调查人力车夫时，问以"可以剩多少钱"，车夫常答"可以剩多少"，所谓"可以剩"，并非实际有所馀也）。总之，人力车夫之储蓄力极薄弱。一方面由于其收入太低，一方面亦由于车夫或其家庭之习惯。北京本地人俗尚奢侈，而不知撙节，就中以旗人为尤甚。由外乡来者较为俭约，然其俭约之程度亦因人因地而异。一般言之，大概以山东人为最俭省。曾闻有人力车夫善于储蓄，日久所积竟可在本乡购地十数亩，或购人力车为己所有者。惟此或为极稀罕之例外。

但大部分之车夫偶有储蓄则常流于怠惰，或营不道德之生活。及至薄蓄荡尽，于是又孜孜劳碌，重新为劳肢体之生活。而此后能否再为车夫，或能否再获高车资，则又视其般乐怠傲时代之生活为何如。有时人力车夫之一生为劳苦与不道德之怠惰相交迭相循环者。据一粗略之调查称真能刻苦储蓄而且能永久储蓄者不过五分之一耳。夫储蓄之意乃为子女与自己之将来。设无储蓄，则子女无从获教育，自己年老或罹疾病无从获衣食。故人力车夫之无储蓄足以显人力车夫问题之黑暗。人力车业不特剥削车夫最宝贵之精力，且营此业者又不能为子女谋教育，又不能为自己备将来，岂得谓为好职业哉？

（八）工作时间

所调查之车夫中强半每日劳动七小时至十小时，五分之一则劳动十二至十五小时。人力车夫之工作时间虽长，然要非继续不断者，时时可以休息。虽然，其工作之苦依然也。人力车夫工作时间完毕，如何消遣其闲暇之问题颇值研究。人类决不能徒劳动而无所消遣，至若人力车业之完全为劳苦筋骨之工作，当然更不能缺乏休息。人类之生活不仅为肉体的生活，仍必须有较发展之心理生活，此人所同者也。人力车夫中虽未必有诗人或哲学家发现，然彼固亦属能思考、能感觉、能意志之有知之生物。无论其心理之活动如何简陋，亦必须有事物占据其心理。彼车夫每日于单调、劳苦之筋肉劳动以外，必须有可以舒畅其精神或快活其身心之事物。

人力车夫所最喜之消遣为听戏及听说书。好听戏者大概最多，甚至有不顾收入之多寡而日趋剧馆者。北京人本以能唱著称，人力车夫居于此种环境之中，当然亦笃嗜戏剧，胜于其他一切娱乐。茶馆之中，说书或讲评词彻晚行之，人力车夫亦多趋之。茶馆取费较廉，人力车夫在此觉得舒逸胜于在家庭，且又有与群众同在之快乐，故常至其处消遣。人力车夫之心思完全为"说书者"所述英雄或美人（特别是英雄）之故事所摄伏，将其日间之疲劳工作乃至生命中之苦痛尽置诸脑后矣。

赌博亦为人力车夫所最嗜。车夫有一二种赌博为上等社会所不知者。据云其输赢为数亦颇巨。彼收入颇优之车夫所以常变为贫穷者，大抵皆原因于赌博。且此种赌博专以输赢为目的，并不恃技巧以为消遣也。

人力车夫所沈溺之消遣最恶者当为嫖妓。车夫之嫖妓有数种原因。（一）人力车夫多无妻室者，嫖妓为其满足性欲之一法。（二）富庶之人常赴城外妓馆（俗所谓八埠）游乐，人力车夫之拖载此种人者日久即亦陷入嫖之一道。虽意志极刚强之人，置身其境，亦难克胜一己之私欲而排斥此引诱也。且游八埠者多不计小费，对于人力车夫给费较多。人力车夫获此收入，手下愈觉绰裕。（三）人力车夫所嫖之妓不只限于所谓八埠一区，北京内外城殆无处无之，人力车夫亦常趋之，藉资休息，并晒晾其汗渍之衣。此等处所不得谓完全无用。盖汗衣于着衣之人常有大害，如猩红热、感冒、风湿及其他致命之病症，皆可由着汗渍之衣服发生。自此点观之，车夫出费若干，即可在此种私娼家中休息，亦不能谓全有害也。此种嫖风果如何盛行，殆难测定。但无论如何，嫖妓实为恶俗，无论自社会道德，或社会卫生方面观之，皆有极恶之影响。

中国酗酒之风尚未若欧美之烈，但京中饮酒者有时似多于他处。余曾调查车夫之不能驰驱，或驰驱而不能耐久者，盖多因饮酒太多之故。饮酒耗钱财毁身体，亦属不良之习惯。此外关于吸鸦片烟或打吗啡等恶癖未有调查，即调查恐亦难探得实情，必须俟医生详细调查始能作此类之统计也。

（九）从事人力车业之年数

从事人力车业一年至四年者约占全体三分之二。拉车逾四年以上者为数寥寥。北京用人力车为运输器，迄今不过十馀年，而胶皮轮车之输入尤在以后，此或可用为人力车夫工作少过四年之一种解释。但另一种解释则人力车业至为劳苦，人之能耐此劳苦之劳动者，充其极量亦不过三四年。故从其作业年限之短之方面观之，人力车夫未来之职业实为一大问题。彼等既无储蓄，又乏专长之技艺，不流为饿莩，必亦寄食于社会也。

（十）人力车夫在拉车以前之职业

此系一极有趣味之问题。吾人由此可以推知人力车夫以前之事业与其未来之前途。其中负贩之小商人与手艺人居大部分，无业者次之，农人又次之。中国大商业尚未发达，故一般贸易常由此类负贩之小商人为之，大秤买入，小秤卖出，彼沿途叫卖以取什一之利焉。此种负贩常不须极高之智慧，故手艺人于失业之际亦常作小本生意，或为负贩之商人。所谓无业者，或无专能者，即俗所谓苦力，专恃筋肉之力以为生者也。然此中最奇者即有曾在学校受过教育者八人。从此可见其所受之教育（如可称为教育！）其效率必极低。学校教育竟不能使之为有技能之工人，而只造成之为卖苦力之劳动者，其功效亦可怜矣。但以学生而沦为专卖筋力者亦不能只归罪于教育，社会状况亦与有关系。设有工人而无处与以职业，有技巧而无工厂需要之，一般稍受教育者又焉不尽沦为苦力哉？总之，此种问题皆耐人深长思也。

（十一）其他问题

甲种调查表中有一可注意之问题，即北京人与他处移来民之比较是也。本地人超过外来人，超过比例约为五分之一。彼等移来之原因，若能测知，颇可以推知由乡村迁移至都市之情况，惜调查表中所填不完，无从推论。然吾人须知人民之迁徙与季节颇有大关系。例如冬季田中作业告终之后，农人来城镇觅工作者络绎不绝，就中以人力车为生者亦必不少。据一车夫自述，每年当田事告隙之际，辄来北京两次，以人力车为业。即当农事盛时，倘有水旱之灾，则亦相驱入城镇，取最易获之人力车业以为生焉。

吸烟之调查，结果吸烟者与不吸烟者各半数。彼等所吸者为烟袋或纸烟，每日需铜元一枚乃至五枚。

识字之调查，结果则识字者与不识字者各居其半。然此间所谓识字，其意义甚广，无论能读书，能作字，或只识"之无"，皆称识字。但就所调查之人力车夫中，竟有半数皆能识字，其识字比例之高出人意外。

（丙）结论

以上所述虽属破碎不完，但吾人亦可就之筹补救之方。由理想言之，人力车必须废止，社会中不能再容有此违背人道之运输工具。但迄于今日，其他新式之交通器尚未设置，吾人亦即不能贸然将人力车完全废止之。将来北京人民或政府有敷设电车之决心，或一旦公用汽车或电车能驰驱于北京之通衢之上，此数万之失业之人力车夫，依然为社会之重大问题，须吾人设法解决。近世机巧之交通方法固为吾人所重视，而因此失业之万千之人力车夫岂能容吾人忽视耶？故吾人于采用新式交通方法之际，必须先谋人力车夫之生计，或授以职业，或预先逐渐减除其数目是也。

今吾人所能致力于改良人力车夫之生活情形者有三端：教以节俭储蓄，为之设备娱乐，并授以有用之技能。

都会中人多流于用钱无度，而无知识者为尤甚。人力车夫享乐时少，故一旦收入较常时稍多，便尔放纵，不知检点。故最要者即晓以节俭之要，奢侈之害，将一切不必要之耗费概行除免。然此事非仅空谈所能了事，只演讲或谈话不能便引人储蓄，故尤要者厥为储蓄之机关。无论若干几微之数，且无论何时皆得有可靠之处储蓄。现在尚无此种储蓄机关。大银行家或不屑经营此种小事业。然热心社会事业者，颇可试作此类之试验。果能得车夫一类人之信任，则此种储蓄事业造福于收入低者当不少也。

为人力车夫设备娱乐或奖励无害之娱乐诚一困难问题。此不特为人力车夫之问题，实为今日中国各社会阶级之问题。谓中国人为不知如何消遣之民族，恐非诬言。吾人应为人力车夫造出俱乐部一类之游戏场所，为之设备演讲、游戏，如能办理得法，其利益必甚大。中国各社会阶级多互相隔膜，吾人虽日常接触，但互不相知，此于政治之改良、社会之再造，实多阻碍。如上等社会中人肯常来此种俱乐部服务，同时亦得与人力车夫为更亲密之接触，实一明瞭劳动阶级之最好机会也。

设此种俱乐部果能成立，吾人可更进一步，实施教育之计画，授以手艺及工业制造诸科，使劳力之车夫将来不难为技巧之工人。关于此种普及工业教育之问题，即将制造工艺种种之技术与理论遍施于社会之人人之问题，实为今日中国之急务。其中包括若干问题，兹不赘述。

提高人力车夫之生活，增进其知识与能力，实为吾人之义务。

然吾人试一研究，则知提高人力车夫即是提高社会，而提高人力车夫又不仅仅为人力车夫自身之问题，实为社会全体之问题。盖社会全体本为相连，非各部分各阶级不相关系者也。

吾之撰此文，希望各人尽其所能，多少改进为吾人交通上辛苦之同胞，俾其日有进步，将来劳动与生活皆能改善，则此不幸之阶级亦即无劳吾人之研究矣。

（原文为《北京人力车夫之情势》，载《南开思潮》第 1 期，1917 年 12 月，选自《孟和文存》，亚东图书馆 1925 年 6 月版）

一个军队兵士的调查

I

军队在中国已成了一个庞大无匹的制度（institution）。他的存在、生长、变化无时不影响人民的生活与事业。正如在欧美有资本的工业制度，在苏维埃俄罗斯有共产制度，中国有军队制度弥漫了全国，深深的渗透了全体人民的生命。军队制度当然不与工业制度、共产制度属于同范畴之内，但是我们若按制度在社会学上的意义，即姑不管我们对他的道德的判断如何，凡是满足一种目的、执行一种职能的组织都是一种制度，则今日中国的军队显然的已经形成社会生活内的一种制度了。

军队可从许多不同的方面观察研究。向来普通的观察专限于财政与政治两方面。从财政上看来，我国年来军费浩繁，无论中央的或地方的收入，大部分都用来供养巨额的军队。所谓财政家的任务几乎全是为军队筹措支应。从政治上看来，民国以来政治的变化无时无处不与军队相关（correlate），两者相为因果，相为影响，所谓政治常包含着并倚赖着武力的斗争。从这两方面对于军队做切实的研究固然可以获得有趣和有用的结果，但是如果军队可以被认为一种制度，则我们还应该从许多方面对于他做出有益而值得努力的系统的探讨。顺手拈来，便得到以下几个值得研究的问题：

军队与交通（包括铁路、汽车路、港口、轮舶等等）；

军队与国内军械制造及国外军械输入；

军队与电报电话事业，特如无线电的发展；

军队与国内农田、农产的变化，与外国谷物的输入；

军队与工商业的盛衰，及金融的流通；

军队与社会的治安，包括剿匪、贩卖禁品；

军队与都市，特如有租界的都市的发展；

军队与人民的迁徙；

军队与知识阶级，包括专门技术人才；

军队制度在社会中的地位，军队与其他社会制度的关系。

这些问题，范围广阔，又包括彼此相互的影响，必须寻得繁多的精确的佐证资料，才可以有所解答，探讨自是不易。但是如果有志者肯就以上的任何题目，做一番精确的事实研究的功夫，研究的结果必然可以对于中国廿年以来的社会现象的解释有多少的贡献。

军队在一方面是一种制度，在他方面便是一种人的结合体（association）。① 正如同婚姻是一种制度而家庭是人的结合体，学校是一种制度同时也是人的结合体一般。把军队看作一种制度而分析此项制度与其他社会现象的关系，我们有上列种种问题可以研究，现在我们把军队看作结合体，则从军队组织上，我们又可以研究下列各问题：

军队的构成及组织；

军队分子的来源，与招募的方法；

军队分子与其他结合体，如家庭的关系；

军队分子的年龄及资格，如教育程度、能力等；

军队分子入伍前后所表示的变化及差别；

军队分子的变化，如改编、遣散。

这些关于构成军队，也就是维持军队制度的人的问题是值得大量的探讨的。我们如能将全国隶属于军队制度下的人人，依上列各问题详细考察一番，统计出来，其结果一定可以使我们对于军队得到一个更清楚的认识，——不专是简单的认识，并且还可以寻出军队构

---

① 关于制度与结合体，此处不能详述，读者可参阅 Mclver, *Community, A Sociological Study*, 151 页及以下（第一版），又 Hobhouse, *Social Development*, 49—50 页。

成的原因，计画国人所渴望的编遣的方案。这种研究不专供给我们知识上的趣味，他的结果还指示实行上应该遵循的途径。

军队制度方面的研究，牵涉问题颇多，包括范围又广，举行较为困难，在前面已经说过了，军队的人的分子的研究则比较的轻而易举，特别是统率军队的人们更可以有机会与方便，对于他们的兵士做出详细的系统的调查。按去年南京编遣会议所发表的中国的师旅团数计算，中国当有正式军队一百万人以上。① 假使我们能够对于这一百万多人各方面的情形求得正确的资料，我们不特可以更精确的认识军队自身，并且可以得到中国社会的一个重要阶级的断面图。

II

以上讨论军队研究的性质及切要。关于各军队士兵的实际调查，我们祇能希望今后有志者热心的举办。但是我们意外的荣幸便是现在居然得到了一个军队士兵的调查。第三编遣区警卫旅（仍旧名）司令部的王聪之先生在去年里曾编制表格调查他的旅内士兵。今年一月间陈翰笙先生到太原接洽并筹备农村调查的时候，得见王先生所存已填写的调查表格 946 份，认为至可宝贵的资料，当时便想借来供我们的分析与统计。这个要求王先生立刻慨然应允。我们现在得将调查表分析发表，不得不感谢王先生的厚意，尤其不得不感谢他的调查与研究的兴趣。其他师旅团的当局者之中，当不乏有调查与研究兴味之人，我们十二分的盼望他们肯做王先生所做的同样工作，供给我们分析统计的材料。

这次调查，填写调查表格者共 946 人，假如我们定全旅人数为五千人的假定与实数不甚相远的话，约占全旅人数的五分之一。调查表格系王先生编制，计有问题 39 道。我们就各表问题的答案分别统计，依项叙述于下。但各人答案不尽详备，所以遇有未曾填写答

---

① 计共有八十七师，卅二旅，卅一团。各师旅团的确实数目无从查考。今若每师以一万人计，每旅以五千人计，每团以二千人计，则应得 1092000 人。

案或填写不清楚者概行割爱，不列入各统计表内。

1. 士兵的年龄、等级及入伍年度

关于这 946 个士兵的年龄及等级列如第一表。对于年龄有十人未填写答案。其填写答案者，43.3% 在 20—24 年龄组，29.8% 在 25—29 年龄组，15.4% 在 15—19 年龄组，三组合并共占 88.5%。正如我们所预料的，士兵都在年富力强的时候，在二十岁至三十岁之间者几占四分之三。

第一表

年龄	副兵	正兵	下士	中士	未填等级	总计	百分数
15—19	86	45	10		3	144	15.4
20—24	170	150	47	32	6	405	43.3
25—29	136	76	23	37	7	279	29.8
30—34	21	29	4	17	3	74	7.9
35—39	11	7	1	4	1	24	2.6
40—44	1	5			1	7	0.7
45—49		1	2			3	0.3
未填年龄	5	3			2	10	—
总计（人）	430	316	87	90	23	946	100[1]
百分数（%）	46.6	34.2	9.4	9.8	—	100.0[2]	

注：1. 未填年龄的 10 人除外；2. 未填等级的 23 人除外。

表格中关于等级问题，有 23 人未填写答案。如第一表所示，923 人中，副兵占 46.6%，正兵占 34.2%，下士占 9.4%，中士占 9.8%。换言之，兵占五分之四强，士占五分之一弱。年龄与等级的关系无显著之点可述，惟可注意者即中士无有年龄在 15—19 之间的，也无有在四十岁以上的。

原表格关于入伍分为年度及月份两项。未填年度者有 39 人，未填月份者 91 人。综观自十五至十七三年之中（除十五年一月外）每月皆有新入伍者①，自五人至六十人不等。从兵士入伍月份的分配上看不出任何特点，因此便不能用他来推论入伍与天时的变化或社会

---

① 编者注：本文年份均为民国纪年。

的变动的关系。所可知者即自十五年二月起，迄十八年五月（即调查之前一月）止，每月多少不等皆有入伍者。从此可见，在所调查的旅里，新兵是随时加入的。

在入伍年度方面，我们发见907士兵中有如下之分配：

11年	14年	15年	16年	17年	18年	共计
2	28	178	105	366	228	907①

换言之，即各士兵入伍年限之久暂不同，曾入伍七年者2人，四年者28人，三年者178人，二年者105人，一年者366人，而不足一年者则有228人，总计877人即96%在三年以下。

2. 士兵的籍贯

填写表格士兵的籍贯，可分为十三个省区，列如第二表。其中以山西省人为最多，占全数42.2%，河北省人次之，占33.7%，即三分之一强。再次为河南、山东、绥远、陕西、安徽诸省区。至热河、江苏、甘肃、湖北、奉天、黑龙江诸省区，每处不过一人。

第二表

省区	人数	百分数
山西	399	42.2
河北	319	33.7
河南	135	14.3
山东	72	7.6
绥远	7	0.7
陕西	4	0.4
安徽	4	0.4
热河	1	0.1
江苏	1	0.1
甘肃	1	0.1
湖北	1	0.1
奉天	1	0.1
黑龙江	1	0.1
共计	946	100.0

这个警卫旅系在山西成立，又在山西驻扎，山西人居多数乃当

---

① 946人中有39人未填入伍年度，故总数为907。

然的现象。河北、河南毗连山西，向来与山东同为有名产兵之区，所以隶这两省籍的兵士特多，几占全数之半。山东虽然不与山西疆界相连，但因为他出产的士兵多，所以所贡献的额数竟多过近邻的陕西、绥远两省区。至于逼近的陕西、绥远贡献兵额之少，据我们臆测，各有不同的原因。陕西省人之从军应募者大部分大概都被旧日所谓国民二军诸师旅团吸收去了，所以投入此旅者甚少。绥远区人口比较稀少，与直鲁豫的人口拥挤、田亩不敷分配的情形不同，或者是投军人少的原因。

我们再研究各省籍士兵在各县的分配。399 山西省人中，除五人未填写县籍外，其馀系来自七十八县，每县供给自一人至五十二人不等。48% 以上系分配于九县，如下表：

朔县	52 人	右玉县	11 人
晋城县	41 人	阳曲县	10 人
灵丘县	28 人	忻县	10 人
黎城县	15 人	夏县	10 人
五台县	15 人		

今若以阳曲代表中部，则上列九县中有五县在晋北，三县在晋南。

隶河北省籍的士兵 319 人中，除一人未注明县籍外，其馀系来自八十九县。此中 40% 来自六县，列如下表。各县除大名外，皆近石家庄，自 20 至 100 里不等。石家庄是遵由正太铁路入晋的要道，或者还是一个募集士兵的中心。

行唐县	35 人	宁晋县	23 人
灵寿县	28 人	大名县	18 人
赞皇县	16 人	正定县	10 人

隶河南省籍的 135 人除一人未声明所属县份外，系来自五十八县。供给最多之五县，开封、平等两县距山西较远，馀三县逼近山西边界。今将五县之分配列如下表：

| 开封县 | 14 人 | 涉县 | 8 人 |
| 平等县 | 12 人 | 洛阳县 | 7 人 |

沁阳县　　　　9人

山东省72人来自26县，约80%系来自平浦路西鲁西各县，其贡献较多者为近河北省之冠县（22人），近陇海路之曹县（9人）及近河北省之馆陶县。

3. 士兵家庭的情形

甲　家庭职业

关于士兵的家庭，我们最先要知道的，便是他们家庭的职业。除56人未填写职业外，890人之家庭的职业列如第三表：

第三表

家中现营职业	山西	河北	河南	山东	其他各省	总计	百分比
无职业	27	22	10	6	2	67	7.5
农	305	244	98	49	14	710	79.8
工	15	6	2	3		26	2.9
商	29	32	15	6	2	84	9.4
教读	1					1	0.1
医士	2					2	0.2
总计	379	304	125	64	18	890	100.0

其中业农者占最多数，占填写者全体79.8%；其次是商，占全体9.4%；工人约占全体3%。报告家庭无职业者有7.5%。商是否纯粹的贸易，抑系乡村农家兼营小买卖的商业，调查表上并未述明，我们祇好笼统的认他为做买卖的了。我们应当注意者，此处所谓工并非近代的工业劳动，乃附属农业之工作，如驮脚（即以赶驴驮人或物）、放牛、佣工、铁匠之类。农场的佣工当然属农，即在农家佣工也常是做农业的工作，而中国内地大部分的铁匠多半是制造农人所用的工具。所以严格言之，工也应该并入农内。

乙　家庭人口

家庭之大小　关于家庭人口一项，未填写者有42人。在填写此项之904人中，以有三口者为最普通，占填写者全数之19.1%。有三口至六口之家庭占填写者全数之58.4%。有七口至十二口之家庭合计占22.7%。有十三口至十五口之家庭为数寥寥，合计只占 2.2%。报告家庭人口在十六人以上者有 2%。家庭人口平均数为 5.42①中数。人口详细情形见第四表（甲）及第四表（乙）。

第四表（甲）

家庭人口（口）	山西	河北	河南	山东	其他各省	总计	百分比
1	30	16	6	7	1	60	6.6
2	26	26	16	2	3	73	8.1
3	78	60	23	11	1	173	19.1
4	57	41	18	9	1	126	13.9
5	51	43	22	4	4	124	13.7
6	42	37	13	13	1	106	11.7
7	26	24	14	5	1	70	7.7
8	27	17	9	4	2	59	6.5
9	13	8		6	1	28	3.1
10	8	9	1	5	1	24	2.7
11	5	5	2	1	2	15	1.7
12	7	1		1		9	1.0
13	3	2	2			7	0.8
14	2	3				5	0.6
15	4	2	1			7	0.8
16 以上	5	9	4			18	2.0
总计	384	303	131	68	18	904	100.0

第四表（乙）

	平均每家人口
山西	5.28
河北	5.63
河南	5.27
山东	5.47
其他	5.67
全体合计	5.42

父母存殁情形　在 936 填写父母存殁情形者之中，如第五表所示，有 463 人，几乎半数，双亲俱存；有 198 人，即 21%，双亲俱亡；有 185 人，几乎 20% 已丧父；有 90 人，几乎 10% 已丧母。

---

① 此平均数可与其他乡村家庭人口平均数参照，参看李景汉《北平郊外之乡村家庭》，十五至十六页，又乔启明《中国乡村家庭人口的一个研究》）。

第五表

年龄	父母存殁				总计
	俱存	俱殁	父殁	母殁	
15—19	82	20	26	14	142
20—24	234	63	70	37	404
25—29	110	71	66	29	276
30—34	25	26	13	9	73
35—39	6	8	9	1	24
40—44	2	4	1		7
45—49	1	2			3
未填	3	4			7
总计	463	198	185	90	936
百分比	49	21	20	10	100

兄弟姊妹 如第六表所示，除 23 人未曾报告外，923 人中 197 人，即 21.3% 无兄弟姊妹，726 人即 78.7% 有兄弟姊妹。各人所有的数目，计兄弟姊妹只有一人者凡 151 人，有二人者 211 人，有三人者 151 人，有四人者 111 人，有五人至十人者 102 人。由此分配情形可见士兵所有的兄弟姊妹数目常是偏于低，计有四人及四人以下者占 89%。

第六表

年龄	有兄弟姊妹若干人										总计
	无	1	2	3	4	5	6	7	8	9	10	
15—19	27	22	31	27	16	11	5	2	1			142
20—24	76	64	89	62	49	33	10	9		2	1	395
25—29	64	45	64	44	37	11	3	2	1	1		272
30—34	20	10	21	13	3	5	1					73
35—39	6	4	4	3	3	2	2					24
40—44	3	2			2							7
45—49		2	1									3
未填	1	2	1	2	1							7
总计	197	151	211	151	111	62	21	13	2	3	1	923
百分数	21.3	16.4	22.9	16.4	12.0	6.7	2.3	1.4	0.2	0.3	0.1	100.0

关于兄弟姊妹的资料嫌太简略，如他们的性别、年龄，都未声明，殊不能用来研究人口各方面的问题。但我们也不妨试用这些许数目，来推论士兵家庭人口增殖的情形。在923报告兄弟姊妹数目的士兵中，应有双亲之数目至少为1 846，如有继母、庶母则此数当然还要更大。如双亲所生之子女数目与双亲之数目相同并且都能长成，则士兵家庭人口常可保持稳定之情形。今总计士兵与其兄弟姊妹共有2 973人。以此数与双亲之数相比，则不特足以抵补两亲之死亡数且尚馀1 127人。换言之，即平均每家（将殇亡者除外）为3.2人，除抵补两亲外，每家平均尚馀1.2人。只就此点推论，士兵家庭的人口是趋向于增加的。但是如果我们所调查的士兵加多，家庭加多，每家平均人口尚能有否这个高的数目，则不可得而知。又这些士兵连同他们的兄弟姊妹都能否长成并且能否生儿育女，也无从推知，要知道这些情形，我们还缺乏许多关于他们年龄、婚姻、生殖等等资料。我们所谓士兵家庭人口有增加的趋势只是从每家平均的子女数目一点推论罢了。

关于士兵的兄弟姊妹情形，有一最可注意之点，即无兄弟姊妹的士兵，即独生子占21.3%是也。中国旧俗，独生子是最宝贵的，除非父母双亡或其他不得已的情形，他不轻易外出，尤其不能去做要性命的士兵的职业。我们将这197个独生子的士兵检查一番，考查他的父母、妻子与财产三方面的状况，发见有如下的情形：

父母俱存者	78	未婚者	154
父或母存者	33	已婚有子女者	20
父母俱故者	79	已婚无子女者	23
无地无房者	95		
无地有房者	8		
有地在20亩以下无房者	45		
有地在20亩以下有房者	30		

从上边所列的各数目看来，独生子有双亲者与无双亲者数目几乎相同，并且独生子父母俱存或仅存一亲者比较独生子父母俱殁者为多，

我们可断定父母的存殁与独生子的投军没有什么关系。妻室与投军或者有些关系，因为未婚的独生子几乎比已婚的大四倍。但是最可注意的便是财产的情形：如果将无田地者与有田亩在二十亩以下者合并起来——不问他们有无房屋，因为房屋在乡村里价格极低，差不多是可忽略的——我们便可看出他们在独生子全体中有178人，占90%以上。这178人的投军是否尚有其他副因我们不得而知，但是只就以上所列的数目，我们可以结论说独生子的投军并无关于父母的存殁，实在是因为经济的压迫。

丙　士兵本人在家庭的地位

上节既述士兵的家庭人口，我们现在再观察他们在家庭是否家长，已否结婚，有否子女，并所生子女的数目。

第七表

年龄	是否家长		总计
	是	否	
15—19	14	119	133
20—24	47	316	363
25—29	48	203	251
30—34	17	51	68
35—39	6	15	21
40—44	4	3	7
45—49		3	3
未填	1	4	5
总计	137	714	851
百分比	16.1	83.9	100.0

第八表

年龄	结婚否		总计
	已	否	
15—19	15	127	142
20—24	92	306	398
25—29	97	174	271
30—34	27	46	73

续表

年龄	结婚否		总计
	已	否	
35—39	11	13	24
40—44	2	5	7
45—49		3	3
未填	5	2	7
总计	249	676	925
百分比	26.9	73.1	100.0

在填写家长问题的 851 人之中，如第七表所示，有 137 人即 16% 已作家长，负担养家的义务；有 714 人，即 84%，仍在家庭附员的地位。在当家长之 137 人之中，有 14 人，即 10% 以上尚在 15—19 年龄之间是可注意的。

如第八表所示，除 21 人未报告结婚与否外，925 人之中已结婚者有 249 人，占 27%；未结婚者 676 人，占 73%。年龄低在 15—19 岁而已结婚者有 15 人，据我们推测，大概不外两情形，一种是家中尚可得温饱，故有赀娶妻并养活她；一种是为需要管家或工作人而娶妻。内地居民结婚一般的应该较早，而现在据第八表，结婚的尚不到三分之一，大部分的士兵虽然有些到三十岁以上还未结婚。这个未结婚的现象如不是因为士兵寻不到相当配偶，便是因为缺乏结婚与维持家室的能力了。我揣想后者是更重要的一个原因。

第九表

年龄	有子女若干人							总计
	无	1	2	3	4	5	6	
15—	14	2						16
20—	65	19	3	2		1	1	91
25—	38	31	15	6	2		1	93
30—	10	7	4	2	1			24
35—	2	6	3					11
40—		2						2
45—								
未填		3	1					4

续表

年龄	有子女若干人							总计
	无	1	2	3	4	5	6	
总计	129	70	26	10	3	1	2	241
百分比	53.5	29.0	10.8	4.2	1.2	0.4	0.8	100.0

我们再来考查士兵所生的子女。在已结婚之士兵249人中，除8人未曾填写外，计有129人无有子女，112人则有子女一人至六人不等，详细见第九表。用百分数来表示，则结婚而生有子女者占46%，结婚而未生有子女者占54%。

丁　士兵的教育、宗教及党籍

在946个士兵之中，有917人报告未曾识字读书；有158人曾识字读书，一年至七年不等，但声明不会写信，感受痛苦。能写信者有114人，曾读书自一年至十二年不等。不能写信与能写信的比例系87与13之比。按我国学校制度系国民三年、高等三年、初中三年、高中三年。这些曾读书并能写信的士兵曾否经过正式的学校，并曾否学习过正式的功课，不可得而知。今暂按他们读书的年限分别列表于下，以显其与现学制相当的程度，其曾读书而不能写信者则未列入：

1年—7	2年—12	3年—27	4年—16
5年—5	6年—14	7年—10	8年—10
9年—3	10年—3	11年—1	12年—5
未填1	总计114		

关于宗教一项见第十表。其中未填写者有107人，自承不属于任何宗教者606人，现在或曾经相信一种宗教者233人，计儒教者

164人，佛教者42人，回教①者15人，其他宗教者合计12人。声明现在仍相信一种宗教者152人，不相信者，44人。

第十表

信教	现仍信者	现不信者	不明	总计
未填			107	107
无			606	606
儒教	97	37	30	164
佛教	35	2	5	42
回教	14		1	15
天主教	3	2	1	6
基督教		3		3
同善社	2			2
东圣教	1			1
总计	152	44	750	946

宗教信仰是最不容易测验的一件事。笼统的说属于某种宗教固然不能表示信仰的程度，就是一个人声明现在仍然相信某种宗教也不能据以推测他的信仰，因为宗教的含义复杂而广大，究竟一个人所相信的宗教是那一部分、那一个教旨，还是无从测知。所以宗教信仰的调查常是劳而无功的工作。但是我们根据第十表至少可以看出人民与宗教关系的浅薄。在839个填写宗教的士兵中，竟有606个，即72%，承认不属于任何宗教，而在233个声明有宗教的士兵中，不表示态度或表示失去信仰的竟有81人。即使那152个现在仍然相信一种宗教的都是虔诚的信徒，那687人（即无宗教者、以前属于一种宗教现在已不相信者及未表示现在仍然相信与否者的合计）已经与宗教无关系了。总之，在填写宗教的839人中，与任何宗教无关系者占82%，有宗教者，假定他们都是虔诚的信徒只占18%。观此情形，如说中国人民显然是非宗教的大概不算冤枉罢。

填写党籍的士兵共有936人，其中自称不挂任何党籍者凡163人（填写者的17%），属于国民党者772人（83%），自称为共产党

---

① 编者注：回教为伊斯兰教旧称。下同。

者一人。这些人的党籍曾否正式登记,并是否忠实党员,因各表中未曾叙明,我们不得而知。但是有百分之八十以上士兵承认属于国民党是值得注意的。

戊　士兵及其家庭的经济情形

我们考查士兵的经济情形,应该从他们收入支出两方面讨论。可惜这两方面的资料缺乏,我们所知道的最普通的饷额是副兵6.30元,正兵7.00元,下士8.00元,上士9.00元。士兵每月的饭费都要从他们正饷扣除,因此他们可以存留归自己使用的金钱自然更有限了。

要知道士兵不是伶仃的个人,他们还是家庭的一员。其中固然有一部分对于家庭不负任何经济上的义务,可以将每月所得的饷银完全用在自己身上,但是另外一部分的士兵因为他们自己做了家长或是要帮助家长养活家庭的人员,便须节省自己的用费,将饷银的一部分送回家中补助家用。原问题表上有接济家中用度一项,我们分析各人的答案列如第十一表,可以看出士兵每月所得的饷不专为自己零用,还要赡养家庭。

第十一表

每月接济家中	副兵	正兵	下士	中士	未填	总计
无	138	97	17	25	6	283
$1.00以下	11	9	3			23
1.00—	86	60	16	8	2	172
2.00—	147	82	10	11	7	257
3.00—	22	44	24	16	3	109
4.00—		4	7	14		25
5.00—	1	2	1	8		12
6.00—						
7.00—					1	1
未填	25	18	9	8	4	64
总计	430	316	87	90	23	946

如第十一表所示,无答案者64人。每月不接济家中用度者凡283人,即填写此项问题者32%,每月接济家用者自不到一元至八元不等凡599人即68%。接济家用之各士兵是否每月必以各表上所

答之元数汇寄家中,殊不敢说定。例如第十一表上所示,一副兵每月接济家用 5.00—6.00 元,四正兵每人每月接济家用 4.00—5.00 元,二正兵每人每月接济家用 5.00—6.00 元,殆为事实上不可能的事。因为我们无法再详细复查这个问题,我们只好就原答案分析。我们从此表看来所可注意的就是大约士兵的三分之二都是对于家庭有经济上的负担,而他们之中约 90% 每月要接济家用自一元至四元。

原问题表曾设有全家生活状况一条,调查各士兵家庭生活状况,询问其是否贫、将足度用或是有馀。我们就着原答案分析,除去 87 个士兵未声明家庭生活状况者外,计贫家庭 629,将足度用之家庭 209,有馀之家庭 21。详细列如第十二表。

第十二表

每月接济家中	全家生活状况				总计
	贫	将足用度	有馀	不明	
无	165	74	5	39	283
$1.00 以下	15	6		2	23
1.00—	126	35	5	6	172
2.00—	181	64	5	7	257
3.00—	87	14	3	5	109
4.00—	14	8		3	25
5.00—	7	4	1		12
6.00—					
7.00—	1				1
未填	33	4	2	25	64
总计	629	209	21	87	946

我们觉得用三个形容词来分别生活状况似乎有欠妥当。普通形容词用在调查上的毛病便是他们的意义不准确,常因人而变化。如所谓贫究以生活在何种情形之下才可以用这个名词表示。一个家庭向来每月收入二十元的现在每月收入十五元便觉得贫,而同样大小的家庭一向每月收入十元的现在忽然每月多收入五元,便觉将足度用了。所以要研究生活状况不能专用几个形容词句表示,必须寻出一定的客观的标准来测验。我们仍然将各士兵家庭的生活状况列在

第十二表上不是因为表示什么实际现象，不过用他表现士兵心目中的自己家庭经济地位罢了。按士兵心目中的家庭经济地位，就是629家，即73%是贫的，209家，即24%是将足度用的，只有21家，即3%是有馀的。

以上所述生活状况虽然不能告诉我们士兵家庭的实际情形，但是我们很欣幸的便是原表格上有关于士兵家庭所有田亩、房屋诸问题[①]，这些问题的答案颇可以供给我们士兵家庭经济状况客观的证据，多少可以表示各家庭的经济地位。

士兵家庭有无土地及房屋的情形可列如第十三表。

第十三表

	人数	百分比
无土地无房产	259	29.8
有土地无房产	287	33.0
无土地有房产	56	6.4
有土地有房产	267	30.7
总计	869	100.0

依此表则完全无产的家庭占报告者29.8%，无土地而有房屋者占6.4%，无房屋而有土地者占33.0%，土地房屋俱有者占30.7%。士兵家庭所有的房屋大概都是只敷本身居住之用，并不是用来出租藉以获得收入的。所以我们尽可不拿房屋当做财产而专用土地之有无分别有产无产。如是则有产者只占63.7%，而无产者占36.2%，即三分之一以上。

前述家庭职业时，曾说到有710家即79.8%系以农为业（见第三表），今则有土地的只有554家，即报告者63.7%。两数相比我们可以推知所谓业农的家庭有一部分自己并没有田产，而是卖力气给人家做田里工作的。

---

① 此中一部分的材料已由陈翰笙先生采用在《山西的农田的价格》一文里，此文见本杂志第一卷第一期，65—72页。

有土地还不能用作有产的证据,因为土地面积的大小我们仍须考查。如一家所有的土地面积过小,所产的作物微乎其微,则我们与其说这个家庭属于有产阶级,无宁说他是近于无产阶级。现在我们将各家庭土地亩数的分配列如第十四表,以讨论这田亩大小的问题。

第十四表

家中有土地亩数	人数	百分数	累积百分数
无土地	335	36.2	36.2
1—9	172	18.6	54.8
10—	151	16.3	71.1
20—	84	9.1	80.2
30—	60	6.5	86.7
40—	29	3.1	89.8
50—	26	2.8	92.6
60—	14	1.5	94.2
70—	15	1.6	95.8
80—	11	1.2	97.0
90—	7	0.8	97.7
100—	10	1.1	98.8
110—			
120—	2	0.2	99.0
130—	1	0.1	99.1
140—			
150及以上	8	0.9	100.0
总计	925	100.0	

依第十四表所示,无土地者335人,占填写此项问题者36.2%,有土地1—9亩者172人,占18.6%,有土地10—19亩者151人,占16.3%。普通一个农家应有若干土地耕种,才能够维持生活,现在还没有确实的推算。这个标准因为关系种种复杂的情形,如家庭人口的多少,与年龄的长幼、土壤的肥瘠、气候的冷热、作物的种类、生活的程度种种问题,所以难以确定。今姑假定每家二十亩是维持生活的最低限度①,照此表看来,便有658家即71.1%士兵家庭

---

① 据一个日本人的估计,在河北省一个家庭要有二十亩田,在山西省要有三十亩田(因为山西田瘠)可以过活。

不能靠土地的耕种维持生活。这个数目与上文所述报告家贫的数目颇相近，是狠可注意的。

最后我们再将士兵所填写的土地亩数，用全体人数并有土地者的人数分别平均，列如第十五表，以明土地与家庭的比例。

第十五表

省别	填亩数之人数		土地总亩数	平均每人亩数	
	总人数	有土地者		全体人数之平均	有土地者之平均
山西	394	277	8 420.9	21.37	30.40
河北	312	182	4 600.5	14.75	25.28
河南	130	77	1 167.5	8.98	15.16
山东	68	40	1 018.0	14.97	25.45
其他省份	21	14	1 158.0	55.14	82.71
各省合计	925	590	16 364.9	17.69	27.74

第十五表告诉我们，填写亩数的家庭平均每家合 17.69 亩，有土地的家庭平均每家合 27.74 亩。如果我们前节的假定，即每家维持生活须有耕田二十亩是不错的，则士兵家庭所有的田产 16 364.9 亩，平均起来仍然不足每家生活之用。若专使有土地的家庭平均他们的田产，则每家可有 27.74 亩，当可维持全家生活。

按省份言，以来自河南的士兵家庭的平均田产为最小，每家只合 15.16 亩。"其他省份"的土地因为人数太少并且有一个特殊的例拥有巨大田产，不能用以比较。河北、山东两省相近，平均每家皆有 25 亩以上。山西最高，平均每家有 30 亩以上的土地。大体说来，山西以外省籍的士兵家庭的亩数平均较小；或者因为这个缘故，他们才为解脱经济压迫不惮跋涉的去到山西投军。

Ⅲ

我们将 946 份调查表里所含的零碎的资料，只就他们表面的价值，分析统计，拉杂的叙述如上。现在总括起来，我们得到下边的几个重要的结论：

士兵大部分是年富力强的青年，差不多十分之九都在15至30之间。

士兵在伍年度甚低，即96%在三年以内。

士兵籍贯以山西为最多，次为河北、河南、山东三省。

士兵约五分之四来自农家。

士兵家庭人口平均每家5.42，他们的父母所生的子女长成者平均每家3.2。

士兵的五分之一以上是独生子，他们投军显然是因为经济的压迫。

士兵中结婚者不足三分之一，其中约半数已生有子女。

士兵能写信者只居13%，其馀87%皆未曾识字读书，或曾读书而不能写信札。

士兵每月所得的饷不专是供自己的衣食零用，还要汇寄家中，计有68%每月须用自己的饷银来接济家用。

士兵中报告自己家庭贫穷者居73%，将足度用者24%，有馀者3%。

士兵中有土地者居63.8%，每家平均约为27.74亩。如果假定一个农家所有的土地少过二十亩便不能过活，那末士兵之中便有71.1%（即无土地与土地在二十亩以下家庭合计）不能靠土地维持家庭生活。

（原载《社会科学杂志》第1卷第2期，1930年6月）

人口与土地

现在的地球，好像一天比一天的小，所有人迹可以到的地方差不多都已经被开辟，所有可以用的地方差不多也都已经被耕种或采掘。我们可以说我们马上就可以看见地面开展的止境，人类已经应该注意这有穷尽的、有制限的土地。但是同时人口还是一天比一天的增加。据英国统计学者包雷①教授（Prof. A. L. Bowley）的研究，特别是专就欧洲人口的研究，现在人口已成变态的；因为现在已经是高年龄的一类占人口的大部分，所以若长此以往，人口便有趋于静态的情形。又如英国的统计学者攸尔②（G. Udny Yule），美国的生物学者波尔③教授（Prof. Raymond Pearl）也说近代人口的增加不是几何级数的，乃是逐渐低减，将要变成停顿状态的。这三人的研究都是根据过去人口增加的情形，用统计学的方法，推测将来人口的趋势。他们的结论虽然比较的是乐观的，好像人类将来不会发生所谓人口过剩或土地穷尽的危险。可是我们还不能因此便安心，以为人口与土地不会成为问题。

人都知道十九世纪依然是人口增加的时期。自一八〇一年至一九〇一年白色人种曾增加了二七〇 〇〇〇 〇〇〇。一八七〇—八〇以前，欧洲大部分（英格兰及威尔斯、苏格兰、爱尔兰、丹麦、瑙威④、瑞典、瑞士、德意志帝国、荷兰、比利时、法兰西、意大利、

---

① 编者注："包雷"，今译"鲍莱"。下同。
② 编者注："攸尔"，今译"尤尔"。
③ 编者注："波尔"，今译"珀尔"。
④ 编者注："瑙威"，今译"挪威"。

澳大利①、芬兰）以及澳大利亚洲及新锡兰②的生殖率都是增加的。此后有许多国家的生殖率虽然逐渐降落，但是他们的死亡率也同时的降低。所以全体看来，人口依然是继续的增加。这个增加的速度据说每年有五百万。这还只是就白人而言，若将黄人、黑人、褐人都包括在内，那每年所增之数一定更可惊了。

从人口增加的立足点，观察这个有制限的地球，我们便须推算每人需要多少的土地，或换言之，多少面积的土地可以供养一个人的生活所需要的食物。在现在国际贸易、国际交通发达的时代，人口受土地限制的这个事实常不容易看出，也常不为人所理会。我们常看见一个大工商都会，虽然附近没有耕田，然而他的几百万的人口依然每日可以按时进他们的三餐或四餐。我们常看制造业发达的国家，如英国，虽然所产的食物未必能供给人口的半数，然而那其馀的半数也不会因此饿死。现在世界上工业国与农业国之间，发现一种自然的平衡的趋势。彼此的有无相通在平时好似隐蔽了人口最切要的粮食问题。然而实际上，这个问题永远存在。在战争时代，工业国家，向来自己的谷产不能自给的，便发现粮食不足的恐慌。就是农业国家，向来可以以谷产供给外国的，倘然遇见天灾人祸，影响了大面积的农作物，也要感重大的饥荒。若从人口增加的一方面看来，这个问题，更显而易见。现在的农业国家可以继续的扩张农业，供给那有加无已的人口吗？世界上的农业区域可以无限制的膨胀，使他的产物永远可以与世界上的人口相适合吗？

人口与粮食的关系，我们可以从两方面研究。一方面是从地理方面，推算世界耕地的数目，农产的数量，然后寻出他们与人口的比例。另一方面是从每个人每年所需要的食物方面考察，以便推算世界上一切的人口必须每年有多少耕田或多少农产，才可以维持他们相当的生活。两种研究的途径可以说是殊途同归，并且是相互为

---

① 编者注："澳大利"，今译"奥地利"。
② 编者注："新锡兰"，今译"新西兰"。

用。两种途径各有困难,各有错误的成分。现在且不讨论。关于前一种的研究,即从地理方面的研究,我已经大略的在他处发表,兹不再赘,现在我且从每人食物的需要方面,略为叙述。

研究一个人每年需要多少食物,也可以从两方面入手。一种是抽象的研究,就是根据现在的生理学、化学、农学等等知识,考究每个人平均需要若干食物,或者是每个人平均需要多少耕田种植他所需要的食物。一种是实际的研究,按人民实际上消耗的食物推算每人每年平均的消费量,从此便可以推出每人平均所需要的耕地。

英国皇家学会的食物委员会在欧战的时候曾计算每个人口的单位每日最低的需要为二六一八热量。但是这个抽象的计算,未免太低,因为如果按一九〇九至一九一三年五年间英国三岛人民实际的食物消费计算,则平均每人每日的需要应为三〇九一热量。大概这第二个数目较为可靠。若按英国的耕田,每英亩(即约中国六亩六)平均产出小麦三十二蒲式耳(Bushel,每蒲式耳合中国三五.一〇升)计算(即约每中国亩产小麦一斗七分以上),他所产的热量价值约为二百五十万。若每人每年平均须消耗一百十三万热量,一英亩即可维持两人。更精细的推算则谓每人每年所需要的热量,祇有〇.四五英亩即可产出。

但是这种计算完全不能引以为据。第一,各地方的土壤程度不同,每亩产一斗七分以上只限于最上的耕田,普通的耕田可以达到这个高收获量的甚少。例如美国、印度、俄罗斯、坎拿大、阿金丁[①]、澳大利亚诸国,收获都低,平均不过每英亩十三蒲式耳。所以这个英国计算差不多超过一般的收获率有三倍。第二,耕田可以产出热量最多的植物食品。若是牧畜产品,或动物食品便减少热量的供给。猪肉与牛乳可以说是动物食品中最经济的了,可是要用一百斤谷粮变成肉或乳便消耗了五倍或六倍他的价值,因为同量的谷粮

---

① 编者注:"阿金丁",今译"阿根廷"。下同。

可以供养的人口要在这个肉或乳的五六倍以上。据说牛肉所代表的热量只不过是他所消费的十八分之一。换言之，就是他所消耗的草料要超过他所供给人的热量十八倍。从前英国的一个农事试验场曾做了许多试验，证明牛所吃的每一百磅固体中有五七．三磅要散在空气中，如木之灼失成烟，有三六．五磅变为粪便，他实际所得只有六．二磅。羊所吃的每一百磅固体中有六〇．一磅化散为气，有三一．九磅化为粪便，他实际净得为八磅。至于猪所吃的一百磅固体中，化散为气者六五．七磅，变为粪便者一六．七磅，他净得为一七．六磅。而且动物又不能全体都用做食物，必须除去皮骨毛等，所以可做食物的部分还不足一个动物全体的三分之二。若按此推算，则牛食养料一百磅，只可以供人的食物四磅，羊食养料一百磅，只可以供人的食物五磅，独有猪的价值较高，他食养料百磅可以供人食物十一磅。我们从此可以看出，如果我们中国人用肉食较少，并且除回教人外，以猪肉为主要肉食品，实在是一种最能利用自然经济的办法。我们从此更可以看出肉食实在是一种大消耗，因为在动物消费养料的时候，已经至少要减少原养料的价值五六倍。但是人绝不能完全废止肉食，除了极少数的素食主义者以外。因此我们在计算人所需要的土地的时候，不能专按植物食品推算。况且人除了食物以外，还须制造饮料。现在世界人所常用的酒类都是植物的酿造。据英国的法学者梅特兰（Maitland）说，英国在中世纪二三百年里，全国的三分之一都是产酿造啤酒原料的耕地。我们只看英国文学上啤酒所占的位置，英国社会上，酒馆差不多成了一种制度，就可知此话不虚了。此外人类所需要的衣服的原料，如羊毛、棉花，也都是土地的产品。那末，产造酒原料与衣服原料的耕地也都应该列入人所需要的土地以内，若如此推算情形便更复杂，结果更难精确。所以这种抽象的推算，只可以显示每人所需要的土地的最低限度，或土地的维持人口的最高限度。他虽然只有理论上的价值，却未必能帮助我们决定人口政策。

在实际方面的研究，也有他的困难。第一，各地方人民生活的程度不同，因而他所需要的土地便也不同。例如东西洋的人口饮食起居便不能一律。第二，各地方的气候情形不同，因而土地上的收获以及衣食住的需要便也显出差异。假使我们采取欧洲人民生活程度做标准，并且根据英国、美国、法兰西、西班牙及丹麦的农业状况推算，每人每年便需要耕地二英亩至二.五英亩，就是十三亩至十七亩。例如英国的米德尔顿（Sir Thomas Middleton）计算英国耕地一百英亩可以养活四十五乃至五十人，即每人需用二英亩乃至二英亩半。美国除输出之谷物、肉食品及棉花不计外，有耕地二九一〇〇〇〇〇〇英亩养活一一二〇〇〇〇〇〇人，亦即每人需用二.六英亩。法国除输出之酒类、水果与他输入的谷类、肉食品相抵外，有耕地三九 三〇〇 〇〇〇海克脱阿尔①养活三六 三〇〇 〇〇〇人，即约每人需用一海克脱阿尔，即每人二.四英亩。西班牙虽然是每人需用四英亩，但是他的土地的一大部分都是收获极低的丘陵地。所以若按普通的耕地计，也是每人需用二三英亩。丹麦输出价格高的动物食品而输入价格低的植物食品，但是因为他的农业特别发达，所以他的人口所需要的耕地较其馀各国为低，即每人一.八二英亩。德国每一百英亩可以供养七十至七十五人的生活，即合每人每年平均需用一.三至一.五英亩。这个数目比较丹麦的更低。这大概有两种原因，一则因为德国所开辟的耕地与一般的土地的比例比较任何国家都高，一则因为德国人所说的都是最经济的消耗最少的食品，如番薯、猪肉之类。

以上所说，按欧美人生活程度，平均每人每年需用耕地二英亩至三英亩的事实，更可以用十九世纪间白人增殖的情形，做补充的证明。上文说过的，十九世纪是人口大增加的时期。自一八〇〇至一九二〇年，白人曾由二万万增加到七万万，显出可惊的三倍半的增加率。在这个期间里，一方面有新耕地的开展，一方面更有人力肥料、新种子及新耕种技术的发见，所以才能维持那逐渐蕃殖的人

---

① 编者注：海克脱阿尔，即公顷。下同。

口。自一八七〇至一九二〇年间，白人曾增加了二万二千五百万人，同时在欧洲、美洲、澳洲及非洲南部，白人所开拓的耕地共约四万五千万英亩，专供给白人所需要的饮食品。按这个比例推算也是平均每人每年需用二至二．五英亩。

这个从人口实际的消费情形所研究的结果，大概是比较的可靠的，虽然我们要知道人口的消费与生活程度、气候、经济情形、农产价格等等都有密切的关系。我们固然不能说中国、日本、印度诸国的人口也一定要保持这个每人二至二．五英亩的标准，但是我们敢说在这个世界大通的时代，一切的经济情形都有划一的趋势。近年来东方诸民族已经提高了——或者有时是不由自主的——他们的生活状况。除非东方诸国变为白人的永久的殖民地，专供他们榨取财货、敲削劳动的场所，东方的人口一定也会慢慢的增进他们的生活程度。或者我们还可以说现在白人的一般生活才是一个"人"所应该有的生活。崇拜精神文明者或者要笑这句话，说他完全是物质主义者的见解，但是我们却不相信低陋的生活程度便能代表精神文明，我们也不相信现代西人的生活情形妨害精神文明的发展——姑假定现在一般人所谓精神文明与物质文明是两件事。这是另外一个问题，暂且不论。假使以上的推测是对的，就是按现在人类的知识与能力，平均每人每年需用二至二．五英亩，这有限制的土地如何能容纳这有加无已的人口诚然是我们人类最迫切的问题。况且同时东方的人口，不特继续的蕃殖必须需要土地，就是提高生活程度，也必须开辟新的耕田。

现在世界上可用为耕田的面积只有三千二百万方哩（每方哩合六英亩）。若按每人二英亩计算，足可以容纳九六〇 〇〇〇 〇〇〇① 人。这个推算好像可以使我们抱乐观，因为现在全世界的人口只有一八〇〇 〇〇〇 〇〇〇人，再增加五倍以上才可以远到那最高的可容纳的数目。但是如果我们仔细一想过去的及现在的人口增

---

① 编者注：原文如此。

率，我们便不敢过于乐观。上文曾说在十九世纪里，白人曾增加三倍半。现在世界的人口每年要增加五百万人，按每人二英亩的标准计算，每年便须开辟新耕地一千万英亩。如哈弗①的大学的依斯脱教授（Prof. E. U. East）竟谓每年须开辟耕田四千万英亩。即使假定这样的增加是固定的，不是累进的，若长此以往一再过一七六〇年，人口便可以达到以上所说的九 六〇〇 〇〇〇 〇〇〇②的数目。

这种推算或者过于简单。将来人事的种种方面的变迁或者可以完全推翻这里所推算的情形。但是人类却不可因此便不注意这个人口与土地的比例的问题。我们应该未雨绸缪，一方面防备人口的过剩，一方面更须计画人口与土地最适当的比例。在现在世界上大部分的土地并且是气候最优良的土地都在白人掌握中的时代，我们更应该注意这个问题。

（原载《现代评论》第二周年纪念增刊，1927 年 1 月）

---

① 编者注："哈弗"，今译"哈佛"。下同。
② 编者注：原文如此。

世界人口的将来

英国的经济学者铿斯①（J. M. Keynes）在他有名的著作《欧洲和议后之经济》第二章里，说了欧洲在十九世纪的后半是经济的乐土、经济的理想国以后，继续着写：

> 那个幸福的时代忘记了以先使经济学的建设者深切不忘的悲愁的世界观。人类在十八世纪之先都怀着美满的希望。马尔萨司②为解除那个时代所流行的幻想起见，曾暴露了一个魔鬼。在五十年里，凡是认真的经济的著作都将那个魔鬼看得很清楚的。到了后五十年里，这个魔鬼被缚住，不为人所看见了。我们现在或者又将他放开了。（第八页）

这极简单的几句话可以说是括尽十九世纪人口的情形。十九世纪是人类历史上物质环境空前的大发展的时期。一方面，因为各种制造工业的发达，大量的生产可以供给那与日俱增的人口；一方面，因为新土地的开辟，源源不绝的食料品可以供养那逐渐增加的腹胃。同时各种交通事业的发达完成了一个环球大交通的系统，至少还均平了世界上物品的交换。在这个时期里，人口的增殖并不成为问题。人口虽然有巨额的增加，但是生产的增加却仍可供养人口而有馀。所以在十九世纪的后半，所谓人口的压迫的这个魔鬼便不为人所见了。

---

① 编者注："铿斯"，今译"凯恩斯"。
② 编者注："马尔萨司"，今译"马尔萨斯"。

但是物质的发展不是没有止境的。欧洲自从中世纪以来几世纪间科学研究上所积存的结果，当十九世纪里，竟得尽量的应用，在改进人类生活上，实在是人类历史上亘古以来独一无二的特例。我们不能希望这个物质发展从此以后便继续不已的演化。况且人类所栖息的地球本来也是有限的。在十九世纪里，地球上差不多没有一个地方没有探险家的足迹，白色人种的膨胀，现在已经充满了全球的四隅。荒漠无人烟的岛屿不待言，就是除了亚洲以外的几个大陆现在也都为白种人所充斥。非洲的土著或者今后还可以维持他们的数目与地位，至于美洲两大陆以及澳大利亚洲，土人日益减少，便已经完全成为白人的家乡了。但是白人这种空前的机会岂是可以永远有的？非白色的人种，除非保持人口静止的状态，又将向那里去容纳他们的过多的人口呢？

就是在这个经济的丰富时代，有心的科学家便已看出人口前途的可忧。有名的经济学者耶方斯①（Stanley Jevons）曾计算英国煤的产量，预测将来煤脉的枯竭，将影响英国的工商业。著名的物理学者克罗克司②（Sir William Crookes）于一八九八年便已预言世界小麦的供给将因土壤中窒素③的枯竭而减少。这种骇人听闻的议论在当时或者引起人的讪笑，在现在虽然还未能证实，但是假使世界上的人，永远不加制限的增加，终必有土地上或土地下的产品不足供给人口之用的一日。

人类的生殖能力煞是可惊。据抽象的推算，假定世界上只有一百万人，男女各半。假使这五十万对夫妇在二十岁前都生子女各一，到二十岁时，这五十万对夫妇都死去，则世界上的人口便仍为一百万人。如每代的夫妇都能如此，则世界上的人口，便永无增减，保持无变化的状态。但是假使每对夫妇所生的子女平均为二人半，即平均两对夫妇所生殖的子女为五人，则一百年后，世界上便当有人

---

① 编者注："耶方斯"，今译"杰文斯"。
② 编者注："克罗克司"，今译"克鲁克斯"。
③ 编者注："窒素"，今译"氮"。

口三〇五〇〇〇〇人。假使每对夫妇所生的子女为三人，则一百年后的世界便有人口七 九五四 〇〇〇人。假使每对夫妇所生的子女为四人，则一百年后的世界便有三二 〇〇〇 〇〇〇的人口。再假使每对夫妇生殖子女五人，则一百年后的世界便应有九七 六五〇 〇〇〇的人口。按这个最末的假定，人口每年约增加一倍。

  以上当然只是一种抽象的估计，一种假定的推算，不足据以为凭。人事界的变化万千，疫疾、战争、天灾、地变等等的情形自不待言，就是其他状况如婚姻年龄、生活状况、卫生情形、经济制度，也对于人口有重大的影响。人口的增加绝不能像这样计算的。我们试看各国人口实际的增加如何呢？例如英格兰与威尔士自从一八〇一至一九二一年的一百二十年间便曾增加四倍，虽然在这个时期里移民还不断的迁向国外。欧洲自一八〇〇至一九二四年间，除了移向他洲的人口四千万不计外，曾自一七五 〇〇〇 〇〇〇增加到四五〇 〇〇〇 〇〇〇人口。不计移民，欧洲在过去一百二十四年间，每年人口增加的平均速率为百分之二。这都是老国家的人口增加率。至于新国家的人口增加速度当然更是可惊。例如加拿大在一六八〇年之先，人口不过五 八〇〇人。现在他的人口便已达到三百万以上，这就是在二百四十年间人口增加六百倍。北美合众国在南北战争前的二百年里，人口增加速度约每二十五年增加一倍，虽然以后他的增加率逐渐降低。我们现在只从这几个例看来，便知人口增加虽然绝不会与上文所引的抽象的推算正相符合，但是如果得尽量膨胀的机会，也可以达到惊人的速度。

* * * * *

  所谓人口问题归根结底完全是人口与土地的比例问题。现在世界各国因为国际分工、国际贸易、国际交通或其他情形，人口与土地的关系常不明显。例如工业发达的国家便可以不受土地的制限，容纳大量的人口，因为他们可以依赖农业国家做他们的仓库。又如虽然土地广袤的国家，因为社会的或经济的情形，一时也常发见人满之患。但是若就世界全体而言，人口永远要受土地的制限。人的主要的食品，如谷类、肉类，必须靠着每年土地上的收获。人的主要的衣服原料，如木棉、羊毛，也必须靠着土地上的出产。人类生活所必不可缺的动植物，完全为土地所限定。土地可以说是限制人口的最终条件。我们要知道世界上可以有多少人生存，我们便应该注意人口与土地的比例。

可是我们研究人口的第一难关便是不知道世界上到底有多少活着的生灵。现在只有西欧与北美的两大国已经精细的调查了人口，日本与印度的一部分近年来也按期做出人口的统计。但是地球的极大部分却缺乏人口的精确数目。中国、中美、南美与非洲诸国，以及印度的大部分，虽然占地极广，但是对于人口只有估计，并且是极粗糙的估计。估计稍有不同，出入便是数千百万。例如中国的人口，据一九一〇年前清民政部的调查是三万二千四百万。而一九一一年我们《政府官报》所发表的乃是三万一千五百万。两数相差九百万。至于一九二二年中国海关所估计的是四万四千三百万。同年邮政局的估计便少了一千五百万。此外还有若干估计的数目也都不能认为绝对的可靠。但是这些数目却于我们的人口研究有重要的关系，因为人口没有确数便无从定他与土地的比例。一国没有确数已经影响全局，何况是地球的极大部分都没有可靠的数目呢。

但是在各国都推行精细的人口调查以前，我们也不妨暂时采用这些估计的数目，使我们得到一种粗浅的概念。这些数目虽然只是估计，我们也可以看出他们的意义。据我所知道的，关于世界的人口，有以下几种推测的数目（单位：百万）：

年	著者	全球人口总数	原书
一九〇八	勒瓦塞（E. Levasseur）	一六二六	《法国国际统计学院报告一九〇九年》
一九一四	尼布司（Sir G. H. Knibbs）	一六四九	《澳大利亚洲人口统计报告附录一九一七年》
一九二〇	法国国际统计学院	一七九一	
一九二一		一六四六	《泰晤士地图》（Times' Atlas）

续表

年	著者	全球人口总数	原书
一九二一	国际农会	一八二〇	《国际农业统计年鉴一九二二年》
一九二一	曼尼 (Sir L. Chiozza Money)	一八五二	《白人之祸》

我们据上列各数目，可以暂定全球人数为一千八百亿。关于这些人口在各大陆上的分配则有如下各种推测的数目（数目以百万计）：

著者 大陆名	勒瓦塞	国际统计学院	泰晤士地图	国际农会	曼尼
亚洲	八五一	九九〇	九〇〇	一〇〇六	一〇四九
欧洲	四三七	四五二	四〇〇	四五三	四五三
非洲	一二六	一三三	一八〇	一四一	一二九
北美洲	一一六	二〇八	一二〇	一四五	二一三
南美洲	四五		三八	六七	
大洋洲	五一（注）	八	八	八	八

注：勒瓦塞将马来群岛列入大洋洲内，所以这个数目特多，与他人所计算的不同。

以上是人口的数目。至于土地面积，地球上除了两极之外，五大区域共约五千万方英里。兹据曼尼录其分配如下（单位：方英里）：

亚洲　　　　　一七 三九七 九五一
欧洲　　　　　四 五九六 七六一
非洲　　　　　一一 六五九 七二〇
美洲　　　　　一六 〇八六 四二九
大洋洲　　　　三 一四三 七九七
共计　　　　　五二 八八四 六五八

如按以上所列人口及土地的数目则平均每一方英里只住三十六人。但是我们实际考察起来，这个平均数并不能代表人口分配的真相。试一览世界人口分布图，便知大部分的人口都住在三个区域，而且全在旧世界上。

（一）普通所谓远东，即中国、日本诸国。这个区域约占土地二百万方英里，人口超过欧洲人口总数之上。

（二）印度沿边界诸区域及锡兰。这个区域占土地约一万万方英里以上①，人口约三百万。

（三）欧洲及地中海南岸。在这三百万方英里里，住有四万五千万以上的人口。

以上三个区域只占全球可用之地八分之一，而人口竟有全球的人口三分之二。此外如南洋的爪哇岛，固然也是人口繁密，每方英里住有人口一千二百人，非洲的尼哲里亚②（Nigeria）每方英里的人口密度也在五十以上，各国的大都会当然也麕集了极稠密的人口，但是无论任何区域人口繁密的幅员，都没有赶得上上述三个区域的。

或者独有北美洲的东部可以勉强的追踪这三个区域。他的丰富的自然产物，广阔的面积，直可以与远东及西欧洲相比拟。他的工业区域已发现人口密集的现象，而他的地理情形将来也足可以容纳大量的人口。但是这个地方开辟的时期还不过三四百年，所以他的人口现在只有一万万。自从美国按种族的比例规定移民律，加拿大励行选择移民以后，北美已经不能再为世界的过剩人口的宣泄场。况且，从有色人种的立足点看来，北美也只是白色人种的栖息地，——除非他可以取消黄人移民的禁例——于我们是没有什么关系的。

上文所说的世界上可用之土地面积五千万方英里，乃是一种极大量的推算。因为土地的生产力，必须靠着许多自然的与社会的要素，如热度、湿度、土壤之肥沃，乃至劳动能力、种植技术及社会状况等等。就中，特以自然要素为最重要。例如空气太干燥则作物不生，天气太寒或热的时期太短则作物不熟。据地理学者的研究，所谓可用之地若除去太寒冷的区域三百万方英里，太干燥的区域一千五百万方英里，实际只剩有三千二百万方英里，为可生产之地。但是所谓可生产之地又不必全是可耕种之地。世界上果有多少可耕种之地，现在还没有可靠的计算。据罗马的万国农会的研究，在俄

---

① 编者注："一万万方英里"原文如此，疑误。
② 编者注："尼哲里亚"，今译"尼日利亚"。

国以西，巴尔干及毗利尼山①以北，波罗的海以南，欧洲气候最良好的十三国家里，生产之地占百分之九十。就中，其分配情形如下：

实际耕种之地	百分之四十
草地、牧场	百分之三十六
森林	百分之十九
池沼、休闲等地	百分之五

据英属印度的调查，他的生产地占百分之七十六，就中其分配的比例如下：

耕种地	百分之五十六
草地	百分之二十四
森林	百分之十八
其他	百分之二

从这两个例看来，耕种地都在生产地之半数以上（中欧西欧有百分之五二．二，英属印度有百分之五一）。但是其他地方决不容有这样的乐观。例如美国农部的计算谓只有生产地之百分之四十可以生产谷类。加拿大的大部分位在高纬度之内，故可耕之地不过百分之二十。关于非洲最乐观的推算为百分之五十，而澳洲大陆则可耕之地只占百分之二十。至若日本则可耕之地约在百分之十五乃至二十一之间。我们据以上这些数目，推测全球可耕之地，最高也不能过百分之五十。这就是只有一千六百万方英里了。概括的说，全球五千万方英里之中，有三分之一为沙漠或冰天雪海之区，三分之一为有生产而不能种植的土地，另三分之一乃为实际的耕田。

这个或者还是一种大量的推算。偌大的地球，实在可以供种植的土地，只占他的极小部分。人类当前的最大问题就是如何使今后陆续增加不已的人口在这个小小的面积上寻求舒服的生活。按以上所举的人口与土地的比例，诚然还没有达到可危惧的程度。两者的比例还只是每可种植的方英里平均只有一百十二人强。若按近来的研究即欧美

---

① 编者注："毗利尼山"，今译"比利牛斯山"。

的人口生活上所消耗的生产品，每人每年需要十五亩的土地，则每可耕种的方英里足可以供养二百五十人，即现在人口的一倍。若按中国农民的低陋的生活程度，每人每年只需耕地五亩计算，则每方英里耕地可以供养七百人，乃至八百人。按前者计算，世界的耕地可以养活四十万万人，按后者，可以养活一百二十八万万人。

澳洲的人口统计专家尼布士[①]（Sir George Knibbs）的推测，也大略与此相若。据氏之推算，若按美国农部贝克尔（O. R. Baker）关于美国耕地扩张的速度计算，则世界耕地足以维持二．九四二〇〇〇〇〇〇人。若每一英亩（约中国六．五八亩）的收获可以供养三人，则世界的耕地足以维持九．七九二〇〇〇〇〇〇人。假使全地球的陆地皆可辟为农田，则世界虽有一三．四四〇〇〇〇〇〇〇的人口，仍可以维持平均每人需地十五亩的生活程度。

但是这类的推测只有理论上的趣味，而缺乏实用的价值。凡是推测，都假定若干的存在。倘若诸条件之中，有一样不存在，或稍有变动，结果便不能如预期的推测。以上所讨论的人口的将来，只可以表示一种可能的趋势。我们要研究人口变迁的状况还须注意社会组织、经济制度、道德观念、支配自然的知识与能力，及生活程度诸端。所谓人口问题并不是一个单纯的生殖率问题，因为生殖是受当时环境情形支配的。

然而我们中国人对于以上所说人口的情形，更应该得到一个深切的教训。中国一向是世界上人口最繁密的区域。白种人可以向美洲、澳洲或其他可发展的地方宣泄他们过剩的人口的时候，我们除了向南洋一带白人所不耐居或不能居的地方迁移而外，只有设法扩张我们自己耕地的一法。我们自己的耕地还可以扩充若干亩，我们无从推知。但是我们看了人口膨胀最盛的东邻不遗馀力的经营东三省与内蒙古，慢慢的将这些肥沃的土壤都变成了他们的殖民地，我们将来的人口再向何处寻疏泄的地方呢？

---

① 编者注："尼布士"，今译"尼希斯"。

据现在大约的推测，白色人种每年增加五百万人，便每年需要新开辟的耕地七千五百万亩。他们除了采用经济的侵略政策以外，或者还不至于便立刻直接的占领我们已经人口稠密的土地，以解决他们的民食问题。据日本最近的人口调查，他在过去的五年（一九二〇至一九二五）间，人口曾增加三百七十万以上。我们试假定他的每年的增加只是七十万人——一个极低的推测，实在人口的增加是渐进的——他每年所需要的新耕地，若按欧美人的生活程度，便是一千万亩，若按中国农民的生活程度，便是三百五十万亩。已经叹人满为患的日本，除了用他们的制造品换取食粮以外，更用什么方法，更向什么地方，去开辟他所需要的新的耕地呢？

这些都是于我们人口前途有切要关系的问题。

（附注）此文当与《现代评论》第二周年增刊内《人口与土地》一文参看。

（原载《东方杂志》第 24 卷第 6 号，1927 年 3 月 25 日）

现代人口减少问题

在十九世纪里，欧洲人士所忧虑的是人口过剩。到了廿世纪，他们却忧虑人口过少，甚而至于怕起人口灭绝来了。在不足一百年的短时期中，人口所发生的变化竟如此的相反，虽说奇怪，却也可以解释的。

十九世纪的欧洲是生产能力空前发展的时代。在这个时代中，机械的发明，新的动力的采用，殖民地的开拓，公众卫生的进步，相联合的一方面增进了人民的物质生活，一方面增加了劳动的需要。于是在几个工业进步的国家里都发现了人口的急剧增加的现象。有心人看了这个现象便发生焦虑，他们要问：这种速度的人口增加，食粮的增加可以赶得上吗？土地有限，土壤中所蕴藏的肥料有尽，天然的肥料有穷，为永远在增加中的人口生产食粮是可能的吗？现代工业发展要靠着矿产，尤其是煤与铁，地球上铁矿的储藏可以永远供给那与日俱进的需要吗？这些问题的答复在当时看起来都是一切否字，所以大家便都认人满为患在不远的将来，要成为无法解决的重要问题了。

但是后来的情形证明了这个观察的错误。第一，食粮的生产并没有成为问题，因为新的国家开发了广阔的农场是以□给人口稠密的国家的需要（就是老的国家也可以用种种技术尽量的增加食粮生产至若干倍）。第二，科学的进步解决了若干原料问题。地质的勘察发见了无数的矿田，供给工业上的需要。化学的发见创造了若干的人工的制品（俗称化学制品）不致受天然物产的限制。第三，而且最根本的，是人口自身并没有如人口论者所预料的那样继续的增加，实际上，到了十九世纪的末叶，它的增加程度便已缓慢下来了。人口增加的缓慢将十九世纪人们对于人口所抱的忧虑完全排除了。但是即使没有这个现象，即使欧洲人口依然继续急剧的增加，工业与农业在十九世纪的长足的进步也可以提供巨量的生产应付它，不会发生严重的人口过剩问题的。总而言之，十九世纪的人口论者将人口现象看错了，将人口的前途推测错了。

廿世纪的人口现象，不过是十九世纪之续，并没有新的特殊的发展。人们所忧虑的是如果在一个国家里，生殖率下降的趋势要继续下去，不特人口不能增加，就是连维持原来的数目都要渐渐的感觉到不够，换言之，就是人口要渐渐的减少起来了。这个趋势，如果继续不变，这个国家岂不是将来必有一天人口完全灭绝了吗？

人口何以增加，何以减少，是一个极复杂的问题。现在世界各国，有的人口仍正在增加，有的正在减少。有的在数目上是增，乃是表面上的增加，如果推算一下，实际上在最近的将来却要减少。在一个国家里，阶级间的生殖情形各异，就是都市与乡村生殖率的高低也不相同。人口增减的原因，或支配人口增减的条件包括着许许多多的问题，须待长期的观测与精密的计算，各国的人口学者仍正在探讨之中，此处当然无从叙述。但我们现在不妨举出几个极浅近的关于人口增减的情形。

第一，在农业社会里，特别是在小农作制度之下，人口不会有激烈的增加，因为在长久代里，如果农业技术不变，人口与土地可以得一种平衡的状态。农业在社会人口增加时必须有向外发展的机会，如我国，冀鲁人口的开辟东北，闽粤人民的拓殖南洋。

第二，工业发展的初期，需要劳动，可以刺激人口的澎胀，欧洲在十九世纪工业革命时代便是如此。但工业发展到了一定程度以后，劳动的需要便自然减少，人口澎胀便也没有必要。

第三，近代工业仍在发展，但此种发展，时人所谓第二次工业革命，重在机械化，以新的机械，特别是自动的机械代替筋肉之劳动力。在此种情形之下，大量劳动便可以节省，失业之恐慌发生，人口显得过剩，于是人口的增加便受限制。现在一架耕种收获机，一架摘棉机（这是最近美国兄弟二人发明的一种新的自动机械，代替人工摘棉），可以抵千万人劳作，并且平时用不着付生活费去维持，那里还有人作工吃饭的地方。至于这个新的生产方法所产的大量的出品如何销售，又是另一问题。

第四，从生活方面看，在农业社会里，一家里多添一两个人，食住不致成为问题。在工业社会里，情形便完全不同，没有工做便等于没有饭吃。总之，人离开了土地，又无恒产，食住成了每日必须解决的问题，便自然限制了人口的澎胀。

第五，在工业发展的国家里，大部分的人民生活程度提高。生活程度提高，生育率便有下降的趋势，这是一切工业国家的实际情形。

第六，生殖是女子独占的业务，能生殖与愿意生殖与否完全要看女子自己。生殖的是惟有女子，实际只有已嫁的在生殖年龄内的女子，可以决定。在以先生儿育女是女子惟一的任务也是惟一的安慰的时代，是要没有阻碍，生殖可以希望源源不绝。自从女子解放以后，女子已与男子立于同等地位，她可以操取种种职业，可以从许多方面，生命的兴趣与慰藉，在这样的情况之下，生殖不会踊跃的。最近全能国家虽然设法将已嫁的女子赶回家里去抱孩子煮饭，并对于生殖与以金钱的奖励，但事实上所得效果微乎其微，即此微乎其微的效果也不容易继续维持的。

第七，有几种情形常可以在短期内大量的削灭人口。疫疾、战争、天灾都是裁汰人口最大的势力，而其所发生的影响不全相同。天灾无分男女老幼，一视同仁，遇到它的必无幸免。疫疾大体上取老弱及贫穷的作它的牺牲，健康者及生活状况良好的阶级容易漏网，战争则专猎取青年及中年的男子，虽然因为敌军无视战争法规肆行屠戮并大举轰炸不设防城市，前后方的妇孺老耋也大量的送掉他们的性命，但数目终又远不及前者。在欧美各国，疫疾因为公众卫生事业之发达而失去作用，天灾因为有相当的防备与应急的处置也减去了严重的程度，独有战争依然是紧缩人口最敏捷、最有击[①]的方法，上次欧洲大战的结果，英法德三国便硬切去了中年男子的一代，破坏了全国人口的年龄的与性别的分配。至于我们中国则疫疾、天灾与战争都仍在发挥它们的大威力。

以上只是粗略的陈述人口增减的情形，细腻之点略去不谈，大体言之，近代人口的减少是自然的趋势，这个趋势根据于产业、社会及天灾人祸种种的情形。除非将这些情形，根本的改变使之足以增进生殖，维护生命，人口必然继续减少，这是可断言的。但是无论如何，要打算恢复十九世纪初年人口的大澎胀，那是绝不可能的。

最后的问题是一国人口政策的目标应该是求多，还是求少呢？大体言之，在承平时代人口减少不见得是一个恶现象，不过在现在强盗横行，拿战争侵略当作他们的家常便饭的时代，捍卫国家还要靠着众多的人口。德国对于法国永久的威胁，我们之所以能对于敌人从事于长期消耗战，都是证明人口重要的例子。

（原载《新南星》第 6 卷第 6 期，1940 年 6 月 1 日）

[①] 编者注：原文如此。

都市与乡村人口的消长

在最近的一百多年里，人类社会上所发现的一个最显明的变化，便是都市的发展。都市本来是自古就有的。自从人类有了相当的文化，政治组织或商业达到了相当的程度以后，人类的团结便自然要由村落进到都市。古代国家如埃及、巴比伦的首都便是一种政治的都会，朝廷或行政机关所在的地方。至于希拉①，每个国家便是一个都市；希拉的都市常是政治而兼商业的中心。但是现代的都市比起这里所说的古代都市却大不相同。总括起来，他们不相同之点有二：

一、古代的都市数目少，近百年来都市的数目大加增，在一个国家里，以先只有几个都会的，现在却加添了几个大都会，还有无数的小都会。

二、古代都市里的人口比较的少，几个人乃至几万人②。现代都市里常住着几十万人乃至几百万人。

因为都市的数目与都市内的人口都有大量的增加，于是社会生活上发现一种空前的变化，就是人类的大部分现在都住在都市里，乡村都陷于衰落的命运。这是现在世界上一般的情形。我们中国虽然没有确实可靠的统计来做我们的证明，但是我们都敢信他当然也与世界一般的情形相同；虽然他现在还没有像欧美各国里那样的都市的扩大与增加，至少他将来必然也要步他们的后尘，假使我们国家能够得到平和的发展的机会。

---

① 编者注："希拉"，今译"希腊"。下同。
② 编者注：原文如此。

世界各都市人口的增加乃是近一百多年的事。在西方如巴黎乃是第四世纪所建设的都市，但是他的人口的增加却在近百年：一九〇〇年，他的人口比较一百年以前添了五倍。伦敦的建设还在二千年以前，但是他的现在人口的五分之四乃是在十九世纪里增加的。我们看东方的都市，情形也是如此。孟买自一八〇〇至一八九〇九十年之间，人口添了五倍，由十五万增加到八十二万以上。日本的东京，在十九世纪末叶的二十年间，人口的增加有八十万之多。大阪自一八七二至一九〇三，凡三十二年之间，人口增加几至四倍。至于我们中国都市的发展，更是最近的事。现在不特在中国，就是在东亚也要首屈一指的上海，在一百年以前，不过是一个小小的县城，户数不过几千，与现在内地里千百的微小的县会原没有什么不同。但是在上世纪，特别是最近的五十年里，他的人口增加竟达到二百万以上。汉口以先不过是一个做水陆码头的市镇，现在人口已膨胀至一百五六十万，也成了一个庞大的都会。此外中国现在的都市，无论是通商口岸（如上述的上海、汉口），内地都市（如太原、郑州），或是垦边的新都会（如丰镇、赤峰），都是在最近的期间，由人口的膨胀，然后发展的。

　　由以上所说的，我们可以看出都市发展完全是十九世纪以来的新现象。并且这个新现象是极普遍的。我们引一个十九世纪欧美都市居民百分比例的统计，更可以看出人口集中都市的趋势。

都市居民百分比例表

年度 国别	一八〇〇年	一八五〇年	一八九〇年
英格兰威尔斯	二一.三%	三九.四%	六一.七%
比利时	一三.五%	二〇.八%	三四.八%
萨克逊	八.九%	一三.六%	三四.七%
荷兰	二九.五%	二九.〇%	三三.五%
普鲁士	七.二%	一〇.六%	三〇.〇%
合众国①	三.八%	一二.〇%	二七.六%
法兰西	九.五%	一四.四%	二五.九%

---

① 编者注：合众国，即美国。下同。

续表

年度＼国别	一八〇〇年	一八五〇年	一八九〇年
瑞士	四.三%	七.三%	一六.五%
奥大利①	四.四%	五.八%	一五.八%
匈牙利	五.三%	九.一%	一七.六%
瑞典	三.九%	四.七%	一三.七%
俄罗斯	三.七%	五.三%	九.三%

上表原载在 Makarewicz 所著《近代社会的发展》（德文），英国 McIver 在其《社会科学要论》曾引用之。都市系指一万人以上的市邑。

都市人口的增加要不外两个来源。一个来源便是都市人口自身的蕃殖。另一个来源便是乡村的人口继续的向都市内迁移。前一个来源大概关系狠轻，因为人的生殖率无论在都市或乡村里，并不显极大的差别。都市的人口生殖率未必果然特别高，而有时乡村的生殖率或者反高过都市的。假使没有乡村的人口接连不断的趋向都市，以都市做他们的安乐窝，虽然都市仍然可以扩大，但是绝不会有像现在那样的膨胀。所以从一方面看来，都市要靠着乡村人口的低减，才会有他的发展。最奇怪的，就是这个乡村人口减少的现象，不专限于所谓工业国家，就是所谓农业国家，向来靠着输出农产品以换取外国制造品的国家，也显出乡村人口下落的趋势。例如坎拿大②、澳州、纽西兰③、合众国、阿根丁④，都是以农产著称的国家，他们在最近四五十年之间，乡村人口都见显然的衰落。

---

① 编者注："奥大利"，今译"奥地利"。
② 编者注："坎拿大"，今译"加拿大"。下同。
③ 编者注："纽西兰"，今译"新西兰"。下同。
④ 编者注："阿根丁"，今译"阿根廷"。

乡村人口百分比例表

国别＼年别	一八八一	一八九一	一九〇一	一九一一	一九二一
坎拿大		六八.三％	六二.六％	五四.六％	五〇.五％
澳洲			四二.〇％	三七.五％	
纽西兰	六二.三四％	六一.一六％	六〇.八七％	五七.〇七％	五一.二％
合众国	一八八〇	一八九〇	一九〇〇	一九一〇	一九二〇
	七一.四％	六四.六％	六〇.〇％	五四.二％	四八.六％
阿根廷	一八九五	一九一四			
	五七.二％	四二.六％			

观上表，各国乡村居民的百分数虽然各不相同，但是他的下落却是一律的。

我们看了以上所说的情形，可以说都市人口膨胀，与乡村人口低落都是相连的，相偕而见的现象。这些现象最根本的、最主要的原因，当然是工业的发展。换一句话说，十九世纪以来的都市完全是工业时代或机械时代的产物。近代的制造业要吸收不可胜计的劳动者，近代大量货物的运搬要需要无数的交通工人，而近代各种事业所需用的机械也必须多量的人工。凡此种种都产出人口集中都市的现象。

工业的进步不特直接的影响都市，使都市体积扩大或数目加多，并且还间接的影响乡村，使乡村人口低落。机械最大的功用便是节省或代替人工的劳动，他在制造方面，久已见极大的功效，但是他在近五十年里，又在农业方面，显出可惊的效验：机械帮助人工或时间每单位增加生产。据说美洲在一八三三年每蒲式耳小麦的收获需二小时十三分的时间，到了一九〇四年，收获同量的小麦祇需十分的时间。两个年代的工资固然不同，一九〇四年的农业劳动者的工资，诚然增加极高，但是生产上所需要的时间会有这么的减少，结果还是减少小麦生产费；这完全是因为播种、耕耘、收获，种种机械的发明与应用。因为农业工作大部分化为机械的，于是儿童与女子以先在农业上为必不可缺的分子的，近年来也渐渐的退出农业。总之，农业生产无论在人工或时间方面的节省都要使馀剩的人工退出乡村，移到都市居住。

我们可以附带着说，农业的工业化以在新开拓的国家里，以在谷物的生产上，最能见出显著的进步，老农业国家的农夫，因为耕田面积较为狭小，除用合作的方法以外，尚不能尽量的应用机械；至于菜蔬与果实的生产，因为他们的性质与谷物不同，便也不能像谷物生产那样应用节省人工的器械。

不特农产品渐渐的用机械代替人工，就是农产品的制造，也是渐渐的由乡村移到都市，减少乡村劳动的需要。例如磨面粉，屠宰牲畜，制造罐头及牛乳产物，总之，一切农业原料的制造，以先是乡间农人的副业的，现在已经全变为都市里的工业。现在的农人祇是原料的供给者，他不特不为外人制造物品，就是连他自己日常所需要的食品，也常常求之于都市。因此，乡村间人工的需要更见减少，而乡村馀剩的人口便须到都市上去寻生计了。

与农业的机械化相连的便是农业机械的需要增加。要用机械代替耕种的人工，当然要加添制造那些机械的人。因为这个机械的制造业都是集中都市，所以乡村的人要求做候补劳动者的都麕集都市。同时，因为农业生产已经脱离了地方自给的阶级，而进入全世界的大计画的交换的时期，大量的谷物常须运动于长距离之间，于是交通的器械与从事交通的工人大加增，都市上又须吸收几千几万的交通劳动者。

农业的机械化减少乡村人工的需要，同时更减少乡村的人口。因为人口低降，所以乡村上的属于人的职务，如仆役、教员、铺伙等，也大见减少。农村生活遂祇限于原料的生产，不特一切消耗品须求之于都市，就是一切教育、文化，以及娱乐的事业也都是由都市供给。于是都市里更多出一部分的人口专从事于供给乡村人口的需要的事业。

以上只略述因生产方法改变而起的人口迁移的趋势：这个趋势就是都市人口膨胀而乡村人口衰落。现在的文化都是都市的文化——或者我们可以说，除了都市便没有文化。除极少数的例以外，无论任何国家的经济的势力与政治的权威莫不集中都市的人口。都市是财富的宝库，是政府的根据地，并且还是物质发展的中心点。近代文化所赐与的利益也祇有都市的人口可以享受，可以获得其全体。这不得不说是一种畸形的发展。

中国近年来都市的发展，除了上述的原因而外，另有其他原因。十几年来，中国无时、无地，不在战争状态之中。乡村小田主，因为战争的扰乱，兵匪的掳掠，不得不迁到都市的生活安全的地带；乡村的无产阶级，无田可耕，无业可寻，无家可归，当然要迁徙到都市去谋生；此外还有自然的灾害，如旱魃、水灾，也强迫农民抛弃了他们的田园与家乡去寻正当的或不正当的生活。凡此种种都是使现存的都市，特别是有外国租界的都市，得到变态的膨胀。在中国今日情形之下，都市的人口中会有大部分的非生产的分子，如不劳而获的阶级、兵士、绑票匪。在这种都市的畸形发展隐伏着莫大的危险，预期着社会的大扰乱。

（原载《现代评论》第 7 卷第 163 期，1928 年 1 月 21 日）

贫穷与人口问题

一

什么叫做贫穷？依各人生活程度的高低和他收入的多少有不同的解释法。譬如那督军每年要赚几十万元的，看了他的下级士官每年不过有一二千元的收入的，就是穷人。那些丧心的卖国贼所得非义的不道德的收入每年有几十万元的，看了他部下每年只有二三千元收入的官吏，是穷人。行政官吏每年只收入二三千元的，看了那店铺的伙计，每年薪水和花红至多不过四五百元的，是穷人。至于店铺的伙计，做小生意的和中小学校的教习，那一类人每年的收入平均大约四五百元的，看了那做苦工的，每年只赚一二百元的，又是穷人了。由此类推，大概贫穷本没有一定的标准。因各人的身分不同，每年所得的薪俸或工钱不同，他的贫穷的观念也就不同了。

但是贫穷的标准不能如上边所说，专用主观的眼光判定的。我们应该另寻一种看法，定下一个数目做贫穷的标准：凡是一个人的收入在这个数目以上的就不算贫穷，在这个数目以下的就算贫穷。但是人的嗜好不同，脾气不同，因此两个人的收入虽然相同，他们的生活不一样，费用也就不同，生活简单的人还有馀剩，花销浩大的人还忧不足，所以这种标准也不是可以随意拟定的。

要知道贫穷是一个社会问题，不是个人问题。我们要找出一个客观的普遍的标准，才可以解释这贫穷的意义。一个人活在世上最不可缺少的当然就是衣、食、住三者。现在文明社会里，无论什么人每天总要有三餐果腹；有可以避风雨、御寒气的房子住居；

两三件衣服可以蔽身体、保体温。就是那些诗人、学者，无论他们如何摒弃世俗，超轶群伦，也不能把衣、食、住缺了一样。假使他们缺了一样，他们连活人都做不成，更不必说诗人学者了。但是衣、食、住的程度（即生活程度）各人不一样。所以我们不能取任一人的——你的或他的——生活程度做标准，上边已经说过了。那客观的、普遍的标准就是一个人的衣、食、住最简单的需要。这种需要不用科学，只用我们普通的常识也可以考察出来的。那最简单的需要是到什么程度呢？一个人每年至少要吃大米若干升（假使他是北方人，他要吃麦粉或小米若干斤），蔬菜、肉类若干斤；至少要穿单衣棉衣若干件，袜子、鞋子若干双；还要占据若干方尺地，做他栖身之所。这个需要可以算为人的生活最低限；假使生活在这最低限度以上，他可以任普通各种的劳动；假使在这最低限度以下，因为他身体上缺少营养发现了病态或发生其他种种现象，就立刻减少他平日劳动的能力。

  生理学者和医学者研究人的身体上的组织知道身体上器官的常态变态，应该怎样保养，才可以维持健康。身体健康是劳动不可缺的唯一条件。不健康的人即使可以勉强劳动，他的能力效果总赶不上健康的人。我们藉着生理学、医学的知识，可以明白我们的身体应该如何营养；胃里要有相当的食物，才可以取脂肪，保我们的体温，化血液，营养我们的全身，排泄体内的废物；皮肤上要有相当的遮盖，才可以防御体外过分的刺激，维持普通必要的温度；所住的屋里要有充量的新鲜空气，才可以使心里的血液新陈代谢，永远干净。近几十年以来，有机化学，非常进步。分析各种食物，把他们的价值都可以定出来。文明人普通所用的食物，总不外米、面、豆、鱼、肉、蔬菜、盐、糖、牛乳几种。这些种食物从有机化学上看来，有若干原质，为人类身体所必不可缺之成分。有属蛋白质的，有属脂肪质的，有含轻气[①]的，有含铁的；普通的人保持他的身体常

---

① 编者注："轻气"，今译"氢气"。下同。

态（即健康态）每日须要有相当的成分，相当的重量。这些成分从普通重要食品里都可以分析出来的。上边所说的生活最低限用常识可以看出来的。现在按着诸种科学的发见，可以寻出一个更可靠的标准来，验明各种重要食品，成人每日须用若干重量才可以保持健康常态。

我们既认定生活最低限为穷贫的标准，那生活最低限又要用衣、食、住的需要指示出来。但是用饮食、衣服、房屋来量生活限度，觉得困难并且麻烦。人的生活所要的固然是衣、食、住，但是人的劳动直接所得的却不是衣、食、住。文明社会的人因为所造的物品，所做的事务，种类繁杂，不能直接的用物品互相交换，所以发明了货币代表物品。交换物品就用货币来做他的媒介。所以一个人由劳动所换来的不是衣、食、住所需要的物品，乃是可以换衣、食、住所需要的物品的货币（金钱或金钱的代替物如纸币、支票等）。所以现在生活最低限，不能取个人的衣、食、住所需要的物品为标准，要取那可以购买他衣、食、住所需要的物品的货币为标准。如此看来，生活最低限究竟还是如本篇第一、二两节所引之例，要用金钱的数目来做标准。但是这个数目却不是随意滥定的，也不是任取一个人的生活程度来做标准，乃要考察普通人生活上最简单的必不可缺的需要才可以定的。调查那个人所居的社会里的重要食品、衣服和房屋的价格，和他收入的金钱，就知道他可以有购买多少物品的能力。假使一个人的劳动换来若干金钱，可以换到他最简单的衣、食、住所需要的物品，他就是在生活最低限以上。倒转来，假使一个人由劳动所换来的金钱，不够换到他生活上所需要最少的物品，他就是在生活最低限以下。但是金钱的收入又不能认为绝对的标准。因为金钱不是物品（Commodities），乃是代表物品的东西。金钱的价格，因物品之增减，时有改变。金钱自身没有绝对的价值。我们用金钱的收入量生活的限度，也是一个不得已的方法。因为现在文明社会里都用金钱代表一切物品，我们所谓生活最低限度不外乎表明所需要的物品，所以我们也只好用金钱指示生活程度。由个人金钱的收入的多少，可以推知他对于物品的购买力。上边说过的，金钱自身的价格不是绝对的，是依赖物品的多寡的，所以我们时时要注意时间上、空间上物品之增减，调查物价的高低。假使这一个地方物价低，每年有二百元的收入就可以在生活最低限以上。但是另一个地方物价高贵，每年有二百元的收入的反在生活最低限以下。这是地方上的不同。也有同在一个地方，同是二百元的收入的，而前一年的生活在最低限以上，后一年的生活落在最低限之下。这又是时间上的不同。所以经济学者在各地方研究物价的升降，用物价指数指示物价的变迁，于研究贫穷问题，是非常重要，非常有用的。

二

以上所说的都是解释什么叫做贫穷。贫穷既然是一个人的劳动，不能换到生活最低限的需要品，那末他与人口的关系，从上文里也就可以大略推出来了。贫穷问题最根本之点，就是衣、食、住所需要之物品，一个人不能满足他最低限度的需要就是一个穷人。他不能满足需要或者有许多的原因。有因为懒惰，不肯劳动去赚钱，来买那生活上的需要品，因此变成穷人的。也有因为身体残废，不能用劳动去谋生活，变成贫民的。这几种都与人口问题没有直接的关系。但是，假使一个人因为社会上劳动力太多，所以不能用他的劳动换得生活上的需要品，或是一个人因为社会上所产出生活需要品，已经到了最高限额，还是不敷分配，他纵有劳动的能力也不能换到生活需要品，这就是人口问题所应该研究的了。

人口问题应该从过多过少两方面研究。人口过少，便是劳动力少，全人口有陷于贫穷的危险。但是人类的趋势向来是合群的、团结的、繁殖的。假使一个地方人口太少，不能生存，他们当然要迁徙到别的地方去与旁的种族结合，或者依赖旁的种族，以求生命的安全。假使他们连迁徙与联合他族的能力都没有，那只好等待自然淘汰，终结将种族完全灭绝为止。人类历史上因为人口过少终归灭亡的种族，共有多少，现在无从推测。但是被灭亡的种族大概是由于错综的原因，不能说全由于人口过少的缘故。有因为文化低而被文化高的种族吞并的，这不是人口过少的缘故，是文化的原因。况且被征服的民族常与征服者通婚姻，繁衍成杂种的苗裔，也未必就沦于灭亡。有受疫疠之传染，而种族灭亡的，这也不是原因于人口过少，常因知识低陋不知道卫生或身体上抵抗力薄弱的缘故。我们只能承认那孤立的民族，因为人口过少，不能克服自然，所以引起"灭种"的大问题。人口过少果然是要灭种，但是灭种的原因决不是完全为得人口过少。所以人口过少不过是灭种里一个局部的问题。

人类生殖的能力向来是繁衍的。历来发生文明的民族，人口都是繁盛的。欧弗拉底斯河①流域、尼罗河流域、黄河流域，这些古代的文明发生地的人口较为稠密。因为人口密度加增，并且有好的环境，才创造文明，发达文明。这里有两层关系：（一）人口加多就是劳动力加多；劳动力是制伏自然界的能力，也就是创造财富的能力。所以在洪荒的时代，人口充足就可以利用自然（如利用河边淤泥从事耕种，利用天生的植物制作衣服，修盖住房）来改进衣、食、住的状况。满足衣、食、住的，需要的物品或役务（Services），经济学者统称做财富（Wealth）。假使一个人口众多的民族住在气候温和土壤肥沃的环境里，各人都从事劳动，就可以增加财富。财富增加是文明发生的根本条件。上边说过的，无论什么人衣、食、住的需要是缺不得的。人口少的时候，劳动力也少，人民都要努力才可以用劳动换来衣、食、住所需要的物品。人口稠密的时候，劳动力大，财富加增，人民也就可以省出闲暇的工夫，致力于衣、食、住以上的事业。衣、食、住以上的事业就是文明。思想、科学、文学、美术，这些文明都是财富有馀时的产物。所以人口密度加增的结果，直接的增加财富，间接的就是产生文明。（二）人口加多的时候，人

---

① 编者注："欧弗拉底斯河"，今译"幼发拉底河"。

的相互接触更加复杂。社会关系变复杂了，社会间就容易起利益的冲突。所以维持复杂的社会，须有复杂的社会制度，轨范人民的活动，调和人民的利益。人口密度加增，须有适当的制度维护生命财产的安全，使人民共同活着。所以复杂的社会制度就是人口稠密的结果，同时也就是文明的产物。

从此看来，人口稠密是发生文明的一个条件。但是人口密度增加也须有个限制。那末增加到如何程度，就算过多，并且凋落到如何程度，就算过少，又须找一个标准。

三

过庶问题最初有系统的研究，当然要推英国马尔塞斯①的《人口论》。马尔塞斯读了葛德文（Godwin）革命的著作《中正》（On Justice）这部书，起了疑惑，他以为考察人类的前途，决不能像葛德文所说的那样，能够达到完满的境界。人口的前途不是可乐观的，于是他搜集材料著了一部《人口论》。他说人口的趋势是繁殖的，那繁殖的能力是每二十五年人口可以增加一倍。幸而事实上却不是如此，因为人口的增加必须受生计（Means of subsistence）的制限（马尔塞斯《人口论》的第一章说人口是按着几何级数增加，生计是按着数学的级数增加，但是以后全书绝没有提到这一点。所以近来的人口论者以为这句话在他的《人口论》里没有重要关系）。假使生计加增的时候，没有方法去遏制生殖力，人口必然增加。我们现在据马尔塞斯的意见以生计做人口密度的标准。生计就是满足衣、食、住的需要的方法。假使社会里人人都有生计，那社会的人口，不得谓为过多；假使有不得生计的，那就是人口过多的征象。不得生计就必陷于贫穷状态。马尔塞斯又说，除去有大饥馑的时候，生计并不是直接的限制人口。"直接箝制人口的，乃是由于生计缺乏时所酿成

---

① 编者注："马尔塞斯"，今译"马尔萨斯"。下同。

的风俗和疾病；还有其他原因，虽然与生计缺乏没有关系，但是他们道德和物质的性质上却有害于身体的。"（原书第六版第十二页）

按马尔塞斯的见解，贫穷与人口的关系，更显得密切。贫穷是遏制人口繁殖的一种积极的原因。但是贫穷并不是完全因为人口过多、生计缺乏的征象。马尔塞斯论到生计与人口增加关系的时候，表明贫穷未必与生计缺乏是一件事。他说，"生计或者可以增加，但是考今日社会的现状，决不能把新增加之生计分配给低级社会，所以还是不能发生促进人口增加的势力。"（原书第念四页）他在前边也说过，人类的生殖永远是超过生计的增加。因为这个缘故，低级社会常受窘迫，他们的生活状况，不能有经久的改良。（原书第十七页）

以上所说的，就是马尔塞斯对于人口研究最有价值的贡献。总括他的意思，就是：生计限制人口，但是生计所以限制人口的不是生计自身，是因生计缺乏时所产出的状况，如疾病、贫穷、恶风俗等等；一国里的低级社会不容易享受生计增加的益处，第一，因为一国的生计向来低级所得的份是少的，第二，因为生计加多的时候，假使不设法遏制生殖力，人口自然要增殖，仍然得不到生计增加的益处。如此看来，人口永远有超过生计的危险，人类也就时时陷于穷困的境遇。马尔塞斯说，从历史上观察，过庶的危险有自然的抑制方法，天灾、战争、疫疠、饥馑，这些不断的祸害，都是天然抑制过庶的大势力。但是马尔塞斯所最希望的最称赞的还是道德的抑制。如文明社会里深思远虑的人到了应该结婚的年龄，遇见结婚的机会，再四思维，考究独身生活和结婚生活的利弊，终安于独身生活，就是马尔塞斯所说的一种道德的抑制。（参看原书第十三页）

四

马尔塞斯的《人口论》出版以后，惹起当时多数反对的批评。反对最利害的当然是一般迷信最深的耶教徒。姑且不去论他。现在只就上述马尔塞斯的结论,做我们研究的参考。

人类的趋势永远是繁殖的。现在取各国最近统计的材料,列表如下,足可以证明这个道理:

年度 国别	一八六〇	一八七〇	一八八〇	一八九〇	一九〇〇	一九一〇
合众国	三一 四四三千	三八 五五八千	五〇 一五六千	六二 九四八千	七五 九九五千	九一 九七二千
英国	二八 九二七千	三一 四八五千	三四 八八五千	三七 七三三千	四一 四五九千	四五 二二二千
英领印度	不明	不明	不明	二八七 二七一千	二九四 三一六千①	三一五 〇八六千
澳大利亚	不明	不明	二 二五三千	三 一八三千	三 七七三千	四 四五五千
坎拿大	不明	三 五一八千	四 三三六千	五 〇三五千	五 五九二千	七 四四七千
纽锡仑②	不明	不明	四九〇千	六三七千	七七三千	一〇〇八千
俄罗斯欧洲本部	不明	六五 七三二千③	七一 〇二八千	九一 八六二千	一〇六 一五九千	一三一 〇二二千
挪威	不明	一 七〇二千	一 八〇三千	二 〇〇一千	二 二四〇千	二 三九二千
瑞典	三 八六〇千	四 一六九千	四 五六六千	四 七八五千	五 一三六千	五 五二二千
丹麦	一 六〇八千	一 七八五千	一 九六九千	二 一七二千	二 四五〇千	二 七三七千
荷兰	三 三〇九千	三 五八〇千	四 〇一三千	四 五一一千	五 一〇四千	五 八五八千
德意志	三七 六一一千	四〇 〇八五千	四五 〇九五千	四九 二四一千	五六 〇四六千	六四 九二六千
比利时	四 七三二千	五 〇八八千	五 五三七千	六 〇六九千	六 六九四千	七 四二四千
法兰西	三七 三八六千	三六 一〇二千	三七 六七二千	三八 三四三千	三八 九六二千	三九 六〇二千
奥地利	不明	二〇 二一八千	二二 一四四千	二三 八九五千	二六 一五一千	二八 五七二千

---

① 编者注:此数字《新青年》为二千四 三一六千。
② 编者注:"纽锡仑",今译"新西兰"。下同。
③ 编者注:原书此栏文字模糊不清,此数字据《新青年》原文。

续表

年度 国别	一八六〇	一八七〇	一八八〇	一八九〇	一九〇〇	一九一〇
匈牙利	不明	一五五〇九千	一五七三九千	一七四六四千	一九二五五千	二〇八八六千
西班牙	一五六五五千	一六七九九千	一六四三二千	一七五四五千	一八六〇八千	一九五八九千
布尔格利亚	不明	不明	二〇〇八千	三二〇〇千	三七四四千	四三二九千
罗马尼亚	四〇〇〇千	四七五四千	五三〇〇千	五八〇〇千	五九五七千	六九六六千
阿金丁	不明	一八〇三千	不明	三九六四千	不明	七〇九二千
乌拉圭	二二九千	三三四千	四三八千	七五一千	九三六千	一〇四三千
日本	不明	三三一一千	三六五〇千	四〇七一九千	四四八一六千	五〇八九六千
意大利	二一七七千	二六八一〇千	二八四六〇千	三〇五三六千	三二四五〇千	三四六七一千

上表中统计数目见 W. S. Thompson 的人口论文一〇四页至一〇九页。原书美国克仑比亚[①]大学出版,名《人口论》,别名《马尔塞斯主义之研究》 (*Population*: *A Study in Malthusianism*)。

上边所列的国别一共二十三个,有新的国家如澳大利亚、坎拿大、纽锡仑、阿金丁、乌拉圭;有老大的国家,如英国、英领印度、日本、意大利;有工业发达的,如英国、德意志、比利时;有工商业不进步的,如西班牙、罗马尼亚。各国情形虽然完全不同,但是人口逐渐增加,却是一律。按着马尔塞斯所说的道理,人口所以增加的原因自然也是一样,都是因为生计扩张的缘故。但是生计扩张可以称做总原因,此外与生计扩张相伴或是受生计扩张之影响,发生许多不同的现象,也促进人口的增加。待我逐条说来:(一)自从欧洲产业革新之后,人类用机械代筋骨的劳动,省了若干人工,增加生产的分量。满足生活的需要品加增,所以现在世界足可以维持那屡增不已之人口。德意志的人口自一八六〇至一九一〇年增多二

---

① 编者注:"克仑比亚",今译"哥伦比亚"。下同。

千七百万以上。日本自从一八七〇至一九一〇年人口增加约近二千万。所以人口增加的主要原因，都是因为工商业发达，物品充斥。（二）与产业膨胀相伴的现象就是生活进步，文化进步。所谓生活和文化的进步，未必是全社会或全人类的进步。但是至少必有一部分人享受这个福气，增进他们的文化，改进他们的生活。生活进步的时候，使疾病减少，同时使死亡率低减。人类文化进步的时候，知识发达，明白生活之道。如医学卫生学等都是使死亡率低减。假使生殖率无变更，而死亡率逐渐的低减，结果就是人口增加，人口学者称他为自然增加（自然增加是生殖率与死亡率的差，研究人口问题的不可专注意生殖率，应该注意生殖率和死亡率的比例）。所以生活进步也是人口增加的一个主要原因。（三）新开辟的地方，天产富饶，一时取之不尽，用之不竭，因此可以吸收无数人口。合众国自一八六〇至一九一〇年，五十年间人口增加几有三倍。坎拿大自一八七〇至一九一〇年，四十年间人口增加亦有两倍有馀。阿金丁在同年内，四十年间，人口增加几至四倍。这一类增加的主要原因，也是因为从外国移来的人民多。（四）生计应该包括衣、食、住三种，农产物当然是生计上所最不可缺的。但是也有农产少的国家，人口反倒增加的。例如英国出产的谷类不足养活本国的人口，但是现在藉着轮船、铁路等交通的便利，得从谷物丰饶的地方运来供给他们增加的人口。这是因为英国工业发达，可以用他们的制造品，换外国的农产物品，补本国农产的不足。所以一个国家，虽然农产不足，祇要工业发达，有交通的便利，人口也是增加的。

综观以上所述四项，人口增加的情形虽然不同，但都是直接或间接原因于生计。生计充裕的表现，或是生活必要品充斥，或是生活程度进步，或是天产富饶为人利用，或是本国的制造发达，用之有馀，得以与别国所出产的生活必要品相交换，都是促进人口的增加。十九世纪以来各国人口的增加，可以说都是生计充裕的缘故。假使百年以前，科学没有进步，例如汽机电气没有发见，工业没有革新，新地方没有开拓，国际贸易没有发展，人类生活没有改良，我们敢断言人口绝对不能有那样的增殖。至于人口五六百万以上的伦敦、纽约大都会更是梦想不到了。总而言之，近百年以来，生计扩张，诚然是人类可庆的，并且最可使人注意的事实。生计扩张的结果，不祗是供养了无数的增加的人口，并且使人类一部分的生活程度增高，享受物质文明的幸福（经济学者研究近世纪经济的发展以为最显著的现象，就是财富之增加。究其实，财富之增加就是物品和事业比前代加增，现代人民能享受多量的物品，满足他们生活的需要）。世界人口虽然是累累加增，而马尔塞斯所栗栗危惧的过庶，始终没有现诸事实，这就是生计扩张的缘故。

五

过庶虽然没有现诸事实，但是马尔塞斯的人口论并没有因此推翻。马尔塞斯所说的那遏制人口的贫穷，却变成了文明社会普遍的现象，成为现在人类一种最苦痛的社会病。文华灿烂的国家里面尚且有若干饥寒交迫的贫民。英国的伦敦总算是在都会中首屈一指，文明、经济都是最发达的了。据一八八八年的调查，伦敦人口百分之三〇.七都是在贫穷境里。每十人中总有三人死在贫民院、疯人院、施医院里（参看 Charles Booth：*Labour and Life of the People of London* 1891）。又如纽约总算是新世界第一个都会，物质文明在世界无匹的了。亨特（Hunter）调查他的贫民竟占去百分之十四至百分之二十。这种悲惨的现象不特发生在都会里。亨特调查纽约、麻萨珠塞①、米西甘②等九州的人民，也是有五分之一在贫民之列。由此看来，生计扩张产出两种结果来。一种结果就是供养许多新增加之人口。一种结果就是造出贫穷的大问题。我们现在所应该研究的就是，贫穷是不是人口过多的变象。我们在上边已经声明过庶没有现诸事实，那世界普遍的贫穷状况当然不是过庶的变象，一定是由于旁的原因了。

---

① 编者注："麻萨珠塞"，今译"马萨诸塞"。
② 编者注："米西甘"，今译"密歇根"。

从理论上推想起来，人类确是有过庶的危险。人类的生殖力原来是无限的。马尔塞斯计算人类繁殖廿五年间可加增一倍。现在生理学者考查男子媾合时一次所泄精虫之数足可供全世界及笲女子受胎之用。人类生殖力之伟大可以想见。但是地球上可居之土地是有限制的。蒙古的高原，美洲的草野，各处人口虽然疏落，但长此以往终有人满之一日。农业化学、食物化学凭他进步多少，食品种类凭他是发见多少，将来出产总有穷竭之时。总之，土地、食物二种是有穷的，生殖是无穷的。后者终须受前者的限制。所以过庶的危险在理论上确是无可疑的。但是现代社会还没有这个危险。为什么呢？因为凡是文明社会，虽然如本篇表上所列，人口逐渐增加，但是自一八七〇以后生殖率却都是日见低减。据人口学者的调查，澳大利亚洲的生殖率降的最低。其次就是比利时、萨逊、纽锡仑、法兰西、德意志、澳地利①、英格兰、丹麦、瑞典、挪威，这些国家。现在采几国可靠的统计，列出表来，做为参考。

年度 国别	一八七〇	一八八〇	一八九〇	一九〇〇	一九一〇
英格兰	三四．八	三二．九	二九．八	二八．三	二五．四
澳大利亚	三八	三六	三五	二七	二七
纽锡仑	四〇	三八	二九	二六	二六
挪威	不明	三〇．九	三〇．二	三〇．〇	二六．一
瑞典	三二．〇	二九．六	二七．九	二六．八	二五．一
丹麦	二一．六	二二．〇	三〇．八	二九．八	二七．八
德意志	四〇．三	三七．九	三六．三	三五．七	三〇．七
比利时	不明	三一．六	二九．五	二八．八	二四．四
法兰西	二六．一	二四．九	二二．六	二一．八	一九．一
奥地利	四〇．二	三八．六	三七．三	三七．七	三三．〇

上表系从前述 Thompson 书中录出。Thompson 所取统计数目都是依据政府统计录。

---

① 编者注："澳地利"，今译"奥地利"。下同。

总之，世界上文明国家除去合众国、俄罗斯与日本以外，没有一国不是生殖率逐年减少的。生殖率虽然日见低减，但是贫穷问题反是日见困难。据人口学者的研究，一国里各种阶级的生殖率低减的程度也有差别。大概高级社会的生殖率，减少最烈，低级社会的生殖率，低减最微，也有保持原态的或增长的。但是低级社会的死亡率也是最高。所以我们推想近五十年来世界大部分的人口增加，除去移民不计外，当然是由于自然的增加，就是生产率与死亡率的增高。

现在既证明近年人口增加是自然的增加，我们仍然不能断定自然的增加与过庶有别，不至于发生贫穷的问题。所以我们须考察现在社会的经济状况，世界的产物果否可以敷现在人口的分配。全世界的生产统计，现在不能详述。只看英美两国的财富，全国人口如何分配，也就可以推知其馀的工业社会。英国全国的收入在一九〇八年值一八四四〇〇〇〇〇〇金磅。从所得税的统计调查这财富如何分配："全国人口百分之十二竟取去全国总收入二分之一，而全国人口三十分之一，只取去三分之一以上。"（参看 Chiozza Money: *Riches and Poverty*，1910 版）美国斯帕尔调查"美国住户百分之一竟取去全国总收入四分之一，而住户之百分之五十只取去总收入五分之一。"（参看 Charles B. Spahr: *An Essay on the Present Distribution of Wealth in the United States* 1896）上边曾说明金钱是代表物品的东西。全国总收入都是按金钱计算，我们用他指示全国一年所出产的物品。所以计算一国生产品值多少价格，即可推知那一国的生计。把生产的价格由全国人民平均分配，即可推知所生产的物品是否能满足人民的需要。按上边所引的调查看起来，那分配的方法，太不公平。例如英国的总收入假使平均分配起来每人每年只可以得四十磅，五口之家共可得二百磅。实际上贫人的收入不及此数，而富人的收入超过此数千倍万倍以上。所以现在文明社会的贫穷问题，不是由于人口过多，实在是由于分配不均。

但是有一派人反对这个道理。他们说假使把全国的财富平均分配于人民，结果必至使全国人民尽陷于贫穷的境遇。例如假使英国人民每人每年都只收入四十磅，他们都不能有安舒的生活。法国经济学者吉德即是这种主张（Charles Gide，*Principe de l'Economie Politique* "论社会主义"章内）。他们又说现在低级社会的生殖率已经表示增高，或保持原态的倾向，假使他们的生活进步，将来他们的生殖率扩张，使他们的子孙膨胀于全社会，岂不又产出过庶的现象吗？对于前者我们可以说分配平均以后一般人的生产力加增，财富加增，人人也就可得到安舒的生活。此论又昧于晚近人口上最显著的事实。那个最显著的事实就是文明越进步，生殖率越低减。文明越进步的国家，他的人民生殖率越低减。一个社会里也是一样；文明最高的阶级也是生殖率最低。爱理司①说："与社会巩固相伴有生殖率低减的倾向诚然是文明的本质。这种倾向在个人或者是熟思的，但是在社会上只可以认为本能的冲动，用他支配生活的状况，解决贫穷病死的问题。"（Havelock Ellis：*The Task of Social Hygiene* "论低落的生殖率"章第一八六页以下）。我们敢说贫穷是生计分配不均的缘故，不是人口过多的缘故。我们并且可进一步说，低级社会的过庶也是生计分配不均所产出的结果。分配问题是经济学的最重要部分，本篇不能离题太远，现在只好置之不论。读者要注意的就是贫穷与分配的关系，较贫穷与人口的关系更为切要。

六

以上所说都是引用外国的学说，采取外国的事实，讨论人口与贫穷的关系。论到中国，有种种的困难，不能为澈底的研究。第一，我们没有详确的人口统计（《续文献通考》论户口登耗说："国家户口登耗，有绝不可信者。有司之造册，与户科户部之稽查，皆仅儿戏耳。掌民部者宜留心经理焉。"）。第二，我们没有财富的调查。所

---

① 编者注："爱理司"，今译"霭理斯"。

以我们人口到底是过多或是过少实在无从稽查。中国人口，普通常用的数目是四万万或三万五千万。这个数目是推测的，不是切实调查出来的。假使祇有这个数目，没有全国财富的统计，仍然是不能考出中国的人口能否有享受贫穷以上的生活。现在满街跑的是乞丐，到处有的是流氓，是大家都知道的。但是乞丐流氓，是原因于过庶，还是原因于生计分配不均，我们却无从推测。

外人对于中国人口的研究，有说中国的人口将来膨胀不可限量，必然充满全球的。但是细心观察的人都知道中国的生殖率虽然极发达，而同时死亡率也异常伟大。十年前美国的洛斯①教授来游历中国，征集了外国医士三十三人的意见，说殇儿在西洋大概是占十分之三，在中国就要占十分之八（参看 E. A Ross: *The Changing Chinese*）。那末，中国的生殖率虽然发达，终结仍然是让死亡率抵消。所以生殖率过度的危险，在中国社会里到底到若何程度我们不能断定。

但是一般的议论常以为中国的贫穷是过庶的弊病。例如山东、广东、福建和扬子江下流诸省分，都是人口密度最高的区域。他们向外移出的人口，非常的多。我们现在没有人口统计与财富统计，不能只依据人民迁徙的现象，就断过庶为事实。中国各地方的人都是从事农业，所以移民的现象，只可认为农业上不能消纳他们。农业以外还有许多职业可以消纳。至于农业上可以消纳若干人口与农业上可供养若干人口又不是一事。前者指从事农产的人口，后者指农产所维持的人口。我们考查每年海关报告，即可以知道中国农产可否维持现存的人口。假使中国的农产不足供给中国人口之用，我们仍然不能就认为过庶的现象。因为农产不足的社会可以用他们的制造品去换食料。上边所举英国的例即是如此。假使农业工业发达的程度都是幼稚，全国人口的生计总须依赖外国的补助，那一国的输入额定然超过他的输出额。这个还不能判定为过庶的现象。例如

---

① 编者注："洛斯"，今译"罗斯"。

英国的输入额常是超过输出额的，但是他不感过庶的苦痛。英国的输出品运到外国，变成了生产的要素，在国外更造出物品，输入英国。所以英国所输入的实在还是他以先所输出的变象。由此看来，中国输入额超过输出，还是不敢就认为过庶的现象。

据我看来，中国人满的现象经过这几层的推敲讨论，只可认为先天的事前的判断，还是缺少归纳的科学的研究。我们再观察社会现状：见那横征暴敛的政府，嚣张跋扈的军人，结党营私的政客，敲剥胺削的财主，在那里肆无忌惮的吸取小民的膏血。收入分配的不均平，一方有月入几万元的军人政客，一方有月入六七元的车夫小贩。全国的物产、产业，向来虽然没有发展，还算是小民公有之物，现在竟渐渐的都集中于少数人之手，或是断送给外国的资本家。看此情形，中国的贫穷更是与人口的关系小，与政治及经济的关系大了。①

(民国) 九，二，廿四

(原载《新青年》第 7 卷第 4 号，1920 年 3 月 1 日，选自《孟和文存》，亚东图书馆 1925 年 6 月版)

---

① 假使中国现在所有的人口，每个都是有效率的生产者，能够有公平的经济制度维持他们的生活，那就不会有过庶的危险（假定人口不再继续增加）。若在现今政治经济与社会之情形之下，无论人口多寡，贫穷是不可免的。所以现在中国的贫穷不能只在人口方面注意。

种族问题

在现在无数的急待解决的问题之中，种族问题要算是最新的，也是最困难的了。我说他是最困难的，因为种族的差异是最显然的，不能避免的一个事实。除非你是一个瞎子，你对于一个人最先觉出的便是他的种族的特质，如皮肤、眼睛、头发、身材、面貌等等。一个中国人对于一个北欧的人最先觉出的便是许多与他全然不同的特色：皙白皮肤、金黄头发、灰蓝眼睛、高鼻梁、高大身材诸特质。一个外国人对于一个中国人最先觉出的也是许多黄种人所特有的形像：象牙的皮肤、漆黑头发、杏仁眼睛、扁平面孔诸特质。总之，两个人在谈话之先，在能有心理的或更深的接触之先，彼此最先得到的印象便是些关于身体形貌的特点。这个事实是没有方法逃免的，除非你现在可以使一切种族的生理的差别完全消灭。

这个身体的或生理的差异是种族差异与种族不易和洽的根本事实。但是此外近世人类社会的发展更现出多少使种族趋于相冲突的事实。以先世界交通不便的时候，人类间的接触本来有限。自从新的交通方法将地球缩小了以后，人类至少在交通一方面已经变成一家，但是种族间的界限不特不因之减少，反因之而加多。第一，言语的不能相通处处为人类间心理上的隔阂。因为心理上互相隔阂，所以一般人对于不同的种族只用这些生理的、表面的特征做人类歧异的标准。譬如一个普通的白种人见了黄种人，便不问他的智慧、能力、道德如何，实在说起来，因为言语不通也没有方法询问——只用他的身体形状做他认识的标识。这种标识是极方便的，你看见了一个异种人，你不必去研究他的本人，不必去研究他的人之所以为人的特质，你只看他的像貌身材便够了，何况这种身体的特征又常是最早又是最容易得到的印象，占先入为主的地位呢？第二，文化①的不同也处处妨害种族间的融洽。我这里所谓文化是按人类学者所常用的意义，我承认世界上无论什么人种都有文化。欧美的快枪、大炮、飞艇固然是文化，奥大利亚②土人的布末郎（Boomerang，一种抛出仍然可以返回的木质武器），也未尝不是文化；欧美人的科学知识固然是文化，非洲土人的拜物教也未尝不是文化。这种文化的程度不同，有些文化有将汰除其他文化的趋势；所以在今日的世界里，较高的文化——或者我应该说在现在生存竞争上效率最高的文化——常压迫或侵蚀其他较低的文化。但是因为文化这个东西常是极复杂的，极不易捉摸的，而各种族又常有他的代表的文化，所以一般人便常用种族的名称代不同的文化，将文化与人格联想为一事。譬如在西洋，你一提起中国人来，便想到缠足、束辫、吸鸦片、斩首、叩头这些风俗、礼节、法律——这些都是中国文化的一部分。你一提起日本人来，便想到艺妓、下驮（木屐）、武士道、腹切，还有其他的风俗制度，这些也都是日本文化的一部分。因为一个人生在一个一定的文化环境里——其实这完全是偶然的事——他便采用那个环境的文化；于是，假使你佩服或畏惧那个文化，你也就佩服或畏惧生在那个文化环境里的个人；假使你看不起那个文化，你也就连生在那个文化环境的个人也轻蔑了。我记得有一次在英国一个大都会里赴一个园游会的时候，一位太古洋行的大股东，看见我谈了几句以后，便问我"你们是用刽子手斩首的，是不是？"又一次（一九一三年）在瑞士的鲁卡诺③湖畔——凡曾经到过这个地方的绝不能忘记这个风景优雅的地方——的一家大旅舍里，一位英国的贵族必恭必敬的与我周旋说"你们贵国的海军真是最可钦佩。"这些都

---

① 言语与国家制度，都是文化的一部分，我现在为讨论的清楚起见，又因为他们在社会上、在人类的接触上，占极重要的位置，所以将他们特别提出。
② 编者注："奥大利亚"，今译"澳大利亚"。
③ 编者注："鲁卡诺"，今译"卢加诺"。

是与异种人接触时所常有的经验。你看见了一个异种人，便想起他的文化，你便按他的社会的文化在你的判断中的地位，决定你对于他的态度。你不必去研究他的本人，你不必知道他的人性与你的人性有什么不同，你只看了他的面貌身材，你便知道他是可贵的，因为他所属的文化环境里曾发达了航行的技术或战争的利器；或是他是可贱的，因为他所属的环境里曾流行了溺婴或枭首的陋俗。文化的不同永远要增进文化的隔阂，促进种族间敌忾的感情的。第三，国家制度也常是种族平和的障碍物。现在世界的人类是分为若干国家的单位，一个人总是一个国家的一分子，一个享有完全公民资格的公民，或是殖民地里一个毫无权利的土著的庶民。国家与种族诚然不能混为一谈，因为一个国家里常包括若干的种族（如瑞士），一个种族也常分为若干的国家（如所谓盎格鲁撒逊①人），但是国家势力的强弱常可以做为种族的标记。各种族的政治组织所显出的优劣的差别，也就可以代表各种族自身的差别。盎格鲁撒逊人代表最强大、最富庶的国家，蒙古人（黄种人）代表萎弱不振的国家（近来日本的强盛虽然是独一无二的例外），黑人则完全是不能有大政治组织的种族，这些都是不能否认的事实。因此你看见一个异种人，你便联想到他所属的国家。你按一个人的身体的特征便可以说定他是大国的人还是小国的人，强国的人还是弱国的人，一个国家的完全的公民还是被人征服的奴隶。国家永远是有强弱的，因此种族也永远是有优劣的。一个人属于某一个国家不过是偶然的事实，可是因为种族与国家有密切的关系，所以属于强国的人民便利用他们的智巧去欺侮弱国的人民；一方面藉着他们在国际政治上的卓越，发挥他们种族的骄傲；他方面因为缺乏强有力的政治组织，便不得不居于劣种的地位。国际间政治的不平等永远援助种族间相仇视的观念。

我们只举出言语、文化与国家地位三项，便可看出种族问题的解决如何困难了。这三种东西恐怕没有齐一的希望的：要想世界

---

① 编者注："撒逊"，今译"撒克逊"。下同。

上的人类都说同样的言语，要想世界上的社会都有同样的文化，要想世界上的国家都立于平等的地位，恐怕终久不过是几个人的高梦。但是这些不齐一的情形一日不除，他们便永远增加种族间的界限。退一步说，即便言语、文化与国家位置可以齐一，那个种族根本事实——即身体特征的差异——要永远存在，又有什么方法去改变呢？

我说这个种族问题是最新的，因为人类虽然自古便是多少不同的种族，但是种族的自觉心到了近代才特别的发达。蒲徕斯①（Lord Bryce）在一次的讲演②里讨论历史上种族情操的要素，说除了希腊人、腓尼西亚人③与犹太人而外，一直到了法国大革命以前，各国狠少有自觉的种族感情。"各种族虽然互相奋斗，但是，并不是由于种族的对抗。他们争夺土地，他们互相掠掳，他们从战争里求光荣，他们互相强迫宗教的信奉，但是无论他们的爱国心与国民的感情如何强盛，他们未曾按人种学上的名词想他们自己，并且在战争的时候所举的各种理由之中，也永远未曾以推广自己的文化为理由。……在这些战争里，向来不是种族的观念在前面的"（二五—二六页）。

蒲徕斯老先生的观察是不错的。近代国民主义所根据的种族的观念，诚然是法国大革命以后的新发展。近代的国民性（Nationality，或称为民族性）虽然不完全是一个种族的观念，但是种族的分别都常是援助国民性的一个最有力的要素。今日全世界的人民所信仰的国民主义实在是发源于一种种族的自觉心。世界的新国家的建立便是这个国家主义的表现。德意志人、意大利人，既于上世纪完整了他们国民的独立，而巴尔干半岛的小国民，如希腊人、塞比亚④人、

---

① 编者注："蒲徕斯"，今译"布莱斯"。下同。
② 蒲徕斯是一位有名的学者，至少，他的《美国平民政治》与《近代民主政体》两部大著作是大家都知道的。他的这篇演说系一九一五年在伦敦出版，原名为"Race Sentiment as a Factor in History"。
③ 编者注："腓尼西亚人"，今译"腓尼基人"。
④ 编者注："塞比亚"，今译"塞尔维亚"。

保加利亚人、罗曼尼亚①人、阿门尼亚②人，也先后脱了土耳其的羁绊。欧洲大战争以后，波兰人、察克③人、匈牙利人得到了他们的种族自由，今后其他弱小的民族如印度人、埃及人、安南④人、朝鲜人，也自然不能不按人种的观念，征求他们的独立与自由，除非历史的潮流可以忽然的改向了他的方向。种族的自觉心到了现在已经成了无法遏止之势。

现在世界上的问题已经不少了。资本与劳动，帝国主义与共产主义，强国与弱国，男性与女性，青年与老年，乡村与都市，无往不发现相冲突、相对抗的态度。而这个种族观念一旦浸入了人民的脑筋以后，世界上便又添出一种最强烈的、最深切的纠纷。

现在我们的问题就是种族的界限是不能泯没的吗？种族的差别是要维持的吗？种族的等级是要承认的吗？人类平和的前途要看我们如何答复这些问题。

（原载《现代评论》第 3 卷第 61 期，1926 年 2 月 6 日）

---

① 编者注："罗曼尼亚"，今译"罗马尼亚"。
② 编者注："阿门尼亚"，今译"阿尔巴尼亚"。
③ 编者注："察克"，今译"捷克"。
④ 编者注："安南"，今译"越南"。下同。

种族问题(二)

——从历史方面的观察

一切的社会问题都是历史的产物。我们要研究一个社会问题的来源，要明白他所以成为现在的情形，便不得不做一番历史的观察。现在我们应该从历史上考察种族问题的成形。

世界上的人类在长久的年代里都是些各自独立的种族。广大的疆土，稀少的人口，又加以不便的交通，狠少与人类以种族冲突、种族轧铄的机会。诚然的，在人类历史上，我们曾看见波斯人与希腊人的争衡，曾看见亚历山大帝国的版图占领了亚洲的西部与非洲的北部，曾看见罗马大帝国囊括了亚洲与非洲沿地中海的疆土，曾看见蒙古人的铁骑踏平了欧洲的东部，曾看见土耳其人的帝国吞并了欧洲的东南两半壁。但是这几次武力的压迫与侵略都是短期间的，没有留下极耐久的统治。各种族在大体上依然是独立的团体，没有一个种族——或者土耳其人应该除外——能够永久的压伏其他种族，永久的做其他种族的主宰。

到了十五世纪，人类的历史忽然现出了新的发展。欧洲人利用他们航海的技术，渐渐的开始了他们的开拓世界的事业。葡萄牙的航海家亨利亲王最先开拓了非洲的西部（一四一八至一四四八）。巴托罗缪地亚士①绕航了非洲南部的好望角（一四八六）。瓦斯扣遾伽马②开拓了印度及非洲的东部（一四九八至一五〇三）。

---

① 编者注："巴托罗缪地亚士"，今译"巴尔托洛摩·狄亚斯"。
② 编者注："瓦斯扣遾伽马"，今译"瓦斯科·达伽马"。

最后哥伦布①又发见了美洲（一四九二）。这个发见的大世纪（即十五世纪）是欧洲种族向外膨胀的发轫期。从此以后，他们竟渐渐的压倒了一切的种族，变成了一切种族的永久的主人。

五百年以前，当我们有明初叶，欧洲不过占地球上极小的一部分，他只是现在的欧洲的一半。当时俄罗斯差不多完全在欧洲国家系统之外，闭关自守，与欧洲的各国家绝少发生关系。当时东南的大部分，包括现今匈牙利的强半，都隶属于土耳其大帝国的治下，也未加入欧洲东部的争战的漩涡。所馀的部分才是真正的欧洲。这个小欧洲的各国家之间曾不断的为宗教、朝代、疆土的问题，发生纷争与扰乱。但是自从大发见的世纪以后，特别是在十九世纪的期间，欧洲的种族的历史——也可以说全人类的历史——竟变成了欧洲种族拓地与殖民的历史。南北美两大陆慢慢的先后由西班牙人、葡萄牙人、荷兰人、法兰西人、英格兰人开拓，经营，铲除土著，建设国家；这些种族之间虽然仍不断的发生冲突与势力的隆替，但是他们已经将这两大陆变成了白人的世界。

南美洲的大部分虽然是白人（西班牙人与葡萄牙人）与红印度人②的混种，但是在种种方面看来他也都是白人文化的世界。非洲的大陆也先后为英格兰人、法兰西人、比利时人、葡萄牙人、德意志人及意大利人所瓜分，一万万的生灵都有白人来做了他们的主人。亚洲南部及澳大利亚洲也渐渐为荷兰人、法兰西人及英格兰人所割据。马来群岛画归荷兰治下，安南沦为法国的藩属，印度、缅甸隶属于大英帝国的版图。亚洲北部及中部的大平原，自从俄国不得志于欧洲，不能在黑海寻得出路以后，也变成了大俄帝国惟一的殖民地。这是十五世纪以来，特别是十九世纪的欧洲民族膨胀的最可惊的情形。有色的人种，除了中国、日本、暹罗③与土耳其以外，差不多没有一个种族——就是最荒僻的岛屿与大陆的穹远的极端也不能

---

① 编者注："哥仑布"，今译"哥伦布"。
② 编者注："红印度人"，即印第安人。下同。
③ 编者注："暹罗"，即今泰国。下同。

除外——不直接的受白人的支配与压迫。

在五百年以前,欧洲种族所统辖的土地不过二三百万英方里,现在他们竟领了全世界土地的十分之九,即四千七百万英方里以上。

面积(以英方里计算)

欧洲	四 五九六 七六一	除去中国四 二九二 〇〇〇英方里,日本帝国二六〇 七四八英方里,暹罗一九五 〇〇〇英方里及土耳其四九五 〇〇〇英方里以外都是白人治下的世界
亚洲	一七 三九七 九五一	
非洲	一一 六五九 七二〇	
美洲	一六 〇八六 四二九	
大洋洲	三 一四三 七九七	
合计	五二 八八四 六五八	

蕞尔的小欧洲竟于五百年间将地球的全部都变为白人的地球,也自有他的众多的原因。我们现在姑不具论。但是这个种族的膨胀并不是永远顺遂的程序,他自然也要经许多的波折,受种种的制限。种族的膨胀虽然是常见的现象,但是种族的无限制的膨胀,横行全世界的膨胀却还是未实现的事实。强大的种族遇见了弱小的种族或者可以将他们灭绝,如达斯曼尼亚①人、毛利人、大部分的红印度人,还有其他无数只有名存的种族。但是有些种族不是容易的受淘汰的,他们遇见了强大的种族并不沦于灭亡。现在的世界虽然差不多都是白人的所有物,但是有些地方他们永远不能长久的居住,有些气候,他们永远不能忍受。有色的人种在这种地方或气候之下,依然生生不已,保存他们茂盛的人口。凡此都是白人膨胀的障碍。但是近年来与白种人以最大打击的就是有色人种的公然的抵抗,公然的否认或推翻白种人卓越的威权的新潮流。

最近的五百年是欧洲种族最得意的时代。世界是他们的舞台,世界是他们的仓库,多少万万的生灵都供他们的驱策。他们真是天

---

① 编者注:"达斯曼尼亚",今译"塔斯马尼亚"。

之骄子，他们真是全人类的主人。不幸，到了十九世纪的末年，这个五百年以来的时代的骄儿忽然遇着了大顿挫。一八九六年，非洲东部阿比西尼亚①的土人募集了十五万的大军炽灭了意大利侵略的军队。这不过是有色人种打击白种人的最初的霹雳一声。一个更大的，并且更有效的惊破白种人的狂傲，唤醒有色人种的萎靡的警钟乃是一九〇四年日本的打败俄罗斯。这次战争是人类历史上一个最重要的枢纽。我最好引一位瑞士历史家的评论，说明他的重要：

> ……一个非欧洲的强国证明了他在战争上能够胜过一个欧洲的强国，这是第一次。这个证明了学生可以强过他的先生。欧洲国家的优胜不过因为他们在技术的发明上曾占了先着而这次战争证明了旁的种族也可以容易的赶上他们，并且证明了欧洲人在十九世纪所建设的世界的统治乃立在一种比向来一般人所揣测的还更危险的基础。日本人的成功引起许多地方的人来模仿欧洲人。这个成功更坚强了对于欧洲人剥削非欧洲种族的抵抗。……②

这二十年以来，非欧洲种族反抗欧洲种族的潮流，一天比一天盛大。无论那一个白种人治下的疆域里，都埋藏着巨量的遇机即燃的火药。白种人的智慧与能力，固然在种种方面常是优于有色种人，他们固然曾绰有馀裕的压服多少弱小的民族。但是现在世界的局面已经变了。白色种人与有色种人的关系——固然两种族间的关系也有于弱小种族有利的，但是人类通病是不记恩，只记仇，不记愉快，常记苦痛——决不能再用向来的方法维持；白种人所占领的广大的版图决不能用旧的制度保存。智慧、武力或物质的优胜已经不是一个种族的专有品了。

现在我们正到了有色人种排斥白色人种的发轫期。将来两种族

---

① 编者注："阿比西尼亚"，今译"埃塞俄比亚"。
② 瑞士历史学者 Fueter 所著的 *World History*，三五八—三五九页。

间的竞争如何我们现在还不能预测。或者有色人种将永久屈伏于白色人种之下。或者有色人种要费多少的牺牲，才可以与白色人种立于平等的地位。无论如何，从种族的见地看来我们弱小种族的前途完全要靠着自己的努力。我们的命运要由我们自己决定。①

（原载《现代评论》第 3 卷第 63 期，1926 年 2 月 20 日）

---

① 现在中国有一派人希望中国倚赖白色人种的一部分或与白色人种的一部分合作，以抗抵他一部分的白色人种。又有一派不赞成这种态度，说我们宁可以倚赖同色人种也不能去倚赖异色人种。假使中国的种族要想真的独立，当然是什么种族都不应该倚赖，都不应该藉重。

种族的差别

种族是平等的吗？要解决这个问题必须先解决一个更根本的问题，就是种族间有种类的或根本的差别吗？种族论者引用生物学、人种学、优生学以及心理学的理论现在都承认种族在两方面有根本的差别，一方面就是身体的或生理的差别，一方面就是与身体特质相连的心理的差别。

身体的差别是比较的容易量计的。如鼻之高度、发之颜色、头颅之长度，以及身体的其他部分现在皆可用一定的工具与标准量计。这都是人类学者现在在测人术①（Anthropometry）一方面的重要工作。人类学者现在从骨骼的形状或皮肤的色素上可以推测种族间的关系，可以寻出血统的联络，可以定出种族不同的标志。因为种族在身体上有显然的差别，种族论者便主张种族的身体特质是种族不同的不可磨灭的根原，并且也是文化不同的根原。

这个见解又由生物学者供给了极有力的证据。威斯曼的《生殖质说》主张一切生物都有两种质。一种是生殖质，牠是联络累代的继续不断的有机体，一种是身体质，牠只是生殖质的保护者、培养者。一个生物的身体虽然有死亡，但是他的生殖质却能永久不变的存在，因为他在生殖的时候，已经由生殖细胞传递给后代。所以生殖细胞乃是生物的永不灭亡的本质。简言之，遗传完全根诸生殖细胞，人类的或种族的本性在几万年之中，已经为生殖细胞所限定；后天所获得的性质，不过是身体上的变化，不能从前代传递给后代

---

① 编者注："测人术"，今译"人体测量学"。

的。这个理论虽然曾引起了许多的反对的论证，但是种族论者却依然常用他来做他的主张的科学的根据。一位近年来鼓吹种族论最力的人曾这样说：

> 文明只是结果，他的原因就是优等生殖质的创造的促迫（creative urge）。文明是身体，种族是灵魂（Lothrop Stoddard：*The Rising Tide of Color*，第三百页）

后来孟德尔的研究，证明了生物遗传只有单位性质的遗传，不能有混合性质的遗传，更为种族论者张目。种族论者根据孟德尔的定则说，种族的特性是固定的、不变的，无论两个种族如何婚媾，各种族的特点是永远不能混合的。因此优种与劣种的婚配，并不能改变劣种，或者结果反使劣种逐渐的代替优种。这种性质的遗传不特限于身体的或生理的性质，心理的特质也是如此。如英国的戈尔敦①关于遗传的统计的研究更证明了精神方面也有规则的遗传。劣种与优种混合的结果实在是戕害种族。要想保存优种便须淘汰劣种或不与劣种通婚。

近年来，在心理方面的研究更与种族论者以最可靠的证据。自从法国的毕纳②与西门③创出了心理测验法以后，一时教育学者，特别是英国的教育界，乃至工业界、行政界、军事界，到处都应用这个新的工具，测验人的智能。于是有些人便用这个新方法测验种族的心理的差别。我现在将英国人④的几个较重要的测验，略为叙述。

美国人所最注意的种族，当然是在他们的国里占十分之一以上的黑人。所以他们所做的种族心理测验也都是黑人与白人智慧的比较。斯脱朗女士（Miss A. Strong）在南卡罗来纳州的哥仑比亚⑤地方

---

① 编者注："戈尔敦"，今译"高尔顿"。
② 编者注："毕纳"，今译"比纳"。下同。
③ 编者注："西门"，今译"西蒙"。下同。
④ 编者注：原文如此，疑应为美国人。
⑤ 编者注："哥仑比亚"，今译"哥伦比亚"。下同。

用毕纳、西门的方法测验了小学最初五年的黑白人儿童三百五十人。她的测验结果如下：

	低一年以上	程度适合	高一年以上
都市儿童	五．四%	八四．二%	一〇．四%
纱厂儿童	一八．三%	八一．六%	〇
黑人儿童	二五．六%	七四．四%	〇

以上所列前二种儿童都是白人。纱厂儿童的心理程度虽然不及都市儿童，但是无论如何，黑人儿童则远逊于白人儿童。黑人儿童的心理年龄低过一年以上者竟占四分之一强，而白人的都市儿童的心理年龄低过一年以上者只占二十分之一强。心理年龄高逾一年以上者黑人儿童没有一人，而都市的白人儿童竟占十分之一以上。看了这样的显明的对照，谁还敢说白人与黑人的智慧是相等的（测验见一九一三年的 Pedagogial Seminary）。

又有一位名叫奥达姆（Odum）的曾在费拉得尔菲亚城的小学校里，测验了三百个黑人儿童。他的测验结果是，在五、六、七岁的时候，黑人儿童的智慧是常态的，与普通白人儿童无大区别。等到年龄较长的时候，黑人儿童的心理程度便渐渐落白人之后。低能儿童在白人中不过占百分之三．九，在黑人中竟占百分之六．三。这又是黑人儿童不如白人儿童的一个极有力的证明（原测验见《美国政治社会学院杂志》第四十九卷）。

此外还有几种测验，大致也都是与此相同的结果，不暇叙述。独有美国政府的测验，我们似乎应该特别提出，因为他可以代表比较的有权威的研究。美国在加入欧战的时候，曾用心理测验的方法，考验兵士，选拔官长。这个有名的军队智慧测验曾做出不少的试验，一切的结果，也都证明了黑人不及白人的事实。例如他所用的甲乙两种测验（甲种是用文字的测验，专为识字的、智慧较高的兵士而设，乙种是用图画的测验，专为文盲而设）。在九三 九七三的白人中受甲种测验者占七一．八%，而一八 八九一的黑人中受甲种测验者只占三〇．一%。又如测验的成绩分为 A、B、C⁺、C、C⁻、D、

D⁻七等。白人受测验的成绩以中等的（C及C⁻）为最多，优等的及劣等的皆占少数，这正是人类界当然的现象。但是黑人受测验的成绩乃是劣等的逐渐加多，即 A 等只有〇.一％，B 等〇.六％，此后逐渐增加，到了 D⁻ 等便有四九.〇％了。这便是一般黑人智慧程度低下的现象。

以上所说都是黑白人心理测验的比较，关于黄白人心理的比较，我所知道的只有一个。一位名叫窝（Wanzh）的，测验了美国、中国及印度的学校儿童的六种的心理能力。这六种的心理能力就是：（一）注意集中力，（二）学习速度，（三）联想时间，（四）直接记忆力，（五）延缓的记忆力，（六）知识的范围。他所测验的结果如下：

	一	二	三	四	五	六
美国儿童	七五	六六	四六	五八	八〇	二三
中国儿童	七五	六二	三八	—	—	一五
印度儿童	六二	四五	五八	五四	八八	二四

（以上都是百分例）

看上表中国儿童的注意力虽然是与美国儿童相等，但是其他能力都不如他们（《美国心理学协会开会纪事录》，一九〇二年）。

我举出几种生物学的与心理学的研究，指出种族论者所依赖的科学的根据。我们崇信科学，我们感觉这些种研究的趣味，但是我们还不敢便承认种族论者的结论：种族之间，在身体与精神方面都有根本的、种类的差别。

身体的差别不能不说是显而易见的了，但是就是身体的差别都是靠不住的。牛津大学有名的人类学者马雷特（R. R. Marett）曾说：

> 要寻一个毫无错误的种族的标帜，简直是人类学者的梦，而且是毫无实现的希望的梦。（《人类学》第七十二页）

已故的人种学名宿歧因①（A. H. Keane）这样说：

> 所谓"种族"只是一个空泛的公式，并没有与他相当的实际。所谓原来的种族只可以说是属于在生物学范围之内。而现在的有数的团体称为种族的也不过是人民（Peoples），或人民的团体，只是由文明结为同胞，并非由血统而成同胞的。（《人之过去与现在》三七—三八页）

身体方面都缺乏绝可靠的标记，更用什么决定种族呢？

生物学上单位性质遗传之说，确已成立。可是人类的单位性质到底是那几种，至今还没有人详细的鉴定。例如头颅的尺度总算是种族的比较的可靠的标记了，可是假使我们信从美国有名的人种学家包阿兹②（Franz Boas）的研究，我们连头颅都不能认为人类的单位性质。包阿兹测了许多意大利与斯拉夫的移民及两种移民在美的二、三代的后裔之后，他曾发见了头颅形体的变化，就是移民的后裔头颅有渐渐的趋就美国土著头颅的标准的趋势。因此，他主张身体受环境的影响而生变化，并且这种变化在一代之内便可显出。

这是说种族在身体方面的差别是相对的，不是绝对的，是改变的，不是固定的。那末，我们可以用那比身体特质更重要的心理特质做种族差别的界限？假使身体特质已经是变化无定的，假使种族在身体方面只是一种"空泛的公式"，那心理特质更是靠不住的标准了。精神的或道德的特质不易测验，大概是人所共认的。就是现在许多的人相信为千真万确的心理测验，所测验的也并非人的生来的禀性，乃是他所受的教养的成绩。英国一位心理测验家伯尔特③（Cyril Burt）测验了伦敦市立学校儿童三千五百人以后说，用毕纳标准所得的结果之半数以上都是由于学校的成绩。我们要知道毕纳在

---

① 编者注："歧因"，今译"基尼"。
② 编者注："包阿兹"，今译"博厄斯"、"鲍阿斯"或"鲍亚士"。
③ 编者注："伯尔特"，今译"伯特"。

巴黎所测的并不是巴黎儿童的本性，美国推尔孟[①]（Terman）所测的也不是加利福尼州儿童的本性，前者只是巴黎学校同年儿童的平均能力，后者只是加利福尼州学校内儿童的平均能力罢了。

从此看来，我在上边所引的几种心理测验，并不能代表人种的区别，只可认为代表学校儿童的差异。就是这个黑白人间，或黄白人间的差异，也可以说是由于许多的原因，不单是由于种族的本性，如学校的教科、教授的方法、学期的长短、告假的多少，以及儿童的家庭的、经济的状况、儿童的父母的知识都与他的测验有重大的关系。美国政府军队的智慧测验，似乎可以说是代表黑人的全体，因为他是按一九一〇年的人口调查在各州里，每二百五十人中征取一人，共得一八 八九一之数。但是如果我们说学校儿童的心理测验，只表示学校的成绩，我们为什么不可以说这些黑人的测验并不能表示黑人的本性，只能表示他们在社会上所发展的能力呢？试想黑人在美国所处的地位、所受的教育、所遭遇的机会，我们如何能希望黑人能力可以有与白人同样的发展。假使黑人也得到与白人同样的机会，他们将来也可以发展成与白人完全同样的心理特质与否，我们固然不敢先天的断定。但是，黑人在近年的进步确是有目者所共睹的（参看蒲徕斯的《美国平民政治》第二册五四二至五四四页，一九一一年版，又一九二二年的《黑人年鉴》内"美国黑人五十六年来的进步"条内所列的统计）。

心理测验所测验的并不是先天的性质，不是人的本性，乃是在家庭、学校、社会诸种环境下所发展的能力。我们若竟依据心理测验的结果——无论是如何科学的或详细的——断定种族禀质的优劣，就未免过于武断了。人的生命复杂，人的心理特质有许多方面，如情绪、情操，也属重要的心理作用，若只用智慧测验做为人的心理全体的测验，就未免过于笼统了。

最末，关于优劣的标准，也是应该研究的问题。白人所用的当

[①] 编者注："推尔孟"，今译"特曼"或"推曼"。

然是白人的标准，黄人、黑人也必须用白人的标准吗？美国一位用科学的招牌鼓吹种族主义有名的格兰特（Madison Grant）推崇诺的克族（Nordics）的特别能力是做领袖与战争。战争也是优种的特质吗？在今日生存竞争的世界里，战争或者是重要的能力。但是，从种族全体的进步、长久的进步方面看来，战争还是优种的特质吗？

我们现在最谨慎的结论就是：（一）种族之间在生理与心理两方面是有差别的，但是这个差别未必是根本的或种类的差别。因为所谓种族不是一个固定的概念。（二）每个种族之内，智愚贤不肖的区别甚大；若以种族间平均能力或平均特质的差别与个人间能力或特质的差别相较，则前者大于后者。种族间之差别远不若个人间的差别。（三）人的本性不齐，但是人的本性的发展与否或如何发展完全靠着他所处的环境内极复杂的情形。现在种族的不齐，未必由于品质的不齐，——虽然品质的不齐也许是众多要素中的一个——乃由于历史背景与社会环境的相异。

如此看来，种族的界限已失去根据，为什么还用种族去画分人类，决定平等与否呢？

（原载《现代评论》第 4 卷第 86 期，1926 年 7 月 31 日）

张伯伦的种族说

在不久以前，德国丧失了一个有名的人物——张伯伦。张伯伦在现在虽然狠少人理会，至少京津的电报通信社都不曾传递他的死亡的消息，但是在十九世纪的末年，在浩亨索列伦①朝的盛世，他的著作却曾引起欧洲知识界的注意，他的思想却也对于德意志民族显出极重大并且极有效的影响。他的种族论恐怕只成了思想史上的一个陈迹，正如同历史上其他无数的理论或学说，因为不切于事实，或是因为更中人听闻的见解一时替代了他的地位，所遭的命运一样。我们在这个时候，正可以将他的种族说的大略，绍介给读者。

一②

在叙述张伯伦的种族论之先，我不得不略叙他的身世。

张伯伦（Houston Stewart Chamberlain）本来是一个英国人。他在一八五五年生在英国的南海（South sea）地方。他的父母两系都是军人的家庭，父亲 William Charles Chamberlain 是一位海军大将，三位伯叔都是陆军大将，就中一位是有名的 Field-Marshall Sir. Neville Chamberlain。他的外祖是以旅行及科学著名的海军舰长，霍尔贝细尔③（Captain Basil Hall），而他的外曾祖便是实验地质学的鼻祖，有

---

① 编者注："浩亨索列伦"，今译"霍亨索伦"。
② 编者注：此序号原文缺，为编者所加。
③ 编者注："霍尔贝细尔"，今译"巴兹尔·霍尔"。

名的霍尔哲姆士[①]（Sir. James Hall）。张伯伦的酷嗜科学或者是承受他的母系方面的遗传。

张伯伦虽然生在一个纯粹的英国家庭，可是他的教育却全然是欧洲大陆的。他最先在凡尔塞附近受了完全法国中学教育。后来投入英国有名的车尔登南姆学校[②]（Cheltenham College），预备将来受正式的士官教育。适巧在这个时候，他因为身体孱弱辍学，从此他便与陆军的教育，他的家庭的世袭的职业告别了。这实在是他一生的大转机，因为他一生的发展都从此发端。他先受教于一位德国有名的学者，以后便到日内瓦大学，从诸名教授习植物、地质、天文、解剖、生理诸自然学科。他是一个勤勉不懈的青年，这样热心的研究学问又伤害了他的身体的健康。他于是迁居到德国的德列斯顿。德列斯顿是中欧有名的文艺大都会，当时是瓦格纳（Richard Wagner）音乐的中心。张伯伦移居此处，得尽量的吸取瓦格纳的音乐与哲学，虽然一时不得不中断他的自然科学的研究。

张伯伦第一本刊行的著作是一篇批评瓦格纳有名的乐剧《洛恩格林》（Lohengrin）的法文的论文，书名 Notes sur Lohengrin。此后他用德文曾写了许多关于瓦格纳的文字，但是都没有引起世人的注意。于是他又恢复他以先的自然科学的研究，迁居到维也纳。他的一部法文著作，《关于树液上升之研究》（Recherches sur la sève ascendante），是张伯伦对于植物研究唯一的贡献。据说这部著作，大陆上的植物学者都奉为权威。

此时张伯伦羸弱的身体又不容许他继续自然科学的研究，而他的对于瓦格纳的欣赏与崇拜也强迫他改变他的研究的趋向。从此他便与自然科学绝缘，而专努力于文艺与社会思想的探讨。一八九二年，他的名著《瓦格纳的乐剧》（Das Drama Richard Wagners）出版。这部书的第一版只卖出五册，据说这五册之中还有著者自己买的。但是，不久此书竟继续的发行了四版。张伯伦接着又著《瓦格

[①] 编者注："霍尔哲姆士"，今译"詹姆斯·霍尔"。
[②] 编者注："车尔登南姆学校"，今译"切尔滕纳姆学校"。

纳传》问世。他的名声从此遂为世所公认了。

一八九九年，张伯伦的名著，《十九世纪的基础》(*Grundlagen des Neunzehnten Jahrhunderts*，英译本名 *The Foundations of the Nineteenth Century*，共两册，一九一〇年英国伦敦出版）出版，这是他一生最大的著作，据英译本共有四十余万字，用他的广博的知识，评论人类的，特别是欧洲的历史，他在这本书里发表了他的种族论。

英国人的张伯伦受了半生的大陆的文化的熏染，在这个时候已经变为纯粹的德国人了。他不只在国籍上是一个德国人，他的思想、他的言论也专来颂扬德意志的文化。在欧战的时候他做了多少文章，攻击英国的政府与制度，赞扬德意志的正义。于是他的文章变成极有效的宣传品，他的论文的单行本散布于德国战线的各军队，做了前敌军士的兴奋剂。

英国人在一九一五年将他的论文，译成英文，名为《一个叛徒的狂吠》（*The Ravings of a Renegade*）。张伯伦的见解如何姑勿论，一个归化的人这样的效忠所归化的国家，这样的攻击他的出生国，当然是英国所痛心疾首的一件事，特别又是在战争的时候。

二

《十九世纪的基础》可以说是一部种族观的历史。著者将希腊、罗马、犹太、基督教、日耳曼民族，特别是条顿民族以后在文艺复兴、大发见、科学、工艺、经济、宗教、哲学、美术诸方面的成就，详加评述，但是一切的评述都用他的种族论做评判的标准。这部历史诚然是一部奇书。每页都显露著者的博学多闻，但是可惜一个种族的偏见竟占据了著者的全心思，因此一部伟大的著作已经不是历史，只成为讴歌德意志民族与基督新教精神的颂文。

所谓十九世纪便是条顿人的世纪。张伯伦以为条顿民族是世界上的怪民族。所谓条顿民族就是日耳曼人、斯拉夫人及克尔特人。欧洲文明以耶稣纪元为起点，第十三世纪乃是大发展的时期，文化的成就最多。如欧洲的汉萨同盟，如英国的大宪章，如圣佛兰西斯的宗教运动，如汤姆士阿亏①（Thomas Aquinas）及丹士苏格脱斯②（Duns scotus）的哲学思想，如阿勃士麦格奴斯③（Albert Magnus）及洛奇尔培根④（Roger Bacon）的自然科学，如丹第⑤（Alighieri Dante）的诗歌与政论，以及油画、建筑，都在此时代发轫。这正是条顿民族初露头角的时期。至于希腊的文艺与美术、罗马的法律与政制、犹太的宗教不过是条顿民族舞台的开幕前的准备罢了。张伯伦说：

> 条顿是我们文化的灵魂。现在的欧罗巴以及全世界上他的多少的支裔都代表无数的种族混合的结果：联系我们的，使我们成为有机的统一的乃是条顿民族的血脉。我们试看全球，今日各国因跻于列强而占重要的都依赖他的人口中纯粹的条顿血脉的成分的多寡。欧洲的宝座上只有条顿人。——凡是以前的世界历史，我们都可以认为"绪论"，真的历史，支配我们心的搏动，循环我们的血管的历史，感发我们新的希望，新的创造的历史，乃是在条顿民族用他们做主人的手腕，握住古代的遗产以后才开始的。（英译本第一册二五七页）

你看点条顿人豪语，这个种族的自负。这就是张伯伦历史观的中心点。但是何以条顿民族会有如此的伟大呢？他评论条顿民族的性质，第一，他是骁勇善战。第二，他酷嗜音乐与诗歌。他富于想像力。如丹第、莎士比耳、弥尔顿、哥德⑥、希勒尔、洛克、牛顿、康德、笛卡尔都是雄厚的想像力的表现。第三，自由也是条

---

① 编者注："汤姆士阿亏"，今译"托马斯·阿奎那"。
② 编者注："丹士苏格脱斯"，今译"邓·司各特"。
③ 编者注："阿勃士麦格奴斯"，今译"艾伯特·马格努斯"。
④ 编者注："洛奇尔培根"，今译"罗吉尔·培根"。
⑤ 编者注："丹第"，今译"但丁"。下同。
⑥ 编者注："哥德"，今译"歌德"。

顿民族的特色。宗教革命、政治改革都是为自由的奋斗。文艺、哲学、科学也都是以自由为基础。与自由的创造的精神相连的就是忠诚。忠诚是自决，自己选择自己的主人。条顿民族表现出一种性格的两方面——在知识方面便是自由，在道德方面便是忠诚。以先塔西图司①（Tacitus）曾说，"世界上没有能及得上条顿人那样的忠诚的"（英译本第一册五四二—五五〇页）。但是条顿人最高的特色乃是理想与实用兼而有之。条顿人是最富于理想的，同时也是最务实际的。张伯伦说：

> 一个条顿人写出一部《纯粹理性评判》②，但是同时一个条顿人又发明铁路；贝西末尔③（Bessemer）与爱迪孙④（Edison）的世纪也就是贝特浩芬⑤（Beethoven）与瓦格纳的世纪。凡是不能觉出这个冲动（按即理想与实用的冲动）的统一的，凡是以为天文学者的牛顿会中断他的数学的研究而做《圣约翰默示录》的注解，克仑布顿⑥（Crompton）的发明纺机原为多得闲暇享受他所爱的音乐，铁血的政治家卑士麦⑦在他一生中重要的瞬间里常是要听贝特浩芬的琴乐的演奏，都是不可解的谜的人，都是丝毫不了解条顿人的性质，因此也不能对于条顿人在过去及现在历史上所占的地位，下正当判断。（英译本第一册五一一—五五二页）

三

为什么条顿人会有这样的高贵的性格呢？张伯伦相信高贵的种

---

① 编者注："塔西图司"，今译"塔西伦"。
② 编者注：《纯粹理性评判》，今译《纯粹理性批判》。
③ 编者注："贝西末尔"，今译"贝塞麦"。
④ 编者注："爱迪孙"，今译"爱迪生"。
⑤ 编者注："贝特浩芬"，今译"贝多芬"。下同。
⑥ 编者注："克仑布顿"，今译"克伦普顿"。
⑦ 编者注："卑士麦"，今译"俾斯麦"。

族必须遵从五种定律。第一，好种族当然必须是良好的种子。至于如何乃能产出好种，张伯伦也不知其所以然，他只说好种须逐渐的，并且在特殊的状况之下养成的。竞争足以增进强种，淘汰弱种。第二，同种相婚可以产出英隽的人民，如希腊人、罗马人、佛朗克人、斯瓦比亚人、意大利人、英格兰人、犹太人等都是因同种相婚而产出良种的好例。第三，人为的淘汰，如希腊人、罗马人、条顿人抛弃弱婴的风俗都是强种的好方法。凶年、生活困穷也可以发生同样的效果，使种族强旺。第四，混合种族。希腊之伟人都是混血的；德国的斯瓦比亚，就是音乐家毛查尔①与学家②希勤尔③的故乡，便是克尔特混种的地方；萨克逊也是斯拉夫族的混种。良种一概是混血的结果。同种相婚过久的种族必日趋于退化。第五，混种必须是谨慎的，换言之，乃某种一定的混种才可以提高种族的高贵，或创造新的良好的种族。张伯伦关于此点应用牧畜家配种道理说明混种必须谨慎选择。劣种的通婚必产出不良的结果，如南美诸国民便是显著的例。

以上是张伯伦所承认的种族的基础的原则。各民族虽然都不能外乎这些原则，但是独有条顿人是完全与这些原则相符。张伯伦鄙弃世上一切的种族。他对于我们中国种族，加以极恶劣的评语（英译本第二册二〇八—二一一页；特别是二四六—二五五页）。他虽然承认犹太人有保存种族的个性，但是他只是过去的，独有条顿人是现在与未来的势力。他虽然承认希腊在艺术上、罗马人在法律与行政上、犹太人在宗教上都有伟大的成绩，但是这些只能供条顿人发展时所需要的遗产，而非文化的本身。一切文化都是条顿主义的产物。张伯伦说：

---

① 编者注："毛查尔"，今译"莫扎特"。
② 编者注：原文如此。
③ 编者注：原文如此，疑应为希勒尔。上文有希勒尔。

> 北欧所放身①的文明与文化今日支配全世界的大部分的（支配的程度虽然深浅不同）都是条顿主义的工作。……这个条顿主义的工作毫无可疑的是人类空前的最大的成绩。他所以能成就的不是由于"人道主义"的幻想，乃是由于健全的、自私的权力；不是由于信仰权威，乃是由于自由的探讨；不是由于以些许为满足，乃是由于永不能满足的饥饿的要求。（英译本第二册二二八页）

条顿人显出这样的大成功，我们这些弱小的非条顿民族又如何呢？张伯伦毫不客气的说：

> 没有人能证明条顿主义的优越，对于地球上一切的人民都是可庆的；自从古代到现在，我们看见条顿人为扩张他们的地盘曾屠戮了多少部落，多少种族，或是用系统的恶化方法，慢慢的殄灭他们。……但是凡人都应该承认，凡是条顿人所到的，显露他们最惨酷的地方——例如盎格鲁萨②人之在美国，日耳曼人之在普鲁士，法兰西人与英格兰人之在北美——他们便用这个惨酷的方法建设了最高贵的、最道德的、最安稳的基础。（英译本第二册二二九页）

这是如何凶狠的声调，这好像尼采的口气。我敢说欧美的学者狠少承认这话的，但是，我们试读白种人近二三百年在世界上跋扈的历史，我们倒不得不相信张伯伦的露骨的言论。

四

张伯伦的条顿主义代表一种夸大狂的病症。他的种族论只是他

---

① 编者注：原文如此。
② 编者注：原文如此。

的卑浅的生物学，偏陋的历史研究，与种族迷信的凑合物。若用心理分析法看来，他的孱弱的身躯或者正应该发表这样狂妄的言论。但是，半生所得的学问都用来辩护一个莫须有的论题，尊崇一个无凭据的迷信，也足可以使我们知道学问实在是一个危险的工具。

但是张伯伦的种族论并不是独一无二的。在种族论史上，他可以说是占第二位置。在他的以先有法国的戈必诺①（Gobinean）。虽然张伯伦曾也非难戈必诺的主张，但是他确是继承他的衣钵，不过多用些生物学与历史资料做他的援助罢了。现在种族论正是方兴未艾。近来，如美国的格兰特（Madison Grant）的尊崇诺地克、斯脱达德②的有色人种危险论，都博得多人的视听。就连美国的大学教授（如 Josey）、法国的文学作家（为 Muret）也都传染了这个种族的迷信。在思想一方面，或者种族说还要占据世上大部分的心思，在实际一方面，或者种族还要变成国际政治的争点。张伯伦的学说虽然不能成立，但是关于种族之争——在理论上与在实际政治上——或者还要享长久的运命呢！

（原载《现代评论》第 5 卷第 114 期，1927 年 2 月 12 日）

---

① 编者注："戈必诺"，今译"戈比诺"。下同。
② 编者注："斯脱达德"，今译"斯托达德"。

六时间之劳动

近来有人仿佛把八时间的工作当作天经地义，以为一个人每天有八时间的劳动，八时间的睡眠，八时间的游戏，是最理想的分配时间法，不能更有所修改了。

这种见解有两个谬误。第一，人类界里没有绝对的东西，没有不能更改的东西。一个时代的制度，——政治的，经济的，宗教的，法律的等等——无论他怎样有价值，及至不能合乎时宜，就应该改变。现在文明国家大概把八时间的劳动订在法律上。这个八时间劳动的立法，是从原先十四时间劳动，十二时间劳动，十时间劳动里递次变嬗来的。以先的人也未尝不拿十四时间、十二时间或十时间的劳动当做天经地义，以为从种种方面看起，绝无修改之馀地。各国因为缩短时间惹起多少争论和反对，读者在各国劳动立法史上可以看出来的。但是无论争论和反对有多少利害，结果仍然是屡有减缩的倾向。所以八时间的劳动，虽然比我们现在十二时间、十四时间的劳动合理的多，仍然是可以更改的。将来改为六小时以后，再加机械之发明，工作之分配，仍然可以再减。

第二，文明人的劳动，有许多方法都是省劳力的。例如分工越微细，各人所费的劳力也就省。又如机械的种类越多，也就越省工作。总之，人类因为有发明心，所以时时寻出省时省力的方法和器械。人类发明机械，分配工作的程度日益进步，人类的劳动也就日益省时省力。所以劳动缩短时间是自然的倾向。

近几年来心理学者所研究的疲劳问题已经扩充到工业界。他们发现长时间的劳动所得到的效果反不若短时间努力的劳动。这并不是空洞的学理。现在办工场的，明白科学管理法的，大概从经验上都知道这个道理：人在一定时间内可生产最高量。假使让疲劳的人工作，生产量一定减少。

最近鼓吹六时间的劳动最利害的就是英国日光胰皂厂的总裁兼大股东利华勋爵（他本来姓利华，后来英皇赐他勋爵称 Lord Leverhulme）。他承认英国的产业情形不同，不能立刻都采用每日六时间的劳动。但是假使采用六时间的劳动制度可以雇用两班工人，因而减少生产费，就应该从速采用。如农业上所用的机械不若工业上的多，一时似尚不能采用六时间的制度。将来耕种的机械都用在农业上，也一定可以雇用两班工人每班只工作六小时的。

雇用女工的工厂采用六时间劳动的制度更为重要。女工与男工不同，女工不论已嫁的或未嫁的回到家里大概总有缝衣煮饭等家事要做。女工劳动后当然是疲劳的，到家又须整理家事，所以他的工作时间应该缩短到六小时。

上边说假使采用六时间的制度可以低减生产费，那就没有窒碍。假使工场里关于利息、职员薪水、修缮、消耗、租税等的支出（所得税、利益税不在内）与工资的支出相等，施行六时间制度就没有亏损。有许多的工场，工资不过占利息、职员薪水、修缮、消耗、租税等支出（这类支出英语称 Overhead Charges）之半，或不及一半。假使这一类工场的原料与劳动的供给不至缺少，外间对于制造品的要求依然存在，他们施行六时间制度，不特没有损失，还可以低减生产费，获有赢利。

纺织的工场里，利息、薪水、修缮、消耗等支出与工资相等。利华勋爵为纺织业拟了一个假定的预算如下：

八时间的工作每星期共四十八小时。假定每星期的生产为一〇〇〇项，共须利息、薪水等支出一〇〇〇磅，工资一〇〇〇磅，合计共二〇〇〇磅。那末除去原料及生产相当的费用以外，每项值四十先令（即两磅）。

假使采用六时间制度，雇用两班人工作，每星期共有七十二小时。事实上短缩工作时间，每时间的生产额定然是增加的。今假定生产额与四十八小时相同，没有增加。再假定工资与以前长工作时间的工资相同（工资事实上是不能低减的），那末生产品共有一五〇〇项。利息、薪水、修缮、消耗等支出没有大出入，因为机械须常更换新型，放弃不用将来也是无用，所以反不若常使用他。建筑、机械、器具等都是固定的资本，所以用一班工人与用两班工人以至三四班工人时没有分别，仍然是一〇〇〇磅。但是工人是两班，共须二〇〇〇磅。计共一五〇〇项，合三〇〇〇磅。除去原料，仍合每项四十先令。

但是按过去的经验考查起来，工作时间缩短当然减去疲劳。六时间的劳动者，减少疲劳，所以他的出产当然增加。利华勋爵以为两班工人七十二小时的劳动足以生产二〇〇〇项。那末每项只合三十先令。这个数目比以先四十八小时劳动的生产费减少四分之一。所以由八小时劳动缩短至六小时实在是获利的。所获之利可用于两途：一增加收入，工人于应得之工资外更分受花红；二低减物价，使消费者以廉价购物品满足需要。

从此看来，六时间制度是于工人最有利的。第一，减少工作时间，可以省出工夫来从事劳动以外的事务。近来科学发达，使人类的生活日有进步，使人类思想、眼光，日加深远。但是有大多数的劳动者每日勤苦劳作仍然总不外为些衣食住，没有闲暇发展他的知识思想。劳动者变成机械的奴隶是人类的最不幸。六时间的劳动就是与劳动者以修养身心的机会。第二，工人于工资以外可以得花红，增加他的收入。第三，工人可以用廉价购买物品，使他的生活费低减。这都是工人可以得到的益处。

六时间的劳动制度是一位资本家提倡的。他的提议当然是承认资本制度的基础，一种局部的改革。但是无论将来资本制度存在与否，无论生产是什么样子，利华勋爵所拟定的预算仍然是对的。因为他的目的是：（一）增进劳动者的幸福，（二）增进消费者的利益。更可以解决失业问题和工人的补习教育问题。

利华勋爵关于六时间劳动的提议见他的演说集，英文原书名 *The Six Hours Day and Other Industrial Questions*（一四至三五页）。演说集内有论合股制度之文八篇也颇有价值（五九至一三五页）。

（原载《新青年》第 8 卷第 2 号，1920 年 10 月 1 日，选自《孟和文存》，亚东图书馆 1925 年 6 月版）

欧美之劳动问题

——一九一九年在欧洲时所见

劳动成了欧美国家里最重要的问题已经不是一年了。自从欧洲工业革新以后,所有重要的生产差不多都渐渐改用机械制造。用机械的工业并不是不用人工,不过是一种分工的劳动,拿机械省人力省时间的生产法,至于管理机械还是需用劳动者。并且劳动者是生产的第一要素,因为假使没有人工运用机械,无论有多少煤也不能自己从地下起来,无论有多少架机器也不能自己动转起来,无论有多少原料也不能自己做出物品来。所以有人说劳动是唯一生产者,那机械原料不过是辅助生产的工具罢了。自从太古原人时代,人就是常常做工的。但是自从人类用机械制造物品以来,那所有的大工业都聚集在大都会交通便利的地方(便于得燃料、原料,并且便于运出物品去售卖)。原来不是大都会的地方,因为工场或矿山开的多了,也就日日发达,成了大工业的都会。所以现在做工的人都到都会去,都会也就变成了"劳动之市场"。劳动者来到都会里,自己是没有机械(因为现今机械的价格很大,劳动者都是因为家里或自身没有产业,或所有的产业不够生活,才去被雇为劳动者)、没有原料、没有土地的。他所有的就是他一身的工作能力。他被雇的时候所卖的也就是他的工作能力。所以有人称劳动者为无资产的齐民(或无产阶级 Proletariat)。

那雇用劳动者的人都是有机械的,有原料的,或是有土地的;或是三者都有的;或是三者都没有而可以设法得到的(即企业家)。他们怎么得到这三者,他们得到这三者的方法正当不正当,我们且不去讨论（读者可读英文的著作如英国 J. A. Hobson 的 *Evolution of Modern Capitalism*、美国 Ely 教授的 *Evolution of Industrial Society*、德国 Bücher 教授的 *Industrial Evolution*，和纯粹社会党对于现今资本制度的批评）。因为我们现在用金钱做物品的媒介物，他们既然有机械、原料、土地等资产，也就是有金钱的人。所以在工业发达的国家里产出了这两种阶级：一方面是有资产有金钱的人，雇用那没有资产专卖工作能力的；一方面是没有资产的劳动者，因为没有机械、原料、土地，专是受人雇用才能生产的。

在欧美工业发达的国家里，这有资产者与无资产者两种阶级是一个普遍的现象。劳动问题就是从这个现象里发生。劳动者没有知识，没有团结的时候，能力薄弱。因为自己没有资产，只好任凭那有资产的调遣（关于这一段劳动界黑暗悲惨的历史，读过英国工业发达史的是都知道的）。无论他们的劳动状况怎样难堪，无论生活状态怎样低陋，他们只为了求生之念，也没有方法改良。等到劳动者渐渐的有了觉悟，有了团体，自然不甘服那有资产者，就想扩张他们的权利，所以就成了两种阶级对垒的形势。按理想说起来，一国里的人以至全世界的人因为都是人类，原来是有共同的利益的。论理上虽是这样说，但是因为工业革新后，成就了现今的资产制度，都把人类分为两种相对抗的阶级。

马克斯[①]一派的社会主义就用这个对垒的状态鼓吹那"阶级战争"。但是据我看来，一个社会里头不只是有资产者与无资产者两种阶级，两种阶级以外还有那劳心者如官吏、议员、律师、教习、企业家等，他们工作的性质虽然是与劳动者相似，但是他们的利益与思想却常与有资产的相近或是完全相同。此外还有那中等社会（Bourgeoisie）兼有资产者和劳动者两阶级的性质，在工业发达的社会里为数也不少。所以历来欧美劳动界的纷扰，并不是像马克斯党所说的无资产阶级向资产阶级宣战，实在是劳动者对于社会各阶级

---

① 编者注：马克斯即马克思。

求他们相当的位置。他们并不是向着资产阶级无理取闹,却是要求改良劳动和生活的状况,享凡人类所应享的物质的精神的文明。这就是历来劳动问题的烧点。

欧美的劳动界不断的对于雇主有种种的要求:减少工作时间,增加工钱,改良劳动状况,发给养老年金,赔偿工作上的险害。这都是为人的所应该享受的利益。假使不承认劳动者这些种要求,就是不承认他们与我们同是一种有血肉有感情的人类。但是在有资产者占势力的时候,那议员、官吏、宗教家、经济学者等等,都是袒护资产的利益的。现今社会上固有的制度,例如国会、学校、教会的组织,也都是保护他们的利益的。所以才显出所谓"阶级战争"的现象。近几年来,劳动者用团体的势力虽然也有得到他们的要求的,但是只是部分的,不是全体的。况且劳动者虽然一时满足了他们的要求,但是社会上的状态也不断的改变,所以他们又起了新要求(例如生活费一天比一天增高。劳动者的收入虽然因为屡次的要求有增加,但是终久跟不上那腾贵的物价。例如此次战后美国的物价增加百分[即加倍],但是劳动者增加的工钱还不到百分)。所得到的利益是一时的,不是永久的。一类劳动者满足了他们的要求,他类的劳动者也就起而效尤。劳动者获得了一种要求,不久又要发生了新要求,这样看起来,那劳动、资产两阶级的冲突是普遍的,并且是没有完全解决的时候。此外还有那有工作能力而无人雇用的和那无工作能力的都要求他们工作的权利。这就是欧美"劳动不靖"的现象。一般思想家、科学家,专心用力想法子解决的也就是这个大问题。

此次大战争开始之先,已经是劳动问题在欧美最吃紧的时候。政府惯用那拳术上"转闪腾挪"的法子躲避他。战事一起,英、法两国把劳动界奋斗的势力一时都掉转向战事上去。最先把失业的劳动者都吸收到军队里去。但是劳动问题之困难并不因此减轻。我且述说几桩错综的原因。(一)战争的时候,生产力已经低减,那所有的生产力的大部分又都是制造军需品:不是制造损害生产力的物品如枪炮，就是制造些专为满足那无生产能力者或损害生产能力者（即军人及与军队相关系的）的需要的物品。于是一般生产力低减，就把日常需用品的价钱一天一天的长高起来。（二）战费浩大，政府没有法子筹款，只有募集国债。国债不足额的时候，发行新纸币补充（例如法政府发行纸币约六万万磅，而法兰西银行［法之国家银行］今年六月间所存现金只有二万三千万四百磅之数），使纸币价格低减，也就是使物价提高。（三）战争的时候虽然异常危急，但是那没有良心的资产家仍在那里垄断获利，鱼肉小民。政府虽然采用监督食品、稽察物价、提高馀利税（Excess Profit Tax）、所得税，种种的方法，但是那"战时赢利者"（War Profiteers）（日本所谓成金［Narikin］就是这一类人）是防不胜防的。无论政府用什么方法限制不正当的营利，他们是依旧存在（我这次在英国听说战时赢利者非常之多。赤手空拳的人在一两年里头竟会有变成富家翁的。这种意外之财，当然是不合理的）。这也是扰乱经济界蠹害小民的一个原因。有这三种重大的原因，使劳动者的生活更加穷困。人都说战时劳动者的收入增加最多，但是与生活费比较起来还是入不敷出。所以在战争的几年里，劳动界的不稳也一时没有停止，局部的罢工停业是时时有的。在休战条约未签字之先，法国有一次大罢工，几乎惹出大事来。美国在加入战事以前，虽然一时因为供给联盟国方面的需要，在经济上获得了许多利益，劳动者因为没有东欧民进口与他们竞争也沾了工业繁昌的馀润，但是劳动者为保持所获得的地位，并且嫉妒那战时赢利者和垄断者的专横，依然是继续以先不稳的状态（自一九一五至一九一八的四年间，美国罢工事件共有一万多件），并且起了野心更大的要求。

所以劳动界的不稳，在战争时期内，暂时并没有停歇。不过因为政府取缔报纸，不准记载罢工及胁迫资产家的大事件，并且各局部的扰乱，常由政府劝导双方从速谈判解决，所以正确的消息没有全暴露出来。当时人的精神全贯注在战争上，所以也就把劳动问题全忘记了。现在战事停止，劳动界加倍活动起来，本来是当然的，也是大家预料得到的。但是此次劳动上所要解决的问题，较比历来发生的问题更为根本的，不只是工钱、时间、劳动状况等问题，乃是为劳动者在社会里争一个相当的位置。也可以说这是一个社会改造问题。假使我们让资产阶级、劳动阶级取对垒的形势，永久继续下去，还是不能使劳动者获得一个相当的位置，当然要把固有的社会重新改造一番。

此次欧美社会受了战事的影响，产出了许多的新问题（如军人遗族恤金、裁兵、成人教育诸问题），使固有的问题（如救济贫穷、增加生产诸问题）益加难以解决。那固有的问题里，要推劳动问题为最困难的，最根本的。譬如战时国内的壮丁都到战壕里去，女子及未熟练的劳动者出来代他们从事劳动。现在军人退伍的有几百万也要找事做，有什么地方可以消纳他们（据说战后用人的地方极多；但是退伍的军人没有教育，没有专能，所以找不到事）。假使他们也是些没有特别技能的，又先要为他们谋教育上的设备。譬如生活难的问题，也是四面八方的来袭击这些劳动者，使他们想根本的方法处置生活问题。要详细的把欧美战后的劳动问题讨论起来，不是本文可以说得完的。但是劳动是现今欧美的问题，我们却看得出来。因为在欧美工业发达的国家，劳动者是生产者，是人民最重要的部分。例如英国战前人口有四千五百万，就中劳动者有一千八百万，即占了人口三分之一。又如此次罢工的美国钢铁工人（十一月发生之事件）属于格利氏（Gary）（此人代表资本家与工会代表会议不谐而决裂者）所管辖者，较诸今日欧洲新成立之小国家之人口还多，较诸三年前美国之军人还多一倍。劳动者不只是人数多，他们与一般人民的关系也是极重。假使矿工不肯工作，全国立刻就缺少燃料。不只是一般消费者不能煮饭，不能取暖，所有的工场也都要停止工作。假使铁路工人罢工，不只是旅客要感困难，所有的货物也就不能运输。英国的矿工、铁路工人和转运工人（指码头上脚夫、电车手一类），去年联合起来成了"三合会"（或译为三角同盟），他们的势力觉得格外伟大。法国仿了这个办法。美国的"劳动联合会"（即 American Federation of Labor，简称为 A. F. L.）也有伟大的势力。这样看起来，劳动是工业国家的生死问题（中国提倡兴实业的都说可以使国家富强。我们看了欧美的经验，富强的并不是国家，实在是国家里少数之个人。使国家富强的也不是实业家，实在是多数的劳动者。我们工业后进国千万不要忘记了这个教训）。

现在欧美最险恶的情形就是没有找到解决劳动问题的机关，没有找到根本解决劳动问题的办法。第一是机关。政府应该是一个好机关，但是现在的政府没有真心处置这个问题。最好的只是弥缝政策。例如英国的鲁意乔治①政府，完全为资产家所操纵，不能顺应劳动者的要求，专执反抗的态度（鲁意乔治自身是随机应变的，专觇察国中势力所在，并不一定要反抗的，但是他的阁员如克逊勋爵邱奇尔②等都是资产家一派）。法国政府也是没有诚意的。克雷蒙梭对外一方面实行侵略的帝国主义，对内也是仿帝国主义派的故智，鼓舞人民战胜的心理，使他们把本国最切要的问题都丢在脑后（例如庆贺凯旋，屡由政府竭力提倡。今年七月十四的节日，政府支出四百万佛郎③为装饰街衢之用，把一个美丽无比的 Champs Elysees 用了许多旗帜、枪炮、盔甲等丑陋野蛮的东西摆满了。用卑劣的方法，迎合卑劣的群众心理）。至于美国联邦政府虽然设了劳动局，也没有权力应付劳动者的要求。一方面美国的资产者向来在政治上握大权，美国政治之腐败与大会社大工场的关系凡研究美国政治的都知道的。所以要靠着联邦政府或各州政府行一种积极的劳动政策，一时没有希望。又一方面美国劳动问题较英法更觉复杂。西北区是伐木工时起抢乱（今年三、四两月的 Atlantic Monthly 里有 Parker 夫人记其丈夫之遗事，颇可以窥美国西北区的罢工情形。Parker 是专研究劳动问题的，因为排解劳动界的纷争，生生累死）。西南区又是矿工的势力，东北区才是工业劳动者的范围。工人里又有外国人的问题（马

---

① 编者注："鲁意乔治"，今译"劳合·乔治"。下同。
② 编者注："邱奇尔"，今译"丘吉尔"。
③ 编者注："佛郎"，今译"法郎"。

撒珠塞州①罗威尔地方工场里的工人有十四种不同的言语）和南方有色人种的问题。想一个包括一切的解决法是不可能的，何况又有资产家的大阻力呢？

欧美的政府对于劳动问题是没有能力的。这也有历史上的原因。欧美的政治制度成立的时候，还没有成为工业社会。以后发生了劳动问题虽然是由政府办理，例如国会通过种种保工的法律，行政部监视施行保工法，近来又添设劳动局专办理劳动界的事务，但是所有的政治组织与现今状况不合。政府里没有与劳动者职业利益相当的代表。即使政府只居排难解纷的位置，专调解资产者和劳动者两方的冲突，他们也只能在事后处置，不能预防工业上的冲突，不能减少劳动界的损害，这还是没有用的。

资产者的势力可以说比政府大，因为他们与劳动者有直接的关系，也晓得他们的情形。但是他们现在的态度只顾及枝叶问题，如工钱、时间，对于根本上并没有改革的主张（如英国的工业联合会［British Federation of Industries］就是资本家最有势力的联合，没有根本的具体的政策）。他们更希冀保护他们固有的利益。同时仗着他们金钱的势力，用报纸、小册子鼓吹反对劳动者的言论蛊惑人民，博他们的同情。所以想使资产家解决劳动问题更是无望的。至于劳动者自身虽然有觉悟，有要求，但是常偏于局部的、短见的、不一致的。工人的常见以为劳动问题不过是面包问题，所以普通的扰乱，全是为面包问题。近来英、法的劳动者因为所要求的不能达到目的，常不等工联领袖的认可，就罢工起来。这种局部的短视的举动，也不是根本上解决的办法。工联的领袖比较的觉悟劳动问题之切要，知道劳动不只是面包问题，连生产所有权和战后改造的问题也都是劳动范围内的事。他们晓得现在的局面已经不是那哈密尔顿②所规画的民治主义，也不是穆勒约翰③所拟的民治主义，是要与劳动界相适

---

① 编者注："马撒珠塞州"，今译"马萨诸塞州"。
② 编者注："哈密尔顿"，今译"汉密尔顿"。
③ 编者注："穆勒约翰"，今译"约翰·穆勒"。

应的工业的民治主义。他们知道只有劳动者是生产者，所以劳动者自身应该有相当的权利，操纵生产，操纵与他们生命有密切关系的工业。现今政府都要得被治者的承认，受被治者的干涉监督。所以一国生产的事业也当然不许专制，要待生产者自身的认可，要生产者干涉监督的。他们知道现在的制度是要推翻的。但是工联的领袖虽然有了目的却没有具体的办法。一班理想家虽然在那里创造新主义如工会的社会主义，或劳农会，但是常不能即刻应用在事实上。他们有新颖的看法，有高尚的主义，但是只可以供劳动运动者的参考。所以悲观的人以为现今劳动问题离着解决尚远。无能力的政府、贪婪无厌的资产者和短视的没有巩固大团结的劳动者，都不是可以解决这个问题的。但是，劳动问题又只有政府的机关和资产、劳动两阶级才可以解决。

在资产、劳动两阶级相抗衡状态之下还有消费者。本来劳动者、资产者自身都是消费者，但是两种人以外一切的人也都是消费者。资产者是向来不顾消费者的利害的。劳动者在现今与资产者冲突的时代，要顾消费者的利害而不得。所以反常惹起他们的怨恨。大概在新工业制度成立之先，消费者是不能满足的。消费者当两阶级对抗的时候，责任异常重大，应该有远见，拿定主意，附和资产者，还是袒护劳动者。所以消费者对劳动问题也有解决的责任。

今后欧美生产界的趋势解决劳动问题的两层是可以断定的：（一）生产趋于统一综合，节省竞争的滥费（这是在战前已现的状态，不过受了战事的经验，联合统一进行当更盛）。（二）生产当为公有，免去资产家的垄断。公有不是以先的国有。国有是官僚制度、衙署制度（Bureaucracy），不能存于民治的时代。今后之生产要受民治的管辖。所以又可叫做民治的公有。至于怎样可以使这两种趋势平和的不用革命的实现，并且可以有良好的制度维持这个趋势，全靠着欧美社会各阶级的努力。各阶级能否合衷共济，解决劳动问题，关系异常重大。欧美的文明，世界的文明将来能否保存都靠着他们的能力。

（这篇文章做完了，因为举例太少，颇不适意。但是各地方劳动的纷扰，不过是此处所谓劳动根本问题的局部的表现，本文不过把劳动问题的切要说明罢了。今后欧美劳动界的变化可以按着这种道理推寻的。）

（民国）八，十一，廿五

（原题《欧美劳动问题》，载《新青年》第 7 卷第 2 号，1920 年 1 月 1 日。选自《孟和文存》，亚东图书馆 1925 年 6 月版）

中国劳工生活程度

一

近代的发明家、探险家和政治经济组织的天才们,已经把世界上国家和人民的关系造成了一种特殊的新局面。姑不论其结果为福为祸,在过去的一百五十年中,因多数国家交通事业之惊人的进步和机械生产事业之空前的发达,而使国际间的关系日渐密切,日渐沟通,却是事实。虽然仍有国界,仍有高税率的保障,仍有工业的奖励,仍有一切足以谋国家自足而减削国际互益的政策,但是在现在这个时代几乎没有一个国家能够避免国际间的接触和沟通。商品既须从这一国运到那一国,各国的休戚也就互为因果,国际性质的关系多不胜数,且备极错综驳杂之致。目下几乎没有一个社会的或经济的问题不变成国际的问题了。明乎此,则几千工人衣食所寄的烟台发网工业,第因欧美妇女剪发改装之故而一蹶不振,自无足惊骇了。

由此观之,拥有全球人口五分之一以至四分之一的中国人的生活问题不仅是中国自身的事情,且与世界各国都有重大的关系,这是任何人不容忽视的。设若近代各国一般的生活程度高过于中国人的生活程度,那么中国人民必不甘心,早晚要设法去接近这一般的生活程度的。反之,在相反的情形之下,中国人也决不能够在举世贫困之中享受到舒适和富足的生活。这不仅是生活程度自身的问题,把它本身分析开来,可以变成许多错综复杂而重要的经济问题,如国际贸易、国际金融、移民和生产等。

在叙述中国人的生活程度之前,请先把几个名辞诠释清楚。我们研究某一阶级或某一群人的生活情形通常总是去考察他们平均每一家庭的生活费用的。生活费用的含意有两种解释。它可以算做多数家庭在某时期中平均每家生活所需的实际费用,同时它又可以算做某种假设的生活标准的货币价值。这两种含意有明显的区别,虽然时常被人混用。严格地说,前者得称为生活费用(Cost of living),而后者则为生活程度(Standard of living)。换言之,前者所涉及的是生活的现实状况,而后者则在考究其应具的状况。向来一切在中国的生活情形调查全是属于前一类,这是必须声明的。换言之,这些调查之所以能够指示"生活程度"并非出于理论或假设,而是根据某时某地和某种劳工的生活实况得来的。

就是在理论方面,大家对于生活程度也因所持标准的不同而各异其说。有人以为生活程度应该以最低生活做标准,那就是指仅够维持身体的生存而言,若低于这种标准,人就不能生活。又有些人却以为生活程度应该以相当舒适的生活做标准,也就是说除了维持生存而外,尚须顾及身体的舒适和健康。这两种标准当然不一定相同,可是在应用上常常相混。

按经济学上传统的分类而言,生活程度问题是属于消费一类的。研究这个问题时,通常所取的步骤是先行估计全国重要物品的消费总量,然后就这物量或物值中求取每个人的消费量或值。因为生产和消费统计的缺乏,尤其重要的是人口统计的不完备,要想引用上述的方法来研究中国人的生活程度,是不可能的事。而且,即使用这种方法求得了每个人的消费,也并不足以表示生活程度的实况,因为社会上各阶级的生活情形彼此相差殊远。

大规模的全国家计调查是研究生活程度比较可靠的一种方法。但是这种调查既需相当充分的家数做调查的对象,而且各家的经济情形还要大致相同。全国的家计调查在中国还没有实行过,因为即使把经费之巨和困难之多置而不论,就是幅员的广大和生活情形的殊异已足使目前举办者感到种种的障碍。各阶级生活情形相差既大,生活费的研究，便不得不限于一两种值得注意的阶级。中国劳动阶级制造物品供给劳役以应全国之需，他们的收入不丰，生活程度又很低下，在全中国人民中，自以劳工阶级的生活最值得研究。

大规模的全国劳工阶级家计调查虽未曾举行，但目下关于中国工人和农民的生活费或生活程度的调查零零星星地也有八十二起之多，总算差足满意了。这些调查自一九一七年以来，随时由各学者和机关分别举办，因之各不相同而自有其特征。调查时所应顾虑的诸要点，彼此很不一致；不但未曾同时调查，就是调查的范围和期间，调查和统计的方法，甚至于所用的名辞都各各不同。其中有几起调查采用家庭每日记账法，这种方法极其可取，如若运用得当，可以得到极精确可靠的结果。又有许多起调查只是一种根据少数家庭所作的任意估计，这种方法或者合于实用，但是用来推测精确的生活程度却是不够的。由此可见各个调查的价值实在大有分别。不过大体说来，这些调查至少可以供给一些中国某几处地方劳工生活程度的概况。

二

自一九一七至一九三〇年，我国关于生活状况的调查共八十二个。他们可以显然地分为四类：属于城市家庭者四八，属于乡村家庭者五，属于农民家庭者一六，属于个人的调查则一三（详见《社会科学杂志》二卷二期，王子建著《中国劳工生活程度》一文第一表，社会调查所出版，民国二十年六月）。前三类家庭调查共计六九起，其结果撮要列述于本文，至关于个人生活的调查则从略。

我们首应知道劳工家庭每家的平均入款和平均出款。每家的平均职业收入必须考知，因为全家生活程度的维持日常必需品的供给都以收入为准；家庭的全支出也是随收入为转移的。六九起调查中曾调查家庭入款的凡五八起，其中四三起占有收入可考者七四%、调查总数六二%的平均每家每年入款在一〇〇元至四〇〇元之间。家庭支出可直接互相比较者六六起，其中五三起占支出可比者八〇％、调查总数七七％的平均每家每年生活费也在一〇〇元至四〇〇元之间；而平均家庭生活费每年在二〇〇元至三〇〇元之间的调查约占调查总数的三分之一。如果除去最高和最低两极端的家庭，我们可以估定大多数劳工家庭的每年收支在一〇〇元至四〇〇元之间。

单以生活费实数来判断生活程度很是困难，因为银钱的购买力随时随地而不同。然而一般人通常总以为生活状况的不同可以从生活费实数中比较而得，所以这里撮要叙述。上述大部分劳工家庭的平均每年收支在一〇〇元至四〇〇元之间，若照目前的汇兑率折合，约当美金二五元至一〇〇元之间，或英镑五镑至二〇镑之间，越显得是异常的低下。但是这种家庭在中国还不能算是赤贫的阶级，因为多少总还有点入款以资挹注。我们在下文可以见到他们生活之质的方面极需要改善，如同别国的同职业的工人家庭相比也大有霄壤之别。可是我们须知中国各级人民的进款都是很低的，而大部分的中国人所能得到的都只是简单的生活。因为有成千成万的家庭就连维持简单的生活都不可能，是以年入一〇〇元至四〇〇元一阶级的家庭已经超乎贫民线之上而跻于国中低收入的一级了。

中国劳工家庭调查按调查的地域言，多数集中在北平及其附近和上海两地，前者共一八起，后者共一二起，各占全调查的五分之二以上，其他各地较少。大体看来，被调查到的只是近海区域的城市和乡村；内地则比较上多有遗漏。中国各部的生活程度因地方情形的不同而有显著的差异。一则南北各地的气候大有差别，再则各地的地利，如土质、矿产、交通等，也不尽相同。至于城市生活和乡村生活之不同，那是人所习知的。这些调查纵然不完备，不能算是全国的调查，但是略一体察却也可以见出大体上实具有显著的地方性的差别。生活程度的高下通常以家庭支出的分配情形做标准的；如果家庭支出中食品所占百分数较高而杂项用品所占百分数较低，则生活程度便低，反之则便高。四八起城市劳动者调查的食品及杂项用品百分数若按地理上的区别，分为北部、中部和南部三区比较之,则食品的百分数北部与中部大致相若,都高于南部,而杂项的百分数南部与中部相若,都高于北部,由此可见中国劳工的生活程度以南部为最高,中部次之,北部最低。这里有必须声明一点,便是北部大半是无技工人调查,而中南部大半是工厂工人调查,这两种工人相较,前者的生活程度本来就要比后者的低些。然而上述的结论并不违反我们日常的经验,而且事实上是与我们的日常经历相印证的。要说中国人的生活程度大体看来北人不如南人那是没有人反驳的。

乡村家庭的情形亦复相同。金陵大学卜凯氏（Buck）所做许多农民生活的调查,北部各地（安徽北部、河南、河北和山西）的平均食品百分数为六二．一％,高于南方各地（安徽南部、江苏和福建）的平均食品百分数五三．八％,杂项百分数则前者的平均数为一三．六％,而后者的平均数为二〇．三〇％。这足以表示北部农家的生活程度实低于南部。

至于这些调查中劳工的职业种类,实在繁杂纷岐,大别之有工厂工人、有技工人、手艺工人、人力车夫、仆役、邮差、乡民和农夫等几类。这些调查既非出于同一的计划,它们的职业分类自然彼此不能一致。因为选样等等的不同,我们没有法子按类比较,藉以观察劳工生活程度与职业的关系。不过大体说来,工厂工人和有技工人的生活费用高于手艺工人和苦力,而农夫的生活费用则高于乡村工人。但是生活费用并不一定与生活程度相同,已如上文所述,所以较高的家庭费用不一定表示较高的生活程度。

六九起调查中,各项生活费用的百分分配情形,可按通例分为食品、衣服、房租、燃料灯火和杂项五类列表比较。表中大多数调查的五类分配情形是这样的：

食品：　　　五〇％—六〇％（六九起调查中四〇％如此）

衣服：　　　五％——〇％（六九起调查中五四％如此）

房租：　　　五％——〇％（六九起调查中三八％如此）

燃料灯火：　五％——〇％（六九起调查中五七％如此）

杂项： 一〇%—二〇%（六九起调查中五一%如此）

如若在六九起调查结果中求取五类分配的众数平均数（Mode），其结果如下：

食品： 五七．五%

衣服： 七．五%

房租： 七．五%

燃料灯火： 一〇．〇%

杂项： 一七．五%

这些百分数表示国内已往调查的生活费的一般分配情形。将来如若举行举国的生活费调查，其结果必致生活的高下益见悬殊，即食品所占百分数一定还有更高的，而杂项所占百分数一定还有更低的。

中国劳工阶级生活费五项费用百分分配表

（六九个调查结果）

百分比组	调查数目				
	食品	衣服	房租	燃料灯火	杂项
0—4.9%	—	13	17	6	7
5.0—9.9%	—	37	26	39	9
10.0—14.9%	—	13	17	17	15
15.0—19.9%	—	3	6	7	20
20.0—24.9%	—	1	2	—	9
25.0—29.9%	—	2	—	—	8
30.0—34.9%	—	—	1	—	1
35.0—39.9%	1	—	—	—	—
40.0—44.9%	4	—	—	—	—
45.0—49.9%	8	—	—	—	—
50.0—54.9%	16	—	—	—	—
55.0—59.9%	16	—	—	—	—
60.0—64.9%	12	—	—	—	—
65.0—69.9%	6	—	—	—	—
70.0—74.9%	4	—	—	—	—
75.0—79.9%	2	—	—	—	—
总计	69	69	69	69	69

三

现在我们进一步从几个调查中考察中国劳工家庭的生活程度。五类生活费中食品消费有很多的资料可供研究,即在本节中详述,其馀住房、衣服及其他消费状况在次节叙述。

食品:中国劳工的生活费中,食品占半数以上,而食品的消费里,粮食类费用又占半数以上。粮食的种类很多,在长江流域以南的地方,工人和农人吃的是白米;在中部和北部一带,最普通的饭食是玉米面和小米面,而以麦面和大米为珍贵的食品。兹将上海和北平劳工家庭的各类食品消费分配情形详列如下:

各类食品费占食品总费用的百分数

	粮食	蔬菜	鱼、肉、鸡蛋等	其他食品
上海	五三.二%	一〇.九%	一三.二%	二二.七%
北平	八〇.〇%	九.一%	三.二%	七.七%

每年每家平均食品费

上海 二一八.五二元
北平 一四四.五〇元

中国人的食品分配情形若与美国比较,几乎完全相反。据美国劳工局一九〇〇—二〇年生活费调查家庭食品费中粮食只占九.五%而鱼肉则占三三.八%之巨;又据一九二二—二四年美国农家生活程度调查,家庭食品费中鱼肉占二七.六%而粮食品占九.八%。由此可以得一结论,即中国人的食品中以粮食为最要,此为中国食品的特征。

中国人的食品分配同日本和印度大致相同。日本人、印度人和中国人都是以米麦和他种粮食当做重要食品,而以别种食物如鱼、肉、菜蔬、调味品等当做佐膳的食品。因为肉食较少,这三国人民常被称为"素食者"。是以这三国人的食品费用中粮食和鱼肉的分配相差极大。而以前者的分配率为高。

主要食物和次要食物的百分比——东方劳工的比较

食品种类	日本				印度工人	上海工人(1927—28)	北平工人		北平农夫(1927)	北平乡民(1926)
	东京农人（1915）	乡农（1913）	工人（1914）	犯狱（1913—14）			A（1926—27）	B（1927）		
粮食的费用	59.9	61.9	84.6	86.5	59.6	53.2	80.0	86.5	89.0	84.0
其他食物的费用	40.1	38.1	15.5	13.5	40.4	46.8	20.0	13.5	11.0	16.0
总计	100.0	100.0	100.0	100.0	100.0	100.0	100.0	100.0	100.0	100.0

现在可以根据几个地方调查比较中、日、印三国人食品费用的分配情形。假设在食品费用总数中粮食类所占百分数较低，我们就认为生活程度较高些。从上表可以见得北平及其附近的农人和工人几乎全依粮食为生，占食品费用八〇—九〇％，上海的劳工家庭光景较好，食品费用中粮食只占五三．二％，其馀四六．八％，用之于别种食品。欧战前日本农夫的食品费用中粮食及其制品所占成数只五九．七—六一．九％，其生活程度实高于北平及其附近的农夫和工人。一九二一—二二年印度孟买工人的生活程度同一九一五年日本东京农夫的相仿，都高于北平的农工。上海工厂工人的生活程度最优，粮食费只占食品费用的五三．二％。

食品费的大部份，用于粮食，很值得注意。北平无技工人家庭的一三六种食品中，粮食及其制品不下四二种之多；上海工厂工人家庭的食品变化较多，全数计有三四〇种，其中粮食仅占一六种。概括言之，中国人的食品消费中，北方人的食物以粮食及其制成品为大宗，种类甚多，凡大米、小麦、小米、玉米、乔麦、筱麦、高粱等均属之，而南方人则除粮食类中以大米和小麦为大宗外，其他食物的种类较多；他们并不食上述各种杂粮，一则因为那些粮食不生长在温暖的地带，再则因为南方人吃不惯那些粗质的食物。换句话说，中国人维持生命的主要食品为粮食：南方人为米和麦，北方人为麦和他种杂粮。

食品消费的研究有两方面，就是它的费用和它的养料。这两样东西不一定相同的，因为我们知道以贵价买来的食物也许只能得到极少的养料。上文业已述及中国劳工家庭食品费用中以粮食占大多数，现在考察这种不平衡的分配是否影响及于营养方面。

食物对于人生最大的功用凡三：第一，供给身体中热量，无此则身体就失其动力；第二，构成身体中的组织；第三，调节身体变化的程序。这些功用都是从食物的成分和性质中经化学的作用得来的。任何食品之具有上述功能之一者，便有营养性而得称为滋养料。详细地解说食品之化学的成分和性质不在本文范围之内，这里只能就含水炭素①（carbohydrates）、脂肪质（fats）和蛋白质（proteins）三种要素，以及由此三种要素所生的热量（fuel value）加以讨论。这三种养料都是作用供给体中生热的薪料，而蛋白质又有发育体中组织的作用。

试将上海和北平劳工家庭的食品加以分析，考得其每日每等成年人的滋养成分如下：

	蛋白质（公分）	脂肪质（公分）	含水炭素（公分）
上海	八八.〇九	四八.五二	五三一.〇一
北平	七五.八八	二九.六一	五〇五.二七

热量（加罗里）②

上海	二九一三.四一
北平	二五九五.一四

或者有人问这些食品的养料是否敷用。要答复这问题，我们必须先考知平均每一个人所需养料的标准数。人身所需养料因性别、年龄、健康、高度、重量、工作情形和职业等等的不同而有差别。至于每一个成年人的食品滋养料的标准究竟应该怎样，就是专家们的意见也不齐一。大致每一等成年男子每日约需热量三〇〇〇加罗里（Calories）。这些热量是从蛋白质、脂肪质和含水炭素中取得的；大概一〇〇公分的蛋白质，六〇公分的脂肪质和五〇〇公分的含水

---

① 编者注："含水炭素"，今译"碳水化合物"。下同。
② 编者注："加罗里"，今译"卡路里"。下同。

炭素恰好供给如许热量。根据这种标准评判，可以看出北平同上海的劳工每天从食物中所得的热量都不够用，虽然后者离标准已不很远。我们可以看出北平劳工的食品中的蛋白质比标准低二五％，上海劳工比标准低一二％，前者的脂肪质比标准低四〇％，后者约低一二％，两处工人的含水炭素都超过标准所需。这就是上文所说中国膳食中谷类成分太多的缘故。

乡村劳工食物的养料也低于标准所需。他们食物的种类极少，所以有几种食物的消费量极大。供给食品滋养总量十分之一以上的食物，只有高粱、小麦、小米、玉米、大豆或豌豆、甘薯和大米等几种。各地习惯不同，产米区域，大米供给食品滋养料通常达七五％。

据卜凯四省六县一〇七〇家农家调查，农家食物的养料大部分是取给于粮食和豆类，豆类之中尤以大豆为最。食品养料总量中，粮食所供给的占七〇％，豆类所供给的占一五％。如与美国农家的相比，可以很明显地看出中国农家的食品实在粗劣得很。

	一〇七〇家中国农家调查	一二四家美国城市及乡村家庭的食料调查，为期若干年
种籽及其制成品（如粮食、豆类及植物制油）	八九.八％	三八.七％
肉食	一.〇％	三九.二％
蔬菜及甜薯	八.九％	九.〇％
糖	〇.二％	一〇.一％
水果	〇.一％	三.〇％

上表美国人食品中的养料取自种子及其制成品者只占五分之二，而在中国竟达十分之九。其次，中国农家从肉食中所得的养料只占一％，而美国农家竟占三九％之多；中国农家水果的消费不值一顾，只当美国农家消费的三十分之一；前者的糖的消费只当后者的五分之一。蔬菜所供给的养料则两国几乎相等。

中国农人每日每等成年人由食品中所得的热量从二 一七六加罗里至四 五五九加罗里，平均为三 四六一加罗里。我们或者可以说中国农人体中所需要的热量能得充分的供给。至于食品中的蛋白质，每日每等成年人平均得一一三公分，在养料总重量中占一二．七%，较前述公认标准一〇．六%为高。

综上所述，上海工厂工人和六处农人的热量和蛋白质都还充足或竟超过，北平工人可就感到重大的欠缺。北平工人的含水炭素适合标准，上海工人可就觉得太多了。这两处工人的脂肪质都嫌不足，而以北平工人为尤甚。就我们所得的这些资料观察，中国工人和农人的滋养料可以说大体上实在不够。

若就中国人的食料作更深的研究，更见其分配之失当，例如：中国人的食品中虽有蛋白质，但品质极劣，因为品质的关系，美国人的适量的食品在中国人只算最低量的食品。这种情形由于粮食和豆类的消化系数较低于肉食，若以这两种植物用作食品的大宗，其差别尤为显著。因为从植物体中取得的蛋白质仅仅只有八〇%可供养料之用。纵使中国人的食品能够合于标准养料，但就蛋白质论，仍有不足之虞。

中国人的食品中，蔬菜和水果太少，供给钙质滋长体力的乳质食物如牛乳、奶油和干酪等又完全没有，中国食品中钙质是否敷用，实在是一个严重的问题。

中国人食品中的青菜消费量远不及美国人之高，所以在全部食品中甲种生活素①（Vitamin A）的成分极少。中国人食品中的生活素是否充足很是可疑。

鸡蛋、原麦和糙米都是供给乙种生活素②（Vitamin B）的重要食物，而中国人又极少食用。中国人的食品中缺乏乙种生活素无可否认。

食品是人生健康的基础，较别种的人生需要尤为重要，故不厌琐细，列举中国人食品的缺点如上。这种食品充其极仅足表示最低限度的生存，更低于此则劳工的健康便没法保持了。我们应知道人

---

① 编者注："甲种生活素"，今译"维生素 A"。
② 编者注："乙种生活素"，今译"维生素 B"。

生所需要的决不仅是最低限度的生存。现代的人民既须努力于其职业，又须竭力尽其公民的义务。要想使这些活动向前发展就必须有较优的生活。曾有人说过，滋养的目标不是最低的供给而是充分的供给，因为最低的供给只能使种族得以勉强维持和蕃育，只有充分的供给才能使它进化和繁殖。所有食品中的滋养料，必须敷用而有余，然后生命的要素，才能得到充分的供给。

四

住房：六九起调查中房租在生活费用中所占的成分极不一致，少至百分之四多至百分之一六（参阅《社会科学杂志》二卷二期，《中国劳工生活程度》一文第三表）。乡村的房租都比城市要低廉些，有些农人自己有房屋可住，简直用不着付房租。可是从另一方面说：乡间房屋的建筑极其简陋，通风和采光设备常付阙如。中国北部的平原地方，缺乏石料，穷苦的农民，又买不起砖瓦，平常都住土房（在黄土层区域，还有土穴）。这种土房若遇河水泛滥或霪雨暴风立刻就会瓦解的。农家的住房对于卫生和清洁素常也极不注意。将来农民教育普及之后，住房情形必可改善，经济的发展，尤其是家庭入款的增多，更是改革的先决问题。

我国城市工人，如同别国的劳工一样，感到房屋拥挤的痛苦。在乡村里，即使房屋同样的壅塞，害处还不大，因为农夫们终年在田野中工作着，时常过着露天的生活。在城市里工人们时常被迫着拥挤于窄小的房里，却还要出很高的租金。我们依据几个较详细的调查，可把每间房屋平均居住人数和等成年人数列如下表，表中每一间房的面积自四〇至一二〇平方英尺不等。

地方别	平均每家住房间数	平均每间房间居住人数	
		平均人数	等成年人数
北平手艺工人及苦力	一．〇四	四．一六	三．〇四

续表

地方别	平均每家住房间数	平均每间房间居住人数	
		平均人数	等成年人数
上海纱厂工人	一.四二	三.二九	二.五九
塘沽工厂工人	一.七二	二.六七	二.〇三
北平有技能工人	一.五六	二.四九	一.九六
北平乡民	六.三八	〇.八五	〇.六四

从上表可以考见北平手艺工人和人力车夫的居住情形极为拥挤，每一间屋住四.一六人或三.〇四个等成年人。上海工厂工人的情形略优，每间屋住三.二九人或二.五九个等成年人。但有一点须要声明，本文所述的上海工厂工人都住在厂主所造的工房里，房租也比一般房东所定的租价为低。塘沽工厂工人和北平有技能工人的住房情形尤优，每一间屋的①住等成年人二人，北平近郊乡民的房屋最宽畅，每一间屋竟住不到一个人。

我们从城市工人的住房情形中得到一个有趣的观察。据我们的推测，假设家庭的入款增加，那么住房间的数一定增加，而每一间屋所住的人数或等成年人数也随之减少。换言之，家庭的经济情形如有进境则住房的情形也必定得同样的结果。可是从上海、北平和塘沽的劳工家庭调查中证明这种假设并不一定确切。从调查的结果看来，家庭收入较多，每家住房虽也较多，可是每间屋里住的人数或等成年人数却不见减少。也就是说在某种限度之内，虽然入款增加而居住的拥挤情形不会稍优的，因为家庭中的人口同时也随着繁殖。这似乎足以说明家庭的入款虽因人口的繁殖而增加，但生活程度则不一定因此就见升高。

据英国劳工部的规定，每间房屋以住两个人为标准；又据包雷教授（Prof. A. L. Bowley）在英国工业城市的研究中所规定，每间房屋以住一个多等成年人为标准。无论用那一个标准来衡测，中国劳工家庭的居住情形都是过挤之状。即使把以上的标准视为理想的居

---

① 编者注："的"原文如此，疑为"约"之误，或系衍文。

住情形，至少对于中国而言是十分的理想，别国的居住情形，无论如何，总比中国好些。因为中国城市工人家庭的住房平均没有不在两间以下的，而西方各国则不然，如法国和比国工人家庭的住房平均每家为二间，德国为三间，英格兰、威尔斯和美国为四间或五间。论到美国，据劳工统计局的生活费调查，劳工家庭的平均人口为三人或三．五等成年人，每一间房屋住一个人或不到一个等成年人；这自然高于上述两种标准的任何一种了。

如果有人以为中国劳工的住房情形根本上不便同西方人相比，那么我们可以再拿印度的情形比一比。据一九一七——一九一八年印度孟买劳工居住情形的调查，全体家庭中六〇%低于英国劳工部所定的标准，九四%低于包雷教授所定的标准。于此可见十年以前孟买劳工的居住情形尚且比现在的中国工人为优。

居住的过挤实在是中国的一个重大问题，而在类于上海的大都市尤为显著。上海的地价逐步飞涨，人口日见激增，劳工阶级很难得着适当的住处，除非政府当局予以援助，照现在的情势看来，劳工家庭的过挤情形，毫无止境。一间房内住两家甚或两家以上并不罕见。这些人家往往七八口老少男女全都堆塞在一二〇平方英尺的小屋里。然而这还并不是工人住房的最劣等呢。许多低工资的劳工只能住在茅草竹杆所造的小棚里，住处既狭隘得不便转动，周围的环境复恶劣不堪。

就是那些住在砖屋里的劳工们也没有私密和愉快可言；简直说罢，他们实在谈不到家庭生活。中国工人所住的房屋没有丝毫习俗的功用，如为休息和愉快，为私密的享受，为家属聚居或会友密谈等等；这些功用一概没有的，所有的只是一席之地以供睡眠，甚或有连这一席之地都得不到的。这种过挤的情形赐给家人们的恶果，不胜枚举，污秽、疾病、不道德和犯罪只是其中不可避免的几种罢了。如果一个人在这种环境之下尚且能够过着健康和安分的生活，那可真要算得咄咄怪事了。上海是罪恶的渊薮，那是尽人皆知的了，而造成这种罪恶的原因，居住情形的不良是其中很重要的一个。向以行政开明自诩的上海公共租界当局，对于在它的权力之下劳工阶级和贫民的居住问题始终不曾过问，却是极有趣味的事。各国资产阶级为营业或地价的利益，尽管利用统计和文件做成长篇大论来维护公共租界，中国的劳工阶级和中下阶级的人民，鉴于他们所受可耻的冷淡的待遇，仍然是要反驳他们的。在上海每年几千百万的洋钱用于建筑宫殿般的饭店、俱乐部和公事楼，或展阔马路以谋汽车阶级的阔人的安适和愉快，可是用之于劳工的居住方面，即使数目仅仅只几百元，却是从来所不经见的，虽则这些工人都为全市的福利而贡献了他们的劳力，在现在这个时代，市政设施尚还完全违背着劳工的福利而行，这个以资产阶级的利益为前提的上海租界究竟能够维持到多久，委实不是我们所能料想的了。

衣服：衣服费用在中国劳工的生活费中极不重要。六九起调查中，平均每家衣服费用有少至只占全生活费的二·一%者，半数以上在五——一○%之间。通常只占生活费的一○%，很少在二○%以上的。

各项调查中只有北平和上海的调查对于衣服费有详细的讨论。北平工人每家每年平均用于衣着的款项为十四元，等于生活费总数的六·八%。这个数目当然不够做什么，按现在的行市折算，只合美金三元或英金十四先令。衣服消费在劳工生活费中占不重要的地位更可以从四八家北平工人家庭的衣服单中显明地看出。每家所存衣服的总值，四八家平均为二三·七二元，收入最低一组的家庭平均只值六·八三元，收入最高一组的家庭五八·八五元。这二三·七二元的平均数便代表平均每家四·六人的全家衣服价值。这样少的衣着，居然够了，并不是他们不注意衣服，实在是为他们贫困不得不如此。但是中国劳工衣着的经济也有限度，他们的衣服费固然省，可是他们决不能不穿衣服，或者穿得过于褴褛以致失掉了他们的身分。所以衣服费的低下并不是说不穿衣服，实是表示衣服质料的坏和件数的少，而且不是出于补缀便是以贱价买来的旧货。

上海工人的衣着情形比北平工人好得多。他们每家每年的衣服费用平均为三六·七〇元，此数比北平工人的高出二倍半有奇。就衣服而论，上海工人或在全国要算首屈一指，因为那个大都市的居民都有爱好修饰的习性。但他们的衣服费用并不失于过多。这是应加说明的。

这里所说的平均每年的衣服费用，实际上或者更少，因为每家的衣服每年不同，而每件衣服的寿命又是不一样的，我们若估定衣服的穿用年数，用以除各件衣服的买价，即可求得每年的平均费用。

乡村家庭的衣服费在生活费中占七·三％。可注意的是不拘气候怎样，北方人的费用比南方人为低，前者六·四％而后者八·六％。这并不足以表示北方人需要衣服较少，而且事实恰恰相反，这只是表示他们的经济的不足罢了。

燃料和灯火：生活费中的第四类是燃料和灯火费。燃料因各地气候和供给不同消费情形相差极大。譬如北平的房屋必须升火取暖，但在上海却属少见，至少劳工阶级是如此；因此上海人家可以省下很大一笔燃料费用。燃料的价格也是一个重要问题，那是大家晓得的，譬如在矿区附近以一块钱就可以买一吨煤，但在较远的地方却贵至十倍甚至二十倍以上。北方乡间，常常以干草、作物的杆子，以及从山野拣来的树枝充作燃料。每当秋冬之交，我们可以时常见到乡下的小孩子们背着篮子在道上拣拾散弃了的干草和杆子用以补充家中燃料的不足。燃料对于乡村家庭可以说远不及对于城市家庭的重要。

北平劳工家庭的燃料和灯火费用占生活费总数的一〇％以上，其中六七％是用于购买煤球的，煤球在北平是最重要的燃料。

上海工人家庭的生活费用里，燃料和灯火费用只占七·五％。上海工人用以代煤的木柴消费量和用以发光的煤油消费量恰恰同孟买工人家庭所消费的相同。实是一件很有趣味的现象。

杂费：北平劳工的杂费在生活费中只占三·一％，上海工人则占二〇·六％。上海工人杂费的百分比很高，生活程度显然地比北平工人为优。如把上海工人杂费中的各项目加以分析，简陋的地方却仍然很多。杂费项目应分为必需费和社会文化费两种,必需费如交通和卫生医药等,如果省免,就连最低的生存问题都要没法维持;社会文化费如教育、娱乐和应酬等,也是人在社会上必须满足的需要,只就社会文化费而论,上海工人家庭每年平均教育费,如学费、书籍、报纸和文具等,只七角七分,平均娱乐费,如电影和戏剧等,亦只一元。所以,即以上海工人的杂项费用而言,也只恰恰足以维持必需的消费,社会文化的需要实在过于不足。

生活费指数:上述各个调查所宣示的生活费用,仅限于某一时期和某一地方的情形,只是一种静止的现象。比较重要而有趣味的似乎是在寻求长时期内生活费用的变动情形。我们应该以某时某地某一类人的生活费用来表示他们的生活程度而求其时间上的变动情形。生活费指数的编制,即要表示这种变动情形,编制的方法先选择某一阶级生活费中重要物品若干种,然后依据他们的重要性和各时期的价格,按照公式,编为百分比数,藉以表示各时期物价的变动、货币购买的能力,同时也就是该阶级生活程度所需费用在各时期的变动。现在上海、北平和天津三处都编有这种指数,按月发表。最近五年(一九二六—三〇)的工人生活费指数如下表所示,都增高了二〇%。这就是说:如果劳工家庭要想维持原来那个生活费用所表示的生活程度,现在所需费用就要较五年前增加二〇%。除非他们的入款也随着增加,他们的生活程度一定是下降的,不是节省物品的消费量便是降低其品质。

年别	上海 (一九二六＝ 一〇〇)	北平 (一九二七＝ 一〇〇)	天津 (一九二六＝ 一〇〇)
一九二六	一〇〇．〇	九一．五	一〇〇．〇
一九二七	一〇六．七	一〇〇．〇	一〇八．四
一九二八	一〇二．五	一〇二．五	一一四．二
一九二九	一〇七．九	一一二．五	一一七．五
一九三〇	一二一．四	一一五．八	一二〇．五

五

目前中国劳工生活程度，充其极只足以维持生存，已如上文所述，生活程度所以低下，由于生活费用中食品的百分数失之过高而杂项的百分数失之过低。劳工的食品消费从各方面看来都嫌不足，他们的住房过于简陋，他们的衣着和摄身所需直是减无可减，而他们社会文化的或个人的费用简直可以说是等于零。中国劳工的生活仅仅止于维持身体的生存而已。

中国劳工的生活总算是坏透的了，然而我们要知道国内还有千百万同胞的命运比这个还不如呢。二十年来，内战所蹂躏的，既遍全国地域，亢旱、洪水、地震、狂风等天灾所造成的祸害尤为普遍而深重。最近长江流域的泛滥，据说是百余年来所仅见的洪水，只是天灾的一个最高点而已。在这些天灾盛行之下，死于饥馑疾病的何止千百万人，就是那些幸而不死的，也一定都抛失了家室、田园或他们的一切财产。在于这种情形之下，赈灾事务在事实上早已为千百万人幸福所寄托而成为国内的固定事业，虽然这句话未免过于冷诮了。近年来国内的天灾和人祸似乎不约而同地对人民下了致命的打击，毁坏了他们生活所需的一切事物。而最可怜的是这些人民，不拘数目怎样众多，当着这些可惊的破坏势力之前似乎是已经无能为力了。

推究人祸和天灾的原因不在本文范围之内。最重要的问题是我们将怎样对付它们。换句话说：在这种环境之下要想改善我们全国人民惨淡的生活情形究竟需要些什么呢？这实在是一个严重的问题，而且所牵涉的问题极复杂，如果只就一方面去救治当然是愚拙的办法。我们知道中国人生活程度的低下无疑地由于国民生产不足。就生产不足而论，计有两种方法可取：不是甘心过着低下的生活便是增加生产，前一种办法是不可行的，因为中世纪僧侣的节欲主义现在全然不时行了，现代的生活已经转变为物质欲望的享受了，而况中国人现在过着的不仅是低下的生活程度，简直可以说是够不上程度呢。因此只有后一个办法可行了。

增加生产也有两种政策可以采用。一种是由国家略加指导和干涉的"放任主义"，各工业国都曾相当地采用过。这种政策进展极慢，而在目今的中国国情之下是否能有成效尚属疑问。另一种政策则显然是由国家以全力来执行或种的经济政策。关于这一种政策，可以举最近俄国的经过为例，它至少在国民生活的基本用品的生产方面已经有了建树。一位曾经精深地研究过俄国的经济生活的人对于俄国的产业组织曾有下述的考语：

> 没有人能够跳出这个论断，就是说现在这个组织方式确能应用大规模的大量生产供给各种基本用品，以备完成现代劳工生活程度之需。

我们的目的并非在誉扬俄国已往的成功；我们所要指示的只是为国民全体的幸福而促进国内经济和实业的发展，要避免靡费而且在短时期内得以实现，最好是由强有力的政府实施一种有计划的经济制度。

（本文由中国太平洋国际学会民国二十一年八月出版）

中国目下的失业问题

一

现在要讨论中国的失业问题，实在不是一件容易的事。凡是讨论一个社会问题，最不可缺少的东西，是事实，是许许多多的事实，供我们分析、计算、研究、讨论。然而关于中国的失业，我们便寻不到许多的事实作讨论的基础。在这样大的国家里，除了上海市社会局在最近才试办失业调查发表过一次结果以外，我们可以说没有一个地方供给我们失业的资料的。缺乏资料，我们关于失业的几个重大问题，如他的范围、种类、原因，便不容易推知，不容易研究。现在没有人知道目下中国失业的共总有多少人，多少男子，多少女子；没有人知道失业者都是属于那几类的职业；除非从社会一般情形来观察，没有人敢说他知道在中国失业的根本原因是什么。要想清楚的认识并且答复这些问题，必须等著政府与劳动团体实行失业的登记，按期做出可靠的详细的失业统计发表以后。在目前我们讨论中国的失业问题，祇好依据个人所能搜得零碎的消息与个人对于社会一般的认识。

失业统计是研究失业问题最主要的资料。但是我们试一考察世界各文明国家编制失业统计也都是近十年来才发展的。最早是英法两国的工会有关于失业详确的记载。英国自一八七一年开始失业统计，迄今已将六十年。法国自一八九四年即起始保存失业的记载。此后纽约州（一八九九）、比利时（一九○二）、德意志（一九○三）、马萨珠塞州①（一九○八）、丹麦（一九一○）、瑞典（一九一一）、

---

① 编者注："马萨珠塞州"，今译"马萨诸塞州"。

荷兰（一九一一）、奥地利（一九一四）及坎拿大（一九一五）相继由工会登记失业人数。其中法、比、奥三国及纽约州在欧战期间都中止统计，只有比利时在一九二〇年十二月又恢复失业报告。所以第一次国际劳工会议（一九一九年）在美京华盛顿开会的时候，举行失业登记的国家不过七个。及至一九二三年十一月国际劳工局发行失业专刊①的时候，有专门机关登记失业的国家，依然居极少数。并且大部分是为期甚暂。

这是说九年以前的情形。到了现在，按期登记失业的国家已经增加了不少。今据国际劳工局月报②所常登载的中央政府按期发表失业统计共有三十三种（其中有多数的地方记载尚不包括在内）即属于下列各国家：

德意志、澳大利亚、比利时、奥地利、坎拿大、丹麦、埃司东尼亚、合众国、芬兰、法兰西、布列颠③及北爱尔兰、匈牙利、爱尔兰自由国、意大利、拉脱维亚、诺威④、新西兰、荷兰、伯列斯丁、俄罗斯、瑞士、却克⑤斯拉夫、犹哥斯拉夫⑥。

从此看来，近年各国政府对于失业的记录已经有渐渐增加注意的趋势，我国政府，除了工商部曾于去年三月间向各地方征求失业统计外，至今还没有什么官式的失业材料发表。这实在是可惭愧的。往者虽不可谏，来者却犹可追。至于将来我国政府能否追随诸文明政府之后，按期报告我国的失业情形，使我国可以有机会认识这个问题，并且根据他的宝贵的资料研究解决的方法，那就看主管劳工各机关的努力了。

---

① *Methods of Compiling Statics of Employment*, International Labour Office, Geneva, 1922.
② *International Labour Review.*
③ 编者注："布列颠"，今译"不列颠"。
④ 编者注："诺威"，今译"挪威"。
⑤ 编者注："却克"，今译"捷克"。
⑥ 编者注：犹哥斯拉夫，即南斯拉夫。

二

普通所谓失业，大概都是专指工业劳动者而言。近年以来，各国才起始注意到农业劳动者与薪金工作者两类。关于薪金工作者，即中等社会阶级的失业，除北平社会局曾在极短期间试行一次登记以外，毫无资料可寻，姑不具论①。农业劳动者，在我国劳动者中，当然占绝大多数。年来天灾流行，人祸频兴，全国在土地上耕作的农民因而失业者似乎应该用百万的数目来计算。可是我们关于他们的失业也是缺乏可以统计的资料。普通可以告诉我们关于农人失业的情形的，祇有各地方灾情与难民迁徙的消息罢了。

论到工业劳动者的失业，我们在报纸上所曾见到的，只有以下的几件。最大的一件便是民十七年十一月底武汉工人与店员的失业。据说当时因工厂倒闭或减少生产额与生意萧条而失业的约有九万八千人之多②。

其次如广州在十七年十月，因产业凋蔽，各处工人大受裁汰。如粤汉、广九、广三、宁阳各路裁去工人八百；石井兵工厂裁去工人二百；各电影院裁去工人四百；河南机器工厂因罢业风潮辞退工人数百；制胶工厂本二十馀家，因陆续倒闭，只馀四家，机工多蒙失业，总计各种失业人员已逾三千。据广州市公安局的推算，则各项失业之男女幼童合计有八 七八四人③。该市电话局因改装自动电话，一部分职工如司机生因而失业④。又如该市之旧式家具店，因风气转移，人多喜用洋式家具，营业递减，多数不能维持现状，计制

---

① 参阅天津《大公报》十八年四月二十七日、六月二十九日及七月二十七日《社会研究月刊》内《北平失业人员登记表的分析》及《中国智识阶级失业问题》两文。
② *Chinese Economic Bulletin*, Vol. XIII, p. 311, Dec. 15, 1928.
③ 天津《大公报》十七年十月卅日广州通信。参阅 *Chinese Economic Bulletin*, Vol. XIII, pp. 193, and 194.
④ 《广州民国日报》十八年九月十四日。

造旧式家具者为数不下二千①。火柴工厂十家因生意停滞兼轰烈品税捐问题于十八年十月二十九日停业,每厂容工人自数百至千馀人不等,因此失业之厂工约有二万,黏盒散工一万数千,合计约在四五万之谱②。

十七年末,四川从事盐业的工人,因为湖北销用两淮及其他各处的盐,不必待川盐的救济,因而失业者达十馀万人之多③。

十七年间江苏十二圩运盐业,总计工人以及场商、运商、航主失业者不下十馀万人④。因国民政府禁赌,苏州麻雀牌业,立受打击,如摩工、打眼、庄子、筹码、竹坯、匣子皆麻雀牌制造业专门分工的工作,从事此种工作失业者达一万人以上⑤。去年春间苏州铁机业六家停歇,失业工人数千⑥。

当十八年三月间北平、天津两市,据中央特派调查河北行政的专员张超调查结果,失业人数达三十万以上。就中北平因首都南移后,市面萧条,失业人数约为二十三万,天津市失业人数达十馀万⑦。因工潮迭起工厂无法营业而失业者则有两市之地毯工人,如天津美隆地毯工厂停业,失业者三百馀人,乾昌地毯工厂停业,失业者四百馀人,北平永年、仁立、燕京、万成永等厂商相继呈报歇业,失业者五百馀人⑧。

此外如天津提花工厂四十馀家,因营业不振停业,失业者三百人以上⑨。天津北洋铁工厂停业,失业者达六百人⑩。

十八年秋季沿北宁路线地方多蒙水灾。如唐山华新纱厂因水灾

---

① 《广州民国日报》十八年九月二十五日。
② 《广州民国日报》十八年十月二十九日。
③ 天津《庸报》十八年一月十一日。
④ 《北平晨报》十七年三月二十六日。
⑤ 天津《庸报》十七年十月二十七日。
⑥ 南京《京报》十八年三月八日及二十日。
⑦ 见当时平津各日报。
⑧ 见平津十八年十、十一、十二三月间各日报。
⑨ 天津《大公报》十八年八月二十四日、九月八日、九月十六日。
⑩ 天津《大公报》十八年六月二十日。

停工，遣散工人一千四五百人之多①。

青岛日本人所设各厂，如纱业之大康、宝来、富士、钟渊、内外、隆兴诸厂，丝业之铃木，火柴业之山东、华祥两公司，为威吓工人，锁厂停工，计因此而失业者几及四万人②。

杭州市工商厂家共有职工一五 四三一人，因工商业凋疲，工人失业者有六 四二七人③。又绍兴锡箔业因各处破除迷信销路日衰，箔工二十万人将失业④。

以上所述各条，系据报纸上另碎的记载，我们所看到的。我们所搜检的报纸不完全，当然有许多失业消息，我们未曾剪的，但是即使国内一切的报纸都已搜集无遗，我们敢说他们关于失业的记载仍然不能详尽。从此更可见政府进行失业调查，发表报告的重要了。

就上文所举各条，研究失业的范围，或一年间失业的人数当然是不充足；关于失业的原因却可窥知一二。现在中国失业的原因，就所列各种消息可以归纳为如下诸项：

一 工厂或店铺倒闭
二 生意萧条或减少生产额（大部分的失业都是由以上两种原因）
三 法令（禁赌）
四 工潮（工人提出要求或罢工）
五 商业市场的改变（如川盐在楚滞销）
六 用品格式的变迁，即风尚的转变（如改用洋式家具）
七 节省人工机械的采用（如改用自动电话机）
八 天灾（如水灾）

以上所举各种原因是互相包容的，如一二两项即可为第七项以外各项原因之结果，同时也可为其他原因如苛捐、重税、交通不便、战事之结果。可惜这些资料不详备，我们无从深究。但是从此已可

---

① 见天津十八年八月间各日报。
② 见上海《申报》十八年七月二十二日及九月十一日、十一月八日、十二月十二日，又上海《时事新报》十八年八月九日、八月二十七日。
③ 见十八年十二月三十日《申报》。
④ 《杭州民国日报》十八年十二月二十日。

见中国的失业与工商业的关系，而所谓生意萧条与倒闭大有可详细研究的价值了。

三

上海特别市的失业统计我们在此节特别提出讨论，因为他是在中国独一无二较有系统调查的尝试。关于他的调查方法及调查表分析的详细的情形，兹为篇幅所限，姑不具述①。现在只将他的重要结果略为叙述。

上海失业的调查分为两种。一种是关于范围，在十八年九月间从工会方面调查。一种是关于失业原因和生活状况由社会局在同月内举行登记。关于前者计调查代表十类业务之工会一百八十七家。其会员总数一五五〇六九人，内失业者共一〇〇〇九人。失业会员占全体会员百分之六.四五。按性别及年龄观察，则男工失业者占全体男会员百分之七.三五，女工失业者占全体女会员百分之三.八八，童工失业者占全体男会员百分之二.八四。按业务观察，则失业者之比例以日用类为最高，机器类次之，建筑业为最低。关于各类职工失业总表（原表数目有错误之处已为修正）抄列于下：

工会职工失业总表

类别	工会数	会员总数				失业会员				失业会员占会员全体之百分数			
		男	女	童	总数	男	女	童	总数	男	女	童	总数
纺织	51	18820	20122	4897	43839	901	993	227	2121	4.78	4.93	4.64	4.83
饭食	15	11405	94	1420	12919	1277		4	1281	11.19		0.28	9.91
建筑	6	4076	22	200	4298	22			22	0.54			0.51
机器	12	7290		71	7311	901		1	902	12.44		1.41	12.34
运输	28	19532	4	5	19541	2181			2181	11.17			11.16
印刷	12	9993	798	557	11348	321	33	19	373	3.21	4.14	3.41	3.29
化学	17	8161	6624	965	15750	86	33	2	121	1.05	0.50	0.20	0.76

① 参阅《社会月刊》第一卷第八号，十八年八月出版。

续表

类别	工会数	会员总数				失业会员				失业会员占会员全体之百分数			
		男	女	童	总数	男	女	童	总数	男	女	童	总数
日用	9	4078		153	4231	627			627	15.37			14.81
商业	21	27552		970	28522	1757			1757	6.37			6.15
杂役	16	6730	215	365	7310	579	25	20	624	8.60	12.82	5.48	8.56
总计	187	117587	27879	9603	155069	8652	1084	273	10009	7.35	3.88	2.84	6.45

第二种失业登记，计登记表格共一三七五份，经审查结果，采用者共一二一五份。失业原因以出于资方之主动者为最多，占百分之六一·六三；内中因无故开除而失业者占百分之二九·四六，因裁汰工人而失业者占百分之二一·四〇。失业原因的第二位为一般之劳工状况，即停业闭厂、意外事变、更换资方三项，因此而失业者占百分之一九·四二。失业原因出于职工之主动者最少，只占百分之一七·四三。原表中所谓无故开除似欠明瞭，因为自工人方面看来或者是无故开除，但是自资方或自社会方面看来，或者自由于生产或生意情形的不得已的状况。假使我们将无故开除、裁减工人与所谓一般之劳工状况栏内三项相合并，都认为生产事业之紧缩或停顿，则由此失业者竟占百分之七〇·二八。关于失业日期则六个月以上占百分之二六·四二，一年以上者占百分之二五·五一，两者实占半数以上。其次则为失业四月至六月者、二月至四月及一月至二月者，三者共计占百分之四五·五。

失业者一二一五人中，百分之九二·二六皆在十六至四十五岁之间，正当年富力强的时候。其中约半数曾受中小学校之教育；百分之七一·一九曾经结婚，百分之五四·一五曾生有子女，失业者的负担于此可见。兹将以上各项汇列如下表：

上海特别市失业职工分析表

类别	失业原因														失业日期							年龄					教育					已否结婚		有无子女	
	因一般之劳工状况				出于资方之主动者			参与罢工加入工会	出于职工之主动者					不明																					
项目	停业闭厂	意外事变	更换资方	无故开除	裁减工人	因病被裁	年老被裁		意见不合	工资微薄	自行辞职	资方压迫	待遇不良		不及一月	一月至二月	二月至四月	四月至六月	六月以上	一年以上	不明	十六岁至二十五岁	廿六岁至三十五岁	卅六岁至四十五岁	四十六岁以上	不明	中学	小学	私塾	未受教育	不明	已	否	有	无
失业人数	160	14	62	358	260	65	5	50	82	32	87	9	2	18	16	125	202	226	321	310	15	388	511	222	89	5	40	383	196	296	303	865	350	658	557
百分数	13.17	1.5	5.10	29.46	21.40	5.35	0.41	4.11	6.74	2.63	7.16	0.74	0.16	1.48	1.31	10.28	16.62	18.60	26.42	25.51	1.23	31.93	42.06	18.27	7.33	0.41	3.29	31.52	16.13	24.11	24.93	71.19	28.80	54.15	45.84

我们在上文曾说上海的失业统计，是独一无二的有系统的，但是我们同时仍然不得不说他离着完备狠远。编辑者自身便不满意统计的结果，一则恐怕取材不当，再则因遗漏而不能代表一市的情形。他曾举出此次编制统计的困难情形。如有许多未曾到社会局注册的工会即无从调查，即注册工会，因组织的不完善，报告失业也难免有不实不尽的地方。工人知识幼稚，不明调查的用意，不是不肯报告，便是报告失真。此外如短工、散工，工作无定，殊不易调查。最末，上海工人多来自乡间，因失业而还乡者在在都有，亦无从稽考。凡此种种困难都是编制者所声明的，我们当然不必再加指摘。我们所能结论的，就是关于上海失业的情形，这个调查所能诏示我们的不过是茫如大海的上海劳动界中一段极小的断面图罢了。

此次上海的失业的调查是一个最初的小小的尝试，编辑者声称以后每年还举行一次极详尽的调查，这是我们所最盼望的。但是我们觉得失业决不应该一年调查一次的。业务的增灭，是时时不断的。一年一度的失业登记决不能将失业"实际的状况表现出来"。特如建筑类之水作，运输类之码头、转运、渡船、肩运、小车诸业务，日用类之煤炭职工，受季节的变化影响最大，至少非每季有调查不能明其失业的真象。此次调查系在九月，十类业务工会之中，结果建筑类之水木作，运输类之码头、渡船、肩运、小车诸业务，竟无一人失业，调查若在一月或十二月举行，说不定便有许多职工报失业。

即使气候对于业务的影响，在上海所能感觉的比较在北方都市所能感觉的为少，产业状况之时有变化，因产业状况的变化而影响失业，我们依然是不能否认的。这种影响非有每季的，更好是每月的调查，不能表现。此次上海调查，化学类之烟草职工无一人报失业。若在去年秋间，中国人所经营的香烟业多数倒闭或类于破产的时候，此项失业人数必定大为增加。又如调查时纺织类之缫丝业失业者不达总数百分之一。若在去年年终中国丝业大衰，上海丝厂相继倒闭的时候举行调查，我们敢说失业的情形一定大不相同。依以上所说，可见一年一次的失业调查不只粗糙并且也不能表现实际。

编制者说在我国现今环境之下,按月编制失业总计,实在是不容易办到。我们退一步说,至少每季一次调查是必须的。

四

我们只用以上所举的资料,并不能推论中国的失业。因为那些资料所表示的中国失业的范围,不过是"沧海中之一粟",不过是"九牛之一毛"。我们于是不得不就着社会的情形再略为推论。

中国极大部分人口都是在土地上耕作。他们的业务,一方面要靠着天时的和顺,一方面更要靠着秩序的安宁。可是在偌大的中国里,到处是旱魃为灾(如陕西、甘肃),匪寇为虐(特如江西、湖南),行政的腐败,时时妨害安宁的秩序,剥夺人民的业务。年来关内难民移往东三省者常以十万计,匪寇出没的区域,人民迁徙逃亡,不可胜计;他们遗下千万顷的可耕种的良田,而自己最少在几个月里,变成无业的了。关于这些人,我们虽然不容易知道确数,但是我们敢说天灾、匪祸、内战、行政腐化,都是使中国失业者大量增加的主要原因。据上海的调查与报纸上的记载,生意萧条,生产紧缩,虽然仿佛是失业原因,但是我们若穷其究竟还不得不说天灾人祸是根本的原因,因为生意或生产的紧缩也都是受天灾人祸之赐。失业在欧美国家里常由于产业本身或经济界的情形,但是在中国,则常原于天时、政治的扰乱,与军事的行为。

失业直接的及于失业者的影响便是停止收入,使他没有生活之资。几千万的没有生活费的人在一个社会里是多少危险的现象。素有储蓄或产业的人,一时失业,还可以用他的储蓄或产业勉强度日。至于一般劳动者的日常生活要靠着时时工作,不能间断的工作。他一旦失业,便无法生活。人到了不得生活的时候,除非他是一个懦弱无为,安于宿命,而不敢有所为,必然是如古人所说的"放僻邪侈,无不为矣"。从此看来,若说中国各方面的不安宁,完全是业务不稳固的结果,也不为过。

失业对于失业者的又一影响便是毁坏他的工作的习惯，摧残他的工作技能。一个劳动者偶然停止工作几日，很可以作为一种休息。若是他在长时期里，不得已的停止工作，他便极容易的改变他的素来规则的工作习惯，同时他曾练习好的技巧，也必日就衰退。他一方面要忧衣愁食，一方面虽有技能而得不到工作的机会，两种情形都销磨他的自信力与自尊心，破坏他的人生的希望，处在这样情境的人，除非他是呆子，去为非作歹，铤而走险，或联合起来去暴动革命，是当然的，这个失业的影响便是毁灭人的道德心；一旦人失去道德心便极难收拾的。现在人常说中国人自民国纪元以来，人心变坏。我们如果认识失业的心理的影响，便知道所谓人心变坏不是偶然的了。

失业影响，除以上所举的两项外，尚有若干联带的问题，如全社会劳动收入的减缩，劳动者生活与地位的降落，物品消费量与生产量的低减，流氓、土匪、娼妓及贫穷人口的增加等等，无不关系社会秩序，国家安宁，可惜我们在此无暇讨论这些问题。总之，失业的影响是普遍的，不特失业者本人，即社会一切的人，社会全体的各方面也都是直接的或间接的受失业的灾害。

失业的影响如此广遍，我们要解决这个问题，最先必须设法汰除以上所述制造失业的因子。汰除失业的因子，私人所能为力者有限，大部分全是政府的责任。不能尽这个责任的政府，无论用何方法也不能巩固他的地位。

（原载《青年进步》第 133 册，1930 年 5 月）

中国智识[①]阶级失业问题

一　绪言

日内瓦的国际劳动局在前年曾议定设立智识阶级顾问委员会，辅助该局理事会研究各国关于智识阶级的各项问题。这个顾问委员会在去年十月二十二、三两日在日内瓦举行会议，当时决议请国际劳动局预备一个智识阶级失业的报告，以备今年夏间开会时讨论。至于这个报告的体裁如范围、内容、失业原因、救济方策诸端，顾问委员会都计画周密，希望预备报告的人采用。国际劳动局是一个国际的团体，他在预备这个报告的时候，自然要将各国智识阶级失业的情形及救济的政策都网罗无遗。所以去年冬季国际劳动局便通信给各国的机关与私人，征求他们所需用的资料。我们当时因为曾收到了此项通信，便设法寻到些材料做出一篇极短的报告，送给他们。现在我们将那个报告改译为中文，登载在本刊上，请求读者批评。

要研究智识阶级的失业，第一个问题便是智识阶级的定义。没有定义，便不能确定他的范围。没有范围，便不能研究他的失业的多少、失业的原因和救济方法。他的定义可以说是这个问题各方面的出发点。但是那个顾问委员会在报告体裁计画书里，并没有对于智识阶级下什么定义，他完全让供给材料的人自己酌定。智识阶级的定义，据我们看来，当然是极困难的。各国文化的情形不同，在甲国认为是属于智识阶级的人，若在乙国就许应该属于另外一种阶

[①] 编者注："智识"，本文亦写作"知识"。

级。中国在三十年以前，大概祇有读书以求功名的士，登庸的官吏，和极少数的"儒医"，可以算作知识阶级。其馀如农工商界的人，不论他们识字与否，都是沿袭从来的习惯与技术，终日劳作，很少数可以说是用智识的活动的。到了现代文化的国家里，情形便大不相同。就是在农工商的各界，除了那些专用肌肉劳动的和专用感官管理机械的以外，有许多人要时时用智识的活动，进行他们的事业。什么是智识的活动，我们可以举例来说明。一个中国旧式的工头和一个受过正式训练的建筑师，在表面上看来，两个人都会起造房屋。但是前者我们祇可称为劳动者或有技能的劳动者，而后者便须列入智识阶级。前者的技能祇限于他由师傅学来的，范围较狭，对于建筑的各方面缺乏系统的、澈底的知识，因此他祇能遵循传统的方法，而不能利用无数人的经验，运用发展的理智，以应付各项建筑问题，或计画新的建筑方案。至于建筑师，因为他曾受过系统的教育或训练，对于建筑的各方面，有更清楚的、根本的认识，他便可以运用他的比较的高深的理智，解决许多的困难问题。简单说来，工头与建筑师的差别在乎他们所受的教育不同，所能运用的经验与理智不同，所以一个祇能从事于传统的工作，一个便可以发展智识的努力。

以上说明智识劳动者与非智识劳动者的分别，我们无意之中，已经给智识阶级下了一个定义了。可是这个定义并不能完全解决我们的困难，因为所谓智识阶级与非智识阶级的界限，有时不能极清楚的画分的。当研究一切现象的时候，分类常是极重要的一个步骤，可是有时分类不免牵强，有时少不了跨类的或无类可归的分子。我们智识阶级与非智识阶级的分类，也正遇见此种情形，因为社会上一定有一部分人是介乎两种阶级之间的。譬如一个拙笨的，或欠充分训练的建筑师或者还比不上一个极伶巧的极能干的工头，而一个真有经验，真能运用理智的工头或者反可以抵得过曾受正式教育的建筑师。在这种情形的时候，谁配得上说是属于智识阶级，就很难说了。

智识阶级与非智识阶级的界限不易画清的，另一个例子便是所谓智识阶级与书记、事务员一类的人。假使衙门里科员以上的人都属于智识阶级,那末,录事、校稿,那些明白衙门公事的人们是不是也算同一阶级呢?假使银行里有专有书桌专有公事房的人们属于智识阶级,因为他们熟悉银行的原理与事务,那末,那些站柜台的练习生,天天要亲身经验银行的业务的是不是也算同一阶级呢?这些都是在分类时极难解答的问题,也就是智识阶级定义的一个困难。所以顾问委员会在报告体裁计画书里说,为"智识阶级"与"事务员"倾向于混合的时候,两类便都应加以讨论,因为即使两类人不完全相同,以狭义的智识阶级方面看来,受薪金的雇员的市场也是值得研究的。

要研究智识阶级的失业,第二个问题便是关于失业的材料。现在假定智识阶级已经确定了范围,他到底包括多少种的职业,各种职业有多少人是有业的,有多少人是失业的,这些问题,除非有可靠的记载与确实的统计,是无法研究的。

现在文明国家每五年或十年举行人口调查,这个调查的结果常可以告诉我们关于智识的职业的种类与人数。至于失业一项,除了劳动者失业有些国家已举行继续的登记,可以举出数目的以外,智识阶级的失业,向无正式机关登记计算的。可是他们至少还有些零碎的统计可以供比较,还有各项职业的记载,可以提出些材料供参考。

我们中国呢,新式的人口调查向来没有举行过,关于职业的人口都无从统计,更如何研究职业的失业呢。

我们在上边举出研究智识阶级失业的困难,尤其是在一切完备的统计都缺乏的中国,不过指示这个问题的不容易着手,并不是说他不能或不应研究。失业是任何社会的一个最迫切的问题,因为失业乃是人力的委弃,便是将生产的、构造的努力,积极有用的精力白白的消耗。而智识阶级的失业尤其是迫切的问题,因为智识阶级中人,都是社会里最优秀的分子,可以用他们的努力提高一般人民的生活,促进全社会的进步。他们是社会的精英,因此,他们对于社会人民,担负更重大的责任。在我们中国革命已经完成,一切事业都急待进行的时候,智识阶级的使命尤其重大。民众(假定是存在的）祇可以受人呼唤，受人指使，跟着人跑，跟着人叫口号，可是社会上一切事业，政治的，经济的，工业的，社会的，都要靠着智识阶级计画推行的。

假使智识阶级不能立于指导的地位，发展的智慧没有机会应用在社会的程序上，那个社会没有不破坏、堕落的。社会的生命□进步，完全要靠智识阶级的集合的、有组织的努力做中心。

绪言已毕，现在要讲正文。这篇文章分为四节。第一，中国智识阶级的供给额；第二，□前中国智识阶级职业的范围；第三，由他们职业的范围，推论他们失业的情形；第四，略述救济智识阶级失业的根本方法。我们因为缺乏可靠的统计材料，一切数目常凭臆测，这是不得已的情形。智识阶级失业问题的重要，已如上述。

这篇短文祇能算为小小的研究尝试，缺点甚多，自不待言，如能抛砖引玉，那是我们最希望的了。

二　中国智识阶级的供给

概括的说，中国智识阶级的来源有两个，一个是以前科举出身的，一个是由现代学校出身的。在我国采用现代教育制度之先，所谓智识阶级完全是科举制度的产物。科举所选拔的可以说专限于文章与书法。科举制度自前清光绪二十九年（西一九〇三年）起始逐渐减少科分，至三十二年（西一九〇六年）才完全废除。由废除科举的年代看来，现在在四十岁以上的智识界中人大多数是科举出身，受过中国旧式的古典的文学的教育。秀才、举人、进士开科的次数不同，各地方登科的名额也不同，其中还有若干人是先后登过二三种科第的。这些都是不易计算之点。据我们概略的推算，每年平均登科的可定为六万人。那末，现在四十岁以上，由科举出身的，便有五十八万人。但是这些人每年一定有许多死亡的，一则因为他们的年龄较高，再则因为中国人而不讲求卫生，我们假定他们的死亡率，每年平均常是千分之六十。依此计算，四十岁以上科举出身的全国有十四万人。这十四万人有多少是做事的，做什么事，有多少是没有事的，我们都无从推知。但是我们敢说，不论他们的能力如何，他们总是需要应用智力的工作的。

中国的新式学校，在停止科举以前，便已设立。但是大批的学校的产生乃是前清光绪二十八年以后的事。关于学校及毕业生的统计，幸而以先的教育部还编过几年。但自从民国五年以后，全国教育的统计即已不完全，而教育部所编制的统计，是否完全正确，还是疑问。我们现在姑且采用教育部民国五年统计，做我们计算推论的根据。据此年统计，全国各级学校，小、中、专门、大，及其他特殊学校都包括在内，毕业生的总数是三三四 五一九人，就中中等以上学校的毕业生为三二 三八八人，小学毕业生为三〇二 一三六人。小学所供给的教育，祇是国民应有的常识，够不上说智识的训练，我们似乎应该除外，专讨论中等以上学校的毕业生。近年中国教育在许多地方，诚然是已经破坏的不可收拾，但是同时我们不能不承认在大城镇里，中等以上学校大有增加的趋势。假使这个观察是不错的，我们便可以大胆的说，全国中等以上学校毕业生每年有四万人。我们从光绪三十三年（西一九〇七年）算起，假定每年中等以上学校毕业生为四万人，并假定他们的死亡率祇是千分之十二，那末，现在便有七十八万人是可以从事于智力的工作的。在科举出身与中等以上学校出身的合计全国共有九十二万人。

关于学校出身一途，除国立或由中国人公立私立的学校以外，还有教会学校，虽然教育部的统计向未列入，却占很重要的位置。有许多教会学校，设立远在国人所立学校之先，他们每年的毕业生，为数亦甚可观。据民国十一年上海中华续行委办会的报告《中华基督教事业统计》所载，新教教会学校的学生共有二一二 八一九人，其中二四 〇一四人是在中等以上的学校受业。又据天主教民国九年至十年中国教会年鉴所载，旧教教会学校的学生[①]，共有一五〇 五〇

---

① 编者注：原文为"学校"。

九人，其中有一五 五五九人是正在受中等以上的教育。以上两种教会所报告的数字，未必完全。我们估计由基督、天主两教会所办的中等以上的学校，每年毕业的为一万人当不算过高。我们想到教会学校在中国有更长久的历史，他们的毕业生在以先新式教育、新式事业尚未发达的时代，确占据重要的地位，便可以估计现在教会毕业生，可以从事智识工作的大约有二十六万。即中国人所设立中等以上学校毕业生的三分之一。

最末，在国外留学归来的学生还供给不少的智识劳动者。他们的数目，我们无从考查。我们所知道的，他们的数目亦甚重要。譬如在前清光宣之际，留学日本的公私费的学生，每年平均常是二万人。最近二十年间，在美国留学的每年平均不下五百人。留学欧洲各国的，每年平均总不下二百人；若将留法俭学一类的人都计算在内，恐怕还要比此数加多三四倍以上。这些留学生每年回国，更提高智识工作者的人数。

以上所说几类的人还不能认为完备。除了他们以外，下列各类如有由自修或练习得到智识活动的能力者，似乎也应该列入智识阶级：

一，从前投考未中的读书人。

二，中等以上学校未毕业的学生。

三，曾受私人教育、家庭教育，或曾在未经政府承认的私立学校受业的。

四，小学校毕业生。

以上所有的估计，我们都没有区别男女性。我们所以未区别男女性，原因有二。第一，科举出身的人都是男子，自不待言。至于学校出身的人，教育部以及教会所编制的学生统计，大都不区分男女性别。同时，以先女子教育，特别是高等的，甚为幼稚，女性的智识劳动者数目一定很低。至于女子果占若干成分，我们也无法分别。第二，近年以来，受过高等教育的女子，也渐渐的加入智识的活动，所以她们也应该列入智识阶级。

我们把以上所述各类智识劳动者的来源，科举出身的人员，中国中等以上学校毕业生，中等以上教会学校的毕业生，东西洋的留学生，由自己修学或练习而得智识工作能力的人，合计起来，可以姑定为一百五十万人。

三 中国智识阶级的职业的出路

中国智识阶级的供给额，既如前述。现在我们要讨论全国可以容纳他们的地方有多少。第一点我们要注意的，就是智识阶级在中国的活动范围，比较在东西洋文化发达的国家里，非常狭隘。因为祇有在工业、商业、科学、技术、文艺以及行政事务发达的国家里，才可以消纳大量的，并且多种类的智识劳动者。至于"独立的"智识工作者，就是不受佣于人，独自工作，而专靠平时工作的成绩以糊口者，在中国尤其稀罕。书家、画家、秘制药剂的医家虽然可以算是中国向来有的独立的智识劳动者，可是为数都有限；如近代卖文为生的著作家、译述家，更是寥寥可数。概括的说来，在中国极大多数的智识劳动者，都走入行政与教育两条路上，至于近代的职业，如科学、文学、美术、新闻业、工商业，乃至法律业，都还不能说到发达的时期。

要知道一国智识职业的种类与数量，在文明国家的人口统计上都可以寻出来的。我们中国既然没有新式的人口统计，更谈不到什么职业统计了。独有江苏省在民国八年、山西省在民国十二年举行人口调查的时候，曾做出职业的统计。让我们来看一看这两省的智识职业的比例，或者可以寻出一种估计的标准。据江苏省的统计，议员、官吏、公务员、教员、律师、新闻记者、医生七类，共占全省人口万分之二三。山西省的统计，这七类的工作者共占全省人口万分之五七。这两个万分数，据我们看来，颇有可疑的地方。江苏在经济与文化两方面的发展，当然在山西之上，他的智识劳动者的百分比例当然要高出山西的。可是上边所说的数目恰与此相反，岂不可怪吗？江苏调查大概是不可靠的。因为我们若用江苏省智识劳动者的百分比例做标准，计算全国的智识工作者，四万万的人口之中就祇有九十二万人。这个数目在全国看来虽然不能算少，可是单就文物发达的江苏而论就未免太低了。江苏省的教员占全人口万分之十而医生竟占万分之七。这也是可怪的。如果江苏的智识劳动者的百分比例，失之过低，山西的比例，当然是失之过高。用山西省智识劳动者的百分比例做标准，中国全人口便应有二百二十八万人属于智识的职业。这个数目，比较我们从其他方面的估计，又未免过高。江苏与山西的数目，既然都不适用，我们祇好另外寻方法，推论有职业的智识劳动者。

上文说过，行政与教育吸收了智识阶级的大多数，那末，我们就先考察这两大类的出身罢。现在国民政府以及各地方的官吏与公务员，还没有详细的数目。据我们所能寻到的，民国十四年段祺瑞做执政时代的职员录，我们计算出来，除了陆海军官员并蒙古官吏（大概都是蒙古人）以外，有官职的官员，全国共一万三千人。这个数目当然没有包括一切的官吏，因为凡是见于职员录的都是以有官职的为限，此外极大多数的政务人员，没有官职的，便没有列入此数之中。实在没有官职的政务人员，要比有官职多若干倍的。我们于是不得不另外寻一个推算的方法，就是用县做单位计算。中国全国在民国十三年的时候，共有一八九五县。现在假定各县平均一县有大小官员一百人，全国官员总数，用整数说，共有二十万人。这个数目较比上边所说有责职的官吏的多十五倍。

二十万这个数目是根据国民政府成立以前的情形推算。在现在看来，当然还要修改。近两年来政府制度的发展显然有使官吏阶级大增加的趋势。第一在行政方面，中央政府院署的增加，省政府、市政府组织的趋于复杂，都使政务人员数目膨胀。第二，布满全国的党的组织，亦增加了许许多多的智识职业者的位置。将这两类的人都计算在内，现在中国政治的与行政的人员总不会在四十万人以下。

教育界的人员，据前教育部民国五年的报告，教职员合计为三一一八○四人。这个数目祇限于官立学校与政府承认的各种学校的教职员。其他未经教育部或地方教育当局认可的学校人员当然不在其内。例如基督教教会学校的教员，据中国续行委办会的统计，便是一○八四八人。天主教教会学校的教职员，当然也与此数相伯仲。所以我们若是将全国所有的学校人员都包括在内，当有四十万人。

如上所述，总计党政界与教育界的人员，共为八十万人。如果这个推算的数目是不错的，一百五十万的智识工作者中，有半数以上，属于党政教育三界，其馀的七十万人应该属于其他如法律、医、工程、商业、工业、宗教、文艺等智识的职业。但是我们看到中国各种事业不发达的情形，不特是学术的事业，就是需用较为专门人才的实业的事业，也是异常幼稚；我们便不得不怀疑这七十万人个个都能寻到正当的职业。例如医生当然要占很大的数目，我们要用山西的医生百分数做标准，全国医生也不过一百五十万人。如基督教会的牧师，据中国续行委办会的报告，一九一九年基督教会授职与未授职的牧师共有六二五四人。关于从事新闻事业的人，我们没有统计，但是据一九二五年的英文《中国年鉴》，中国的日报与定期刊物共有一一九八种，这一一九八种中，有些已经停版，有些只是学校刊物，其中并用不着什么受报酬的雇员，所以我们就是假定这个数目是不错的，并且假定平均每种刊物，有十个人是受薪金的，那末，全体也不过一万二千人。以上所举的几个例可以证明中国自由职业的幼稚，并且可以使我们断定，现在中国从事医术、法律、新闻、宗教、科学、工业、商业的智识的工作者，不能达到七十万之数。

中国疆宇广大，在这个时代里，要推进他的社会的、经济的、工艺的、文化的发展，当然要需要大队的智识工作的。可是一看现在的情形，有许多的智识工作者不能寻到生活的位置。何以故呢？这是因为现在中国除了几个都市，生活程度极低的农民，他们的生产能力非常低下，据说平均每人每年不过五十元，所谓智识的工作只限于几个大城市，不必到乡村里，就是在小的、旧式的都市里，智识的工作都不多见。加以近年来，国内战乱频仍，一般社会的、经济的事业，已有者常陷于停顿，未有者又没有机会成立，无怪乎现在有许多可以列入智识阶级的人都陷于失业的情况了。假使时局改变，一切的事业都有发展的机会，我们敢说中国对于智识工作者的要求一定要超过他的需要。

　　实际说来，大部分的失业者都是智识阶级里的能力薄弱的一类。现在中国学校的效率极低，他所造出的人才有一部分，或者是很大的一部分，能力幼稚，不能切实的、负完全责任的，做一件事，这大概是不能否认的。我们取最普通的例来说，庶务与书记无论到什么地方，都是供过于求。这就是比较的专门人才缺乏的一个明证。再进一步说，就是这些庶务与书记们，也是能力幼稚的很。大多数的书记专会誊钞，一种机械的钞写，连一个清通的信稿，都不能独立的起草。大多数的庶务，只能机械的受人指使，而不能运用自己的思想、计画或判断，应付事务。总之，所谓公务人员中，大概总有百分之八十都是属于庶务、书记的一类，而现在最容易罹失业的灾厄的就是他们这一类。

四　智识阶级的失业

　　中国智识工作者的失业，我们已经声明过是无法研究的。可是在失业资料非常缺乏的时候，祇要有些零碎的资料，也是聊胜于无，值得注意的。例如此次首都南迁，北平的衙署都封闭以后，一切的官吏与职员除了那些可以另外寻到位置的以外，完全落入失业的队伍，就给我们研究的机会。当时恒善总社慈善机关为救济在北平失业的官吏及其家属起见，实行免费运送他们回籍的办法。计自民国十七年九月至十二月，三个月间先后由海道运到南方的大小口共三 四五四人。按每家平均三口计算，即失业的人口一千一百馀人。

又据恒善总社报告，迄十八年一月为止，还有二百家左右报名静待资送回籍。这个资送回籍的失业人数，比较失业的全体人数，当然是占极小的一部分。这个原因是失业的人不能或不肯都去求恒善总社的资助。因为恒善总社所资送的祇限于南方几省，即浙江、安徽、江苏、江西、湖北、湖南、福建、四川、云南、贵州、广东、广西，共十二省的失职人员（其中以福建人为最多，依次为四川、江苏、安徽、浙江）。北方各省失职人员便不能享受这个待遇。

另一种关于失业的资料便是今年北平特别市社会局所举行的失业登记。关于这个失业登记的结果，已经在本刊第一期详细叙述①，不再重复。其结果中最可注意的便是登记人员中百分之九十以先都是做过书记或庶务的职务。这正可证明我们上边所说的，庶务、书记是最容易罹失业的困厄的。

合计北平社会局登记人员与恒善总社所资送的人员，约计二千六百人以上。假定北平的官吏为八万人，这些失业者占百分之三。实在失业的人，当然要比这个百分数还高的。

五　失业的根本问题

中国的与现今欧美日本工业文明进步国家的智识工作者的失业有两个重要不同之点。第一，工业文明的影响有增加智识工作者的趋势。一个大工厂便可以雇佣几百个应用科学的人才，一个大公司便可以收纳若干受专门商业教育的学生。因为工商业的发展，行政衙署的扩张，便又可以给受过专门教育的青年无限的出路。工业文明的社会是建筑在工业的基础的上的，因此他的智识阶级常直接或间接受工商业的影响。中国只是一个幼稚农业的社会，他当然不能产出，也不能维持大队的智识工作者，而他的智识工作者的失业，受工商业的影响很微小，而直接或间接受政治的影响极大。第二，

---

① 编者注：指《大公报》（天津）1929年4月27日《社会研究月刊》第一期刊出的颂河《北平失业人员登记表的分析》一文。

在工业文明的社会里，智识阶级已经有供过于求的现象，智识阶级失业的问题，已经引起有心人的注意。在中国，智识阶级虽然显然现出失业的现象，可是这个并非实际上中国社会不能容纳这些失业的人。何以故呢？一方面，因为时局不宁，一切建设的事业，不是陷于停顿，便是不能举行，所以有许多人寻不到可以生活的位置。又一方面，有许多人做事的能力太低，或者因为他们只受过古典的教育，不能应付现代的工作，或者因为他们所受的新式教育不充分，只可以勉强做些宣传、运动一类的事业，或是机械式的钞写、打杂的工作，而不能应用高深的知识，运用独立的思想与判断，做些切实的工作，所以便流入失业的一群，总之中国还没有显出工业文明社会的智识阶级的供过于求的现象呢。

为救济中国自身的智识工作者失业情形，政治的稳定，建设事业的推进是刻不容缓的。更进一步，便是教育的制度与精神，急需改革。关于这两点，本文不能详细讨论。但是我们相信在现在的时候教育改革是一个最根本的办法。即使政治进步，假使各学校所造就的青年，都没有切实做事的能力，他们的失业仍然是不能避免的。可是我们试考察中国各地高等以上学校的情形，他们所造就的毕业生，恐怕不能不使我们失望。

中国正在危急的时机。三百年以来东西洋文化接触的结果，中国已经到了不得不急速的采用西洋文化的时候。一切新的制度，新的事业，都需要受新教育的智识工作者不断的努力。中国社会的能否相持，能否不为工业文明社会所压伏，完全看中国智识阶级能否尽他的责任。

（原载《大公报》1929年6月29日、7月27日《社会研究月刊》第三、四期）

工人教育之哲学

要讨论教育，便不能不管教育的哲学，即教育是什么、教育是为什么等等问题。一般的人，特别是以教育为职业的人，常不管这些根本的问题，而专就教育自身讨论或进行，最少的说，是不澈底的。

我们首先要认清，教育不过是社会程序中的一个。教育不是目的，祇是方法。作教员的，主持教育行政的，当然可以拿教育作他们的目的，鞠躬尽瘁，将他们的生命都供献给这个高贵的目的。这是应该钦佩的。但是他们切不要忘记在他们的目的背后还有更重要的目的。我们要什么样的教育，必须先知道应该要什么样的社会。我们必须将社会的理论，有清楚的认识，然后才可以讨论教育，决定他的方针与内容。

从这一点看来，我们中国的教育事业可以说有许多是对于他的背后的目的，似乎是不十分清楚的。我不敢说现在中国的教育家与教育学者之中，没有意识的认识社会理论在教育上所占重要的、根本的地位。但是我觉得大部分的人似乎忙着授课，忙着学校管理，忙着教育行政，竟把教育背后的目的忽略了，或忘记了。

谈到工人教育，社会理论的认识格外显得切要。我们首先要问工人的定义是什么，工人在社会占什么地位，并应该占什么地位。这些都是计划并确定工人教育的先决问题，不容漠视的。如果祇以为对于不能做工的授以工作的技能，对于已经做工的增进他的技能并授以公民的常识，便是工人教育的一切的一切，这见解未免太肤浅了，太单简了。要澈底的了解工人教育的性质及其职能，便不能不去追求他的背后的社会理论。如果没有相当的社会理论，一切工人教育的工作便都成为"玩票"式的，闹着玩的，缺少宗教式的热诚的，短少精采的或竟虚应公事的。

我们在本文里不能对于社会理论充分讨论。现在不妨就一二实例略施检讨。在世界上工业进步的国家中，我们可以区别两种不同的社会。因为在两种社会里工人所居的地位不同，所以工人教育便也发展两种根本不同的形式。在一种社会里，工人祇是工人，他与土地、资本、管理并列，是生产要素之一。因此他的教育便常限于生产的技术。但是因为有的国家（例如英国）适巧信从民治主义，主张一切的国民都应该享有参政权，对于政治发生趣味，所以他们的工人教育便不得不改变观点、扩充范围。在这样的国家里，除了生产技术训练之外，更发展了工人的高等教育。例如英国便有所谓"大学讲授班"（编者①按：本期文中亦有译作"启导学级"及"辅导班"者）运动（University Tutorial Class Movement），由各大学专为工人设班，讲演高等社会科学的科目，如经济史、代议政体等等，而特别注意讲演后之共同讨论。有专为工人所设之学院，如牛津之罗斯金学院。而都市之大学，又常设夜班，吸引了不少的工人去选习大学的课程。这种工人高等教育的运动可以说是根据民治主义。现代国家标榜要实现民治，所谓民治是假定一切的成年人都有政治的趣味，并相当的政治的知识与能力。关于政治知识与能力的训练，有产阶级、有闲阶级，自然有机会容易得到。一般工人则除了受过初级教育以外，终日要为衣食辛苦，极难希望有研究政治的机会。但在民治主义之下，劳动阶级与其他阶级是平等的。普选制度赋与了一切公民同样的选举权，无论他是有产或无产。在工业发展的时期，劳动阶级为保障自己团体职业上的利益，他不得不选举代表，参预政治。因此二者之故，劳工阶级便须注意政治知识与能力的素养。以上所说的工人高等教育便是为满足劳工阶级的这个需要。

---

① 编者注：此"编者"为《教育与民众》杂志的编者。

工人教育的重要不单是可以从政治方面，即民治主义方面看，还可以从社会方面看。一个社会里的人都应该学习享用他的社会里高尚的文化。在现在经济制度之下，因为财富之不均，各阶级所受的教育程度，常相悬殊，于是有产阶级因为受了高等教育的结果，便能够扩充他们的心理，玩味并追求精神的文化。而劳动阶级祇因向来不得与高等教育机关或学者相接触，便终生过他的牛马的生活，得不到文化的享用。因此社会之中俨然成了两个阶级，一个是有文化的，一个是没有文化，几乎是禽兽的。这样的裂痕，也正如贫富的裂痕一样，不特是社会进步的障碍，实在是社会生存的大危险。根据这个情形，于是从事高等教育的人们便努力促进工人的高等教育，希望至少优秀的工人也得分享向来为有产阶级所专有的精神文化。有的人说"宁可以将较好的教育给劳工阶级的全体，不可以祇将最好的教育给极少数的人。不要在社会里专造就特出的长人，要将社会里全体的人提高"。

以上所说的民治观念与社会一体观念是现在资本制度国家的劳工教育的理论的基础。现代国家差不多都采用这个态度。另一种社会承认农工阶级是社会里惟一的生产者，也是社会上最高的阶级，因此这个劳工教育便成了一国教育系统的主干，而不是他的一个旁枝了。苏俄是现在这样的社会的惟一的实例。因为苏俄的经济制度、政治制度、社会制度与历来的国家有根本的差异，所以他的教育的全体，也完全脱离了传统的制度，而自成一格。这个问题极大，我们在此处无庸讨论。我们现在所应该注意之一点便是因为社会的理论改变而劳工的地位也随之改变，因为劳工的地位改变而他的教育便也随之改变是也。

在苏俄，一切的教育都是劳工教育，不为劳工而专为养成有闲阶级的身分与专供有闲阶级享用的娱乐的教育在那里实在不能想像的。狭义的劳工教育，即专为正在从事劳动中的成年人的补习教育，也显出可钦佩的发展。一位哥伦比亚大学教授曾称赞苏俄的劳工教育有最澈底的计划。小学、中学、大学的教员，工会领袖，政党工作人员都被动员，在受短期训练之后，努力于劳工教育。一切工场，都保留位置，给工人学习的机会。苏俄教育的理论基础即是工作与学习合而为一。

苏俄的教育虽然完全以造就能工作的人为目的，但是他并非完全是功利主义的。他对于文化努力传播，可是他的传播首重在农工阶级，因为他们是社会上主要的生产者。文艺、音乐、学术，一切高的文化产物都尽量的让劳工阶级享用。即从书籍之销售，如达尔文、帕乌洛夫①（实验心理学专家）之著作每版皆以万计，马克斯、列宁之著作，每版皆以十万计，也可以看出苏俄文化教育普及之一般了。

以上所说的两个例显然是不同的。对于两者之取舍在今日之中国当然是没有自由的，因为如果采用后一个做模范便犯了反动的大罪。但是我们不能因此便将苏俄劳工教育的优点，他的社会理论的某一部份或他的教育的某种制度，都一笔抹杀，认为毫无价值，因此我们也不妨融合两种实例做出我们自己的劳工教育的理论。这个理论可简略述之如下：

第一，社会里一切的人都应该工作的，因此，一切的教育都应该以训练工作的能力为目的。所谓工作当然是包括劳心、劳力两者而言。特殊阶级的教育，专为养成绅士、有闲阶级、个人享用的阶级，绝对不应该存在。

第二，根据上节所说，即无所谓工人教育，因为一切的教育便都是工人教育。但是在今日社会现状之下，大部分的人，都缺乏相当的教育。特别在中国现状之下，需要每一个人做生产的分子，各人更有重受教育的必要。从事农工的工作的人须提高他们的能力，扩充他们的知识；无业的人，不论有产的或无产的，须训练他们的工作能力。从此点看来，则工人教育范围应该大大的扩充。

第三，假使以人人皆当工作为社会的原则，则今日以人为的制

---

① 编者注："帕乌洛夫"，今译"巴甫洛夫"。

度而成立的阶级，当然不应该存在。一切的人祇有职业之别而无阶级之分。从此观点出发进行劳工教育，则所谓工人教育并不是上等社会阶级对于下等社会阶级的恩惠，怜悯他们的地位而举行的慈善事业，乃是人民全体对于传授或提高工作能力，分享文化产物的一种共同努力。办理劳工教育的人不全是教者，受教育的农人工人也不全是受教者，受益是双方的，所以可以通力合作。

第四，依上所述工人教育的意义扩大，范围扩张，进行起来便须多方面的协助。教育家不待言，科学家、工程师、医生、农工界的领袖都应该对于农工教育做积极的工作者。为促进农工教育，国民全体的总动员几乎是必要的。

如果以上的理论是适当的，则今日努力于工人教育的人，责任要大为加重。像现在国内几处劳工教育的机关，在数目上，在事业上，都应该加增亿万倍不止了。

（原载《教育与民众》第 5 卷第 3、4 期合刊，1933 年 12 月 28 日）

女子问题

——新社会问题之一

《新青年》征集关于女子问题之文章，既有日矣。而女子之投稿者，寥少已若珠玉之不多觏。更通观本志所刊布诸文，舍一二投稿家外，非背诵吾族传来之旧观念，即剿袭西方平凡著者之浅说。欲求其能无所忌惮研究女子问题，解决女子问题，释女子之真性，明女子之真位置，定女子与国家、社会相密接之关系者，殆若凤毛，若麟角。吾兹非好为褒贬，专以评骘诸勇敢之投稿家为能事，诚以今日中国之社会，稍受教育稍有知识之男子，方群陷于物质的生存竞争，高官厚禄（法的或非法的）为毕生至高之希望；美姬娇妾，奢车丽服，为人生存在之真理由。男子既群以此为风尚，恬然奉此虚伪醒醍之标准，以轨范一般人之行动，鼓舞一般人之希望，而犹希冀数千年来受束缚之女子，解脱重轭，振拔流俗，不尚物质，不慕虚荣，推倒群盲所崇拜之偶像，排斥时髦所趋逐之倾向，又岂可能。事实之未明，真理之未昌者，今日我国思想界言论界之现象也。而关于女子问题，缄默尤甚。揆其原因，诚以常人惑于一时之卑风劣俗，为社会状态所摆弄，道在迩而不之求，非真理易晦，事实难显也。

女子问题，欧美社会问题之最重者也。其成为问题也，纯为社会状态之所诞生，所酝酿。其所由来，非一朝夕，必社会状态有其所以兴起之原因。吾今欲究中国女子问题，自不能不述及女子问题发源地之欧美，自不能不述及该发源地之社会状态，以供吾人之借鉴。且所谓女子问题者，在今日已无国界之可言。自欧至美，自美至亚，女子之伸诉呼吁，几无宁日，今日已成为一般女子之大觉醒。即吾国二万万之女生灵，鼾睡方酣者，终亦必为世界女子活动之潮流所卷收，相与共谋解决之方。

一、经济之发达　男女之别，性（Sex）之别也。自生物学观之，男女生理之形态、组织、变化，有种种之差异，根本于生理上之差异，其精神作用之状态，复有异同。此不可掩之事实，依常识，依科学，皆可得明证者也。故二者之在社会也，初亦一本自然，各因其特能专长，而据其位置。考先民之分功制度，最初现于家族之内者，厥为男女之分功。夫耕妇织，夫猎妇炊，妇事养育而夫任保护，乃先民生活之状态，自然之分功也。后世群制稍进，治者更定为礼制：内言不出于阃，外言不入于阃，严防男女之别，使各不相侵。吾族数千年来，迄于今兹，遵守斯制，犹未尽替，已成为道德之要旨。使先民男女分功之经济状况永久而不变也，则男女间之关系，今日无以异于昨。然一旦男女之分功渐失其平，社会一般之分功代之以起，财货有畸轻畸重之势，而女子有独立自主之机，则女子之活动，不能不因之而嬗变。昔之女子，以育儿、煮饭、缝衣，为惟一天职。今则以社会上经济状况之蜕化，而另谋活动之方。昔之女子以家庭为世界，为学校，为工场，生于兹，育于兹，受教于兹，劳动于兹，老死于兹，碌碌终生，舍生殖传种而外，所事惟满足家族经济之需要而已足。今日大工业勃兴，物品不复产于家庭，而产于工场。女子不复操作于家庭，而受佣于外人。此欧美今日之现状也。女子之位置于以变，女子之问题于以起。

经济状况之发达，实女子问题之一主因。今日盈千累万之女子，莫不食工业革新之赐，减劳役，轻思虑，而家庭种种之需要尽得偿。不役于父不役于夫，而种种之生活得独立。盖先有经济界之革命，然后向来家庭之经济组织破。家庭之经济组织破，然后女子博得经济之独立。既获经济的独立，然后能脱历史传来之羁绊。

二、教育职业之发达　质言之，今日欧美社会之大运动，尽可以经济说明其原因。所谓社会问题，不过经济问题之变象而已。即吾兹所论究之女子问题，与详细剖辨其原因，亦可以经济之发展总括之。而吾以为经济状况而外，社会上有种种现象，虽以经济之影响而后发生，而其自身，更直接影响社会上其他现象，关系密切，有不容忽视者。经济之发达，固为女子问题之主因，而教育、职业、民政诸端，亦莫不被经济之影响，而后发展蓁速。然其直接影响，促生今日之女子问题，其重要，其密切，有不能不承认其为原因之势，故特揭出论之。

昔男女分功之时代，女子活动之范围，不出于家庭之外，吾既言之。近世国家，设强迫教育之制：国民不问男女，不问贫富，凡逮一定年龄，概须受国民之教育。如是，则今之女子，非复一家一族之女子，而属于国家、社会。其教育遂亦不仅系于一家一姓之兴衰，而系于社会、国家之治乱。今日之女子，乃获空前之机会，出家庭之小社会，见闻狭隘，不出张长李短，思想卑浅，不外米酱油盐者，今乃诲以世界之山川形势，诏以国民之权利义务。眼界既开，知识斯长。藩篱一破，女子遂登社会之大舞台矣。

与教育相伴，促生女子问题之又一因，厥为职业之发达。昔之所谓职业，男子之职业也。女子，舍良妻贤母女红割烹，别无职业之可言。教育既遍施于男女，不特女子之聪明者，能驾男子而上之，即一般之女子，在学成绩，亦不见劣于男子。加以近世工商业发达之社会，各种职业之要求，殆无底止。或从事技术或从事学问，苟有一才一艺之能，不问男女，无不能见售于世。故今日之女子，不仅从事于家庭之职业，更从事于社会之职业，不止于良妻贤母之国民，更兼为良工巧匠诗人学士之国民，此职业发达之结果。女子活动之范围，殆与男子活动之范围相吻合，工场、市廛、学校、政府，无往不见其足迹也。

三、思想之发达　上兹所述，仅就物质方面而言，显而易见。试一游欧美诸文明邦，家庭之中，日用物品，十之八九，取诸市廛，而不在家制备。若在通都大邑，即每日三餐，犹且有悉仰诸餐馆者。女子在家，服役至寡。主妇之任务，要在主持家政，监理一切而已。

而市衢之上，熙熙攘攘，往来摩肩者，以女子之从事于劳动职业者充其强半。方今战事正酣，各国男丁，多投身于疆场，凡百事业，尽赖女子。而女子职业之范围，愈益扩张。此种现象，皆有目者所共见者也。女子问题，亦有非物质之原因，常人所未觉察，是为近世思想之发达。

欧洲自宗教革新而后，思想一变，而神学之权威杀。自法兰西大革命后，思想又一变，而社会制度政治制度积久之权威摧（思想之嬗变，必非一朝一夕之故，而为历史的经过。肇源湮远，积日持久，乃克成熟。吾兹取宗教革新及法之大革命为两种思想革命之纪元，取便志思想潮流之变迁而已）。近世之思想，勿论关于科学宗教、政治经济，继乎两种思想革命之后，常取怀疑之态度，含革命之趣味。欧洲女子固有之位置，乃千余年来所演成之社会制度，耶教经典之所制限，各族法典之所规定，从来相率因袭，谁复敢起而抵抗非难者？今亦受革命的思想之磅薄，终将沦于淘汰之数。抗之者谁？难之者谁？女子之诞生于革新思想之世界者也。

吾今欲缕述新思想之实现于女子问题，恐势有所不能。近百余年来之文学，关于女子位置之讨论，靡不见新思想之势力。最初若法之龚道西①（Condorcet）于《进化史表》（*Esquisse d'un Aableau historique des Progris de l'esprit humain*）申男女平等之义。穆勒约翰著《女子服从论》（*The Subjection of Woman*）论女子雌伏之非。此男子为女子作不平之鸣，彰彰有名，无俟吾言之赘。而现代女子著述家，若英之佛西脱②夫人（Mrs. Henry Fawcett）（已故财政总长经济学者佛西脱之夫人），瑞典之克倚③女士（Ellen Key），南非之谢莱纳④夫人（Olive Schreiner）及合众国之亚当斯女士（Jane Addams），思想一发，形诸楮墨，皆能为女子吐气焰，增价值。虽至鄙薄妇女之人，

---

① 编者注："龚道西"，今译"孔多塞"。
② 编者注："佛西脱"，今译"福西特"。
③ 编者注："克倚"，今译"爱伦·凯"。
④ 编者注："谢莱纳"，今译"施赖纳"。

亦不能不为所折服。然所谓思想之发达，非仅见于上述之四氏已也，亦非仅见于今日欧美文学界之女子著作家已也。今日新思想之势力，弥漫磅礴，殆无往而不是。状态万千之女子，或在家，或在市，或为人妇，或为人女，咸于不知不觉之中，有伟壮不挠之精神（吾友某，营商于伦敦。一日，以事访某肆主人，主人不在，其书记出款待之，女子也，畅论女子问题，友大惊诧），宁愿自食其力，不肯仰人鼻息；宁愿独身终生，不肯配偶失意。此种健旺之精神，可以于今日欧美社会之妇女觇之。

上所述者，皆促生女子问题之主因，语焉不详，仅藉以识产生女子问题诸主要社会状态而已。社会状态，常相为因果。以上诸种原因，既促女子之猛省，成为问题。诸种原因之外，若民政之进步，新伦理观念之发明，女子生率之增加，其他种种，更仆难数，亦鼓舞女子之大动力。而女子之自觉，自身之猛省，又反而直接间接促进以上诸种原因。今欲考女子问题之纯因，则错综纠纷，渺不可得。盖所谓社会问题，苟探其原，莫非若是之繁杂而难明也。

吾述女子问题既竟，而关于本题，未加界说，未下定义，读者不能无所疑。然女子问题，包涵无数之意义，无限之希望，无尽之计画。若欲遍数，请俟异日。吾惟解释女子问题之原因，即能明其趋向，亦即可以与吾国今日社会状态相比较，视女子问题在吾国之位置，果为何如。今日吾国之经济、职业、思想，远逊于欧美，自不待言。而国中女子，处于今日之社会，亦自然无奋发策励之机会，似亦无足深怪。然今日之世界，乃交通频繁之世界，经济、职业、思想之发展，无不遍布于全球，成世界的潮流。现于欧洲今日之社会者，明日即将现于吾族之社会。今日欧美之女子问题，必将速见临于此邦，无俟疑惑。至于预俟其来，谋解决之方，则责艰任重，匪一人任。要在今日之青年，而尤在今日之青年女子。

（原载《新青年》第4卷第1号，1918年1月15日）

女子的装饰

你要问女子为什么她每日要擦粉，抹胭脂，戴首饰，以最时髦之衣服相夸耀，她便回答说，你们男子也未尝不喜欢装饰，男子每日也要剃胡须，梳头发，将衣履修饰齐整。男女不同之点不在装饰与否，而在装饰方法之不同。这个答复乍听颇似有理，但是仔细一想，便觉得他不能服人了。

在以先女子主内男子主外的时代，女子与外面的关系只限于宗族与亲戚之间，女子的需要不多，女子的装饰品当然也有限。这个时候，因为女子不能外出，所以在市场上差不多看不见女子的需要品。除了首饰，或其他需用专门技艺的工作品以外，一切女子需用品都由家庭包办：女子自己的工作，便可以供给她自己的需要。这或者是因为正在家庭手工业时代，大部分经济的需要都可由各家庭自给，所以女子的装饰品都靠着自己制造，除了原料以外，不必仰赖外人。无论原因是什么，是女子不出闺门的风俗，或是家庭手工业的制度，或是二者相合，总之，一般女子在当时的装饰一定是有限的，与男子比较起来，未必果有大的出入。

近年以来，自从女子出了家庭的樊笼，可以有权利，并且有自由，徜徉于市廛之间，她的装饰的要求，便陡然的增加。凡是到过现代大都市的人，便可以看见各店铺的窗子里所陈列的，都是些女子的需用品，大百货商品所售卖的，大部分都是为满足女子装饰虚荣的产物。在几个大都市里，甚而至于全街都是列满了售卖女子用品的商店（例如巴黎之 Rue de la Paix，伦敦之 Bond Street）。读者要知道女子消耗品的数量吗？我只引一个数目：美国女子在一九一九年所消耗的胭脂、香粉、涂唇膏之类共值美金七万五千万金元，这大约就是我们中国一九一八年输出入的总价值。我们从此类推，便可知女子所消耗的衣服、靴鞋、袜子、手套、帽子、首饰以及其他附带物品，应该有多少倍这个价值了。

现在文明各国，都有无数的男女，专为女子的装饰，终年不断的劳动。细说起来，一切人的劳动固然都是为互相的满足需要，但是为女子的需要而劳动的要特别的多，因为女子所需要的物品远超过男子的。一方面，女子的服饰比男子的复杂，衣履而外，还有首饰、脂粉、香水等等。一方面，女子的服饰比男子的花样多，鞋帽、装束的格式，翻陈出新，变化不已。如巴黎打衣样的远家——这些都是男子们——一年之中常做出无数的新意匠，推行全球。所以在欧美中等资产的女子，新装刚穿在身上，便已觉落在人后，自己所认为新装的等到做成的时候便已不应时了。

好妆束是女子的十分之九，这句话更切于二十世纪的女子，是无可疑的了。但是到底为什么女子都好妆束呢？有的人说，女子的妆束完全是一种性的竞争。争妍斗丽，是女子的天性，所以一到妆束起来，谁也不甘落人后。你有金刚钻的耳环，我必亦置办一对更大的金刚钻耳环。你今天穿了一件新式裁剪的衣服，我明天也必要仿做一件，并且料子还要更考究些。每个女子，假使她有十分的财力，总想在装饰上创出一个新的标准，供她的亲戚朋友与其他无数不相识的人的景仰与惊叹。等到她的这个新花样，渐渐的为人模仿以后，她便要起始再创出另外的一个新花样。如是出奇立异，循环不已，便成了今日的女子以装饰相竞赛的世界。

这个解释诚然可以多少说明女子好妆束的风气。但是专以性的竞争责备女子或者未免不公平。男子之间，也何尝没有这种竞赛的风气。

吸烟的男子看见了一位朋友的新烟斗，便也常设法去照样购置一个。玩古董的人看见了朋友新获得的古董，也未尝不想用种种方法去弄到一个同样的或更好的古董。这种竞争的心理本来是人类的通性，不问男女的差别，都是一样的。所以现在的问题不是何以有竞争，乃是何以女子专在装饰上竞争的这样利害，何以大多数的女子不在学问、艺术或道德诸方面互相竞争，而偏偏在身体的装饰上这样的钩心斗角呢？

　　研究性的心理的人于是用性去解释这个问题。女子的生命大部分——有人说全体——都是性的，她的生命惟一的职务便是引起男子对于她的爱慕心。男子对于女子的爱情固然可以用多种的方法引起，但是最初的，最容易受印象的，并且不必经过长时期便可以见效验的方法当然还是用女子的身体形状与装饰。普通所谓"一见倾心"便完全靠着这个女子给男子的最初的印象。一直到了现在，一切人类都藉着这个女子的外表以诱引男子爱情的方法去寻他的配偶。世上有多少夫妻是因为长时期的熟识，心理的深切的接触，精神的相互的感应，才成就的？从此可见，女子的妆束已成了她的种族的经验，在以先她只用自然的方法装饰她的身体，到现在，因为物质的发展，便能运用无限的制造品，增加她的美丽。这个解释，太刻薄女子吗？读者只用批评的眼光观察各种女子（如幼年女子与老年女子，女子有儿童前后之时期），便可知此种解释之价值如何了。

　　但是我们对于以上的解释还可以加以补充。近代女子装饰之奢侈大部分实是由于经济的发展。自从新工业制度发达以后，社会上之财富大增。一方面，社会上造出一种富有资财的阶级，一方面，机械工业产出无限的物品供这个资产阶级的消费。因为现在财富是现在社会上一个极伟大的势力，于是凡可以炫示财富的便都为世人所希求。女子的装饰当然也最能炫耀财富，不特装饰她自己的身体，还可以表现她父亲或她丈夫的财产。我们看见一个女子的打扮，便可以知道她的身分与地位。一位穿破蓝布衫的当然只是一个婢仆，一位珠翠满头、锦绣全身的当然是一位阔太太或阔小姐。这种夸耀财富的风气，固然在女子身体上表现，但是男子也永远与以援助，与以鼓励。如上节所述，女子用这个方法可以引起男子的爱慕心，而他方面，为父的或为丈夫的也情愿藉着他的妻女显露他的财力。

假使有人看见你的妻女的褴褛，岂不是你自己丢体面吗？

　　这种竞争装饰的风气现在日甚一日，除非现存的经济制度与恋爱方法有根本的变化，我恐怕没有方法可以革除他。假使一切的女子都靠着自己的人格、思想、能力与道德，唤起男子的爱慕心，而男子也不仅仅为女子的装饰的外表所炫惑，能够探求其心灵的内部，这个风气也就自然归于淘汰。但是现在世上有几位这样的男子与女子呢？

　　（原载《现代评论》第4卷第95期，1926年10月2日）

论 自 杀

桂林梁巨川先生因为中国的"国性"已经沦丧，没有立国的根本，打定主意要用自杀的手段唤起国民。他蓄志好几年，一直到去年十月四日才有机会实行他的志愿。他留下了许多的著作，我所读过的是"敬告世人书"① 和给亲朋家族的遗书，都是说明自杀的理由。那"敬告世人书"里边已经预想到将来一定有人评论他的自杀：有大骂的，有大笑的，有百思不解的，有极口夸奖但是不知道他的心的。现在梁先生已经死了，我们不应该笑骂——笑骂是不合理的举动，平心静气说理的人没有用笑骂做辩论的——更不必夸奖，夸奖给谁听呢？但是我们要明白他自杀的理由。我仔细读了他的著作，觉着他的死是根本于两种误谬的理想。那是不可不解释清楚的。

第一样是拿清朝当作国家。梁先生之自杀自称为殉清，拿清朝当做几千年的文化。他说"我为满朝遗臣，故效忠于清"，并且拿民国之人当效忠于民国做比拟。民国之人所效忠的是民国，不是民国的政府。政府不过是人民的一个政治机关；无论他是清朝或是民国的，一个人绝不能为人民的政治机关殉死的。这是政治上的常识，因为东方人习于孔孟的政治哲学，伏在专制政体下长久了，所以把政府和国家的区别都分不清。观念不清，竟至误送性命，彀怎样的危险啊！他的政治观念可批评之点差不多句句都是。我以为这是他受了遗传、教育、环境所限制，应该原谅，无庸详细讨论。那第二种误谬思想是以为自杀可以唤醒世人。这是一个道德问题，也是一

---

① 梁先生文章的原文甚长，本篇恕不录出，读者能与原文对照最妙。

个社会问题,我们要稍为详细讨论。讨论分为两层,第一层,自杀是否合乎道德;第二层,自杀是否有效于社会。

自杀是一种社会现象。据社会学者之研究,除了几种低文化民族——例如南美之耶干人①(Yahgans)、安达曼岛人和澳洲的几种蛮族——不晓得自杀的以外,这种现象不问社会之文野大概是普遍的。②自杀虽然可称为普遍的现象,但是自杀之原因,在各民族里却又不同。低级文化民族自杀之原因有许多种,例如疾病、老年、嫉妒、殇儿、夫死、妻死、凌虐、刑罚、悔恨、仇恨等等都可以产出自杀来。这些种原因在每个社会里都有,因为人生是受种种自然的社会的限制,现在的社会也没有完全的,生老病死之苦痛,爱恨悲悔之情绪,是人人所不能免的。但是绝不能每个人都因为这些种感情情绪去把自己的生命断绝。这是什么缘故呢?自杀之盛否要看那社会里的制度信仰和自杀者个人的观念如何。印度重女子侍夫,所以寡妇把自己焚化(Sati)。日本推重武士道,所以流行"腹切"(Harakiri)。中国重名节,所以女子殉夫;受了污辱,更要上吊跳井;以先重忠君,所以历史上才有殉节的忠臣烈士。这都是因为社会不反对自杀,并且奖励自杀(例如建昭忠祠、烈女牌坊、旌表节烈等方法。昔印度寡妇焚化,有许多亲友协助一切)。一个人遇见了可死的条件,发了这个决心,自然要自杀的。欧美信奉耶教的民族反对自杀、防范自杀的法律极严,但是他们的社会各种制度也不完全,每年也有许多人为饥寒所迫或为洗白名誉竟至趋于自杀的。现在所论的都假定是心理健全的人,每年自杀者有一大部分是心理有残疾的,我们且不必去论他。

自杀是否合乎道德,要视社会态度的向背为转移。社会的态度是根据着历史传来的习惯,和宗教家、哲学家、道德家的教训的。古希腊、罗马对于自杀未尝反对,且认为名誉。司脱阿派③(Stoics)

---

① 编者注:"耶干人",今译"雅甘人"或"耶更人"。
② 看威斯特马克所著《道德之起原及发达》"自杀章",本篇材料多有取诸此书者。
③ 编者注:"司脱阿派",今译"斯多葛派"。

且以自杀为万有苦痛之解脱。反对自杀最力的是后世的基督教徒。圣僧奥格斯丁①（St. Augustine）说受污辱的女子不应该自杀，因为贞洁是心理的德行，失身不是出诸本心，并不得算为失节（这个道理用现在眼光看起来，理由甚充足。不过奥格斯丁所说是根据于耶教经典，人不该自戕其生。现在的说法是男女的道德标准应该一样。女子受男子的污辱便去寻死以保贞洁，那污辱女子的男子，毁了自己的贞洁，更妨害旁人的贞洁，又应该怎么样呢?）。哲学家脱玛阿坤②（Thomas Aquinas）说自杀有三不当：（1）好生恶死是人的自然倾向，自杀乃背乎这自然倾向，所以是罪孽。（2）各人都是社会里的一分子，自杀乃有害于社会。（3）生命是上帝所赐，生杀之权操诸上帝，人不该干涉。这种观念流传到近世，势力极大。欧洲后代立法如没收自杀者财产，处罚那自杀未遂的，都是受了教会的影响。所以厌恶自杀是一般的风气。后来哲学家反抗这种教会的人生观，提倡个人的自由意志，才渐渐的把旧观念打破。法国的曼泰因③（Montaigne）、孟德斯鸠、福禄特尔都说政府不应该苛待自杀者。福禄特尔说假使自杀是有害于社会，那各国法律所认可的战争，屠杀生灵又怎么样呢？英国哲学家休谟（David Hume）论的最透澈：

> 假使我有能力可以移转尼罗河的流域不算为罪，为什么我使几磅的血脱离了他所行的自然的路会算一种罪呢？假使处置人的生命完全属于上帝，人类处置自己的生命是侵害他的权利，人要是延长上帝用自然的通则所限定的生命年限岂不也是错了么？……假使我已经没有力量为社会造福，假使我或为社会之累，假使我的生命妨害旁人致力于社会，如此，则抛弃我的生命不只是无辜，并且是可以称赞的。（休谟文集，自杀篇）

---

① 编者注："奥格斯丁"，今译"奥古斯丁"。下同。
② 编者注："脱玛阿坤"，今译"托马斯·阿奎那"。
③ 编者注："曼泰因"，今译"蒙田"。

德国的康德、费希特、黑格尔又都根据个人的哲学不赞成自杀。所以只就欧洲文化里考察关于自杀的态度，各时代已不相同，各人的主张也不全相一致。但是近来思想的倾向都是脱离教会派的羁绊，休谟的论调颇可以代表唯理派的意见。从个人的立足点看来，自杀纯然是个人的行为，不能下伦理的判断，或褒贬这个行为。假使一个人心中含有极端之苦痛，无限之悲愁，想要脱离尘世，解脱一切，把生命断送了，这正是自杀者的个人自由；我们应该承认他的自由，不必评论他。但是从社会方面看起来，自杀又是一个社会问题。自杀的结果是损失一个生命，并且使死者之亲族限于穷困。自杀一定有社会的原因，也一定有社会的影响，所以是一个极重要的问题。我们对于自杀者自身虽然不必下严苛的判断，但是执社会学者之眼光，我们应该研究自杀之原因及其影响。

按中国的成训看来，梁先生之自杀，本不悖乎道德。因为东方人对于自杀与西方不同，向来是容让并且奖励这个自由的。只就中国说，孔子的伦理学说除去"匹夫匹妇"之自杀以外，并没有加以指责。后世儒家一派的伦理对于殉国——实在是殉皇室——的忠臣，殉夫的节妇，殉贞洁——片面的贞洁；因为身体的一部分接触了不正当的外物，就把身体全部分的机能都毁坏，这就是妇人的贞洁——的烈女，都竭力的奖励颂扬。道德家、史学家更拿殉国、殉夫、殉贞洁三种事觇验一代之气风。历史、志书，都特别记载这忠臣烈妇的事迹。积久竟把这种自杀变成一种形式的道德。形式主义之害在文学上，在戏剧上，在美术上，已经极烈，在道德上更是一时不能容的。形式主义的道德只有因袭从俗，没有独立选择，所以是奴隶的道德。倘使一个人有一种觉悟，具澈底之人生观，觉得万事皆不如一死为当，这是个人的行为，正如我上边所说的，从个人自由的立足点看来，是不应该责备的。倘使把殉节看做一种道德的型式（Type），那亡国大夫、寡妇和被奸污的女子都应该模仿，并且受世上的褒奖，这就是形式主义的道德，我们是绝对的反对的。倘使道德家再拿名分来做这种道德的后援，——什么天经地义，什么君为臣纲、夫为妇纲，什么烈女不事二夫——那更是要极端的反对的。最摧残个人道德的就是把行为变成了一定方式，又拿古圣先贤的言语做那方式的后盾。这种合乎方式的行为并不是无道德之可言，实在是极不道德的。我读梁先生的文章，觉得他的自杀是由于澈底觉悟，不是那遵循方式的自杀，所以他的行为是不应该攻击的。

但是现在一个最重要的问题：就是自杀果能于社会上有益么？上边说过的，自杀是损伤性命，并且剩下了孤儿寡妇，这当然是有害的。但是梁先生自己深信自杀可以唤起国民的爱国心。我想这是一种误谬的观念。什么是爱国心呢？所爱的国是什么呢？国是一个抽象的名词，原来没有什么可爱。我们所爱的是同在这个抽象名称里头的生灵。但是这亿万的生灵，也没有什么可爱，不过因为他们与我有共同的利害关系，所以应该互相友爱。"爱国心"这个名词常用为骗人的口头禅：君主用他保护皇室，帝国主义者用他保护资本家的利益，民国的执政者用他保护他们自己的势力。所以为人民全体争幸福才可以激发真爱国心，不然，这个名词是最危险最祸害的。欧洲诸邦人民爱国心的勃发是在人民有觉悟，牺牲生命，争夺自由的时代。对于共同利害关系有了觉悟，才肯为自由牺牲自己的性命，因为这个自由一个人享受不到，要众人奋斗才可以享受得到的。读者试研究欧洲近世史，那些新国家之成立（如十九世纪之比利时、德意志、意大利），小国民之卓越（如巴尔干半岛之希腊、塞尔比亚①，最近之却克族、波兰、久哥斯拉夫②族）都是国民觉悟（National consciousness）之结果。国民觉悟发表出来就是爱国心。他们的觉悟也多少是用生命的代价博来，这话是不错。但是他们的丧失生命是一种奋斗，是为争生命所最宝贵的部分（如自由、独立都是）与强有力者反抗而杀身的。东方式的自杀是消极的，不是对于政治上，经济上，宗教上，有所奋斗而杀身，乃是奋斗无力而自杀。梁先生的自杀仿佛比这个胜一筹，但是这种自杀仍然是消极的，没有

---

① 编者注："塞尔比亚"，今译"塞尔维亚"。
② 编者注：久哥斯拉夫，即南斯拉夫。

和旁人奋斗，——和梁先生所反抗的东西奋斗——却专和自己的生命奋斗。中国这几年来有许多的烈士，那投海、断指、自杀的事件每年发生的不算为少，生了什么效果呢？他们的性质都不是为所争求的和反对者奋斗，却是和自己的生命奋斗，那有什么用处呢？

更深一层说，有生命才可以奋斗，没有生命就没有奋斗。为生命去奋斗，就不应该先把生命断绝。那爱国志士因为奋斗而丧失性命的，是以求自由（生命所最宝贵的部分）为主，杀身不过是偶然的附属的现象。东方式的自杀是以自杀为主，再拿自杀去鼓动人心，岂不是不明生命的真趣么？悲观的自杀①是厌弃生命的自杀，用不着批评。为唤醒国民的自杀，是藉著断绝生命的手段做增加生命的事，岂能有效力么？②

（民国）八，一，十五

（原载《新青年》第 6 卷第 1 号，1919 年 1 月 15 日，选自《孟和文存》，亚东图书馆 1915 年 6 月版）

---

① 蒋观云先生曾在《新民丛报》上论自杀，论悲观与自杀甚为透澈，惜吾书斋中不存此报，未能引用。

② 有爱国心的人比无爱国心的人生命强。自己努力才可以希望旁人努力，不能诚心把自己的努力终止却希望旁人努力的。

再论梁巨川先生的自杀

　　陶孟和先生是我们朋辈中的一位隐士：他的家远在北新桥的北面；要不是我前天无意中从尘封的书堆检出他的旧文来与他挑衅，他的矜贵的墨沈是不易滴落到宣武门外来的。我想我们都很乐意有机会得读陶先生的文章，他的思路的清澈与他文体的从容永远是读者们一个有利益的愉快。这里再用不著我的不识趣的蛇足。我也不须答辩；陶先生大部分的见解都是我最同意的。活著努力，活著奋斗，陶先生这样说，我也这样说。我又不是干傻子，谁来提倡死了再去奋斗？——除非地下的世界与地上的世界同样的不完全。不，陶先生不要误会，我并不曾说自杀是"改良社会，挽回世道人心"的一个合理办法。我只说梁巨川先生见到了一点，使他不得不自杀；并且在他，这消极的手段的确表现了他的积极的目的；至于实际社会的效果不但陶先生看不见，就我同情他自杀的一个也是一样的看不见。我的信仰，我也不怕陶先生与读者们笑话，我自认永远在虚无缥缈间。志摩附言

志摩：

　　你未免太挖苦社会学的看法了。我的那篇没有什么价值的旧作是不是社会学的或科学的看法，且不必管，但是你若说社会学家科学的人生观是"简单"，"舒服"，"便利"，我却不敢随声附和，我有点替社会科学抱不平。我现在还没有工夫替社会科学做辩护人，我且先替我自己说几句罢。

　　在我读你的在今日（十月十二日）《晨报副刊》的大作之先，我

也正读了梁漱溟先生送给我的那部遗书。我这次读了巨川先生的年谱，《辛壬类稿》的跋语、《伏卵录》、《别竹辞花记》几种以后，我对于巨川先生坚强不拔的品格，谨慎廉洁的操行，忠于戚友的热诚，益加佩服。在现在一切事物都商业化的时代里，竟有巨川先生这样的人，实在是稀有的现象。我虽然十分的敬重巨川先生，我虽然希望自己还有旁人都能像巨川先生那样的律己，对于父母、家庭、朋友、国家或主义那样的忠诚，但是我总觉得自杀不应该是他老先生所采的办法。

志摩，你将来对于自杀或者还有什么深微奥妙的见解，像我这样浅见的人，总以为自杀并不是挽救世道人心的手段。我所不赞成的是消极的自杀，不是死。假使一个人为了一个信仰，被世人杀死，那是一个奋斗的殉道者的光荣的死。这是我所钦佩的。假使一个人因为自己的信仰，不为世人所信从，竟自己将自己的生命断送，这是一种消极的行为，是失败后的愤激的手段，虽然自杀者自己常声明说这个死是为的要唤醒同胞。假使一个医生因为设法支配微生物，反为微生物侵入身体内部而死，这是科学家牺牲的精神，这是最可景仰的行为。假使一个军官因为他的军人都不听从他的命令，他想要用他的自己的死感化他们，叫他们听从，这未免有点方法错误。我觉得巨川先生的死是这一类。

为唤醒一个人，一个与自己极有关系的人，用"尸谏"或者可以一时有效。至于挽回世道人心总不是尸谏所能奏功的。

世界上曾有一个大教主是用死完成他的大功业的，他就是耶稣。但是耶稣并不是自杀，他的在十字架上的死是证明他的卫道的忠心，而他的徒弟们采用唯理的解释法说他是为人类赎罪孽。

一般的说来，物理的生命是心理的生命的一个主要条件。没有身体那里还有理想呢？诚然的，在世界上也常有身体消灭反能使理想生存的时候。苏格拉底饮鸩而哲学的思想大昌，文天祥遇害而忠气亘古今。但是所谓"杀身成仁"只限于杀身是奋斗的必不可免的结果的时候。杀身有种种的情形，有种种的方法，绝不是凡是杀身都是成仁的，更不是成仁必须杀身的。

但是，志摩：你千万不要以为这个见解就是爱惜生命，而不爱惜主义或理想。爱惜生命正是因为爱惜一种主义。志摩：假使你有一个理想是你认为在你的生命的价值以上无数倍的，你怎样想得到那个理想？你用自杀的方法去得到那个理想呢？你还是活着用种种的方法去得到那个理想呢？假使你——或随便一个男子恋爱了一个女子，好像丹梯①的爱毗亚特里斯②，或哥德小说中少年维特的爱夏罗特（我举这个例，但是不要忘记维特的苦恼不过是一本小说，并且他的恋爱又有复杂的情形），这个男子用自杀的方法赢取那女子的爱呢，还是用种种恋爱的行为与表示去赢取那女子的爱呢？这个男子在有的时候或者以为即使他自己失去了生命，果然那女子能对于他有爱意，他也情愿，他也就达到了他的理想，但是像我这样的俗人，你或者称为一个功利主义者，总觉得这不过是失望者的自己安慰自己，与恋爱的本意不同。

我也并不是根本的反对自杀，我承认各人有自杀的自由。但是如以改良社会，挽回世道人心或忠于一种主义、信仰，或精神的生命为志愿，便不应该自杀，因为自杀与这些种志愿是相矛盾的。凡是志愿必须活着的人努力才有达到的希望，如巨川先生一生高洁的救世的行为尚不能唤起多人的注意与模仿，他老先生的一死会可以唤醒全世人吗？即使他老先生的自杀一时的可以警醒了许多人，那也不过是一般人一时的感情的表现，人类本能的爱惜生命的感情的表现，又于世道人心有什么关系呢？无论巨川先生的志愿是救世，或是醒世，都必须积极努力，以本人为始，联合无数人努力的做去。救世或醒世没有捷径的，只有持久不懈的努力。我钦佩巨川先生之馀还不得不说他老先生的自杀实是一个遗憾。这或者是因为我曾通过大学法科的缘故！

孟和　十月十二日

（原载《晨报副刊》第 1290 号，1925 年 10 月 15 日）

---

① 编者注："丹梯"，今译"但丁"。
② 编者注："毗亚特里斯"，今译"贝娅特丽丝"。

读《中华民国统计提要(廿四年辑)》书后

中国向来是一个没有统计的国家。要问中国全国有多少男女，有多少方里的土地，有多少亩的耕地，每年有多少人生，多少人死，每年有多少的出产，都不容易寻出正确的数字答复的。

统计记载事物的数量。数量观念不发达便不会有统计。中华民族并不是一个缺乏数量观念的民族，它曾发展了程度相当高的数学。它所以缺乏统计必然有它的原因，有使之缺乏的条件。简单言之，中国向来缺乏统计由于三种的情形。第一，数量的认识，数量的准确化要随着社会的需要。人们需要知道某种现象在量的方面的情形，然后才有人去对它做估计或计算。没有需要便没有知识。我们的社会向来停留在宗法社会阶段，我们的经济向来停留在村落自足阶段，最多只有时编制家谱，实在用不着什么统计。我们的政府向来只限于维持治安、征取租税两种最低限度的功能，所需要的统计也极有限。《周官》上所说的户口、牲畜、车辆等统计，固然只见诸理论，未曾实行。近世所有的也不过是黄册、鱼鳞图册、会计录，类似统计的东西，供征收租税、整理财政之用而已。

第二，统计有两个意义，一个指理论与方法，一个指技术与实用。两者相辅而行，不能偏废。这两个意义正是科学的理论与实用的两方面。近人有纯粹科学与实用科学孰为缓急之争论，各执一词。要知理论为实用不可缺少的基础，而实用则促进理论的发展。中国统计技术向未发达，所有的只是类似统计的表册，它用不着理论，更谈不到促进理论。故我国关于数量的记载，粗略简陋，始终残留在统计前的时代。

第三，统计工作是一个繁杂的工作，它需要学识，它还需要耐性与细心。必然具备这三种资格的才可以负登记与统计工作之责。我国行政情形，各代不同，有时百政俱举，有时百弊丛生。但是就是在所谓极盛之世，我国行政也不会达到现代国家所应有的行政效率。没有相当的行政效率，不会制出像样的统计出来的。况且我们的幅员如此的广大，年代如此的长久，就是类似统计的数量的记录，在缺乏行政效率的吏治制度之下，要希望能够处处与时时编制，都是绝对不可能的。何况正式的统计呢？

总而言之，中国统计的缺乏，不能怪我们的祖宗，不能咎责我们的民族，有它自己的原因。如上述的三种情形便说明所以缺乏的理由。近年以来，这些情形都正在变化之中。行政的近代化便不得不感觉统计的需要，同时也增进了行政的效率。教育的进步使人民渐渐认识统计的重要，同时也不断的造出统计的人才。在这种情况之下，行政机关的统计报告便陆续的出现了。以先只有外人代我们管理的海关按期发表海关贸易的统计，现在如交通、铁道、教育等事业也都按期发表它们的统计了。

这实在是可喜的现象，但使我更欢喜的便是最近国民政府主计处统计局所编的《中华民国统计提要》的出版。从我国统计工作方面看来，从我国行政效率方面看来，这几乎可以说是一个划时代的新事件。

现代国家类皆有统计年报的刊行。除英国以特殊的统计报告特多，尚未有发行全国统计专刊为一例外，如德、法、美、日诸国每年均刊行统计年报一次。美国商部国内外贸易局所主编的 *Statistical Abstract of the United States* 出版最早，在一八七八年，在本年已为第五十八次。德国帝国统计局所主编的 *Statistisches Jahrbuch für das Deutsche Reich* 出版于一八八一年，在本年已为第五十五次。日本内阁统计局所编纂的《日本帝国统计年鉴》创刊于一八八二年，在本年已为第五十四次，同局所编纂的《日本帝国统计摘要》（有日、法两国文字标题）创刊于一八八六年，在本年当为第五十次。法国内阁统计局所编纂的 *Annuaire Statistique* 创刊于一八八四年，在本年已为第五十二次。由此可见，各国中央政府编纂并发表全国的统计，都已有五十年以上的历史，我们望之诚然有愧色。但我们这个最近才踏入近代化阶段的国家，现在居然能追踪它们，刊行了第一次的全国的统计提要，时代虽晚，仍是可庆幸的。

这部统计提要系由民国二十二年全国统计总报告，取材编制。至于总报告的内容则皆由中央与地方机关，依法定程序，呈报给国民政府，然后由国民政府发交主计处转饬统计局汇编而成的。这部提要共包括三十六类，凡三百三十表，兹将类别名称及其表数列下：

疆界与地势	共七表附图
地质	共六表
气象	共二表
政治组织与行政	共五表附图
法制	一表
司法	共十九表
官吏与考试	共十二表
监察	一表
外交	共七表
人口	共十一表
劳工	共六表
合作事业	一表
教育	共二十五表
社会病态	共六表
卫生	共二表
保卫	共九表
救济	共四表
人民团体	一表
土地	共三表

农业	共二十九表
林业	共七表
渔业	共七表
畜牧	共四表
矿业	共六表
工业	共二表
商业	共四表
贸易	共四表
物价	共二表
金融	共二十三表
财政	共十四表
邮政	共十六表
电政	共三十表
公路	共二表
铁路	共二十六表
航政	共十表
水利及公用事业	共十六表

编制这样一个统计提要，不是一件容易的工作。如果仔细将这一千二百多页的巨册考察一番，一定可以发现若干可以讨论的地方。但我们要记着这是一个开创的编制，而且它有它的特殊的情形。关于编制统计总报告，吴大钧先生在序文里说：

>……我国幅员辽阔，基础组织之各地方统计机关，多欠健全，至于材料，平日既鲜登记，更无论于普查。重要统计不过估计或局部调查而已。

他又说：

其最感困难者，厥为各方所送材料，备极综杂，或则同一事项而名称互异，或则同一标题而涵义淆混，单位既不一致，时期复有参差。若夫数字离奇，总计不符，及仅以最高最低计算平均等等，犹其小焉者耳。

在这样困难的情况之下，编纂统计实在非同小可。主编的人们，对于这些都"详为统一解释，折合换算，审核排比，增删修正"，编辑的初稿，又由"各院部会署，审慎商讨，复将各类报告发还，详与原始档案校勘，并补充最近材料"。只有曾做过实际统计工作的人们可以体会到这是如何麻烦而需要耐性与细心的工作。

这次的统计提要的特色有二。一、每类统计之前皆列简短的引言，叙述此类统计之历史及资料来源，并列主要参考书报。二、每类统计皆注明来源。这两点足可以表现编纂者所持的科学的精神。我国各种统计物编制，发源甚晚，且最初常是私人或私人机关的拟制。这些材料常散佚于各种书报之中，其正确的程度如何姑不必论，而在统计贫乏的我国里特别是在我国政府能够办理完善的统计以前，它们也有不可忽视的价值。现在编纂者对于这些，做出虽然极简略的叙述，是可以称许的。一种统计必有它的来源，统计必注明来源，现在已成定例，它不特告诉读者统计的根据，还可以明统计编纂者的责任。除日本的统计年鉴以外，我们所见的法、德、美三国的统计年鉴，对于一切统计表，都将来源注明的。

毫无可疑的，这部统计提要将要成为我国国民的重要参考书。知道自己国家里政治、司法、社会、经济种种现象的情况，是在现代国家里做一个积极的公民的义务。提要里的统计表，至少，可以告诉他这些现象的量的方面。我们希望这部提要，与各国的统计年鉴一样，每年发行新版一次，好使我们观察这些现象的量的变化。我们还希望此后提要的材料，能够采用更近的，虽然，如吴大钧先生在序文里所说明的，这次由于种种不得已的情形，一切统计都截至二十三年六月为止（实际有许多系截至二十二年）。现在我国统组织，在主计处统计局指导之下，正在节节改进中，两个希望大概可以实现的。

最后，我们更希望统计局可以发刊一种关于各国的重要统计，供国民的参考。法、德两国的统计年鉴都附有外国的重要统计，法年鉴的 Divers Pays 部份竟占全部百分之三十以上，德年鉴的 Internationale übersichten 部份也占全部百分之二十六以上。日本内阁统计局且发行《列国国势要览》专刊。这都是可以效法的。统计局既然能够在各方统计组织不健全的情形之下，将破碎支离的材料，以实事求是的精神，编成像样的统计，外国的重要统计，有现成而齐整的资料可寻，编制起来，必然轻而易举的。对于现代国民，这也是一部不可或缺的参考书。

(原载《出版周刊》新第 185 号，1936 年 6 月 13 日)

国民经济的独立

在国家制度没有推翻以前，国家为世界人民最主要的政治组织的时候，一个国民的经济上的独立与他的政治上的独立是同样的重要，或者可以说国民经济的独立比政治的独立更重要。

经济独立的最简单的解释就是自己能够养活自己，不靠着自己以外的帮助。这是经济独立最严格的定义。但是在现在世界大通的时代，国际贸易已经打破了严格意义的经济独立。所以所谓经济独立并不是完全不靠自己以外的帮助，乃是一个国家里的人民全体，足以直接的用自己的产物与劳役，或者间接的用自己的产物与劳役换取外来的产物与劳役以满足自己人民的需要。换言之，自己的劳动的结果足以抵偿外来的帮助，自己的生命不是无代价的倚赖外国。

四五十个这样的争求经济独立的国家便组成了现在的世界。每个国家都是一个经济竞争的团体：或利用气候以发展自然物产，或利用地质的构造以开发地下的宝藏，或利用各种产物以发展制造业，或利用地势成为世界贸易的中心。每个国家都采用一定的关税、工业、商业或农业政策以保护或奖励自己的产业。在这个国民经济的大竞争场中，经济独立已经成了强国的一个主要要素。具有这个要素的是强国，缺乏这个要素的便是弱国，一个有名无实的国家。

在以先闭关自守的时代，各国之间虽然也有贫富之差别，但是各国差不多都可以满足自己的需要。各国内部虽然也有时发生民食不足的问题，但是各国自己常可以解决——或不解决——这个问题。战争、疾病，常可以淘汰过剩的人口；漕运、储仓常可以补充凶年的歉收。但是现在的情形不同，经济的局面完全变为世界的了。一方面，因为交通事业的发达，全世界的物产可以任意分配于全世界；由北极到南极，由太平洋到大西洋不断的有物产的交换。一方面，因为机械生产的发达，工业进步的国家可以无限的供给那些工业不进步的国家的人口的需要。英、美、德、法、比、日都成了现在世界上供给制造品最主要的国家。

假使人类没有国家的界限，假使国家不是经济竞争的团体，这样世界经济的局面实在是人类的幸福。因为世界物产的分配可以汰除饥馑与缺乏，制造品的供给可以增进人类的生活。

不幸，每个国家代表一个经济的单位，每个国家代表一个经济的系统，虽然各国家之间也有极密切的经济关系。甲国的制造者对于乙国的人民，供给制造品，甲国的轮船业者代乙国的人民运输货物，这本来是两国个人间的关系，但是现在因为国家的界限，也含着国家关系的意味了。倘使乙国的人民永远依赖甲国人民的制造品，而不能有所报偿，倘使乙国人民永远依赖甲国人民的运输事业，而没有可以报偿他的劳役，倘使两国间发现了这样的经济势力不平均的状态，不特乙国里有些人民成了甲国的有些人民的债务者，乙国家竟变成甲国家的债务者了。

我们要认清现代国家在经济方面的势力。如上所述，每个国家是一个经济团体，推行一定的经济政策；每个国家保护本国的工商业者，每个国家利用经济力，增进自己人民的生活，更利用经济力以剥削工业不进步的民族。每个国家都代表资本主义者，因为现在的经济仍然全是以资本制度为基础。

经济力微弱的国民，经济上不能独立的国民，对于经济力强的国家所供给的物品与劳役绝不能毫无报偿的享用。他的报偿不外以下几种：

一，输出现金现银，做为物品的价格与劳役的报酬，假使这个弱国有大宗金银的出产。

二，输出原料（如铁、棉花），动力（如煤、煤油），谷产（如米、面）；但是按量计算原料、动力、谷产的价格一定比制造品的价格轻（如一斤面粉与一斤饼干比较，或一斤铁与一斤重的铁钉比较，前者的价格当然少于后者），所以必须输出多量的原料、动力、谷产才可以与少量的制造品的输入相抵。

三，外国输入品的代价变为资本，将这个资本贷与这个经济力微弱的民族，或用这个资本就地企业，剥削这个微弱的民族，开拓这个民族的利源。

四，经济力微弱的民族暂时向国外迁徙，用他们在国外所得的工资或利润补充国内的不足。

以上所说前三种偿付方法足以致经济不能独立的民族的死命。金银输出便扰乱本国的金融，产出兑换率低的现象。原料、动力输出便妨害本国的生产，谷产输出便增重本国人民的生活费。外国资本的企业便渐渐的将本国人民全降为无产阶级。至于人民向国外迁徙，在现今种族观念日深、劳动竞争日烈的时候，已经不能认为可靠的方法了。

我们中国就是这样的一个经济力微弱的国家。我们要永远受那些经济强国的压迫；我们的利源、财富、人力要永远受列强的剥削，除非我们有经济独立之一日。

但是我们政治的黑暗，社会的扰乱，关税的受制于人，同时官僚大宗的聚敛，军阀巨额的滥费，一般人民无节制的消耗，处处都是使国民陷入于永远为外国经济奴隶之一途。

我们还有甚么希望呢？从世界全体看来，有两个辽远的希望可以解救出我们。一个是打破国家的界限，使全世界再没有政府做经济利益的工具；一个是打破资本制度，使全世界变为一个大共产区域。但是这只是希望，我敢说一二百年以内，无论那一个希望也断不会实现的。

现在我们切身的问题就是：我们的人口不应超过我们的产物的量；我们的需要不应超过我们的供给能力；我们的生活程度不应超过我们的生产能力。换言之，假使我们的产物不足，我们便应该减少人口；假使我们的物品供给不足，我们便应该减少需要；假使我们的生产能力低弱，我们便应该降低生活程度。

　　一个人经济上不能独立便不得不受旁人的驱使，做旁人的奴隶，同样的，一个国家经济上不能独立，便不得不受旁的国家的驱使，做旁的国家的奴隶。无论个人，无论国家，没有永远无报偿的倚赖自己以外的供给的。等到一国的人民因为无报偿的倚赖自己以外的供给而经济上受制于外人，结果一切权利也都受制于外人的时候，这个国民，除非遇着世界的经济制度或政治制度起大变动，便永远做奴隶，再也没有翻身之日了！

　　　　　（原载《现代评论》第 2 卷第 43 期，1925 年 10 月 3 日）

要采行一个新农业政策

人类衣食住所需用的材料,极大部分属于农产品。中国人制造业不发达,依赖农产品方面的要比较其它文明民族更多。我们的主要食品是五谷杂粮。我们的衣服,以棉花与棉花的织成品为主。我们建筑房屋所需用的材料常是高粱杆、玉蜀黍茎一类的农业副产物。我们最普遍的燃料是草柴、菜油、豆油,也都是农产正品或副品。据说中国人口有百分之八十(世界人口有百分之七十)都从事于农业,看了农产品需用如此之广,这个或非过言。

从家庭支出方面,也显可以看出农产品的重要性。衣住两项不易分析,姑置勿论,专说食物一项。收入高的家庭,用在食物上开支,当然祗占总收入的一小部分,不算重要。但收入高的家庭在一国里,特别在我们这个穷国里,究居极少数,大多数还是出卖血汗的农工劳动家庭。我们应该以他们为例。我国劳工阶级的家庭,至少百分之六十全花费在食物上。食物之中又以五谷及蔬菜占极大部分,在上海纱厂工人家庭的食物费里,这两数占百分之六十四以上,在北平工人家庭的食物费里,这两类占百分之八十九以上。至于我国农村家庭所消耗的五谷、青菜、豆类、根生物等,在它的食物总量里,竟占到百分之九十九。

农业在国民经济上的重要,是人人能体会的,不待上文的举例,所以近年以来,政府对于农业似乎也在各方面努力。农村复兴之声一时曾高唱入云。废除苛杂以苏农困之明令也多少见诸实行,近则提倡合作不遗馀力,农业实验,特别如种子改良,着着进行。最近且将有调整农产品、流通农业资金的农本局新机关出现,这些种对于农业的努力都是可赞许的。如果各方面都能实事求是的进行，未尝不可以惠与农业生产者与农产品消费者相当的好处。但是任何一种办法只可说是治标，还不是治本，只可说是短期的、过渡的政策，而不能说是长久计划。为我们民族悠久的生命着想，我们应该认识现代农业的特点，根据那个特点，树立一个，急进的根本的，农业政策。

什么是现代农业的特点？简单一句话，就是应用科学。这个特点可以从三方面来看。第一是农业工作的机械化，也可说是农业上动力的应用。人类做耕种的工作向来用身体的力量，较好一点不过是用牲畜的力量。现在世界上大部分的农人还停留在这个阶段。但是有些地方，如美国、加拿大、苏俄，已经尽量的利用动力，将畜力陶汰，将人力缩减到极低限度了。现在不特耕耘，播种、刈割、打谷几种主要整理农产程序，都有动力推动的机械，即如挤牛乳、牛乳消毒、洒除虫药剂、掘取根生物等等工作，也都各有专门的机械。农业机械现在已经变成了专门的学科，它的制造虽正在发轫时期，已成为一国里主要的工业。农业机械化的结果，便是节省人工与畜力，降低成本。例如收获三百亩的麦子，以先在美国要用六十人一整天的工作，现在有了一架刈获打谷合并机，一架拖引机，一部载重汽车，一天的工夫，三个人便做完了。刈获机的制造年来日益加大，由十六英尺已扩大至四十八英尺。最小十六英尺宽者每日可收割二百亩以上的作物。即中号的刈获机每季尚可收割、打击三万六千亩的作物。以美国情形做例，自从拖引机、刈获①之采用与发展以来，农业人口与牲畜数目都大见减少，而生产量反见增加，生产成本降低了百分之二十。农业人口的减少使失业者增多，牲畜数目的减少使饲料的需要缩减，影响的价②（例如美国在一九一九至一九二八的十年间，用做耕畜的牛骡减少了六百万头以上，即等于放弃一千五百万乃至一千八百万英亩的饲料耕种），固然是不幸的现

---

① 编者注：原文缺"机"字。
② 编者注："影响的价"原文如此，有误。

象。但同时成本减轻却是生产者与消费者同样欢迎的。机械与人工或畜力根本不同的有两点：一则它在不用的时候并不需要任何养料，二则它的力量常超过人的或畜的几十倍，几百倍，有时还可以做出人工或畜力所不能做的事。机械的应用现时在几个国家，普及极速，同时它的力量日益加大，它的功用日益加多。

　　第二是农业程序几乎完全受了人工的支配。农业生产本来是一种自然的程序。俗语说：农人是靠天吃饭的。现代的农业则日趋于人工化，用人为的程序代替自然的程序。植物的生长一方面要有种子，一方面要有适当的温度、水分与肥料。温度由地理限定，人类还没有改变气候的能力，大都市附近的农场虽然能够利用温室或避免霜雪的方法种植蔬菜供给有钱阶级，但是一般农场还不能采用这些奢侈的方法，培养一般的农作物的。气候大概是人类最终的大劲敌，一时还不会降服于人类的智巧的。可是就是这个气候的要素似乎也不能十分限制人的耕作了。为寒冷或热天较少的地方，生物学家可以配出早熟或速熟的种子，与在热期较长的地方，一样的耕种收获。加拿大平原的大部分热期极短，本来不适于种麦，后来生物学家发现了一种速熟的麦种，现在它便变成了世界上重要的产麦区了。人改变不了气候，却可以改变种子以适应气候。

　　气候虽然不受人的支配，种子、水分、肥料三项却几乎可以任人所欲为。据一派自称为农生物学家的新农学家的说法，人可以尽量的开发这三项的力量，使每单位的生产量达到最高峰，据这一派专家的试验，现在主要的农产品已经达到的每单位产量，比它们可能的每单位产量还差的很多。现在我们将几种主要农产品可能的产量、美国已达到的产量，与我国已达到的产量列出，以见一斑（我国产量系根据张心一先生的估计，每个数目皆指每亩的产量）：

	可能的产量	美最高产量	中国最高产量
麦	一三〇〇斤	九三一斤	二〇九斤（宁夏）
大麦	一八九二斤	七四五斤	二一五斤（宁夏）

玉蜀黍	一五九六斤	一五九六斤	二二五斤（新疆）
马铃薯	一〇一一一斤	八七八六斤	一一三三斤（云南）
棉花	二八〇斤	二一三斤	三三斤（宁夏）
甘蔗	五一五五三斤	五〇一六〇斤	三二〇八斤（江西）

所谓可能的产量固然是现在人类运用科学的智巧所能达到的最高的限度，美国的最高产量也属于特殊的例子，未必是一般人所能企及。但如我国的最高产量只当可能的产量的十分之一，或竟不及十分之一。如果能运用科学的智巧，可以大量的增加，则确乎无可疑的。

农生物家的主张，在理论上，极其简单，即任何种植物的生长程序，完全根据试验，供给它最适当的养料与环境。按这个理论，土壤的性质，甚而至于土壤的有无都无关重要，祗要有根芽可以寄托的东西。事实上，这个理论确已实行。英、德、丹麦三国的家庭，都有用盘种植的；据说牛乳场所需要的饲料，在冬天牧草稀贵的时候，自己即可以用此法供给。用盘种的方法，在下种后几个钟头即可发芽，十日之后即可长高一尺左右，它的产量要比在地上多五倍。盘种的方法，一旦普及，每个家庭所需要的蔬菜，便可以不依赖市场，完全由自己供给了。

这个农业人工化的影响，是增加产量、节省人力与地亩，同时也减低成本。美国一位农生物家说，假如将现在所知的科学技术，都应用在农业上，则五个农人中之四人，五亩田中之四亩，都可省去。

第三是化学的进步，用人工的方法制造俗所谓化学品以代替自然的产品。化学品对于农业有两种相反的影响。一个方面是完全淘汰了自然品，或将来将要慢慢驱逐了自然品。人造靛青完全铲除了靛青草的种植，使无数的印度及中国的农民不得不改变他们的作物。德国人造樟脑的成功已经摧毁了日本樟脑的独占。此外如人造丝、人造乳油、人造皮、人造香料、人造橡皮、人造油漆、电木等等，日新月异，名目不胜枚举。祇要生产成本变轻，它们都有渐渐驱逐自然品的趋势。它们都对于农业加以莫大的胁迫。人造物品胜于自然品的一点就是它不受季候的影响，不必待缓慢的生长，一年之内可以继续不断的、大量的生产，它的产品不受意外的灾害，可以永远维持一律的并且是自然所不能生产的品质。另一方面便是有些人造品要利用自然品，人造品的产量增加也就等于自然品的需要增加。例如人造丝的一种便需用棉花做原料。美国的一种人造纤维便利用玉蜀黍的茎。义大利①的一种"棉毛"便利用麻，一种人工羊毛便利用去油的牛乳。这些种人工品的制造都是不能脱离农产正品或副品的，或者多少有益于农产的前途。上述两种相反的势力将来最终谁占优胜，虽然不能预测，但仅据年来化学的进步，废物利用方法的新奇方面观察，人造物要打倒自然物则无可疑，一定要时时与农作物以莫大的胁迫，最新的纺织纤维所织出的衣料，可以有毛之暖，丝之软，棉之贱，一旦这样的纤维大量的出现于市场，有那一种自然产品还可以存在呢。

决定我国农业政策者对于上述三点，不得不有深切的认识，现在的农业正在一个根本的革命的过程中，说者谓这个农业革命，比较一百五十年前的工业革命，必然对于社会发生更根本的影响。假使农生物学家的计算是对的，新的农业对于农人与农用都可以节省五分之四，它对于社会的影响便真教人无所措手足了。但是无论它的社会影响如何可怕，无论有多少人民要因为它而变成牺牲者、失业者，我们为民族全体的生存起见，也不得不勇猛的与旁的国家一同，踏入这个农业革命的大路。我们晚加入工业革命一百五十年，在今日群强竞立的世界里，便成为衰弱的民族，横受帝国主义的侵凌。我们现在要不能急速的加入正在进行中的农业革命，我们要求如现在的苟延残喘的生活都是不容易的。

简单的说，民族的生存要靠着生产的能力，生产能力越高，生

---

① 编者注："义大利"，今译"意大利"。

活程度越高，生活能力也越大。以中国古老的耕种方法与农业组织来与这里所说的新农业相对立，我们如何能有生存的机会。农产品与工业品一样，也是受经济学上所谓比较成本的定律支配的。人家的成本轻微，产量剩馀，贱价的农产品与人工品大量的输入我们的市场，在现在国权摧损，关税不能自主的情势之下，我们如何可以抵抗。况且近代生产成本的降落，竟可以达到任何关税所不能阻止的低下的程度。到了那个时候，我们这百分之八十的农民祇有束手待毙。农民一去，其馀百分之二十中大部分的非直接生产的人口，又将何以自存。如果采用我所说的新的农业政策，按农生物学家的计算，最后也许要牺牲百分之六十的人口的生活与职业。但这个牺牲，还可以设法救济。即使这百分之六十全然牺牲，其馀的百分之四十的人口也可以全活了。这是为我们民族所打的一个长久的算盘。

今后改进中国农业，仅用些枝枝节节的补救办法，是不够的，必须根据新农业的性质，做出整个的计划。这个责任应该在生物学家、化学家、农业家、机械家、生物统计家的肩上。为推行新的农业技术要打破古老的农业习惯，要改革产业的观念，要牺牲多少的农民与田产，也许要经过一种严重的手术，如苏俄实行集团农场时所经历过的。但这还是值得，因为这样根本改革的结果，我们的民族便可以继续活着了。

[原载《大公报》（天津版）1936年7月12日]

现代工业的性质

我国今后首要的，并且需要长期努力的工作就是工业建设，今日已为人人所承认。年来国内关于此问题发表的文章已经不少，但大都不外讨论政策，拟具计画或说明它的必要。无疑的，政策、计画，对于工业建设的进行，都是不可缺少的，而种种的讨论也都有裨益于它的前途。然而最根本的必须澈底的了解工业建设的意义。因为惟有根据这样的了解，才可以对它拟定政策，开具方案，进行一切的讨论。所谓工业建设就是建设现代的工业，简言之，就是工业化。这是一个非常复杂的社会过程。要了解工业建设，首先须认识现代工业的性质。本文拟讨论现代工业的性质及其影响，以期能对于工业建设提供一个正确清楚的认识。至于工业建设的目标及途径，当另为文讨论之。

一 工业建设典型的看法

依普通的看法，工业建设就是多多的兴办工厂。这个看法在中国由来已久。自从我国海禁大开，西方的势力推山排海的向东方发展以来，有识之士便都如是主张。他们看出外国的富强由于它们的机器制造与坚甲利兵，于是认定中国要图富强，必须效法欧美，创办新式工业，训练新式军队；外国坚甲利兵的基础显然在于它们有力的兵器，在于它们精巧的制造。就中如曾国藩、李鸿章、张之洞诸人，因掌握政权，还努力实行过这个主张，创设了工厂与船坞。这个看法，在表面上，是不错的。工业诚然是现代富强国家的基础，一般的说，工业化的程度越高，国家也越富强。他们的看法显然没有错误，但因为他们对于现代工业的观察，不够深切，不够实际，对它缺乏真正的认识，竟陷于一种错误的工业建设的典型看法。极不幸的，这个看法至今日还相当普遍，相当盛行。

我国工业建设典型的看法可以张之洞中学为体西学为用之说为代表。用现在的说法，就是中国所需要于外国的只有它们的工业技术，我们要学会这个技术，建设我们的工业，至于我国固有的文化，一概可以或应该保存不变。这个典型看法严重的错误即在不明现代工业的性质。现代工业在人类社会里，并不是一个单独的现象。它有它的来源，有它的基础，它的存在需要若干必不可少的条件，它的发展牵连着整个的社会，它的影响进入人民生活的每个角落。现代工业的这些重要方面可惜典型看法没有能理会。现代工业最初在英国生长发育，乃是外国的产物，它在生育发展的过程中经过多少困苦艰难，对于社会、政治、经济遗留了多少严重影响，亟待解决。我们建设现代工业乃是一种移植的工作，将人家已经完成的整套的技术，搬来运用。这番工作从一方面看来，似乎容易，因为这只是抄袭、模仿，而不是自己创造。但从另一方面看来，学习并搬回一套新的，与传统及过去经验完全不同的生产技术便是一个复杂的程序。而安顿一种新的生产事业在一个保守的、陌生的环境里，使它继续的发展、进步，更是一串非常艰巨的工作。这些可惜典型看法没有认真的考虑。实在说，一般人将工业建设看得太容易了。他们以为效法外国的制造正如借取一套衣服，搬进一套家具供我们穿用一般的简单。现代工业本身即不是一个简单的物事，而它所牵连的尤其广远。曾、李、张在过去工业建设的失败，一直到今日我国工业化还没有成功，其原因固然不止一端，但是最主要的，最根本的就是因为我们始终没有了解现代工业的性质，没有认识它在现代社会里所具有的宽广而复杂的涵义。

二　现代工业的性质

现代工业的特点在它的新的生产方法，就是运用各种动力及机械而进行生产的程序。要认识现代工业的性质，必须检讨这个新的生产方法。这个新的生产方法的使用，最初虽然在工业上，制造上开端，但依时代的演进，它早已逸出工业的范围，而扩张到矿业、农业、交通，乃至今日人类生活的各方面。因为这个新的生产方法，现代工业便笼罩了一切。所以寻常称这个时代为现代工业制度，称今日的文明为现代工业文明。现代社会之所以为现代社会，就是因为它能运用新的生产方法。因此，不特为认识现代工业的性质，就是为认识现代社会，它的制度，它的问题，它的动向，也必须探讨这个新的生产方法的意义。

首先要认识新的生产方法的基础。向来生产方法，或是耕种，或是制造，都靠着人类日常的、累积的经验，根据千万年来由试验与错误（trial and error）而得到的零星的知识。新的生产方法的基础，则在科学的发明与发见，在对于物质性质的系统的知识。如果说传统的生产方法所依据的是平常的知识，则新的生产方法可以说是依据异乎寻常的科学知识。说科学知识异乎寻常就是因为科学的发明与发见有精密的技术，有严格的程序，不是一般人仅凭藉常识、聪明，或幻想所能想到见到的。科学家对于所研究的对象，或是一种宇宙现象，或是一种物质性能，运用特别设备的工具，特别拟定的概念，穷年累月的集中精力于实验，观察，思考，以探索它的道理，寻求它的原则。他们这样的工作常得出惊人的、非常的结果。例如常人所不理会的石土，他们却发见它的珍贵，常人所抛弃的拉圾，他们却发见它的功用，常人以为神秘莫测的现象，他们却寻出它的规律，发见它与人类生活的关系。这个科学知识蕴藏着伟大而深远的力量。伟大，因为科学研究，分工微细，方法精良，科学家都是专家，都能在所研究范围之内，对于每个现象，每个问题，潜心探讨，迟早求得解答；科学对于宇宙间的事物，真有攻无不克，战无不胜之势。深远，因为科学具有潜存的发展进步的趋势；它累积越多，它的发展方面越广，它的进步速度越快，它的前途越是不可限量。近代科学比较以前两三世纪已经有长足的进步，今后更要出乎人所能预料的突飞猛进。新的生产方法便建在这个异乎寻常的、不断的进步的科学知识之上。而现代工业的特点就是这个新的生产方法。

因此，我们可以说科学是现代工业的父亲：没有科学便不会发生现代工业，脱离科学，现代工业便不能发展进步。所以在现代工业国家里，从事于探讨宇宙奥秘，追求物质原理的科学家常以万计，就是私人生产企业机关也常供养着千百的科学专家，经常的研讨与它们产业有关的科学问题。这些科学家所发明或发见的至少有一部分要应用在实际生产上，改进已有的，或创出新的生产技术。为认识现代工业的性质，我们应该认识它与科学这个有机的关系。

因为新的生产方法，现代工业便表现了与向来生产方式不同的几个特色。第一，节省劳力。现代工业利用蒸汽力、电力、水力，各式各样的机械代替了大量的人工与畜力，节省不少的劳力，自然力与机械的利用，不单是节省劳力，在另一方面看来也是扩大劳力，使世界上所有的人类与牲畜劳作的力量增加了若干倍。因为科学仍在进步，节省劳力的方法不断的发明发见，所以劳力节省与扩大的过程还继续进行着。第二，大量生产。每个人或每个动物的劳力是一定的，有限的，在平时，一个社会里的人工畜力所能生产的货物与劳役为它们的能力所限，不会有大的变动。及至新的生产方法出现，劳力节省而生产力扩大，世界上物品与劳役的量与种类便大大的增加，它们的质也大加精良。这个生产量如无其它阻碍，也日在增长之中。第三，制品成本的低落。在以先劳力与生产稳定的时代，生产费用常是经常不变的。在现代工业制度之下，因为劳力节省，生产扩大，所以每单位的生产费用减轻，物品价格趋于低落。因此之故，手工制品在价格上，永远不能与机械产品在市场上相竞争。

总括上述三点，我们可以看出现代工业所特有的一个现象：永远扩张生产，永远改进生产。因为这个现象，现代工业在人类历史上便划出了一个新的阶段。在它出现以前，生产是稳定的，停顿不前的，在它出现以后，生产变成日益扩展的，永远动的。因为这个现象，人类社会便也由比较的静止的变为时在变动的。

简单说来，现代工业的特色在它的生产方法。这个生产方法的基础在科学知识的利用；没有科学，不能创出，也不能继续维持现代工业的生产。这个新的生产方法所赋予现代工业的现象，便是生产在量质两方面继续的增加。因为科学的发明与发见，在不断的进步，生产方法与生产质量便也随着不断的进益。人类进到了现代工业阶段便要永远如此的时在变动之中，不能有喘息须臾的机会。

三　现代工业的影响

常人思想上一个常见的不幸的错误是将人的生活看做为若干分开的，不相干的部门，如将物质与精神，生产方法与思想，产业与社会制度看做两个判然独立的范畴。中学为体西学为用之说，建设现代工业而保持东方精神文明的主张便都建在这个错误的思想之上。社会是一个整体，或由于我们注意的方向不同，或是为研究的方便，我们才将社会现象分别为若干种类。但事实上社会的任何一方面没有不与它的其它方面相联系的。特别是生产方法，虽然不能说是社会的惟一的基础，至少我们应该承认它对社会一般的影响是最深、最巨的。因此，我们为认识现代工业的性质，尤须考察它的影响。

我们在上文里曾说，现代社会之所以为现代社会，就是因为它能运用新的生产方法。从它的影响方面看来，我们可以说，新的生产方法改造了社会，改造了世界，而造成了现代的社会，今日的世界。这样广大而深远的影响，当然无法在此叙述。现在只举出几个例子，略示现代工业对各方面的影响的一斑。

在现代工业制度之下，最直接受影响的，不待言，是生产组织本身起了重大的变化。向来农工生产都在家庭农场或半家庭式作坊里进行。现在因为动力与机械的集中，便成立了大农场，以及庞大的工厂。以先生产的进行所用的是家庭的资本，是父子、家人，或师傅学徒的劳力，是自己家庭或本地方出产的原料。现代生产企业广大的扩充了范围，它运用全社会的乃至国外的资财，募雇千万成群的劳工，取用全球的自然资源。以先生产的目的仅仅在家族的自给自足，充其量不过是区域的自给自足，商品生产乃属稀有的例外。现在则一切生产均以销售为目的；每个生产单位，因为生产量的继续扩大，必须努力竞争市场，推销它的成品。

现代工业不单改变了传统的生产组织，同时还根本的改变了人类生活。因为新的生产方法，现代的人在生活上浩大的增加了他的享用。他在生活的许多方面，物质的，社会的，或知识的，要比他二三百年前的祖先，要比至今还停留在古老的生产方式的国家里的人民，特别丰富，特别充裕。

在人的社会关系方面最显著的变化当推家族制度与女子地位两端。传统的社会以家庭、亲族或乡里为中心，一切的人都联系在亲族邻里的系统里。新的生产方法使人的团体扩大，成了以全体人民、国家或事业为中心的大社会。在这个大社会里，一切的人都联系在社会、国家或事业的系统之内，于是女子也脱离了家庭的樊篱，与男子立于平等地位，发挥她的能力。随着社会关系的改变，人的道德观念、道德标准、道德内容当然也发生了巨大的变化。现代工业的社会需要一种新的道德。这个新的道德排斥传统的宗法观念、乡里观念、阶级观念，要求一切人的平等与自由，推崇社会、国家及世界人类全体的利益。依据新的道德标准，效率要重于家庭情感，事业要重于亲族关系，社会、国家、人类要超越其它任何利益。

不单是社会关系，连人类的思想、文艺、学术也随着现代工业发生了剧烈的转变。几千年来，人类畏惧自然，永远受它的支配。现在人类足以控制自然，支配物质，这个控制支配的范围日益加大，程度日益加深。现在高山峻岭、长江大洋都不能阻碍人的活动，寒暑雨旱都不能限制他的工作，世界上无数的物质，无数的生物，他都慢慢的在认识它们的性质，寻出如何驭使它们。人类正在每日打破自然的种种制限。同样的，人类一向嗟叹人事变幻无常，不可捉摸，永远安心做运命的刍狗，现在则认为人事与自然现象无异，有它的因果关系，有它的一定规律，只要耐心探讨，寻出它的道理，便可以安排自己的运命。这个人类足以控制一切的认识，在人类历史上实是一个革命的转变。

　　文艺描画人生，人类生活改变，文艺当然也随着改变。新的生产方法以及它所影响的物事在今日都成了文艺的题材。诗家、画家、文学家都歌咏或描写现代工业时代的景象。因为新的生产方法，印刷品的种类与产量大量的增加，使文艺的趣味趋于普及，使文艺作品的欣赏与享受进到广大的群众。科学是现代工业的父亲，但反过来，现代工业又是推进一切学术空前的发展的最有力的助力。两者相互影响，相互策进。今日的学者，受现代工业之赐，乃得运用伟大的动力，造出精巧的工具，实施复杂的技术，以进行他的学术研究的工作。同时现代工业，现代工业社会也不断的提供宝贵的资料，献出重大的问题，让无数的学者去研究参考，试将现代学术与工业革新以前的学术，它的领域，它的性质，以及它的发展情形相对照，我们便可以清楚的看出现代工业对于前者的影响如何巨大了。

　　以上约略指陈现代工业对于生产、社会、思想、学术诸方面所引起的变化。于此应注意的便是这些变化，从一方面看来是现代工业的结果，而从另一方面看来，也构成现代工业发展的条件。在现代工业最初开创的时候，它进程缓慢，它对于以上所说的社会各方面的影响也是缓慢的陆续的出现。英国的情形便是如此。因为古老的社会情况，本不适于现代工业的发展，必须等到现代工业的影响积累较深，社会各方面发生了变化，现代工业获得了更适于它的生长的环境，才可以进入长足进展的阶段。因此后起的工业国家便比较更迅速的发展它的工业。它有工业先进国的成规可遵循，它有已经完成的技术可采用，更重要的，同时它可促进社会各方面的变化，使成为发展现代工业的适宜的环境。换言之，以先英国工业的发展是等着自然演进的，后起的工业国家是控制社会环境，诸方面同时并进，促进了工业化的成功。所以越是新兴的工业国家，它有种种理由可以使它的工业化的速率越大。其中的一个重要原因便是它可以同时推进与现代工业相关联的一切物事，造成现代工业发展的良好条件。由此可见现代工业并不是单纯的生产技术。而工业建设也不是仅仅移植新的生产方法所能成功。

四 现代工业文明与我国固有文化

人类在长久年代的演化过程中，曾经过几个阶段。按所用的工具材料说，它曾经过石器、铜器、铁器诸阶段。按所从事的主要产业说，它曾经过狩猎、牧畜、农业诸阶段。人类社会进到一个新的阶段，正如生物界里出现一个新种一样，乃代表一个文明新型。进到一个新的阶段，便是卸除过去的传统，而开辟一条新的路线，打通一条新的出路；便是变更过去的生活，而建立新的生活习惯，新的生活方式；便是改造过去的社会而建设新的社会，新的文明。现在人类已经进入现代工业的新阶段，正在建设现代工业的社会，现代工业的文明，工业先进国家早已踏上这条新的大路，向前迈进，其它的国家也必须将旧阶段的一页翻过去，不能再有所留恋，而展开现代工业的新页，追踪诸工业先进国家，澈底工业化，以共同的负起建设新社会、新文明的重大任务。这是工业后进民族不能避免的过程，这是它无法抗拒的现代工业对于它的挑斗。

然而我们是历史悠久的民族，曾发展了自己的高贵的文化。现在要使我们放弃这份历史的宝贵的遗产，而采取外国所创造的方式以发展一种与我们过去传统完全不相适合的新的社会、新的文明，实在是一个不能计算的牺牲，一个不甘接受的要求。况且，现代工业文明也并不是完美无瑕的东西，它自身便带着不少的弊病，在许多方面便显出病态的、颓废的现象。牺牲可宝贵的而接受并不完美的当然不是聪明的打算,所以在我们的立场,我们绝不能澈底的工业化,我们同时必须保持固有的文明。

像这样中学为体西学为用说变相的主张,今日仍在盛行。这当然是一个误谬的见解。它的错误还是由于未能清楚的认识现代工业的性质以及它的涵义。现在试从三方面指出它的错误。

第一,所谓文明大都是若干文明集合的产物,纯粹的文明殆不多见。所谓西洋文明便是希腊、罗马、犹太、阿拉伯种种文化揉合而成的一种型相。所谓中国文明便参杂着蒙古、通古斯、波斯、印度诸民族文化的许多成分。一种文明虽常因为在一个民族里首先或特别发展,似乎成为那一个民族所专有,但它也可以为其它民族所分享,所采用。一种文明常有多少民族的来源,也常可以不分民族国家畛域的为一切民族所共享共有。文明这样东西,只要人们肯学习,肯模仿,肯采用,最可以让大家"共产"的。现代工业文明,适巧在地球上的一隅首先发展,我们不能因此认它为某个民族或某个区域所专有,而应该认它为世界人类共同的产业。它的历史迄今不过三四百年,乃人类历史上极短短的一段,它的继续发展要等待着世界上一切民族的共同努力。所以现代工业文明乃属于人类的。认它为一个民族的或一个地方的实在是一个重大的错误。

第二,没有人能否认我们曾发展了高尚的文化,没有中国人不应该感谢他们的祖先遗留给他们的宝贵的文化产业,也没有中国人不应该对那份产业保持浓厚的情感,然而不幸的,文化产业非情感所能保持,要看它自身的生存价值。无论你对于一种文化对象如何的爱恋,如果时过境迁,使它失去了生存价值,你便无法保存它。我们要保存我们固有的文化——至于所谓固有的文化是些什么,大家同意应该必须保存的是些什么,姑且不论——我们不能专凭对它主观的好恶,或基于情感的估价,而应该考察它在现代工业制度下能否适于生存。现在是现代工业时代,任何民族惟有踏上工业化的大路,继续前进,才可以生存。而为推进工业化,惟有使它的生命的每一方面适合于现代工业制度,而不妨阻它的发展,因此所谓固有文化的保存便不能依赖我们对于它的喜爱与情感，而必须决定于它的适合现代工业制度的情形。我国古代各种的礼仪，曾养成我们优雅的情操，它曾供给我们不少人生的兴趣，我们应该欣赏，但在这个忙迫的现代工业社会里，我们却不能不说它离奇，而无法继续保存。我国象形字体用这个字体曾写成了美丽的诗文，无数的珍贵的典籍，我们要爱护，要保存，但在这个现代工业时代，它如何变成灵巧，如何能与拼音字同样的适于机械化，却成为它的生存的严重问题。我们要保存自己民族的文化，但我们不能为保存固有文化而牺牲自己民族的生存。

第三，现代工业文明的弊害，如贫穷、失业、家庭制度的解体，两性关系的不稳定，以及其它不可胜数的问题，引起了社会的、全世界的不宁与骚乱，诚然无可否认，但所谓工业的弊害的主要原因乃是因为人们没有能认识现代工业，他们的思想没有跟上生产方法的进步，没有跟上时代的变化，他们没有依据新的生产方法改造他们古老的过时的社会。在今日的世界里，我们便可以看出：最后工业化的国家，如果认识现代工业的性质，如果不受陈旧的思想的束缚以计画推行现代工业社会的发展，则许多工业弊害可以免除。同时在工业先进而古老气味浓厚的国家里，它所受工业的弊害却是更严重，更深刻。现代工业文明的疾病是由于人的愚蠢，由于他思想的腐化，由于他缺乏适应新环境的智慧与能力。在现代工业时代，关于控制自然与安排人事的知识，任何民族可以学会的。至于如何运用这个知识要看那个民族的智慧与能力。如果会运用这个知识，不单是现代工业的种种弊害可以避免，可以解除，还可以创造新的，比现在更康乐的文明。

（原载《经济建设季刊》第 3 卷第 1 期，1944 年 7 月）

我也来谈一谈物价

近来报纸上关于物价的文章已经发表了不少了,本省当局也正在努力进行平衡物价的工作了,似乎用不着我再来饶舌。但是我觉得我们漫谈物价不加分析,嫌太笼统。我们应该将各种物品分别观察,依物品的种类分别讨论。由此才可以进一步寻出昆明物价高涨的真的理由在那里,认识了真的理由,平价的工作便有办法了。

现在先讨论物品的种类。昆明所消费的物品,简单的说,可分为三大类。一类是舶来品,如西药、曹达①之类。因为外汇高涨,它的价格也自然跟着上涨,舶来品须由滇越路进来,而滇越路的运费须要按越币折算,因此运费也自然的上涨。我们可以承认舶来品的涨价,是自然的现象。但它的涨价应该有它的限度,就是按照外汇与运费涨价的比率。超过这个比率的限度,便是商人垄断居奇,便是侵蚀消费者——一切的人都是消费者——政府便应该严行取缔。另一类是上海或华北产品。它的价格一方要受申汇涨缩的影响(申汇现在如此的贵是否合理,事关政府的法币政策及后方与沦陷区贸易平衡问题,与本题无干,姑不具论),另一方要受海陆运费变动的影响。因为申汇与运费都在升腾,上海制品在昆明市场上的卖价,自然也不得不上涨②。但是,它的上涨,也与舶来品的价格一样,应该有一定的限度,就是不应该超过与申汇及运费上涨相当的比率。假使越过这个比率,便应该受国法的判裁。最后一类是本地的土产,如柴、米、油、盐,完全受不到外汇或运费的影响。这类物品我们

---

① 编者按:"曹达",即碱。
② 编者按:原文为"自然也不得上涨",此处应脱漏一"不"字,据文意补。

找不到涨价的理由，而最奇怪的偏偏这类与外汇无任何直接间接关系的土货涨风特炽，每逢当局声言一次平价，它们马上便连跳带飞的上涨。

按着以上的分析，昆明的柴米油盐没有任何高抬售价理由。但是我们近来曾听到了为昆明物价上涨辩护的妙论，不妨在此讨论一下。讨论的结果更可以看出土货涨价的真的原因。为土货涨价做辩护的说：土货涨价的理由有三：一是求过于供，二是外汇影响，三是法币发行过多，形成货币膨胀。用这种冠冕堂皇的经济名词来说明物价现象，在表面上看来，可说像煞有介事，但是按诸实际，空洞的经济名词不过掩盖物价的真相罢了。现在让我们来讨论。

第一，供求问题。就大米来说，滇省一向是自足的省份，与广东情形不同，不闻有亏歉之事。现在若说供求不相适应，必须供求的一方面发生变动而失去向来所能保持的平衡。换言之，就是，不是供给减少，便是需要增加。若说供给减少，则两年来不闻有灾荒事件发生。若说因壮丁被抽调而人工减少影响农产，则农家依然只靠着生产以维持生活。壮丁虽然离乡，农家必须设法生产，不能因抽壮丁而如何减少米谷的生产。所谓供给减少是找不到根据的。至于需要加多，则以为外来的人太多需要加增，于是感到供给不足。关于滇省人口的变动，虽无确切的统计可考，然所知者则滇省送出军队约二十馀万而由外边移入本省的人口也不过二十馀万，如此则全省总数并无变动，何来需要加增之说。进一步说，出省的人口都是消耗食粮量多的壮丁，而进省的人则各年龄皆有，按他们的生活习惯，所消耗的米谷应该较少，依此推论则米的需要因外来的人反应减少，而需要加增之说更无理由了。关于全省米谷我们没有确实的统计，幸而关于盐有几个数目字可以举出作参考。曾仰丰氏在我国盐政界服务有年，所至弊绝风清，成绩卓著，可称为今日政界稀有之人才。他最近观察滇省盐场的结果说：

> 滇中各场产盐三十五万担，滇中三十二县人口三百万，本

年截至现在放出之盐较去年同时增加十万担，乃各县竟有运不济销之现象。（见十一月三日《中央日报》第三版"水灾与滇盐"节）

由此看来，云南的盐显然是供过于求了。然而盐价却依然高抬。据曾氏推算，盐在昆明售价每一市担应为二十七元一角，但是实际售价高抬竟合到每一市担四十元。无怪乎曾氏的结论是"难免有垄断居奇之嫌"了。

第二，外汇影响。所谓外汇影响民生完全是富有阶级中产阶级的看法，要知道这两个阶级在全人口中是少数的少数。事实上，一般老百姓的消费可以说与舶来品乃至上海制品没有什么关系的。云南工人或农人的生活费还没有系统的调查，但年来各地方农家及工人家庭生活费的调查已发表的报告不下百数，足可以供参考。据这些调查，可以看出他们的生活费的百分之六十乃至百分之八十以上都是食品，当然是本地方的出产。衣服一项可以说与运费有关，但所费极微，不致有重大影响。据调查，老百姓两三年才制衣一次。特如云南气候温暖，所消耗的衣服当然更少。衣食而外老百姓所消耗的烟、酒、药品、燃料也都是国货。煤油现已明令禁止入口，老百姓更可用植物油代替。我们遍想老百姓的生活真找不出外汇有可以影响他们的理由。

第三，通货膨胀。法币膨胀当然要提高物价。但法币若果膨胀，则物价高昂应为全国普遍之现象。云南自抗战以来法币巨额流入，诚为事实。然而后方各省，如广西、贵州、四川，无处无大量法币之流入，至如重庆现为中央政府所在地，法币之出现于市面必然超过其它任何都市多多。何以以上各处不闻米价有像昆明的跳的上涨。货币的流通量是与各种事业有关的，事业发达，法币的流通量便需要加多。为物价高涨做辩护的祇看见大量的法币，便将物价高涨归咎于莫须有的法币膨胀，而忘记了昆明一带自抗战开始以来增加了多少工商业的活动。撷拾一二经济学名词的人们千万不可忘记经济学上一个最更重要的名词，"其它条件不变"。假使法币有大量的增加而其它条件不变，便可以发生货币膨胀的现象。现在其它条件大变而特变了。这个变化在昆明经过两三年以上的人已经亲眼看见了。那里会有通货膨胀呢？

除了以上所说的似是而实非的物价上涨的理由而外，我们再也找不出任何可以使物价上涨的理由。即使上涨也不应该如近来的连跳带飞的上涨。那末我们的结论祇可以毫无犹豫的说：昆明土货的上涨，不是经济的，不是自然的，乃是人为的，乃是发国难财的奸商所造成的。

假使我们对于物价问题诊断不错——我们相信是没有错——那末压低物价便可以有办法了。

第一我们要知道奸商垄断居奇的心理。世上有两类货品，假使没有政府的有效的制裁，最适于奸商的操纵。一类是宜于囤积可以历久不毁的货物如大米、盐、棉纱之类。青菜、水果之类容易毁坏，不能久存，便不适于囤积。按这个看法，奸商囤积必然是可以囤积的物品。但是在可以囤积的物品之中，有些是人生主要的，一日不可或缺的消费物品，在囤积上，获利更大。此类物品可称为钥匙的消费物品，把握住这个物品便是把握住全体人民的生活。大米便是此类物品的魁首。人不能一日不食，食必以米，把握住米价便是把握住一切，便是把握住盐价、柴价，因为背盐背柴的人们每日必须消耗米；便是把握住青菜价、糕点价，因为种菜制糕的人每日必消耗米。其它可由此类推。所以我们认定大米是今日昆明一切土货涨价的中心问题。在进行平衡物价的时候，应该首先平米价。平了米价，其它一大部分不适于囤积的物品的价格便也跟着低下来。

擒贼先擒王，我们认定平价必须先平米价，而且米价据我们看来是最容易平的，因为米的囤积的线索并不是难以发现的。第一，昆明产米有限，大部分的米都靠外县供给。因此囤积米的奸商必须赴内地购米。但他们不会派人持带大宗现款赴内地购取，必将款项由金融机关或大商家汇拨。滇省内的金融网比较简单，大宗汇款的往来容易追索。所以假使将一年以来昆明与产米区域间的汇款情形予以澈查,便不难发现囤积的奸商到底是谁。第二,更容易的一个线索。我们要知道米谷是极占空间的,奸商囤积必须有空房或仓库储存。滇省地方官吏对地方情形向称熟悉,所以如果就昆明本市、昆明四郊以及近昆明各县城(特如沿滇越路的)的房屋及储存地方予以澈查,便不难发现米的囤积所在地。这是比较追寻汇款一个更直截了当更有效的办法。假使由此发现了大量的米的囤积,省当局不问其主人为谁,即予以没收之处罚,将此次收没之米谷拨归公米,以极廉价售与小民,则囤积之奸商无不竞相倾仓解库,而米价便下落了。

滇省的社会情形是比较简单的,谁是富有阶级,谁配有囤积货品的资格是不难知道的。滇省的统治的权力强大,足以支配任何势力。在此两个便利的条件之下,平米价在云南不过是渺乎其小的问题。故我们以为设机关,派委员,请专家,都似乎是小题大作,未必有补于实际。直截了当的最有效的方法便是发现囤米予以没收罢了。

政府是代表一般人民利益的政府,而不是专为保护商人阶级,特别是奸商的政府。没收的方法,在表面上看来,虽似未免激烈,但为平米价的手段,却是最有效的。奸商在过去几个月里,已经赚够了。一般小民在过去几个月所受的剥削也已经不少了。没收几个奸商家的囤米在道德上,在国法上,都不为过,无可指责的。

我们恳切的希望米价在短期内可以暴跌。假使这个希望实现,不特可以博得一般人民的爱戴,且可以在全民族英勇的抗战史上,留下一篇光荣的使人怀念不忘的佳话。

[原载《益世报》(昆明版)1939年11月5日"星期论评"]

学校财政

一

在政府财政混乱的今日，凡靠着政府资助的教育机关都谈不到财政。不特靠着政府资助的教育机关，即私人所经营的教育机关乃至私人的家庭生活有整理的财政的又有几个？

但是无论做什么事，要打算有十分的效能，要用最低额的金钱获到最高的结果，第一要注意的就是要有完善的财政。一个家庭要有安善的生活必先有好的财政。所谓好的财政，不特是"量入为出"，并且支出还要按着重要的程度分配。有时因为支出的重要还要量出为入。一个公司要有发达的事业（或是大量的生产，或是巨额的利润），也必须有清楚的财政。公司的财政同家庭的财政一样，不特要"量入为出"，注意那支出能否获得大量的生产或巨额的利润，并且亦要量出为入。国家要有良善的有效能的政府——良善的政府是人民得到良善的生活的一种方法——也必须有完善的财政。国家的财政与上述的家庭财政与公司财政一样，不过因为他内容复杂，收入支出的方法与门类繁多，特以关于收入方面如租税的负担问题、平衡问题等煞费斟酌讨论，所以较后二者为更困难。实在说起来，无论在什么机关，关于财政的原理都是一样的。不过财政有繁简的不同罢了。

以上所说差不多是人人知道的，但是真能实行整理财政的还不多见。我们现在一时不能希望政府有清楚的财政，但是至少我们可以希望教育机关先创设清楚的财政。教育机关整理了财政，一方面可增进学校的效能，一方面与学校当事者乃至学生以事务之训练。近代社会各种事业的发达首先要靠着事务的整饬。而清楚的财政就是一种整饬的事务。习于清楚的财政的也自然可养成整饬事务之观念。现在中国各种机关当局者更迭之际，必须"办交代"。办交代时，会计手忙脚乱，常有须办理数日才整理清楚的。所谓清楚的财政，即无论何时皆可提出眉目清醒的结算书（Balance Sheet）与出入细目表。所以近代使财政清楚的最重要的工具就是会计与稽核。我们在教育机关的先不必攻击政府的财政，因为政府财政的腐败是人人知道的，人人能言的。我们也不必高谈"量入为出""开源""节流"诸财政家的口头语，因为这都是些空论。我们只希望每年将我们学校里的财政先在预算上按着收入推定用途，按着新式会计的格式写出，使一般无簿记知识的见了也皆一目了然，使稽核的专家也皆不发见错误。我们能达到这个地步，才可以副财政公开之实，才可以称为实际教育。

二

整理财政的第一步就是预算。预算是支配财政上用途最有效的方法。关于学校的预算应该注意的有下列几项：

（一）预算应包括收入支出两部分，一方面推测可以收得的入项，一方面规定用途各项。

（二）预算应该按着学校的主要的功能为基础，分为多少部分。

（三）预算应该在财政运用之先早早的制备齐楚。

（四）推测收入不可过奢，应该按简少处推算。

（五）所指定的用途不可超过所推测的收入。

（六）从推测的收入项下应该划出一笔临时费，以备将来收入的减少或临时的支出。

（七）凡对于支出有所请求皆须先在预算上通过然后才须支出。

（八）预算在一年中至少须有两次之修正，藉以窥知学校财政的状况，如收入与最初预算所推测的出入太大，得先事预防，缩减用途，以免亏欠。

（九）在每财政年之末，将各种预算收入支出的帐目结算，做出盈亏（或损益）对照表。如有盈馀，则规定用途或保留为将来之临时费；如有亏损，则须急谋补救之法。

以上所述，系关于学校预算的一般的原理，至于预算内容，更当详细讨论。

三

学校的收入，不外下列四种：（一）学生纳费，（二）政府（中央或地方的）经费，（三）基金的收入，（四）捐款。我国私立学校为数极少，专靠着基金的收入及临时捐款的尚不多见。所以现在关于这两类的收入应该如何经营运用，姑且不论。现在专论前二项。

学生纳费有许多种类，大概不外（一）听讲费（俗名学费），（二）仪器试验费，（三）图书馆费，（四）损失赔偿费，（五）膳费及宿舍费，（六）入学考试费及毕业费。

听讲费乃学生对于学校经费的一种负担。在今日各种教育皆须纳费之中国，一时尚不能将听讲费废止。即将来实行不纳费之教育，也须先自小学办起，不能从专门以上之学校起首。学校对于贫苦学生不能纳费者尽可另设办法，如依其成绩斟酌免费。今欲使人人皆受专门以上之教育，其势有所不能；然为贫苦学生也得有受专门以上的教育机会起见，自不能不用特待生之办法。在英美纳费最多之学校（如剑桥、牛津、哈弗、耶鲁诸大学）常有极贫苦之学生专靠着一己的学力受免费的待遇，而得受完全的高等教育的。对于一般的学生听讲费总是要征收的。至于听讲费应征收若干，有几种不同的主张。例如有主张听讲费的总额应适足以偿教员薪水的，有主张听讲费的总额应当抵学校纯粹教授上的用途之半数的。但是听讲费的规定不能专以教员薪水或纯粹教授的用途为标准。如学生的种类，学生家族的经济状况，其他学校的情形，以及学校的方针，于规定听讲费时皆须顾及。事实上听讲费要定的极低。仪器试验费充试验上所消耗物品的费用。图书馆费多少补足图书之购买，或图书馆行政上一部分之费用。损失赔偿费系对于使用仪器者所征收的一种保证金，为补偿仪器的损失或破坏之用。考试及毕业费为办理考试及毕业之事务之费用。膳费与宿舍费与上述诸种纳费不同，因诸种纳费只不过是学校内各种费用之一部，而膳费及宿舍费则须完全足以抵两种费用之全部。因为学校主要的功能是教育的，学校对于教育上的费用当然要有所补助，对于膳费及宿舍费补助之责任当然是次要的。所以膳费及宿舍费的收支，最好当别设帐簿，表示每年关于经营食堂及宿舍的损益。除上述诸种费用外，仍有征收体育费及罚金。罚金专为违犯学校中一定的规则有过失者而设，如纳费误期，借书误期，皆可以规定罚金。

以上所述各种费用皆须于学年或学期开始时交纳。为学校事务之整饬，与养成学生整饬之习惯起见，各费必须于学期或学年开始时一定期间内征收清楚。如按期纳费，则学校有现款，免去记帐的麻烦，省去再征收与追索的手续。如不能按期征收清楚，则学校在事务上增多许多困难，且此种债务每不易索清。不能偿清的债务是坏债务。北京的学校常有六七学期未曾交费的学生，结果那未曾交纳的学费直至毕业时也无偿清之日。美国西部有一个学校对于学生纳费向来主持宽大的办法，有时学校反与学生以补助，而结果有一大部分的纳费始终不能收清。同区某大学校向来用严格的办法，贫苦的学生人数虽极多而皆能按期纳费。不能按期交费的也须声明何时交纳，在未交纳之期间内，并征收利息。而某大学执行此种严格的办法也不发生困难。两校学生所受的影响也显然不同。前者的学生流于松懈，后者的学生习于整饬。

我国学校收入的大部分属于政府（地方的或中央的）所发的经费。近年因政治上的扰乱，政府的教育经费时时不能按期发给，这是于学校财政上最有妨害的。第一，于学校的效率上有很坏的影响。

教职员不能按期得到他们生活的费用，种种设备也不能按时购置。但是从财政方面看来，那最坏的影响就是将财政扰乱，与主持财政者以舞弊的机会。中国财政当局所以能营私舞弊的，一部分是由于没有公开的预算决算，一部分是由于收入的不足与收入的愆期。国家越穷，收入越不足，收入越不能按期得到，财政当局越有舞弊的机会。学校的财政也是如此。但为防止弊端起见，最好是在一年内对于收支的情形有三四次的检查。假使有精确的预算，而全校的用途皆能按着预算上所规定的支付，即使经费不能按期领到，有无弊端也可以从帐簿上检查出来。但是有人说因为经费不能按期领到，所以不能实行预算。此语乍听似颇有理，但是绝不能为不实行预算之理由。查北京各专门以上各校的情形，教职员的薪俸（除低级职员外），因为经费愆期的缘故，都是拖欠四五个月。学校并没有先借用行政及设备之费以发教职员的薪俸。所以行政及设备费未曾取消，不过不能按时支用罢了。要知预算的重要，首在指定用途。无论时间上有何变化，只要用途是预算上规定的，即为合法（有些用途诚然是临时必须支付的，但是这种费用可以在预算上规定临时费一项。临时费除临时紧急之费用以外，不得动用）。假使预算将种种支出用途规定清楚，虽然收入不能按时领到，那宗款项，除非另有用途，绝不能消灭的。但是现在的学校管理者常常藉口经费不能按时领到，竟主张预算不能实行。

四

学校的支出可大别为二类：一种是关于土地、建筑、设备的费用，一种是关于经常维持的费用。第一类是"资本的支出"，与工场中固定的资本一样，可以经久不毁的。工场的固定的支出以其运用能增加最高的效能得回最高的利益为主要的标准。学校的资本的支出也须采用这个标准。除了可以获得最大的效果的以外——或为必要，或为便利，或为经济，或为相当的美观——所有兴土木、增设备的支出，都是妄费的。这种糜费也常是舞弊的机会。设备可别为建筑的设备与科学的设备两种。建筑的设备指房屋中所必须有的，如桌、椅、灯、幔、帘之属。科学的设备指科学上所用的仪器设备等等。资本的支出必须与第二类的支出清楚划出，分别记帐。

第二类关于经常维持的费用更可分为三种：一种是学校自身的开支，一种是学校所协助的学科的开支，一种是宿舍、食堂、书店、印刷所、消费公社等等的开支。此外私立学校常有向外募捐之举。为募捐所费的款项，如旅费、广告费、酬应费、印刷费等为数必不少，若不另定一项，必至将上列帐目扰乱。故必另设一项，称募捐的开支，不得与其他开支相混。

向来学校的开支是混合的。所以开支的经济与否是无从测知的。现在要知道学校关于教授上费用有多少，宿舍的费用有多少，要知道这个学校的学科与另一个学校的学科开支的比较，就须将各种开支清清楚楚的划开。学校自身的开支，更可按其性质分为三项：（一）各科教授上的开支，（二）行政及一般的开支，（三）维持设备的开支。

各科教授上的开支，包括（一）教授薪金，（二）讲师薪金，（三）助教薪金，（四）各科书记薪金，（五）图书，（六）实验室，（七）文具等杂项。每科开支应当画开，分别记帐。行政及一般的开支，包括（一）职员薪金，（二）书记薪金，（三）广告，（四）保险，（五）印刷费，（六）书籍及杂用诸项。以上所说的印刷系指行政上的印刷，如课程一览等物。至讲义——中国学校的怪物——一类则当隶属于教授上的开支项下。维持设备的开支，包括（一）仆役工资，（二）实验室中工人工资，（三）煤、电、水及汽机之消耗，（四）修缮，（五）材料。以上诸种开支，只限于维持教授上设备的开支，至于维持宿舍、食堂之开支，则不得列入。

学校常于正式学科以外，另设其他学科，如音乐科、美术科、世界语科，不属于正式学科之内。自财政方面看来，这些非正式而受学校协助的学科，须另设帐目以明其财政的状况。不特教职员的薪金当另分别记帐，即学校所支应之物品，所供给的电光、自来水，乃至教室，也须分别记帐，因为不如此，他的财政状况就不能明白表示。

食堂、宿舍、书店、印刷所等事业，皆不属于纯粹教授上的事业。这些事业的目的须独立营业，不受学校之补助，因为学校的本职是教育的，不是开宿舍，不是开书店，更不是开印刷所。要为证明这些事业是独立经营的，所以必须有特别的会计。凡学校应支给这些机关的房屋、器具，乃至一纸一笔，也须列入。

以上述收支的情形，系专从分类上讨论。要规定预算即可按以上的分类将收入及支出的种类划分清楚。但是要切切实实的实行那预算，还须有精良的会计与稽核。如关于支出的会计，如分类精细而有条理，即可免去许多弊端。稽核在外国有专门的稽核员或会计师专为各公司及学校稽核帐目。我国此业虽未发达，然也有此项专门之人才可任此职。总之，所谓财政公开，不是将收支表公布就算完事；所谓财政公开，必须有正式的预算，精良的会计，与详密的稽核。

本篇所论只限于专门以上的学校财政，中小学校的财政简单，故不备述。关于会计之格式，可参考 *Standard Forms for Financial Reports of Colleges, Universities, and Technical Schools*（《卡内基促进教员团报告》第三册，一九二一年出版），并 Trevor Arnett：*College and University Finance*（纽约教育局出版，一九二二）第六、七、八、九各章。

（原题《财政公开的一个条件——预算》，原载《新教育》第 5 卷第 5 期，1922 年 12 月，选自《孟和文存》，亚东图书馆 1925 年 6 月版）

第一次世界大战的德国赔偿

当世界大战进行正酣的一九一八年里，威尔逊总统做了五次永垂不朽的演说，首先并且惟一的指出了发挥了战事结束后恢复国际和平、安排国际秩序所应采用的精神与原则。这就是一九一八年一月十八日向国会发表的十四条宣言，二月十一日在国会的演词（又名"四原则"），四月六日在巴尔提摩①的演说，七月四日美国独立纪念节的演说（又名"四目的"），及九月二十七日在纽约的演词（又名"五专条"）。

在最有名的十四条宣言里，威尔逊提出外交公开、海洋自由、废除经济障碍、限制军备、调整殖民地、建设国际组织诸重大国际政治原则，并提出德国退出各占领区，退还由法国割取的阿尔萨斯、罗棱②两省区，调整意大利边界，及关于奥、匈、土耳其、波兰诸国独立或发展等解决战争善后的主要纲领。在二月十一日，他向国会郑重声明，不得有土地吞并，不得有财政贡献，不得有惩罚的赔偿。凡疆土问题的解决，不得仅为调解或折中国际争执，必须依据所在地人民的利益。在他的纽约演词里，他宣布了五条原则。一、不偏不倚的公道，决不应对于我们想要公道对待的人们与我们不想要公道对待的人们有所歧视。二、战事的解决乃以全体的利益为基础，不得以一个国家或几个国家的结合团体的特殊的或独得利益为基础。三、在国际联盟之内，不得另有结合或联盟，或特殊的缔约或谅解。四、除国际联盟所赋予的经济惩罚力量以外，概不得在联盟内成立

---

① 编者注："巴尔提摩"，今译"巴尔的摩"。
② 编者注："罗棱"，今译"洛林"。下同。

特殊的自私的经济联合以及采用任何经济的排斥手段。五、凡国际条约必须将全文通告世界各国。

这都是如何明智而伟大的国际理想，对敌国表示了如何宽厚的态度。在当时战争笼罩了一切，仇恨、恐怖、饥饿、困穷，占据着人民心理的黑暗世界里，威尔逊一次又一次的演词继续不断的放出了可喜悦的阳光。他对于呻吟于战争毁灭与压迫的人们，无论战胜者、战败者，给他们希望，坚定他们的信仰，指示他们光明的前途。因为威尔逊屡次的宣言，德国才接受议和。

德国政府在一九一八年十月五日即通告威尔逊总统，接受他的十四条，请求进行和议。威尔逊于十月八日复文询问德国是否接受他的十四条并以后各次演词，并告以今后讨论仅为商定对于宣言及演词的实际细则，但欲进行讨论，德国须先由各占领区退兵。十二日德国政府答复威尔逊总统对于来文各条予以无条件的肯定。威尔逊总统于接到此复文之后，于十四日又向德国声明三点：一、休战条件须留给美国及同盟国军事顾问拟定，并必须绝对保证德国无再行敌对的可能；二、如欲继续此项谈判，潜艇战争必须停止；三、他所接洽的政府的代表性质须更有保证。二十日，德国政府接受（一）（二）两条，关于第三条则说明现德国已有宪法，已有根据其权利于国会的政府。二十三日威尔逊总统声明：德国政府既已郑重而明确的承认无条件的接受他在一九一八年一月八日向国会演说（十四条）所建立的和平条件，以及其以后演说，特别是九月二十七日的演说所阐明解决原则，德国政府并准备讨论这些原则的实行细则，他便将以上累次来往公文通告盟国各政府，并向各政府提议，如愿按所指的条件与原则议和，即当令军事顾问起草休战条件，此条件的性质应足以保证联合国政府防卫并推行德国政府业已同意的和平细则。这是此次媾和的前奏，完全是威尔逊总统与德国政府间的接洽。

盟国政府复文声明除下列保留各项外，愿意依照总统一九一八年一月八日在国会演说所列和平条件及其以后演说所阐明解决原则与德国讲和。保留项目有二：一、如海洋自由，盟国对此项拟保留完全自由；一为关于赔偿，盟国政府认为总统一九一八年一月八日国会演说里所说的被侵占区必须恢复、退兵并使之自由一层，应了解为凡盟国的平民及其财产由德国的陆海空侵略所致的损害，应由德国予以赔偿。于是威尔逊总统便于一九一八年十一月五日将盟国复文转给德国，并告以福煦大将已受命将休战条件交与德国正式指派的代表。如此，进行了四年以上的第一次世界大战，便于十一月十一日结束。

观上述经过情形，可知这次大战的媾和实开端于威尔逊总统的演说。他在这五次的演说所宣布的和平条件及解决原则首先为德国所接受。经过一再询明，得到德国确切的肯定，威尔逊总统才去征求盟国的同意。盟国也正式接受了总统所提出的原则与条件，不过仅加入赔偿损害一项（海洋自由与对德问题无关）。故今后和议的谈判祇应根据威尔逊总统累次所阐发的精神、原则、纲领、目的，拟定具体实行的细则而已。

这个谈判的结果便成立了《凡尔赛条约》，此约于一九一九年六月二十八日签字，经过各国政府批准换文后，于一九二〇年一月二十日实行有效。《凡尔赛条约》共有：（一）国际联盟条约，（二）（三）疆土处置，（四）德国在国外的权利利益，（五）陆海空军条款，（六）战争俘虏及坟墓，（七）惩罚，（八）赔偿，（九）财政条款，（十）经济条款，（十一）航空，（十二）港湾、河道及铁路，（十三）劳动，（十四）保证，（十五）零星条款十五章。其中除国际联盟及劳动两章而外，对德处置占最重要地位，含蕴最大影响的，为对德赔偿的要求。本文专讨论这个条约里对德国赔偿问题。

德国赔偿项目列在条约的第八章及其附录内。但其它如疆土处置、德国在国外的权利利益、财政条款、经济条款、港湾河道及铁路各章，也都与赔偿有深切的关系。赔偿不单是应行赔偿的项目问题，还要牵涉到如何支付赔偿的问题。德国疆土的变更，权利利益的丧失，物资的缴纳，在在影响它的赔偿的支付。故欲知德国赔偿的分量及范围，欲窥德国赔偿的全貌，必须参阅其它各章。赔偿章本文仅叙述关于赔偿的原则。二三一条声明德国及其同盟国承认对于同盟国及联合国政府及其人民因战争所受的损失及伤害的责任。二三二条则先声述同盟国及联合国政府认识德国的资源，依本条约规定减少之后，不足以完全赔偿一切损失，但接着便说，然而凡同盟国及联合国的平民及其财产因陆海空的侵略所受的损失及伤害以及附录一所指定的一切损害，同盟国及联合国需要而德国担负赔偿。前一条声明责任，后一条指定赔偿。第八章附录列举应行赔偿的项目，可总括为下列九项：

（一）由战争行为直接的影响，平民本身或其家属（为本人死亡）所受的伤害。

（二）敌人对于平民残忍、凶暴及虐待的行为。

（三）敌人对于在占领或侵入区域内平民，有害于其健康、工作能力，或不名誉的行为。

（四）任何虐待战争俘虏行为所致的伤害。

（五）同盟国政府在战时所发的离家费及同类津贴。

（六）同盟国政府对于战斗人员的伤亡，现在及将来所发的养老费及赡养费。

（七）敌人向平民所征发的强迫劳动。

（八）由敌对的直接影响财产所受的伤害，海陆军二事及器材除外。

（九）敌人对平民征收的罚款及捐输。

第八章附录仅列举赔偿项目而未指出数额。

关于赔偿应参考本章附录三及其它各章。从总括各项略述如下：

甲　关于权利利益

（一）德国让给盟国毛吨数超过一千六百吨商船的全部，一千吨商船的半数，小汽船及其它渔船的四分之一。不论挂德国国旗的，挂其它国旗而为德国人民所有的，一切浮行的，正在建造中的船只，均包括在此项让与规定之内。又在签约后之五年间，为盟国需要，德国担任为盟国建造船只，每年吨数限为二十万吨，即以之做为赔偿的一部分（第八章附录三）。

（二）德国将它的海外属地一切的权利，包括主权、政府的一切财产，无价让与盟国，但德国政府在各地如开拓及购置建造财产所负的债务仍由德国政府负责偿还（一一九、一二〇、二五七诸条）。在前德国领土内行使政权的盟国政府，得对于驱逐德国人民出境，及关于欧洲种德国人民可否居住、持有财产、经营贸易或执行职务的条件予以认为适当的规定（一二二条）。凡德国籍人民所有的关于公共事业建筑或开拓的契约及合同，均归盟国政府所有，做为赔偿的一部分。在前德殖民地内，盟国及联合国对于德国人民在条约实行之日所有的或所支配的公司的一切财产权利及利益，保有存留或清算的权利。清算所得之款用以：一、偿还德国人民拖欠盟国人民的债务，二、偿还奥、匈、保（加利亚）或土（耳其）国人民的债务。如有剩余，或径交还德国，或由盟国保存，听其自便，如保存则将来须移交赔偿委员会做为赔偿帐上的德国存款（一二一、二九七及第十章附录内诸条）。

（三）上述办法除法国政府愿准许例外外，同样施用于退还法国的亚罗两省区①。

（四）盟国对于德国人民在本条约实行之日在盟国的本土、殖民地属地、保护国，包括依本条约所让与的疆土以内所有的财产、权利及利益保有存留及清算的权利。清算用途与上述（二）（三）两条同（二九七条）。赔偿委员会在本条约实行的一年以内得要求德国政府将其人民在俄国、中国、土耳其、奥地利、匈牙利、保加利亚或此诸国的属地或藩属内，或在前德国及其同盟国的疆土内所经营的任何公用事业企业或租借权的权利利益没收，交与赔偿委员会，此项权利利益由德国或其同盟让与一国，或由本条约规定的委任统治管理之。为实行此条起见，德国须于条约实行的六个月内将已批

---

① 编者注："亚罗两省区"，即上文阿尔萨斯、罗梭（洛林）两省区。

准、正批准、或尚未履行的权利利益清单提出。其未提出的，自动归属盟国政府（二六〇条）。赔偿委员会得在一九二一年五月一日以前要求德国依其所规定的情况，用现金、货物、船只、股票，或它种方法交付美金五亿元（二三五条）。

（五）在本条约所规定的德国在欧边界以外的疆土内，属于德国或其同盟国的任何权利或特权以及德国对同盟国及联合国的权利特权，不问来源，德国概行放弃。关于此原则具体的规定，有多条。如对于在中国所获得的一切权利与特权概行放弃（一二九及一三二条），即其一例。德国对于在同盟国、联合国，或在奥、匈、保、土诸国，或以上诸国的属土，或在前俄帝国有国际性质的财政的或经济的组织放弃参加的权利（二五八条）。

乙　关于煤铁

（一）德国将萨尔盆地的煤矿并其绝对开采权，解除任何债务及花销，割让给法国，做为赔偿法国北部煤矿的毁坏的一部分。萨尔的统治权由国际联盟行使十五年，期满后由全民投票决定愿隶属何主权。如愿归并德国，让与法国的煤矿可由德国备价赎回（第四章第四节附录第三章）。

（二）由全民投票决定，割让上西莱西西亚①给波兰。

（三）德国负责每年交付法国定量的煤产，补偿法国北部煤田的损失与破坏。此项交付以十年为限，前五年每年不得超过二千万吨，后五年每年不得超过八百万吨（第八章附录五）。

（四）用煤或焦炭做为赔偿章所列赔偿项目的一部分：计每年为交付法国七百万吨，以十年为限（此系赔偿上项法国北部煤田损害以外之数），每年交付比利时八百万吨，以十年为限，每年交付意大利煤产量，由一九一九—二〇年的四百五十万吨增至一九二三—二四年到一九二八—二九年的八百五十万吨。如卢森堡有此需要，每年交付卢森堡等于卢森堡在战前每年消费德国煤炭额之数量。以

---

① 编者注："西莱西西亚"，今译"西里西亚"。下同。下文作"西莱西亚"。

上各项合计为每年平均二千五百万吨。

丙　关于关税及交通

德国对于同盟国及联合国的贸易，无论是诸国输入德国，或德国输出诸国的物品，予以最惠国待遇五年（二六四至二六七四条）。阿尔萨斯、罗棱输出德国货物免税五年，每年免税数量以一九一一至一九一三年的每年平均输入德国数量为度。波兰输出德国货物享受三年，卢森堡输出德国货物享受五年同样权利（二六八条）。

凡由盟国疆土运入德国或经过德国的货物运费，均享受德国铁路运费最惠待遇（三六五条）。根据休战条件，德国交出火车头五千部，车辆十五万部，两者均须情形完好，能即使用，并附带必需的零件及设备。至于割让疆土内之铁路及车辆，在交出时应保持常时维持状态，与一九一八年十一月十一日所点验情形相同（二五〇、三七一条）。

德国河流，如易北、奥德尔①、多脑②、莱因③，均交国际委员会管理，关于诸河道之维持、管理及改进，财政，通行费的规定与征收，航行的规定，均属国际委员会之权。

以上举出德国对同盟国赔偿的重要项目，此外其它关于赔偿及与赔偿相关相连的条文（例如对于盟国驻军十五年之费用的负担）尚多，不必详述。现在对于这个赔偿略为讨论。

德国求和是根据并信赖威尔逊总统的演说的，但结果，凡尔赛的条约并没有能达到他的目的。条约里的文字虽然复述了不少的威尔逊的词句，但它的实质，它的具体规定却恰恰与威尔逊的精神与理想相背驰。所以当时德国政府对于这个条约的草案，便说它破坏信约与国际道德，可以与德国的侵占比利时相比拟。无疑的，这是人类历史上空先的凶辣的条约，而其中最严重的，便是若干条文的集合的对于德国经济的压迫。

---

① 编者注："奥德尔"，今译"奥得河"。
② 编者注："多脑"，今译"多瑙河"。
③ 编者注："莱因河"，今译"莱茵河"。

赔偿章仅列项目，未列数字，此于盟国将来固然可有自由伸缩余地，而于赔偿者的德国则只有增加它的不安与困难。且即此各项目之中，如离家、养老、赡养各费，均属于战事费用一类，而非战争直接损失，也不能称为公道的要求。

假定赔偿项目都可成立，便须考虑德国的经济情况与偿付能力若何。德国是一个工业进步的国家，它的国民经济的维持与发展向来倚靠煤铁、原料、国外贸易、商船、殖民地、国外投资、输出贸易等等。现在《凡尔赛条约》对于这些经济资源与工具都给剥夺了，同时还要求它按期交付大宗实物与货币的赔偿。例如德国割让阿罗两省、萨尔盆地、上西莱西亚三区，便丧失了煤产三分之一，铁产四分之三（全在阿、罗两省），锌产的全部（全在西莱西亚）。德国让出属地连它的一切的一切，便失去了海外投资、海外市场，以及其它一切连带的利益。德国交出商船火车，畀与运费的最惠待遇，便摧毁了国内外的交通，加重了运输负担。德国接受了对盟国货物免税及最惠关税待遇的规定，便等于给自己加上了一个沉重的经济桎梏。对于一切现代的工业国家，实施这些苛刻条件，不单是削弱它的生产能力，剥夺它的赔偿能力，还要使它的人民无法生活。所以德国的一个代表曾说："凡是签署这个条约的，便是对于几千万的德国男女老幼宣告死刑"，这实在是无可反驳的言论。

这个条约既把德国经济情况陷于绝境，则德国对于盟国偿付能力的薄弱，已可想见。据凯因斯①的推算，战后德国的偿付能力，用各种方法所能偿付的，包括可以径行转移的财富，依条约让与的财产，及每年所能支付的数目，最高不能过美金十亿元，实际上极难达到此数。又据凯因斯的估计，各项赔偿项目，合计竟约达美金四十亿元之多，内养老、赡养费，却占半数而强，即二十五亿元。

关于这个条约以后的经过，各盟国用武力强迫赔偿的实行，德国的经济破产，赔偿实行条件的一再修正，本文不必叙述。所可说

---

① 编者注："凯因斯"，今译"凯恩斯"。下同。

的，就是德国在一九二三年曾交付盟国约计美金六亿二万万元（内包括实物交付、权利让与等等）；又在一九二四至一九三一年之间，在道威斯计画、杨格计画之下，德国曾交付美金二亿六万万元；总计在大战后十一年之间共交付八亿八万万元，不及上述凯因斯估计赔偿数目四分之一。

要问何以《凡尔赛条约》内容如此凶辣，其中关于赔偿、让与、交付诸条件如此苛刻，便须审度当时环境的情形。大战四载，英法人民对敌人仇恨情绪日益加强，报复心理自然也日益加深。特别是法国自一八七〇年屈辱媾和以来，对德已成宿仇，现在做了战胜者，正得到一个雪耻的极好机会。于是绰号"老虎"的克雷蒙梭便利用这个机会，想将这个强大的邻国，制服得俯伏在地，不致再做法国的、欧洲的危害。英国在休战后，适举行大选举，路易乔治①为买好选民，蝉联政权，曾宣布了关于对德要求的严刻条件，到了巴黎，必须将他的诺言兑现。这都是实际政治，实际政治当然要战胜了威尔逊的理想主义。关于赔偿条件的苛刻，可举出另外两种情形，做补充的解释。第一，当时法、意两国财政状况，均极端窘迫。法国纸币发行较战前增加了六倍以上，佛郎对外价值因它种关系尚能维持到战前不及三分之二的价值。意国纸币发行也增加了五六倍，里拉对外价值仅当战前的一半。两国都正在渴望赔偿来救济自己财政的急迫。但一国的财政困难，不是完全可以用旁的国家的赔偿可以解救的。即使赔偿可以完全解救，必须使德国能有赔偿的能力。一方面剥夺德国经济的资源与工具，一方面又要要求它按期支付赔偿，实在是一个大矛盾。第二，当时起草条约时系由若干委员会分别起草，时间促迫，条文繁多，缺乏通盘的观察与缜密的检讨。所以到提出时，一切条文汇合的结果，竟显出完全压倒德国的力量。

以上所说并不能做《凡尔赛条约》的辩护。《凡尔赛条约》乃是人类历史上一个重大的错误，现在已无人否认。当时主持和议的

---

① 编者注："路易乔治"，今译"劳合·乔治"。下同。

政治家们，连理想主义者的威尔逊总统在内，没有认识现代的世界，或者认识而没有予以注意。他们没有体会现在的世界已经是一个整个的，无论以前为仇为友，在平和时期都是相连的，没有民族能饿死旁人，养活自己。所以凯因斯说："假使路易乔治或威尔逊曾明白，要求他们注意的最严重的问题并不是政治的或疆土的，而是财政的与经济的，未来的危险不在疆界或主权，而在食物、煤与交通，则欧洲可以希望得有如何与今日不同的将来。但是他们在会议的任何阶段，并没有对于这些问题予以适当的注意。"（《欧洲和议后的经济影响》一四六页）

有的人或者说德国穷兵黩武，践踏邻邦，应该予以严厉的待遇，这个条约正是它应得的公道。凯因斯对此曾如此说：

> 在人类历史的事件里，在民族的复杂运命的开展过程里，公道并不如此简单。即使公道果然如此简单，无论根据宗教或自然道德，民族均无权将敌人前一辈的或其统治者的罪恶，加给他们子孙的身上的。（前引书二二五页）

民族生命的过程与个人生命的过程一样，要尝过失败，受过苦痛，才明白过去的错误，才设法改正行动的方式。《凡尔赛条约》，特别是其中关于赔偿与经济的规定，供给我们将来议和一个有用的教训，指导我们如何免蹈覆辙。所幸的，威尔逊的理想与原则并没有在这个世界上消灭，所需要的，便是今后使那些高尚的理想与原则实际化。

（原载《东方杂志》第40卷第12号，1944年6月30日）

日本对我国赔偿问题

这次战争终止后，和议的许多重大问题之中，赔偿当然仍要占一个首要地位。依传统的看法，战争赔偿是战胜国家向战败国家要求赔偿它为战争所受的一切物质的损失，普通常分为人民直接间接所受的战争损失与国家的一般战事费用两大类。偿付方法或用货币或用实物。在过去的战争中，如果常受压迫的国家战胜便要报仇、雪耻；如果战胜者本来是霸道的侵略国家，便要压迫敌人俯伏在地，使它不能兴起。所以战胜者向战败者要求赔偿常含有凌辱、压迫，或惩罚的意义，或是用赔偿做处分战败国罪行的手段，或是用严峻的经济处置，压迫敌人，使它知所警惕。这次世界大战，联合国家已一再昭示世界，是谋建立国际的安宁，世界的秩序。我们相信将来关于赔偿条款，绝不会再含有压迫，或惩罚的意义。

战争赔偿是一个极复杂的问题，它包括着许多问题，如应该索取赔偿与否，赔偿的种类与数量应根据何种原则决定，赔偿的方法与时限应如何规定，筹付赔偿应如何保证等等，而它的实施又牵涉广远，影响重大。战争赔偿是一个具有政治经济两种性质的问题，要对它有所决定，须运用政治家远大的眼光与经济学者透澈的认识，予以慎重的考虑。

本文先略述上次欧洲大战后德国赔偿的实例，次举近来联合国的人士对于赔偿的主张，最后提出本人对日本赔偿问题的一点意见。

一 德国赔偿的教训

一九一九年六月廿八日在凡尔塞①所签订之德国条约共十五章，其第八章即为赔偿。但其他各章，如疆土处置（第二、三两章）、德国在国外权利利益（第四章）、财政条款（第九章）、经济条款（第十章）及保证（第十四章）诸章也都与赔偿有关系，并且是极重要的关系。由此可见赔偿涵义的众多与广远，也可见赔偿在和约中所占地位的重要。只说赔偿一章其主要之点在规定德国应行赔偿之损害的原则与赔偿的方法。关于应行赔偿之损害种类则见本章附录一，计有下列各项目：

一、平民或其家属由战争直接影响所受的伤害。

二、敌人对平民的残忍凶暴或虐待的行为。

三、敌人在占领区或侵入区伤害平民的健康、工作能力或名誉的行为。

四、任何种类虐待俘虏的行为所致的伤害。

五、联合国家政府在战时给与动员人员家属的离家费及赡养等费的总额。

六、联合国家政府现在及将来应付与战斗员的养老金及其因死亡或受伤所受之恤金。

七、敌人对平民的强迫征用。

八、由战事直接影响财产之损害（陆海军工事及器材除外）。

九、敌人对人民所征取的罚款及捐输。

所谓德国赔偿就是上列各项目。关于这个赔偿大失败的经过虽已属历史陈迹，不必叙述，但它的所以失败却对于我们将来商讨战败国家赔偿问题有极大参考的价值。现在简略的举出德国赔偿的主要缺点。第一，所谓德国赔偿不仅限于以上所举各项目。其它各章

---

① 编者注："凡尔塞"，今译"凡尔赛"。

所规定的如割让疆土与殖民地，放弃在国外的权利利益，交出商船，按期交付煤产等项也都是赔偿。总计全约各项赔偿，德国应行支付的数量庞大无比，比和约第八章所列的项目，高出许多。而因为依和约规定须丧失土地与各种权利，德国反将大大的降低生产的能力，减少偿付的力量。第二，和约第八章所列赔偿只举出项目，而未举出数量，谓待以后赔偿委员会决定，于是不能知应赔偿的实数究为若干，而此数也许可以大大的膨大。第三，赔偿期限延长三十年，在现今国际情况普化①迅速之情势下，维持长久的国际经济的权利义务关系，殆不可能。第四，最重要的，即战胜国在起草和约时，未曾对德国的赔偿能力予以考虑，提出一大串的要求，而不问偿付者有此负担能力与否，实为不近情理之事。第五，赔偿条件及其实施违反最简单的经济原则。如现代国家经济关系已极密切，无论战胜国战败国都是相连的。如德国乃产业特别发达的国家，人口多而土地广，在国际上所占经济地位尤为重要。战胜国家，要想繁荣自己更须扶植它，而不能摧残它毁灭它。又如战争所毁灭的是财富，构成财富的乃是货物与劳役，不是货币也不是金银。战后恢复，要增加财富，便须增加货物与劳役。而当时战胜国家除几种实物外，拒绝接受德国的货物与劳工（当然此也有一部分理由），坚持货币的偿付，如法国且希望得到大宗赔款以解决自己本国不得了的财政困难。结果，德国无力支付赔款，联盟国家乃借款与德国，所借与的数额，比它实际支付的数额还多，使它能按时付出赔款，竟成了债权者常川替债务国还债，还给它一部分生活费的滑稽现象。

战胜国家由这个赔偿所得的是什么呢？德国自一九二四至一九三〇五年间付给联盟国家的计为美金二十六亿元，不及赔款额十分之一，联盟国家财政上的收入，只此而已。但更重要的影响，还是欧洲国际的纠纷，世界经济的不景气，各国政治的不安，以及最后国社党的崛起。

---

① 编者注：原文如此。

二 国外对于赔偿的主张

关于此次战争赔款的意见,因现时国外刊物运入有限,只能就所见到的零篇断简略述一二。英美的舆论大都不主张向战败国家要求赔偿。他们以为此次战争的目的并非报复,于是和平的条件也并非惩罚。战后首要问题在建立一和平世界,而欲图国际政治的和平,必须求各国的经济安定与繁荣。

所以对于战败国应该宽大,应该使它悔过自新,早日达到经济安定,早日做成和平世界的一分子。如在战败国家的颈上加上重负,特别是长期的、榨取式的赔偿,乃是使它的人民受长期经济压迫的苦痛,长期怀记着重大的耻辱,与今日列强政府一再昭示世界人民的战争目的要完全背道而驰。英美人士不主张要求赔偿的另一原因乃他们的本土并没有给敌人占领,没有受到战事直接的影响。

苏俄情形不同,它在这次所受的创痛深大,它所沦陷的区域都是工业农业的最重要中心,而德国军队在每个占领区里都曾做了澈底而有系统的掠夺与毁灭。它所受的损失当然特别广大。在苏联长住的经济学者瓦尔加曾估计德国对苏联应付物资与劳工的赔偿共值在三万万四万万马克之间。此外应付苏联士兵及平民的赡养、赔偿等费,其数目尤巨。两数合计约当一千六百亿金马克,即上次大战德国赔款额的十二倍。

英国《经济学人》杂志主张德国对于大陆各国,应赔偿掠夺及由在战事上不必要的破坏所致的损失。这就是狭义的损害赔偿。按这个原则,可将损失分为两种。一种是德国在占领区财政上的榨取,如在占领区所索的驻军费用及其它征收项目均是。据英国众议院的报告,根据各项情报,德国在占领区的财政榨取迄一九四三年九月为止共约三十二万万英镑,以后每月增加一万万镑。另一种为德国在占领区强购的物资,估计为十三万万英镑,每年增加五万万英镑。两数合计为四十五万万英镑,每年增加十七万万英镑。在一九四四年以后两数即赶上上次大战德国应付的赔款数目。至于德国军队的劫掠，平民在其它方面所受的物质损害，以及如瓦尔加所主张的赡养、赔偿诸项尚不在此数之内。

关于赔偿的方式，瓦尔加主张用货物及劳役。苏联在战后亟待重建，区域广大，产业繁多，则大量的德国物资与大量的德国劳工自为最所需要，也最所欢迎。若在其它国家，情形便不相同，难以吸收赔偿所付之货物与劳役。如在英国，战后军队复员，军事生产紧缩，人民就业都要发生问题，岂能再接受德国的物资与劳工。有的人以为用劳工做赔偿有欠公允，因为赔偿应由全国人民担负，而不应由劳工一个阶级任责。但赔偿国家政府可对此予以调整。付出国劳工以适当之报酬而使全国人民负担之，尚非不能解决之问题，最困难的乃在将大批劳工输出国外，特别是途程较远的地方。

三　日本对我国的赔偿

日本军阀侵略我土地，蹂躏我人民，掠夺我财货已十多年。我们应该向它要求赔偿，无待辩论。不过，对外邦宽大乃我国传统的态度，故此次对日本要求赔偿也当然要严加限制。如一切军事费用，及战事直接破坏的损害，均可免予赔偿。又如德国赔偿所列之离家费、赡养费、养老金、恤金等，及瓦尔加主张要求的，均属于军事费用，且多为我国向来所无的制度，也可除外。兹拟定应行要求的赔偿项目有下列各种：

一、敌伪在占领区历年一切财政上的征收。

二、敌伪在占领区所劫夺、没收或吞并的生产事业、交通工具及建筑。

三、敌伪在占领区所劫取或强购的物资，包括教育文化机关的设备、图书等项。

四、敌伪在占领区的征兵及征工。

五、敌伪所发行的各种货币，无论为私人存款或为伪组织机关公款，概须用物资或英美外汇兑换偿还。

六、人民和人民财物的损失，此指私人及其家属衣食住行用具及其它应用品。

七、我国在外国政府统治区域内侨民财产的损失。

上列七项仅限于人民直接的战争损失，乃最狭义的战争损失，可以说是最低限度的要求。七项之中，前三项调查当不十分困难，第五项除伪组织公款须调查外，私人所存敌伪通货可待其自动的要求兑换。第七项也有待调查。至第四、第六两项，无法调查，可各估计一约数。关于第四项，可按占领区人口的壮丁数，拟一百分数，即对此项酌定应付每人赔偿若干。关于第六项，则拟定一平均每人损失数，例如每人平均损失约合战前法币一百元，乘以沦陷区内人口总数，即可得一总数。第七项侨民损失，如对一般劳动阶级，调查困难，也可采用以平均每人损失数乘人口总数办法，惟侨民生活程度较高，故所拟平均每人损失数也应较高。第四项、第六项及第七项的一部分赔偿，于收到之后无法按人发给，可专供重建沦陷区及扶助侨民事业之用。

关于赔偿方法，对于物资、器材、工具，概须以赔偿原物或与原物相当之物为原则。货币赔偿也应尽先以货物，特别是生产者货物作抵交付，其次始为货币，但当以外汇为限，因为侨民的救济、侨民事业的扶植固然需要外汇，即沦陷区的复兴，产业的再建，交通的恢复，也在在须用外汇购取应用物资。我国人力浩大，此次大战，士兵及平民的伤亡虽多，但将来军队复员，必可获得大量的剩余劳动，故用劳役付赔偿殆无必要。然将来国内建设事业同时兴举，技术员工缺乏或成为普遍的现象。故凡需要迅速完成的工作，或需用大量熟练技工的工事，如黄河大桥、港湾修理等项，可酌量在短期内接受日本的技术员工，做为赔偿的一部分。

赔偿年限当尽力缩短。最长不应过五年。我们要知道这个赔偿只能临时用以恢复或扶植已遭破坏的事业，而不是我们经济经常的一部分。而我们所希望的在从速恢复平时的经济状态，与世界各国，连日本在内，建立正常的经济关系。所以长期的债权债务关系，特别是由战败所得的结果，是不愉快的，是要不得的。

这里只举出我们应得要求赔偿的几个项目。我们要记住在决定这些项目以前，还须考虑其它相关的三个问题。第一，其它国家所要求的赔偿项目，如斐律宾、荷属印度，及英国各领属所受的损失，各政府拟定赔偿项目及办法如何。第二，将来和议里必有许多条款与赔偿有关系的，如日本应行交出之物资、工事等等，也应计算在内。即将来和议条件，必须做通盘的计算，切不可如上次的德国赔偿，致将所要求的赔偿远超出第八章所列的赔偿项目。第三，要对日本在战后的支付能力、生产能力做一个慎重的检讨，各联合国家全体的赔偿要求必须在它的支付能力之内。

本文脱稿之后，曾于《当代评论》第六卷三期[①]拜读伍启元先生大作《我国对日本要求赔偿问题》一文，对赔偿项目，提出较多，且均拟出具体数字，议论精深，至为钦佩，读者可以参看。

（原载《新经济》第 10 卷第 6 期，1944 年 1 月 16 日）

---

① 编者注：应为第四卷第六、七期。

编选者手记

陶孟和先生是中国近代社会学的奠基人之一,他的论著不但在中国社会学的发展上起到了重要作用,还在当时的思想界产生了很大影响。正如陶先生的老朋友金岳霖先生所说,陶先生"作为有大影响的知识分子,他是为当时的人所钦佩,也是应该为后世的人所纪念的"①。陶先生还是我国社会科学研究事业的开拓者,他创办的社会调查部(所)是我国最早的社会科学研究机构之一,并长期领导社会调查部(所)和中央研究院社会科学研究所(社会研究所)。1943年陶先生曾说自己"一生委身于社会科学,主持研究垂二十载,所获成绩在国内开创例,在国外受赞扬……同人等孜孜不息,含辛茹苦,十余年如一日,惟冀能发扬我国社会科学"②。确实如此,陶先生以学术黄金时期的全部心血灌溉了社会调查部(所)和中央研究院社会科学研究所(社会研究所),培养了一批学术名家,出版发表了很多名垂学术史的论著,这两家研究所也都成为国内外知名的研究机构。长期在陶先生领导下工作的巫宝三先生曾说:"总结陶先生一生,他在人品上是敦厚正直无私的,在政治上是热爱祖国、热爱科学和民主的,在学术上是有成就的,在开创科研事业和培育人才上是作出了重大贡献的。他的这些高尚品德和重大贡献,将永远留存后世,为人们所怀念和受到人们

---

① 金岳霖学术基金学术委员会编,刘培育主编:《金岳霖的回忆与回忆金岳霖》(增订本),四川教育出版社2000年版,第24页。

② 1943年12月17日致中央研究院代院长朱家骅函,台湾中研院近代史研究所档案馆藏朱家骅档案,馆藏号301-01-07-028。

的崇敬。"① 陶孟和先生以半生心血守护的学术机构已经成长为中国社会科学院经济研究所这棵参天大树，在经济研究所即将迎来建所九十周年大庆的日子里，我们尤其追念这位杰出的学人，经济研究所的创始人。

陶孟和先生学养深厚，学问赅博，早年攻读教育学、社会学，在北京大学等学校讲授过社会学、社会问题、教育社会学、社会心理学、现代政治等课程。五四时期的学者就推崇陶先生的学问，张奚若1919年3月13日致函胡适说："《新青年》中除足下外，陶履恭似乎还属学有根底，其余强半皆蒋梦麟所谓'无源之水'。"② 当代著名学者梁方仲、罗尔纲也认为陶先生不仅仅是专家，而是学问通人，这样的学问通人"当今还想不出第二个。陶孟和先生专攻社会学，他对经济学、政治学、历史学、地理学以至地质学、天文学无不通晓"，还很熟悉文学。③ 陶孟和先生论著的涉及面极为广泛，包括社会、教育、历史、文化、经济、国内国际政治、心理学、新闻学、图书馆学等。

由于《经济所人文库》篇幅有限，而陶先生主要是作为一个社会学家，社会调查部（所）和中央研究院社会科学研究所的主要领域又是社会学、经济学，因此本书主要选编陶先生有关社会学、经济学的单篇论文。根据论文内容，大致分为八组。第一组收文11篇，主要内容为有关社会学理论方面的论著。第二组收文11篇，是关于中国社会宏观问题及社会阶级的研究。第三组至第六组为有关具体社会问题的论文，第三组5篇关于人口问题，第四组4篇关于种族问题，第五组6篇关于劳工问题，第六组4篇关于妇女和自杀问题。第七组是关于经济问题的论文，共6篇，涉及宏观经济、农业、工业、物价、学校财政等问题。其中《读〈中华民国统计提要

---

① 巫宝三：《纪念我国著名社会学家和社会经济研究事业的开拓者陶孟和先生》，载《近代中国》第5辑，第395页。
② 中国社会科学院近代史研究所中华民国史研究室编：《胡适往来书信选》（上），中华书局2013年版，第24页。
③ 罗尔纲：《忆梁方仲教授》，《中国经济史研究》1989年第1期。

（廿四年辑）〉书后》一文不仅是关于经济统计。最后一组 2 篇是有关战败赔偿问题的，一篇是关于第一次世界大战后德国的赔偿问题，另一篇谈日本对我国赔偿问题。正如巫宝三先生所说：因为陶先生对第一次世界大战各国各方面损失估计以及和会谈判情形十分了解，所以很早就在社会科学研究所里提出研究抗战损失及日本赔偿问题。①

本书的文章大部分选自原发表报刊。但其中有 12 篇曾收入陶先生自编《孟和文存》（上海：亚东图书馆 1925 年 6 月版），部分文章有所修改，本书就选自《孟和文存》，它们是：《社会》《社会调查》《怎样解决中国的问题》《中国的人民的分析》《新贫民》《士的阶级的厄运》《北京人力车夫之生活情形》《贫穷与人口问题》《六时间之劳动》《欧美劳动问题》《论自杀》《学校财政》。《读〈中华民国统计提要（廿四年辑）〉书后》（《出版周刊》新第 185 号），另以《读〈中华民国统计提要〉书后》为题发表于《独立评论》第 207 号，但前者题目有（廿四年辑），较为明确，故选自前者。《中国劳工生活程度》为 1931 年陶孟和参加在上海召开的国际太平洋学会第四届大会提交的论文，《中国社会之研究》为 1944 年陶孟和在重庆国民党中央训练团党政高级训练班的讲稿，两文均据单行本收入本书。

本书收入各文，在原报刊发表时署名除陶孟和外，还有孟和、陶履恭等。有几篇署名 AB，收入《孟和文存》，可知是陶先生所作。《中国智识阶级的失业问题》一文署名明生，发表于社会调查部在《大公报》刊出的《社会研究》月刊第三、第四期（1929 年 6 月 29 日、7 月 27 日），据《益世报》（天津版）1930 年 3 月 11 日报道，陶孟和昨日（3 月 10 日）在北京大学纪念周发表题为《智识阶级与失业问题》的演讲，正是本文的内容，因此此文无疑也是陶先生所著。

本书各文发表于数十年前，观点未必与今人相符，行文风格、标点、数字用法亦与今天有较大不同。笔者以为编辑前人文字，首

---

① 巫宝三：《纪念我国著名社会学家和社会经济研究事业的开拓者陶孟和先生》，载《近代中国》第 5 辑，第 387 页。

要尊重前人，不可以今人观点或"出版规范"对前人文字加以删削或修改，否则删改后的文字究竟是前人文字还是今人文字？因此，本书编辑的基本原则是尽量保持原貌。但鉴于现行的出版规定，有必要在此说明本书的几点编辑原则：

一、繁体改为简体，异体字改为正体字。但数十年前的文字有当时习惯用法，尤其是当文言白话转型之时，有些文字并无固定写法，这些均予保留原样，如澈（彻）、画（划）、发见（发现）、展转（辗转）、供献（贡献）、狠（很）、真象（真相）、变象（变相）、藉（借）、材能（才能）、法廷（法庭）、包函（包涵）、必须（必需）、分功（分工）、份子（分子）、参预（参与）、身分（身份）、型式（形式）、种籽（种子）、祇（只）、祗（只）、利害（厉害）、无宁（毋宁）、无庸（毋庸）、澎胀（膨胀）、运命（命运）、消售（销售）、繁琐（烦琐）、连姻（联姻）、甚么（什么）、屏除（摒除）、赋与（赋予）、伎术（技术）、伎能（技能）、抹煞（抹杀）、轨范（规范）、省分（省份）、部份（部分）、根原（根源）、像貌（相貌）、签定（签订）、精采（精彩）、倚赖（依赖）、屈伏（屈服）、身体励行（身体力行）、另碎（零碎）、名辞（名词）、含意（含义）、高粮（高粱）、急待（亟待）、钞（抄）、著（着）、羼（掺）、筘（钳）、帐簿（账簿）、防害（妨碍）、惟（唯）、哪里（那里）、沈（沉）、蕃殖（繁殖）、麘（麇）等，以及"他""它""她""牠"不分，"的""地""得"不分，"须""需"不分，"象""像"不分，"哪""那"不分，亦保持原样。明显错别字径予改正。某些句字或字语用法不合今天语法用法，仍保持原貌。

二、书中引用古代文献均由编者核对原文，原注明版本者，即以陶先生所用版本核对，其馀则与通行版本核对。除个别古代文献引文未找到出处外，文字错漏之处均径予补正，不另加注释说明。

三、外文译名多数与今译不同，或各文章间亦有不统一者，文中均保持原貌。凡与今译不同者，于第一次出现时以"编者注"在页下注明今译写法。外文译名后或有外文原文或无，均一仍其旧；外文原文有加括号有不加，统一加以括号。外文有未译为中文者，编者不作翻译。

四、原文数字多用汉字，也有部分文章用阿拉伯数字，以及汉字数字与阿拉伯数字混用者，均保持原样，不加改动。原文数字千分位或用间隔圆点"·"，或用顿号"、"，也有无符号者，一律改为空1/4个汉字位置。个别数字原文省略量词，尤其在单位不同的情况下，易滋误解，则为补充量词。个别1以下的小数省略个位数0，仅写作".1"之类，为便于阅读，于小数点之前补充"0"。百分比计算后由于四舍五入，总和不等于100，而原文写作100，不另说明。

五、部分标点显然有误，则予改正。个别文章原无标点，由编者施加新式标点。

六、个别文章中以民国纪年而无民国字样，加注说明。部分文章中有"民十七年"之类，系指民国十七年，不另加说明。少数文章文末有"十二，八，十二"之类的文字，表示写于民国十二年八月十二日，另加括号（民国）字样。文中有"一九一七—一九三〇年""一九二一——二三"之类写法，意思一望即知，仍保持原样。

七、原有少量双行夹注文字，一律改为单行，并加括号。因原文为竖排，文中有"如左""如右"表述，今因改为横排，如遇表格，易致混淆，故统一改为"如上""如下"。

八、部分文章有文后注，均改为页下注，以便阅读。编者加有少量注释，另标明"编者注"。

九、个别文字因原书刊印刷原因，难以辨认，以方围号□表示。

十、每篇文章之末注明选编出处。

自进入经济研究所工作以来，编者长期得到本所图书馆各位同人的热忱帮助，本书选编中他们一如既往提供了大量支持，王砚峰兄为本书做了大量工作，并提供了部分陶先生的生平素材，黄晨同志为利用相关图书提供很多帮助，在此对他们表示特别的感谢。书中《我也来谈一谈物价》一文发表于《益世报》（昆明版），北京各图书馆均未收藏此报，承云南省社会科学院副院长王文成兄帮忙在昆明寻获。经济研究所图书馆藏《中国社会之研究》有少量文字模糊不清，承王砚峰兄商请广东省立中山图书馆刘洪辉馆长提供阅读该馆所藏版本的方便，编者得以辨认其中文字。谨此感谢王文成兄、刘洪辉馆长的帮助。本书陶孟和先生照片来源于台湾"中央研究院"数位文化中心，感谢该中心提供并授权使用。

由于陶先生在报刊发表散篇文章甚多，目前并没有陶先生全部论著目录，一些报刊搜寻查找不易，现在只能根据搜索到的陶先生论著进行选编，加之水平有限，选目、编排、注释及标点必有不当之处，敬希读者批评指正。

编者　封越健
2018 年 10 月

《经济所人文库》第一辑总目(40种)

(按作者出生年月排序)

《陶孟和集》　　《戴园晨集》
《陈翰笙集》　　《董辅礽集》
《巫宝三集》　　《吴敬琏集》
《许涤新集》　　《孙尚清集》
《梁方仲集》　　《黄范章集》
《骆耕漠集》　　《乌家培集》
《孙冶方集》　　《经君健集》
《严中平集》　　《于祖尧集》
《李文治集》　　《陈廷煊集》
《狄超白集》　　《赵人伟集》
《杨坚白集》　　《张卓元集》
《朱绍文集》　　《桂世镛集》
《顾　准集》　　《冒天启集》
《吴承明集》　　《董志凯集》
《汪敬虞集》　　《刘树成集》
《聂宝璋集》　　《吴太昌集》
《刘国光集》　　《朱　玲集》
《宓汝成集》　　《樊　纲集》
《项启源集》　　《裴长洪集》
《何建章集》　　《高培勇集》